浙江立法研究院
浙江大学立法研究院

—之江立

U0634656

The Local Pilot on Judicial Reform and
Legislative Research

司法改革地方试点与立法研究

林劲松 等 著

中国民主法制出版社

图书在版编目（CIP）数据

司法改革地方试点与立法研究／林劲松等著.—北
京：中国民主法制出版社，2022.10
ISBN 978－7－5162－2929－3

Ⅰ.①司…　Ⅱ.①林…　Ⅲ.①司法制度—体制改革—
研究—中国　Ⅳ.①D926.04

中国版本图书馆 CIP 数据核字（2022）第 177646 号

图书出品人：刘海涛
出 版 统 筹：贾兵伟
图 书 策 划：张　涛
责 任 编 辑：周冠宇

书名／司法改革地方试点与立法研究
作者／林劲松 等　著

出版·发行／中国民主法制出版社
地址／北京市丰台区右安门外玉林里 7 号（100069）
电话／（010）63055259（总编室）　83910658　63056573（人大系统发行）
传真／（010）63055259
http：//www.npcpub.com
E-mail：mzfz@npcpub.com
经销／新华书店
开本／16 开　710 毫米×1000 毫米
印张／17.25　**字数／**275 千字
版本／2022 年 10 月第 1 版　2022 年 10 月第 1 次印刷
印刷／三河市宏图印务有限公司

书号／ISBN 978－7－5162－2929－3
定价／68.00 元

目　录

导　言

我国司法制度是中国特色社会主义制度的重要组成部分，是中国特色社会主义事业的司法保障。以建立公正、高效、权威的社会主义司法制度为目的的司法改革，是法治中国建设的一个重要方面。2013 年，党的十八届三中全会审议通过了《中共中央关于全面深化改革若干重大问题的决定》（以下简称《决定》），新时代全面深化改革的序幕由此拉开。习近平总书记在《关于〈中共中央关于全面深化改革若干重大问题的决定〉的说明》中指出，"司法体制是政治体制的重要组成部分""司法改革是这次全面深化改革的重点之一"。《决定》确立了"加强顶层设计和摸着石头过河相结合"的改革路线，将司法改革推向了新的高度。2014 年 6 月，中央全面深化改革领导小组审议通过了《关于司法体制改革试点若干问题的框架意见》。2016 年，司法体制改革试点在全国范围内有序展开。

司法改革的核心是制度创新。[①] 司法改革必然引发司法体制、诉讼制度等的重要调整或变化，进而导致相关法律的修改和完善。相关法律的修改与完善是巩固司法改革成果的重要途径，是新制度得以依法确立和顺利运行的规范基础和条件。始于 2013 年的新时期司法改革，以"顶层设计和摸着石头过河相结合"作为改革路线指引，采取地方试点的方式，加强重点领域立法，无疑有助于全面推进法治中国的建设。

地方试点作为司法改革的具体实践形式，在司法改革的推进中起着非常重要的作用。"试点"方法实质上是我国"政策试验"在司法改革领域的延伸性运用。[②] 从"政策试验"含义的角度来看，地方试点在司法改革领域的主要推进步骤可以概括为：在中央统一部署或者许可下，先在特定地方开展

[①]　张文显：《人民法院司法改革的基本理论与实践进程》，《法制与社会发展》2009 年第 3 期，第 4 页。

[②]　"政策试验"的概念来源于政治学与行政学领域。所谓"政策试验"，即允许地方政府根据当地实际情况摸索各种解决问题的方法，成功的地方经验会被吸收到中央制定的政策中，继而在全国范围推而广之。相关论述可参见杨宏山：《双轨制政策试验：政策创新的中国经验》，《中国行政管理》2013 年第 6 期，第 12 页；［德］韩博天：《通过试验制定政策：中国独具特色的经验》，《当代中国史研究》2010 年第 3 期，第 103 页。

司法改革试验，再由中央通过修改法律条文、制定司法解释等方式将先进地方试点经验上升为正式法律制度。这种试点方式体现了一种先行先试、由点及面的制度生发路径。简言之，试点的整个运作过程通常呈现出时间的暂时性与区域的局部性特征。它以试点项目和试验区作为主要的试验工具，主要步骤可分为：明确组织架构、调查前期信息、设计试点方案、选取试点地区、执行试点方案、督察落实方案的执行、调研试点情况、评估和总结试点经验等。试点项目在司法改革实践中得到了广泛运用，在一定程度上加速了司法改革的历时性变迁。不难发现，司法改革地方试点的提出与发展，正是基于对我国基本国情的判断以及立足于中国化的司法改革现状与基本特性而作出的现实选择。

作为我国渐进式改革的产物，改革试点具有一定的历史必然性和时代现实性。在早期，试点项目的主要活动形态表现为以地方自发，或者以"两高"主导；而近几年，试点的发展态势主要体现为以顶层设计为主导。现阶段改革试点与以往改革试点最大的不同体现为，前者在其基本内核中增加了时代性要求。中共十八届三中全会提出了"顶层设计和摸着石头过河相结合"以及"改革于法有据"的重大理论判断，为进一步推进司法改革地方试点提供了新的理论支持，开启了改革试点新的时代征程。一方面，"加强顶层设计与摸着石头过河相结合"这一理论思想，紧密契合时代要求，不仅夯实了制度创新的发展道路，而且从根本上体现出中央与地方联动方式对未来构建试点改革体系的重要性。在新时代的改革试点中，我们应当科学地厘清中央与地方在试点过程中的关系，并且尝试修复、优化甚至创新改革的整体决策机制。另一方面，关于"改革于法有据"这一重大理论判断，强调了试点改革的合法性要求。2014 年，习近平总书记在中央全面深化改革领导小组第二次会议上强调"凡属重大改革都要于法有据"；在党的十八届四中全会中，则进一步阐释改革决策与立法决策的关系，"充分发挥立法对改革的引领作用，条件成熟的，要及时立法，条件不成熟的需要先行先试的，必须按照法定程序获得授权"。至此，授权改革作为一种新的改革方式在顶层设计层面得到了明确的肯定。从我国整体的制度建设来看，通过授权改革，改革试点既可以经受住理性原则的检验，也可以获得合法性和正当性来源。

在试点全面开展的进程中，来自试点的先进经验需要不断得到总结与推广，而对法律进行相应的修改和完善，是吸收改革经验、巩固改革成果最为重要的方式。改革试点与立法完善呈现出一种互相促进的关系。一方面，改革试点可以助推立法完善，减少法律滞后带来的不利影响；另一方面，法律的及时修改可以避免后续改革试点无序开展，解决试点的合法性问题，确保司法改革有法可依。例如，以司法责任制为核心的司法改革"四项任务"的推进，[①] 使得人民法院组织法、法官法等法律已经到了必须修改的阶段，否则改革成果不能巩固；又如，"以审判为中心"的诉讼制度改革，要求获得规范基础，否则改革难以推行、不能走远。[②] 因此，司法改革过程中对试点成果的立法吸收值得关注。将改革成果予以立法吸收，是司法改革的重要步骤，是检验试点成果的重要判断标准。试点改革中探索出来的先进经验与规则以何种形式、何种内容进入法律，还需要进行科学的判断。既不宜将试点规定全盘照搬上升成法律，也不能忽视改革试点中产生的经验成果。从目前改革试点立法成效的总体状况来看，相当部分改革成果都得到了立法确认。

本书以全景式的视角观察司法改革地方试点的产生与发展，通过对司法改革地方试点进行实证化的研究，梳理主要改革试点的立法成效，探讨司法改革地方试点与立法的关系，以期为总结司法改革的经验、完善司法改革的理论体系作出贡献。

本书正文由六章组成：

第一章主要阐述司法改革地方试点的发展阶段与特征，并根据启动主体的不同，对新时期司法改革地方试点进行类型化分析，探讨"顶层设计与摸着石头过河相结合"的改革运行路径。

第二章主要梳理新时期司法改革试点的主要内容，概括试点的运行阶段，并分析司法体制改革试点与诉讼制度改革试点的相关规定与立法成效。

第三章围绕员额制改革、审判业务机构改革以及人财物管理体制改革三个方面，厘清司法责任制改革和司法体制改革之间的关系，并探讨司法责任制改革地方试点对立法活动的影响。

第四章主要阐述了认罪认罚从宽制度试点的实践状况、经验与不足，梳理了认罪认罚试点对立法活动的影响，并针对认罪认罚从宽制度仍然存在的问题提出了相关完善建议。

第五章主要从历史背景、制度背景和理论背景三方面阐述人民陪审员制度改革的必要性，并通过总结分析地方试点中的经验与不足强调人民陪审员制度立法的重要性，进而对立法后的人民陪审员制度存在的理论及实践问题提出相关完善建议。

---

① 中央全面深化改革领导小组第十九次会议强调：完善司法人员分类管理、完善司法责任制、健全司法人员职业保障、推动省以下地方法院检察院人财物统一管理，是司法体制改革的基础性措施。

② 龙宗智：《司法建设论》，法律出版社 2021 年版，第 439 页。

第六章在明确司法体制综合配套改革内涵基础之上，围绕司法责任制综合配套改革与"智慧司法"建设这两项司法体制综合配套改革的主要任务展开研究，考察了相关法规现状与各地司法机关做法，检视了规范与实践中的不足之处，以探寻完善之路径。

第一章

司法改革地方试点的缘起及背景

司法改革地方试点的历史必然性和时代现实性赋予了其重要的责任与使命，改革试点将会在未来很长一段时间内成为我国司法改革的整体走向与制度发展的主导。所以，为了能够更好地总结试点改革发展过程中的经验，我们亟须从改革试点的缘起及其背景切入，逐步厘清其发展的各个环节与脉络。本章将着重讨论我国司法改革地方试点的缘起与其背景。

司法改革地方试点无疑在我国司法改革的总体发展进程中扮演着重要角色，也起到了强大的推动作用。我国的全国性司法制度于1978年开始恢复建设，之后在1997年党的十五大报告中较早提出了"司法改革"的概念："推进司法改革，从制度上保证司法机关依法独立公正地行使审判权和检察权，建立冤案、错案责任追究制度。"至此，坚强的政治保障和坚实的理论基础为司法改革注入了强心剂，也正式拉开了我国司法改革的帷幕，较为系统的规划改革酝酿诞生。这个阶段最显著的体现即最高人民法院于1999年10月20日印发的《人民法院五年改革纲要（1999—2003）》以及最高人民检察院于1999年印发的《检察工作五年发展规划》。改革试点工作也慢慢开始步入正轨并日趋成熟。

2002年，党的十六大召开，党的十六大报告中指出："社会主义司法制度必须保障在全社会实现公平和正义。按照公正司法和严格执法的要求，完善司法机关的机构设置、职权划分和管理制度，进一步健全权责明确、相互配合、相互制约、高效运行的司法体制。从制度上保证审判机关和检察机关依法独立公正地行使审判权和检察权。完善诉讼程序，保障公民和法人的合法权益。切实解决执行难问题。改革司法机关的工作机制和人财物管理体制，逐步实现司法审判和检察同司法行政事务相分离。加强对司法工作的监督，惩治司法领域中的腐败。建设一支政治坚定、业务精通、作风优良、执法公正的司法队伍。"虽然党的十六大报告并未阐述司法权力配置和司法权属性等问题，但该报告的内容总结了前期司法改革的经验，并提出"推进司法体制改革"，从而为我国今后的司法体制改革指明了方向、确立了目标。

2003 年 4 月，为落实党的十六大报告中"推进司法体制改革"的部署，中共中央政法委员会向中央提出了《关于进一步推进司法体制改革的建议的请示》。同年 5 月，党中央在听取中央政法委的建议之后，对司法体制改革的指导思想、原则、目标、重点及工作方法作了重要指示，并决定在中央直接领导下，成立由中央政法委、全国人大内务司法委员会、中央政法各部门、国务院法制办及中央编制办的负责人组成的中央司法体制改革领导小组，全面领导司法体制改革，形成了中央政法委主导司法体制改革工作的格局。同时，最高人民法院、最高人民检察院、司法部等相继成立本部门司法改革领导小组，为试点改革提供了统一指导工作的组织机制。上述举措统一推进了全国范围内司法体制改革。

2013 年，党的十八届三中全会提出将"顶层设计和摸着石头过河"相结合，并决定成立中央全面深化改革领导小组，[①] 更是直接将司法改革地方试点提升到顶层设计的高度，再次重申了试点对司法正式制度探索以及立法修葺的重要性。

第一节　司法改革地方试点的发展阶段

从上述标志性事件的发生过程来看，我国司法改革的统一性、计划性与设计性在不断加强，并且随着中央参与度的提高，司法改革地方试点的活跃度同样得到了强化。基于这一趋势，本节试将我国司法改革地方试点大体分为三个阶段：改革试点的自发萌芽阶段、整体探索阶段、全面活跃阶段。这三个阶段显示出了不同的试点形态和特征。

一、自发萌芽阶段

自 20 世纪 80 年代至 21 世纪初，司法改革地方试点以地方实务部门自发进行为主。该时期改革试点的主要方针是认识法律适用过程中存在的不足和需求，以总结法律适用的地方经验，恢复并提升司法运行质量。如 20 世纪 90 年代末在北京市海淀区人民法院、检察院试行的普通程序简易化审判制度，广东速裁庭试点，上海的少年法庭试点等。[②]

然而，由于这一时期的地方司法改革多为自发展开，缺乏中央顶层规划

---

① 中共中央关于全面深化改革若干重大问题的决定（2013 年 11 月 12 日中国共产党第十八届中央委员会第三次全体会议通过），https://news. 12371. cn/2013/11/15/ARTI1384512952195442. shtml，最后访问日期 2022 年 2 月 26 日。

② 廖丽环：《司法改革的试点研究》，厦门大学 2019 年博士学位论文，第 33 页。

部署，故试点呈现出分布零散，且改革力量不强的特点。有学者指出，这种"分散"的特点还导致产生了试点各自为政的现象。① 如 1999 年 10 月，最高人民法院印发《人民法院五年改革纲要（1999—2003）》，1999 年 2 月，最高人民检察院印发《检察工作五年发展规划》，这两个文件的出台都是为了推进本系统内的改革。前者倾向于追求审判独立，后者则更注重法律监督功能的发挥。在当时的历史条件下，两个部门各自为营，在整体改革步调上缺少制度合力。因此，在缺乏顶层设计与统筹的情况下，自发萌芽阶段的司法改革地方试点形成了较为零散的试点局面，总体改革力量不强。

二、整体探索阶段

2003 年至 2012 年，改革试点的分散特点有了明显改善，改革具有了一定整体性。2003 年，中央司法体制改革领导小组成立，从国家层面强化了对司法改革的统一部署。2004 年 12 月，中共中央转发了《中央司法体制改革领导小组关于司法体制和工作机制改革的初步意见》，提出了改革和完善诉讼制度，诉讼收费制度，检察监督体制，劳动教养制度，监狱和刑罚执行体制，司法鉴定体制，律师制度，司法干部管理体制，司法机关经费保障机制，有关部门、企业管理"公检法"体制等 10 个方面的 35 项司法体制和工作机制改革意见。2005 年 10 月，最高人民法院发布《人民法院第二个五年改革纲要（2004—2008）》，坚持贯彻改革任务，开启了新一轮的全面改革。同年 9 月，最高人民检察院印发了《关于进一步深化检察改革的三年实施意见》。随后，2009 年 3 月，为贯彻党的十七大精神，落实中央关于深化司法体制改革的总体要求，最高人民法院发布《人民法院第三个五年改革纲要（2009—2013）》，聚焦司法体制面临的主要问题，统筹 2009—2013 年法院改革措施，就法院审判、执行、人事管理、经费保障等多个方面的内容，共推出 30 项改革内容，涵盖 132 项具体改革任务。

基于上述中央顶层的改革计划和部署，该阶段司法改革地方试点主要内容涵盖：上海市闵行区人民检察院针对未成年犯罪嫌疑人进行的"审前羁押替代措施"试点改革，上海市人民检察院第一分院与上海市第一中级人民法院联合探索出的刑事二审简易审试点，四川省检察机关量刑建议的试点改革，四川省人民法院的人民调解机制，北京市海淀区人民法院与广东省深圳市中级人民法院等 18 个法院试行法官助理制度，广东省东莞市第一人民法院等 4

---

① 何挺：《司法改革试点再认识：与实验研究方法的比较与启示》，《中国法学》2018 年第 4 期，第 67 页。

地基层法院的小额速裁试点，全国 7 个高级人民法院、79 个中级人民法院和 71 个基层人民法院开展知识产权三合一审判试点，北京法院行政诉讼简易程序试点等。①

由此可见，该阶段试点工作的标志性事件是 2003 年中央司法体制改革领导小组的成立。其从国家层面加强了对司法改革的统一领导协调，使得司法改革地方试点具备了系统性，并在政治层面获得了更多的支持，突出地表现在以下三个方面：

第一，改革试点在组织层面上具备了一定的统一性。得益于中央的统筹部署，司法改革的试点工作初步具备了相对集中的领导组织架构，使得改革目标更加明确。在中央司法体制改革领导小组成立之后，最高人民法院、最高人民检察院、司法部等主体也陆续成立了本部门的司法改革领导小组来主要负责试点期间的统筹和协调工作，使得改革的整体性和力度均高于前一阶段。

第二，活跃度相较于之前的阶段有所提高。活跃度上升主要体现在参与主体范围拓宽、改革领域扩充等方面。以刑事诉讼领域为例，法院、检察院在非法证据排除、人民陪审员、人民监督员、量刑改革等方面展开了大量试点。同时，在进行改革试点的过程中，更加注重与相关学者的联动，借助学者的专业知识和理论经验，指导并支持跨区域参与统一问题的试点及同步开展实证研究。如，2012 年《中华人民共和国刑事诉讼法》的修改就借鉴吸收了许多地方试点过程中积累的宝贵经验。此外，改革借助专家指导下的课题组形式有效推动了试点理论与实践相结合的进度。比如左卫民教授主持的最高人民法院重大课题《关于建立完善多元化纠纷解决机制的调研》，在 8 个基层法院开展为期两个月的法院多元纠纷解决机制改革试点。②

第三，逐步形成了以政策文件推动改革发展的趋向。试点进程的推动主要以政策文件为主，中央司法改革领导小组借助出台相关政策性文件，如试行意见、试点规定、改革纲要等，较好推动了司法改革进程。然而，正因如此，政策调整的波动和试点合法性的争论，使得改革过程经历了一些波动和反复。比如附条件不起诉试点，在试点初期被推广至山东、河南等地，但 2004 年最高人民检察院发布的《关于依法严格履行法律监督职责、推进检察改革若干问题的通知》中指出："暂缓起诉制度在现行法律中没有规定，在实

---

① 廖丽环：《司法改革的试点研究》，厦门大学 2019 年博士学位论文，第 33—34 页。
② 左卫民、胡建萍、肖仕卫：《试点与改革：建立和完善法院多元化纠纷解决机制的实证研究——以 S 省 C 市 8 个基层法院的试点为切入点》，《法学论坛》2010 年第 2 期。

践中不宜推行。一些地方基层检察机关结合当地情况，对犯罪情节较轻、可能判处三年以下有期徒刑的未成年人犯罪案件，试行暂缓起诉制度，产生了一定的社会影响。这个举措的出发点是好的，但鉴于暂缓起诉没有法律依据，目前不宜扩大推行，各地也不要再行新的试点。"① 所以本阶段改革出现了一些试点工作停顿的现象。

三、全面活跃阶段

2013 年，《中共中央关于全面深化改革若干重大问题的决定》（以下简称《决定》）在党的十八届三中全会上被审议通过，新时代全面深化改革的序幕由此拉开。《决定》中强调的"加强顶层设计与摸着石头过河相结合"的改革路线，将司法改革地方试点推向了新的高度。2014 年 6 月，中央全面深化改革领导小组审议通过《关于司法体制改革试点若干问题的框架意见》，在之后不到两年的时间里，司法体制改革在全国范围内有序展开。与此同时，在中央全面深化领导改革小组批准、全国人大常委会的授权下，由最高人民法院和最高人民检察院等中央机关通过制定相关规范性文件，一系列具体的司法制度改革在全国范围内的选定地区开展试点。

（一）司法改革的基本框架

总体而言，用"一个目标""两去""四化"可以很好地来概括新一阶段的司法体制改革。"一个目标"是指"加快建设公正高效权威的社会主义司法制度，维护人民权益，让人民群众在每一个司法案件中都感受到公平正义"。"两去"是指司法去地方化和去行政化。"四化"是指推进司法公开化、推进人权司法保障法治化、推进司法职权配置科学化与推进司法职业化。②

2013 年至今的司法改革，由最高层直接主导，以"去行政化"和"去地方化"为基本引线，在真正意义上触碰到司法体制亟待改善之处。其大致分为两个部分：一是，体制方面的改革试点，主要有员额制试点、责任制试点、省以下人财物统管试点、巡回法庭试点、四级法院审级职能定位试点、跨行政区法院与检察院试点等；二是，机制方面的改革试点，主要有人民陪审员试点、对监狱实行巡回检察试点、刑事速裁试点、认罪认罚试点、刑事案件

---

① 刘辉：《刑事司法改革试点合法化路径探索》，《国家检察官学院学报》2013 年第 5 期，第 129 页。

② 张文显：《全面推进法制改革，加快法治中国建设——十八届三中全会精神的法学解读》，《法制与社会发展》2014 年第 1 期，第 12—14 页。

审判阶段律师辩护全覆盖试点、检察机关提起公益诉讼试点等。

随着改革进程的不断深化，人们逐渐意识到司法改革不是某个领域的单方面改革。司法改革是需要在充分了解司法权的性质和司法活动基本规律的基础上，从顶层机制和体制层面推进解决影响司法权威、司法效率、司法公正、司法公信、法院依法独立行使审判权的制度性难题，从而取得深化改革战役的阶段性成果。有学者将司法权的程序特征概括为被动性、公开与透明性、多方参与性、亲历性、集中性和终结性。[①] 司法权相比较于行政权，具备特殊的性质和规律。行政权是管理权、执行权，它强调上令下从，实行行政首长负责制；而司法权是判断权、裁决权。以裁判者为例，为了可以作出一个公正不偏颇的裁判，裁判者必须亲自审查各方提交的证据材料，亲自听取各方陈述、举证、质证、辩论，以此来认定案件事实。但反观实际，司法权的运行往往带有明显的行政化色彩：一个案件的办理，需要经历庭长、院长的层层审批；审判委员会根据听取办案人汇报案情的方式集体讨论定案；一些法官会通过主动将案件向庭长、院长请示汇报或者提请审判委员会讨论决定的方式规避个人责任。这些做法不仅与司法权的程序特征的要求背道而驰，而且严重偏离了司法责任制的要求，从而导致审者不判、判者不审，判审分离、权责不清，既让司法公正难以得到有效保障，也让追究错案责任成为了一个新的难题。[②] 因此，落实"让审理者裁判、由裁判者负责"，从而实现权责统一，是本阶段司法改革地方试点的重要目标，体现了"司法去行政化"的基本框架。而所谓"去地方化"则是保障法院的人财物与地方同级政府的脱离，从而不受其干预和影响，实现省级法院人财物的统一管理。可以说，新时期的司法改革以"去行政化"和"去地方化"为基本制度路线，是在党中央充分了解司法权的性质，清晰认识司法运行的规律，立足于我国司法制度结构性问题而提出的。

（二）司法改革的试点特征

基于上述司法改革的基本框架，本阶段的试点进程主要呈现以下特点：

第一，"顶层设计式"的司法改革地方试点。前两阶段改革试点主要是地方或司法部门内部自发进行的，而本阶段是中央整体规划的大规模试点，改革推动力直接来自最高决策层。中央对司法改革的参与度与积极性极大地得到了提高，并组织召开各种专题的会议，使此轮司法改革试点工作得以全面推进。

[①] 陈瑞华：《司法体制改革导论》，法律出版社 2018 年版，第 21—33 页。
[②] 黄文艺：《中国司法改革基本理路解析》，《法制与社会发展》2017 年第 2 期，第 9 页。

第二，司法改革地方试点的系统性、整体性、协同性强化。① 一方面，试点机制的系统性增强，目标统一、明确。在党的十八届三中全会之后，中央多次组织召开深化改革小组全体会议，探讨内容涉及改革方案统筹、设计、地方实况、中央监督、评价等机制。其次，试点地区与单位全面铺开。从2014 年 6 月开始，党中央分三次相继批准了共计 31 个省市区及新疆生产建设兵团作为改革的试点，且试点单位包含法院、检察院、监察委等司法部门。②

第三，试点内容不仅覆盖面广，且具有变革性。本阶段司法改革地方试点重视体制与机制试点并行。其中，体制改革以司法人员分类管理、完善司法责任制、健全司法人员职业保障，以及推动省以下地方法院、检察院人财物统一管理为主。同时，还围绕人员培养、程序优化、司法管理和外部衔接等机制改革展开了刑事案件速裁程序试点、认罪认罚从宽制度试点、刑事案件律师辩护全覆盖试点、巡回检察试点、检察机关提起公益诉讼制度试点等。除此之外，本阶段司法改革在推行综合配套改革中对职业保障、执行优化、审判改革等方面也尤为重视。

第四，产生了"授权型改革试点"这一新型改革方式，解决司法改革地方试点的合法性、正当性的争议。本阶段试点项目与之前试点的关键区别在于，"凡属重大改革都要于法有据"。③ 党的十八届四中全会则更加清晰地指出："坚持立法和改革相衔接相促进，做到重大改革于法有据，充分发挥立法的引领和推动作用。对改革急需、立法条件成熟的，抓紧出台；对立法条件还不成熟、需要先行先试的，依法及时作出授权决定或者改革决定。授权决定或者改革决定涉及的改革举措，实践证明可行的，及时按照程序制定修改相关法律法规。"之后，2015 年修订的《中华人民共和国立法法》增加了第十三条规定，"全国人民代表大会及其常务委员会可以根据改革发展的需要，

---

① 《最高人民法院关于深化人民法院司法体制综合配套改革的意见——人民法院第五个五年改革纲要（2019—2023）》提出："提升改革的系统性、整体性、协同性，既抓落实、补短板、强弱项，又谋长远、破难题、克难关。加强统筹谋划和整体推进，厘清各项改革举措之间的整体关联性、层次结构性、先后时序性，确保改革在政策取向上相互配合、在实施过程中相互促进、在实际成效上相得益彰，不断提升改革精准化、精细化水平。"强调司法改革的系统性、整体性、协同性开展。
② 从 2014 年 6 月开始，中共中央相继批准上海、湖北、广东等 7 个省市作为第一批试点改革省份城市。2015 年 5 月批准山西、江苏、浙江等 11 个省市作为第二批试点改革省城市。当年年底，又批准北京、河北等 14 个省市作为第三批试点改革省城市，试点改革在全国全面启动。
③ 2014 年 2 月 28 日，习近平在主持召开中央全面深化改革领导小组第二次会议时强调："凡属重大改革都要于法有据。在整个改革过程中，都要高度重视运用法治思维和法治方式，发挥法治的引领和推动作用，加强对相关立法工作的协调，确保在法治轨道上推进改革。"可参见《习近平：把抓落实作为推进改革重点 重大改革都要于法有据》，新华网，http://www.xinhuanet.com/politics/2014-02/28/c_119558018.htm，最后访问日期 2022 年 4 月 27 日。

决定就行政管理等领域的特定事项授权在一定期限内在部分地方暂时调整或者暂时停止适用法律的部分规定",为突破现行法律规定开展改革试点提供依据,成为保证改革试点合法性的重要制度基础。① 在试点过程中,全国人大常委会作为立法机关的常设机关进行授权,这恰好体现了"顶层设计和摸着石头过河相结合"的改革路线。

第二节　司法改革地方试点的类型化分析

2013 年之前的司法改革地方试点,主要限于完善具体的工作机制或对某部分制度的修补,总体呈现出较为零散的特征,且部分试点还存在试点合法性的问题。2013 年,党的十八届三中全会提出"顶层设计和摸着石头过河相结合"的改革路线,体现出司法改革地方试点的顶层设计的重要性。2013 年至今的司法改革由中央统一部署,改革试点呈现出前所未有的高度活跃性、规模性、系统性等特点,改革内容则趋向体制与机制并重。

因此,笔者尝试用类型化分析的方式,梳理新时期司法改革地方试点的类型,以此更为清晰地了解"顶层设计和摸着石头过河相结合"的改革运行路径。根据启动主体的不同,本文试将新时期司法改革地方试点分为三种类型,分别为中央主导型、最高司法机关授权型以及省级以下司法机关自主改革试点型。中央主导型改革试点主要由中央全面深化改革领导小组以及全国人大常委会统筹进行,该试点类型系由上层直接主导,覆盖范围广泛;最高司法机关授权型改革聚焦于落实中央的决策部署,制定较为具体的改革试点方案;省级以下司法机关自主型改革试点则是指地方根据当地司法情况、经济状况以及生态环境等因素,开展符合地方实际的改革试点。

一、中央主导型

中央主导型改革试点的特征是,由中央全面深化改革领导小组以及全国人大常委会直接主导、总体部署。在这一类型改革试点中,该两大中央主体主要从宏观层面统筹司法改革,对改革提出原则性的指导意见,把握全国范围内改革试点的方向。

(一)中央全面深化改革领导小组批准开展的改革试点

党的十八届三中全会通过《中共中央关于全面深化改革若干重大问题的

---

① 沈岿:《论宪制改革试验的授权主体——以监察体制改革试点为分析样本》,《当代法学》2017 年第 4 期,第 4 页。

决定》的同时，决定成立以习近平同志任组长的中央全面深化改革领导小组。该小组定期召开会议，审议通过不同领域的改革文件，对改革试点提供纲领性的指导意见，领导司法改革。关于中央全面深化改革领导小组批准开展的改革试点，以下主要介绍司法人员管理体系改革和司法机关组织体系改革，具体包含员额制、司法责任制、巡回法庭制度与设立跨行政区划人民法院、人民检察院等试点。

1. 司法人员管理体系改革

司法人员管理体系改革主要涉及员额制与司法责任制改革试点。

一是，2014 年 6 月，中央全面深化改革领导小组第三次会议审议通过了《关于司法体制改革试点若干问题的框架意见》，决定就司法责任制、司法人员分类管理、司法人员职业保障、省以下地方法院检察院人财物统一管理等四项改革内容进行试点。在此意见指导下，上海、广东、吉林、湖北、海南、青海以及后增的贵州等 7 个省市先后制定各自的改革试点的具体工作实施方案并获得中央政法委批复同意，相继启动先行试点。2015 年 5 月 5 日，中央全面深化改革领导小组第十二次会议批准了第二批司法体制改革试点省份，决定在山西、内蒙古、黑龙江、江苏、浙江、安徽、福建、山东、重庆、云南、宁夏 11 个省市区开展推进司法责任制等四项改革试点。2016 年 7 月，中央政法委在吉林省长春市召开全国司法体制改革推进会，明确全面推进司法责任制改革。

二是，2015 年 9 月，中央全面深化改革领导小组第十六次会议讨论通过了《法官、检察官单独职务序列改革试点方案》和《法官、检察官工资制度改革试点方案》，强调开展法官、检察官单独职务序列和工资制度改革试点，突出法官、检察官职业特点，对法官、检察官队伍给予特殊政策，建立有别于其他公务员的单独职务序列，特别是提出要注重向基层倾斜，重点加强市（地）级以下法院、检察院，促进法官、检察官队伍专业化、职业化建设。本次改革试点，是促进法官、检察官队伍专业化、职业化建设的重要举措。根据中央确定的法官职务序列改革"两步走"方案，第一步法官职务套改工作已于 2016 年完成。之后，在完成法官职务套改工作基础上，各地法院正积极推动实施法官单独职务序列管理。

三是，2015 年 12 月，中央全面深化改革领导小组第十九次会议通过了《关于在全国各地推开司法体制改革试点的请示》。会议强调，完善司法人员分类管理、完善司法责任制、健全司法人员职业保障、推动省以下地方法院检察院人财物统一管理，是司法体制改革的基础性措施。2014 年之后，18 个省区市陆续启动两批改革试点。地方试点改革取得明显成效，在全国开展司法体制改革试点的条件已经具备。会议要求，被批准试点的省份应当结合本省情况制定各自的试点工作方案，逐步在全省范围内推行试点。

2. 司法机关组织体系改革

司法组织体系改革主要涉及巡回法庭制度与设立跨行政区划人民法院、人民检察院试点。党的十八届四中全会通过的《中共中央关于全面推进依法治国若干重大问题的决定》提出："最高人民法院设立巡回法庭，审理跨行政区域重大行政和民商事案件。"① 2014 年 12 月 2 日，中央全面深化改革领导小组第七次会议讨论通过了《最高人民法院设立巡回法庭试点方案》和《设立跨行政区划人民法院人民检察院试点方案》，这两份文件主要对巡回法庭试点以及设立跨行政区划人民法院、人民检察院试点作了相关规划，具体为：

一是，巡回法庭试点。最高人民法院根据《最高人民法院设立巡回法庭试点方案》分别在深圳和沈阳设立了第一巡回法庭和第二巡回法庭。第一巡回法庭的巡回区域为广东、广西和海南三省区。第二巡回法庭的巡回区域为辽宁、吉林、黑龙江三省。2016 年 11 月，中央全面深化改革领导小组第二十九次会议审议通过《关于最高人民法院增设巡回法庭的请示》，同意最高人民法院在深圳市、沈阳市设立第一、第二巡回法庭的基础上，在重庆市、西安市、南京市、郑州市增设四个巡回法庭，完成全国巡回法庭总体布局。巡回法庭是最高人民法院派出的常设审判机构，办理由最高人民法院管辖的部分案件，其所作的裁判为最高人民法院的裁判。

二是，跨行政区划人民法院、人民检察院试点。2014 年 12 月 28 日，上海市第三中级人民法院、上海知识产权法院和上海市人民检察院第三分院正式成立。这是全国首批跨行政区划的人民法院和人民检察院。2014 年 12 月 30 日，北京市第四中级人民法院成立。该院成立后，我国第一批试点的跨行政区划法院将达到两家，为各地跨行政区划法院的成立提供改革经验。

（二）全国人大常委会授权开展的改革试点

2014 年，《中共中央关于全面推进依法治国若干重大问题的决定》明确指出："立法的实践条件还不成熟、需要先行先试的，要按照法定程序作出授权。"随后，2015 年修订的《中华人民共和国立法法》增加了第十三条规定，"全国人民代表大会及其常务委员会可以根据改革发展的需要，决定就行政管理等领域的特定事项授权在一定期限内在部分地方暂时调整或者暂时停止适用法律的部分规定"，为突破现行法律规定开展改革试点提供依据。因此，新

---

① 《中共中央关于全面推进依法治国若干重大问题的决定》，共产党员网，https：//news. 12371. cn/2014/10/28/ARTI1414492334767240. shtml，最后访问日期 2022 年 2 月 26 日。

时期的司法改革试点工作产生了由全国人大常委会授权开展改革的新试点类型。以下主要介绍全国人大常委会授权开展的刑事速裁程序、人民陪审员制度与检察机关提起公益诉讼等试点。

一是刑事速裁程序试点。2014 年 6 月 27 日，十二届全国人大常委会第九次会议通过了《全国人民代表大会常务委员会关于授权最高人民法院、最高人民检察院在部分地区开展刑事案件速裁程序试点工作的决定》。这是全国人大常委会首次对司法机关的改革试点予以特别授权，使得司法改革试点工作以更加灵活的方式呈现。该决定授权，具体试点办法由最高人民法院、最高人民检察院制定，报全国人民代表大会常务委员会备案。自试点办法印发之日起算，试点期限两年。2014 年 8 月 26 日，"两高一部"联合下发了试点办法。2015 年 11 月 2 日，"两高"向全国人大常委会作了关于刑事案件速裁程序试点情况的中期报告并提请审议。随后，各试点法院结合自身实际情况，探索推出了大量创新模式，极大地促进了速裁程序落地实施。

二是人民陪审员制度改革试点。2015 年 4 月 1 日，中央全面深化改革领导小组第十一次会议讨论通过了《人民陪审员制度改革试点方案》。2015 年 4 月 24 日，十二届全国人大常委会第十四次会议通过了《全国人民代表大会常务委员会关于授权在部分地区开展人民陪审员制度改革试点工作的决定》，授权在 10 个省（区、市）选择五十个法院开展为期两年的试点。2015 年 5 月，根据全国人大常委会的授权，最高人民法院会同司法部印发《人民陪审员制度改革工作实施办法》，对试点作出了具体的部署与安排。

三是检察机关提起公益诉讼试点。2015 年 5 月 5 日，中央全面深化改革领导小组第十二次会议审议通过了《检察机关提起公益诉讼试点方案》。2015 年 7 月 1 日，十二届全国人大常委会第十五次会议通过了《全国人民代表大会常务委员会关于授权最高人民检察院在部分地区开展公益诉讼试点工作的决定》，要求最高人民检察院制定该授权决定的实施办法，报全国人大常委会备案，试点期限为两年。

二、最高司法机关授权型

本类型改革试点是指最高司法机关为了落实中央的司法改革战略和决策部署，制定具体改革试点方案或纲要，展开改革的试点项目。由于法院、检察院内设机构过多，容易加剧司法管理行政化，不利于向法官、检察官还权，落实司法责任制，因此，推进内设机构改革，精简整合内设机构，实行扁平化管理，是实行司法责任制的必然选择。同时，我国正在推进以审判为中心的诉讼制度改革，法院作为审判主体，在去行政化改革过程中扮演重要角色，在内设机构改革中更具有代表性。随着司法改革的深入，人民群众的司法需求不断增加，人民法院需要加速推进一站式多元解纷和诉讼服务体系建设。以下主要以最高司法机关推进内设机构优化的改革项目以及"分流、调解、速裁、快审"机制改革为例进行介绍。

（一）审判委员会改革

为适应司法责任制改革要求，建立以审判工作为中心的机构设置模式和人员配置方式，2016 年 8 月，最高人民法院会同中央编办联合印发《省以下人民法院内设机构改革试点方案》，就科学合理设置审判业务机构，有效整合非审判业务机构，严格控制机构规模提出明确要求。同时，为贯彻落实中央关于深化司法体制综合配套改革的战略部署，进一步全面落实司法责任制，最高人民法院进行了审判委员会改革。审判委员会是一项具有中国特色的审判制度。实行司法责任制后，审判委员会的主要职能要从讨论案件转变为宏观指导，即总结审判经验、讨论决定审判工作重大事项、统一裁判标准。2019 年 8 月，最高人民法院印发的《最高人民法院关于健全完善人民法院审判委员会工作机制的意见》提出："明确审判委员会统一本院裁判标准的职能，依法合理确定审判委员会讨论案件的范围。审判委员会只讨论涉及国家外交、安全和社会稳定的重大复杂案件，以及重大、疑难、复杂案件的法律适用问题。强化审判委员会总结审判经验、讨论决定审判工作重大事项的宏观指导职能。"[①]

（二）"分调裁审"机制改革

为进一步优化司法资源配置，满足人民群众的司法需求，推动建设分层递进、繁简结合、衔接配套的一站式多元解纷机制，提高矛盾纠纷化解质效，2020 年 2 月 10 日，最高人民法院印发《最高人民法院关于人民法院深化"分调裁审"机制改革的意见》。该意见围绕"分流、调解、速裁、快审"机制改革工作进行部署，重点推进完善诉非分流对接机制、调裁分流对接机制、案件繁简分流标准以及速裁快审快执机制。在完善诉讼与非诉讼解纷方式分流机制方面，强调加强诉讼与非诉讼调解、仲裁、行政复议、行政裁决等解纷方式分流，并要求加强线上解决诉非纠纷，同时加快建设一体化纠纷解决机制。在调裁分流对接机制上，提出要全面开展调解分流工作，充分集成工会、共青团、妇联、法学会、行政机关、律师等多方解纷力量，运用人民法

[①] 最高人民法院《关于完善四级法院审级职能定位改革试点的实施办法》，最高人民法院公报网，http://gongbao.court.gov.cn/Details/ec69ea9324f6a618246e3587393ce3.html，最后访问日期 2022年 2 月 26 日。

院调解平台开展调解。在建立速裁快审快执机制方面，指出要完善专门团队集中办理制度，完善民事和行政案件简转繁机制，推动速裁快审快执案件诉讼程序简捷化，推行要素式审判和示范裁判，建立符合速裁快审特点的流程管理。同时，对民事、刑事、行政案件繁简分流的标准作出了细化。截至2021年1月18日，90%以上法院建立多元解纷区，3468家法院建立在线调解室。全国98%以上地区建立党委领导下的多元解纷机制，95%以上地区将万人成讼率纳入平安建设考评体系，有效破解了矛盾纠纷前端治理责任弱化等问题，① 对保证诉讼的效益性，满足多元化司法需求，确保纠纷的高效解决具有重要意义。

三、省级以下司法机关自主型

省级以下自主型改革试点指当地司法机关根据司法情况、经济状况以及生态环境等因素开展改革，旨在探索实际的司法体制改革新道路，为全国创造可复制、可推广的成功经验。在新时期司法改革地方试点全面开展的背景下，全国各省、市、区在自主试点过程中推出了许多极具意义的措施。这种类型的改革试点多涉及具体的制度落实，实际效果非常直观。为凸显省级以下司法改革试点的新颖性与代表性，在对地方经济发展条件、改革的基础、改革的需求程度、战略位置、司法信息等实际因素进行考量后，下文选取了北京市、云南省、广东省深圳市、上海市徐汇区、江苏省苏州市、河南省郑州市、吉林省松原市的试点措施进行介绍，主要涉及审判业务机构改革、环境公益诉讼、多元解决纠纷机制改革与民事诉讼程序繁简分流改革等内容。

（一）审判业务机构改革

党的十八届三中全会后，法院司法改革进入快车道，全新的改革理念从根本上改变了原有的内设机构改革路径，尤其是在审判权力运行方面彻底切断了科层制、行政化的运行模式后，包括审判业务机构在内的内设机构改革都走上了精简、压缩以适应、服务司法责任制改革的道路。②

一是，北京市四中院打造的"审判庭＋综合办公室"审判业务机构改革模式。其通过创设法官委员会、建构"四大平台"这两大措施对内设机构进行改革。北京市四中院按照业务类别和机构职能对本院的内设机构进行有序

---

① 数据来源参见：《司法改革2020：继续奋斗，勇往直前》，最高人民法院网，https：//www. court. gov. cn/zixun-xiangqing-284731. html，最后访问日期2022年5月1日。

② 肖新征：《审判权厘定后审判业务机构改革的新进路》，《人民司法》2020年第13期，第4页。

划分，并在机构设置上打破原有的"分庭制"机构设置模式，除强化审判庭的中心地位外，整合法院行政资源设立综合办公室，从根本上改变了过去非审判机构尾大不掉的局面，并在一定程度上实现了法院内设机构精简化的改革目标。院内设法官委员会，法官委员会由全院全体入额法官组成，其依据章程开展工作，不受院、庭领导的干预，实现审判业务机构的高度自治。此外，北京市四中院依托法官委员会，建构法官的自治管理平台；依托审判委员会，建构审判业务综合管理平台；依托司法服务办公室，建构内外司法服务综合管理平台；依托综合行政办公室，建构审判保障服务平台。其中，司法服务办公室是北京市四中院作为试点法院的特有机构，独具特色，其职能主要是延伸审判职能、实现司法和行政的良性互动，联络人大代表、政协委员、律协等社会力量。[①]

二是，深圳市福田区法院通过"审判庭 + 审判团队"的审判业务机构改革模式进行试点。深圳作为我国外向型经济特征较为突出的地区，改革基础条件好且先前改革经验扎实。作为司法改革先行示范区，深圳法院在最高人民法院的指导和支持下，先行先试。在此基础之上，深圳市福田区法院对审判业务机构进行了改革，其基本思路是：通过借鉴、参考现代企业"项目团队"的管理模式和港澳等地"突出法官主体地位，给法官配备工作团队开展工作"的工作机制，在不突破现有法律规定的前提下，对原有以庭科室为单元的工作机制进行改造，组建若干审判团队。具体方法为：突破原有的"分庭制"机构设置模式，结合案件类型，按照人案均衡原则，组建包含审判长（1 人）、普通法官（2 人）、法官助理（3 人）以及其他司法辅助人员（4 人）的 52 个审判团队。[②] 其中，按照法官和助理的不同配置，审判团队大致形成了"1 + 2 + 3""1 + 1""1 + N"三种人员配置模式。

（二）环境公益诉讼制度改革

环境公益诉讼是保护以生态环境和资源免受污染和破坏为核心的社会公共利益的重要方式。我国环境公益诉讼制度的建构，主要通过试点获取经验，然后体现在《中华人民共和国民事诉讼法》《中华人民共和国环境保护法》《最高人民法院关于审理环境民事公益诉讼案件适用法律若干问题的解释》以及检察机关提起公益诉讼制度之中。[③]

---

① 郭京霞、付金：《整建制改革：人力和机制资源的系统整合》，《人民法院报》2017 年 1 月 9 日，第 6 版。

② 梁展欣：《深圳福田法院审判长制度改革》，《法制资讯》2013 年第 9 期，第 56 页。

③ 罗丽：《我国环境公益诉讼制度的建构问题与解决对策》，《中国法学》2017 年第 3 期，第 248 页。

在环境公益诉讼制度的改革之中，云南省的"集中管辖"制度和"环境资源法庭"尤其能展现出地方自主改革试点的特征。云南省高级人民法院以深化环境司法改革创新为动力，结合当地特色，实施环境民事公益诉讼案件试点改革。2017年10月，经最高人民法院批准，云南省高级人民法院下发了《环境民事公益诉讼案件跨行政区域集中管辖实施方案》，依托昆明、玉溪、曲靖、大理、迪庆、红河6家中级人民法院，跨行政区划集中管辖环境民事公益诉讼案件和生态环境损害赔偿案件。云南省法院通过案件管辖集中化、案件审判归口化、重点案件专项化，健全完善审判制度机制，积极探索生态环境司法保护有益经验，依法履行环境资源审判职责，为推动绿色发展提供司法服务和保障。

云南高院还制定出台《云南省环境资源案件受案范围（试行）》等文件，由6家基层法院集中管辖涉九大高原湖泊环境资源一审民事、行政案件。由于云南地形多样，物种分布广泛，2008年云南成立全省首家环境资源审判庭以后，云南法院开始探索构建以流域、湖域等生态功能区为单位的跨行政区划集中管辖制度，以统一裁判尺度。2021年9月25日，昆明环境资源法庭挂牌成立，法庭实行环境资源民事、刑事、行政案件"三合一"审理模式，进一步整合司法资源、统一裁判尺度，加快推进云南环境资源司法保护专业化、专门化、体系化。如今，云南全省法院已成立了13个环境资源审判庭，共选任了48名员额法官，专门从事环境资源审判工作，实行环境资源民事、刑事、行政案件"三合一"审理模式。

（三）多元化纠纷解决机制改革

党的十八届四中全会提出，要健全社会矛盾纠纷预防化解机制，完善调解、仲裁、行政裁决、行政复议、诉讼等有机衔接、相互协调的多元化纠纷解决机制。2015年12月，中办、国办印发《关于完善矛盾纠纷多元化解机制的意见》，多元化纠纷解决机制改革进入了全面系统推进的新阶段。在此背景下，国内多地自主展开多元化纠纷解决机制的改革工作，其中以上海市徐汇区、河南省郑州市与吉林省松原市的改革较为典型。

一是，上海市徐汇区人民法院探索建立诉讼辅助事务社会化解决机制。该院制定《诉讼服务事务社会化管理办法》，在诉讼服务中心下设"诉讼服务事务社会化管理中心"，通过整合外部资源，形成调解员、调查员、协执员、诉讼辅导员和志愿者等为主体的社会化诉讼辅助人员队伍，规范辅助人员引进、培训、考核、续用、退出等环节。其措施主要有：首先，同司法局联合调解委员会、行政调解机构、社区性调解组织、行业性调解组织相对接，完善非诉讼纠纷解决机制。其次，成立诉讼与公证对接工作室，与区司法局、区公证处签约开展公证参与司法辅助事务合作，将合作范围从原家事案件调查拓展至事实证据调查、诉讼保全、执行保障、辅助送达等审执工作各方面。然后，通过志愿者减负诉讼事务，该院在诉调对接中心设立"青年律师实践基地"，在执行事务中心设立"青年律师志愿服务岗"，由青年律师参与为期6个月的见习调解或执行辅助工作。仅2018年1月至2019年3月，律师志愿者共参与诉前调解案件7155件。[①]

二是，河南省郑州两级法院采用"门诊式调解与专业化调解"相融合的模式，实质化解纠纷。全市16个法院共确定一般性特邀调解组织235个、特邀调解员859人；与市银行业协会、保险业协会等社会组织对接，设立行业特邀调解组织23个，聘任具有专业知识、调解特长的调解员105名；采取"调解＋司法确认"快速办理模式，就当事人自愿申请司法确认或出具调解书的情形，在诉讼服务中心实现"一站式办理"。试点以来，全市法院诉前委派调解纠纷189101件，成功化解56308件，诉前化解成功率29.78%；司法确认案件受理18884件，裁定确认调解协议有效18732件，确认率99.19%。[②]

三是，吉林省松原市中级人民法院推动的诉调中心入驻地方综治中心的多元化解决纠纷制度。该院立足松原实际，聚焦非诉纠纷解决机制，在全市法院开展"诉源治理年"活动，探索把法院诉调对接中心整体移入地方综治中心，在诉调对接中心设立矛盾纠纷调处工作室、法律服务工作室、流动法官工作室，充分整合公安、司法等职能部门和解纷组织的力量，推动法院主导型解纷机制向纳入社会治理大格局转型，促进矛盾纠纷就地发现、就地调处、就地化解。截至目前，诉调中心已入驻78个综治中心，推动建成"无讼示范村"6个，诉前调解案件16619件，调解成功率82.01%，达到良好效果。[③]

（四）民事诉讼程序繁简分流改革

习近平总书记曾在2019年中央政法工作会议上强调："要深化诉讼制度改革，推进案件繁简分流、轻重分离、快慢分道。"随着经济社会快速发展，

---

① 数据来源参见：《上海市徐汇区人民法院——积极整合外部资源 探索诉讼辅助事务社会化新模式》，最高人民法院网，https：//www. court. gov. cn/zixun-xiangqing-172682. html，最后访问日期2022年4月20日。

② 数据来源参见：《让民事诉讼更高效 更快捷 更公正——郑州法院民事诉讼程序繁简分流改革试点成效明显》，郑州市中级人民法院网，http：//zzfy. hncourt. gov. cn/public/detail. php？id＝27527，最后访问日期2022年2月26日。

③ 数据来源参见：《松原中院：擦亮"窗口"提升群众司法获得感》，中国法院网，https：//www. chinacourt. org/article/detail/2021/11/id/6380364. shtml，最后访问日期2022年2月26日。

案件数量持续高速增长，人民群众对法院解决纠纷的能力和水平提出更高要求，期待司法更加公正高效权威。司法实践中，部分地方法院已经为此作出了许多有益探索，如江苏省苏州市的"要素式"分流模式和河南省登封市的"五分法"模式。

一是，江苏省苏州市法院的"要素式"分流模式。江苏省苏州市相城区人民法院在民事诉讼程序繁简分流改革试点工作上，以道路交通案件要素式裁判为切入点，通过"诉前调解初次分流、简案速裁二次分流、繁案精审三次分流"，打造一条道路交通案件审理的"快车道"，着力落实"简案快审、类案专审"目标，将要素式裁判作为一项特色工作重点加以推进，截至 2022 年，道路交通案件平均审理天数 34.64 天，法定审限内结案率达 98.49%，简易程序适用率为 99.25%，一次开庭成功率达 96%，平均庭审时长 10 分钟。[①]

二是，河南省登封市人民法院的繁简分流"五分法"模式。该院立足基层法院实际，根据本院案件类型和诉讼结构，创新推出"前置、简案、类案、争议、执行"繁简分流"五分法"，构建立体、动态、分层过滤、定制式的案件分流新机制，初步实现"简案快审、繁案精审"的改革目标。登封市人民法院通过出台《"五类案件"前置程序细则》和《鉴定、公告类案件前置程序细则》实行前置委派调解；通过制定《简单案件立案识别分流标准》《类案立案识别分流标准》《争议案件立案识别分流标准》将简案、类案、争议三类案件分别分流到速裁团队、类案团队和普通团队（院庭长团队）审理；依托最高法院"总对总"查控系统，立案时全部交由快执团队先行"四查"，进行分流。[②]

---

① 数据来源参见：《苏州相城：分流再分流 道交案件走上"快车道"》，中国法院网，https://www.chinacourt.org/article/detail/2022/02/id/6524538.shtml，最后访问日期 2022 年 2 月 26 日。

② 参见《人民法院司法改革案例选编（三）》，最高人民法院网，https://www.court.gov.cn/zixun-xiangqing-105252.html，最后访问日期 2022 年 4 月 20 日。

第二章

基于地方试点的新时期司法改革与立法

2013 年，党的十八届三中全会通过的《中共中央关于全面深化改革若干重大问题的决定》拉开了全面深化改革的序幕。2014 年 6 月，中央全面深化改革领导小组审议通过了《关于司法体制改革试点若干问题的框架意见》。由此，新一阶段的司法改革试点在全国陆续展开。与之前的阶段相比，2013 年之后展开的新时期司法改革地方试点主要存在以下三个特征：第一，过去的司法改革地方试点多为司法系统或者地方自发改革，而本阶段改革试点动力直接来自中央，改革试点直接进入顶层设计的统筹之中，使得试点的运行过程更加科学有序和完整，从而有利于推进试点后的立法进程。第二，2013 年之后开展的司法改革地方试点工作不再局限于对司法体制的修补，而是更具系统性、突破性和变革性。在这一阶段司法改革地方试点中，体制改革与机制改革试点并举，主体改革与综合配套改革试点并行，改变了以往改革试点零散的局面，呈现出全面化的改革规模。第三，解决了以往改革中面临的试点合法性问题，推进了主动适应改革和发展需要的立法。2014 年党的十八届四中全会审议通过的《中共中央关于全面推进依法治国若干重大问题的决定》提到的"实现立法和改革决策相衔接，做到重大改革于法有据、立法主动适应改革和经济社会发展需要"和 2015 年修订的立法法增加的第十三条，不但创造了"授权型改革"的试点类型，解决了试点合法性问题，还将试点结果和经验上升为法律提供了理论依据。

受益于以上特征，随着新时期司法改革地方试点的展开，立法进程也在有序推进。由于改革试点是分批分区域进行，对于试点结果的评估和反馈也是具有持续性的，且改革项目彼此之间存在联系，因此立法数量呈现出厚积薄发的态势。同时，立法领域也如同司法改革所涉及的领域一样，逐渐从"点"深化到"面"，这体现出改革试点的成效是需要经过实践和时间双重检验的。党的十八大以来，采用地方试点方法的司法改革在立法程序、立法数量、立法成果方面取得了长足进步，尤其是厘清了司法改革与立法之间的进程和思路，为深化改革指明了道路。

有鉴于此，本章将分三节对新时期司法改革地方试点与立法展开叙述：第一节旨在分析司法改革地方试点对立法的影响。对于改革试点与立法的关系这个问题，本节主要通过全面梳理新时期司法改革试点的主要内容，阐述试点的运行阶段，列举新时期司法改革的主要立法成效三点来体现。第二、三节则旨在分析我国司法改革试点中，关于司法体制改革与诉讼制度改革的相关规定和对应的立法成效。

第一节　司法改革地方试点对立法的影响

一、新时期司法改革地方试点的主要内容

中央从推进国家治理体系和治理能力现代化、建设中国特色社会主义法治体系的高度，对深化司法改革作出了系统化的顶层设计。迄今为止，公正、高效、权威的社会主义司法制度逐步建立。要了解改革试点对立法的作用与影响，则有必要对司法改革地方试点的主要改革进行梳理。我国司法改革地方试点实现了司法体制与诉讼机制改革并重，主要覆盖司法机关人员管理、司法机关组织体系和诉讼制度改革等多个领域。

（一）司法体制改革

司法体制改革主要包含司法机关人员管理制度改革和司法机关组织体系改革两个方面。

首先，司法机关人员管理制度改革作为新时期司法改革的重要组成部分，是保障我国司法系统实现精英化、独立化和公正化的举措。以审判机关为例，主要涉及员额制、司法责任制以及省级以下法院人财物统一管理制度试点。

一是法官员额制改革。所谓员额制，是指在对审判人员、审判辅助人员和司法行政人员进行"分类管理"的前提下，为进入法官序列的人设置员额限制，并确保那些审判业务精湛、品行兼优的审判人员，经过层层选拔，最终被任命为入额法官。党的十八大以后，经过几年的改革探索和逐步试点，全国法官员额制的推行已经基本完成。[①]

二是司法责任制。司法责任制包括两个构成要素，分别是"让审理者裁判"和"由裁判者负责"。前者解决"审判权与裁判权分离"的现实问题，实现法院内部司法裁判的"去行政化"；后者则要求主审法官、合议庭

---

① 胡道才：《法官员额制改革"落地"后的思考》，《中国社会科学报》2017年3月28日，第5版。

成员对所审理的案件承担法律责任。2015 年，最高人民法院颁行《最高人民法院关于完善人民法院司法责任制的若干意见》，指明了司法责任制改革试点的方向。目前全国大部分省（区、市）已经开展试点，试点工作初见成效。

三是省级以下法院人财物收归省级统管。这是一项影响重大的司法改革措施，对于中级法院和基层法院摆脱同级党委、人大和政府对其人财物的控制，保障这两级法院的外部独立有积极的意义。① 由于各省市区的发展情况、试点推动力度的不同，该改革试点的地方差异较大。

其次，司法机关组织体系改革是为了实现优化司法职权配置所开展的，党的十八届四中全会公报针对依法治国提出了一系列相关改革举措，其中就包括四级法院审级职能定位改革、设立巡回法庭、设立跨行政区划的人民法院和人民检察院三大改革。

一是推动实行四级法院审级职能定位的改革试点。为推动完善我国诉讼制度，明确四级法院审级职能定位，加强审级制约监督体系建设，优化司法资源配置，保障法律正确统一适用，2021 年 5 月，中央全面深化改革委员会审议通过《关于完善四级法院审级职能定位的改革方案》。同年 8 月，十三届全国人大常委会第三十次会议通过《全国人民代表大会常务委员会关于授权最高人民法院组织开展四级法院审级职能定位改革试点工作的决定》，授权最高人民法院在本院和北京等 12 个省（直辖市）的人民法院组织开展四级法院审级职能定位改革试点。

二是设立巡回法庭。经党中央批准，最高人民法院于 2015 年 1 月设立第一、第二巡回法庭，并于 2016 年底增设了第三、第四、第五、第六巡回法庭。通过建立巡回法庭制度，最高法院设立相对稳定的巡回法庭机构，实现重大行政案件、跨区域民商事案件就地审理，方便当事人开展诉讼活动，保护当事人合法权益，维护司法公正。

三是设立跨行政区划法院与检察院。跨行政区划司法机关设置的改革是当前司法体制改革的重要举措，是为了解决司法管辖区与行政区划高度重合、司法官员任免高度地方化和地方有关机关不当干涉司法机关依法独立行使职权等司法地方化的现实难题。

（二）诉讼机制改革

诉讼机制改革主要涉及立案登记制、人民陪审员制度、刑事速裁程序、

---

① 陈卫东：《司法机关依法独立行使职权研究》，《中国法学》2014 年第 2 期，第 41—43 页。

认罪认罚从宽制度、审判阶段律师辩护全覆盖制度、检察机关提起公益诉讼和监狱巡回检察制度。

一是立案登记制改革。党的十八届四中全会明确提出，改革案件受理制度，变立案审查制为立案登记制，对人民法院依法应该受理的案件，做到有案必立、有诉必理。2015 年 4 月 13 日最高人民法院审判委员会第 1647 次会议通过的《最高人民法院关于人民法院登记立案若干问题的规定》表明，立案登记制改革试点成果已为立法所吸收。

二是人民陪审员制度改革。党的十八届四中全会通过的《中共中央关于全面推进依法治国若干重大问题的决定》提出："逐步实行人民陪审员不再审理法律适用问题，只参与审理事实认定问题。"为落实此项改革，最高人民法院会同司法部自 2015 年 5 月起，在全国 10 个省、自治区和直辖市共 50 个法院开展人民陪审员制度改革试点。为了保障公民依法参加审判活动，促进司法公正，全国人大常委会于 2018 年 4 月 27 日审议通过并向全社会公布了《中华人民共和国人民陪审员法》。

三是刑事速裁程序和认罪认罚从宽制度改革。2014 年，全国人大常委会授权最高人民法院、最高人民检察院在全国 18 个城市进行为期两年的"刑事速裁程序"试点工作。2016 年，在刑事速裁程序试点工作结束之后，全国人大常委会再次授权"两高"在同样的 18 个城市进行为期两年的"认罪认罚从宽制度"的试点工作。这实际上是将刑事速裁程序纳入认罪认罚从宽制度的框架之内。①

四是审判阶段律师辩护全覆盖制度。律师辩护全覆盖是人权保障在我国刑事司法领域的应然要求和实然需要。2017 年 10 月，刑事案件律师辩护全覆盖试点工作在北京、上海等 8 个省（直辖市）正式启动，开启了刑事案件律师辩护全覆盖的试点。

五是检察机关提起公益诉讼改革。2015 年 7 月，全国人大常委会授权最高人民检察院开展检察机关提起公益诉讼试点，开启了环境公益诉讼的新篇章。检察机关提起环境公益诉讼既有法理基础，也符合现实需要。随后，最高人民检察院出台《检察机关提起公益诉讼改革试点方案》予以落实。

六是监狱巡回检察制度改革。2018 年 12 月 25 日最高检《关于印发〈人民检察院监狱巡回检察规定〉的通知》明确，自 2019 年 7 月 1 日起，全国检察机关全面推进对监狱实行巡回检察，对监狱实行巡回检察由原来 8 个省（自治区、直辖市）进行试点到全面铺开实施。

---

① 陈瑞华：《认罪认罚从宽制度的若干争议问题》，《中国法学》2017 年第 1 期，第 35 页。

二、司法改革地方试点的运行阶段

试点方法在新时期司法改革中的运用，使得国家能够总结局部区域的改革经验，归纳司法理论，并最终出台符合社会发展需求的法律，其重要性是不言而喻的。因此，解析试点各个运行阶段有助于理解试点对于立法的影响。下文将简要阐述试点的运行阶段，分别是设计试点方案、实施试点与经验总结。试点的每个阶段都日臻完善，对立法产生积极作用。

（一）试点准备阶段

试点方案的设计包含明确组织架构、调查前期信息以及选点三个重要环节。

首先，组织架构与分工在司法改革地方试点中发挥了重要作用。从 2003 年中央司法体制改革领导小组成立开始，直至党的十八届四中全会，我国司法改革形成了中央、"两高"、地方三层次的组织结构。其中，中央发挥顶层设计的作用，负责改革总体政策、方针、路线的统筹与部署；最高人民法院与最高人民检察院作为中间枢纽，则负责贯彻、传达与执行中央的改革政策；地方则专注于落实、摸索、执行司法改革的具体方案。包括司法机关、政法委、公安、司法行政、国安、税务等各权力机关参与到司法改革当中，使得司法改革地方试点的进程更加有序，方案落实到位，督导正确，反馈及时。

其次，试点实施之前的信息摸底调查。第一，拓宽信息的来源，不仅是调查搜集法院、检察院等机关的司法信息，还将其他机关或者是社会信息纳入调查范围内，以形成完整的信息链。[1] 第二，利用大数据等智能数据处理技术整合信息数据，发挥信息时代数据处理能力，了解司法状况，有利于增加选点的合理性，形成改革试点的整体规划蓝图。这一计划不仅包含改革试点的目标、内容、对象、数量等多方面指标，还包括预测试点成果和风险。

再次，选点环节。有学者将选点的标准分为选择试点地区（单位/部门）的标准和选择试点项目的标准。[2] 一方面要考虑地方或部门的资源，包括经济发展条件、改革的基础、改革的迫切需求、战略位置、当地的人口数量、司法信息、经费预算、司法辅助人员配置等因素；另一方面要统筹试点平衡，突出试点的全局性、新颖性、可控制性与代表性意义，避免步入极端的选择。如前文提及的广东省珠海市的司法改革试点，不仅是因为广东经济活跃，另一个重要原因是广东省的改革经验较为丰厚。从目前的司法改革情况来看，不同的改革项目选择的试点区域是不同的，因地制宜成为选择试点区域的重

---

① 刘辉：《刑事司法改革试点现象》，《中国刑事法杂志》2013 年第 8 期，第 85 页。

② 廖丽环：《司法改革的试点研究》，厦门大学 2019 年博士学位论文，第 83—84 页。

要原则。例如检察机关提起公益诉讼的司法改革,需要结合公益诉讼解决生态环境问题的改革目标,因此可选择存在严重环境污染问题的区域首先试点。最终,试点项目或单位的产生都需要符合程序正当的要求,如经过专家评议与认证、上级部门审查认可与授权、网上公示等。

（二）试点实施阶段

在完成选点与确定具体试点方案后,改革试点会进入部署和推展阶段。而在改革试点开展之后,督察和调研是保证改革试点顺利进行的重要手段。改革组织者往往会定期派驻或巡查试点项目,对试点工作进行指导、调研、监督,以此来密切关注试点形势、及时把握试点进程、反馈试点难题和优化后期试点方案。在此过程中,督察重在对试点实施中试点主体偏差行为的纠偏修正,调研则重在对试点方案的调适。以人民陪审员制度改革试点为例,为全面加强对改革重大理论和实践问题的研究,最高人民法院成立人民陪审员制度改革研究小组,并建立了试点工作信息月报制度,定期分赴试点地区开展改革专项督察。全国人大代表和地方人大代表高度关注人民陪审员制度改革试点工作,多次赴试点法院听取试点情况汇报,开展专项督察,监督、指导改革试点工作。

（三）评估与总结阶段

在试点完成阶段性任务时,需要及时开展评估工作,对试点进行周期性的验收。[1] 试点评估阶段包含组建评估机构、确定评估标准、划定评估指标参数等环节。考虑到试点内容和区域有所不同,评估的指标理应突显针对性。至于评估的具体方法则会采用实证分析法,着眼于当前社会或学科现实,通过试点事例和经验等从理论上说明。

阶段性试点任务完成后还应对该试点项目进行整体总结。以法院为例,试点实践中,地方法院通常会将试点情况、所得成效、现存难点、后续建议等编撰成试点工作总结报告,呈交试点启动主体或上一级法院,然后经他们审核材料、核验报告所涉信息、汇总后形成正规合法的报告对外公布。

总而言之,清晰的组织架构为改革试点有序开展提供了基础,信息摸底和选点阶段显示出改革试点工作的启动是严谨科学的,督察和调研阶段显示出我国司法改革试点设计者与执行者的高度活跃度与能动性,试点项目的评估与总结坚持"顶层设计与摸着石头过河"的改革路线,使得司法改革地方试点有序开展,为我国立法提供了科学有效的信息,推动立法工作有序开展。

---

[1]　刘风景:《论司法体制改革的"试点"方法》,《东方法学》第 2015 年第 3 期,第 120 页。

三、司法改革地方试点成果的立法吸收

新时期司法改革地方试点遵循"顶层设计与摸着石头过河相结合"的路线，在重视"改革于法有据"的基础上，通过立法吸收改革成果与试点经验。随着改革不断深入，立法和改革相伴相生、互相促进的关系也得以厘清，主要体现在：一方面是确保各项司法改革有法可依；另一方面是通过立法及时吸收试点经验。

将改革成果立法吸收，是司法改革的重要步骤，是检验试点成果的重要判断标准。试点改革中探索出来的先进经验与规则以何种形式、何种内容进入法律，还需要进行科学的判断。不宜将试点的规则全盘照搬上升成法律，也不能忽视改革试点中产生的经验成果。

首先，对于试点成果进行立法吸收的形式主要有制定、修改法律和出台司法解释等。比如，2018 年修正的《中华人民共和国刑事诉讼法》在总结改革试点经验的基础上，对认罪认罚从宽制度进行了立法确认，2021 年最高人民法院发布的《最高人民法院关于适用〈中华人民共和国刑事诉讼法〉的解释》则是对认罪认罚从宽制度改革试点的进一步补充与规范。

其次，在立法吸收试点成果的内容上，依据科学的判断决定试点中的哪些规则能被立法确认。比如，2018 年修正的《中华人民共和国刑事诉讼法》在原则、证据、受案范围和审查程序等对认罪认罚从宽制度作了较为详细的规定，是改革试点重要的阶段性成果，但在具体内容上，刑事诉讼法的相关规定与试点中所实行的规则存在差异。这是因为立法者在总结试点经验之后，基于科学的判断，所作出的立法吸收。由于篇幅限制，具体的立法吸收情况将在下文阐述。

改革试点这一方法对立法存在推动作用。然而，司法改革各个试点项目在立法进程上并不完全一致。就当前整体试点成果的立法吸收情况来看，试点启动的时间、试点实施的期限、试点运行的效果、立法基础等因素都会影响立法对试点成果吸收的及时性。我国新时期司法改革地方试点呈现出了体制与机制改革并重的局面。从目前的试点运行来看，相当部分的体制改革和机制改革都得到了立法的进一步确认。

一方面，体制改革试点的立法吸收。司法机关人员管理制度改革如司法员额制、责任制、省以下人财物统管虽然已经在全国范围内推进试点，且2017 年以来修订的人民法院组织法、人民检察院组织法、法官法、检察官法等明确了司法员额制、责任制、省以下人财物统管等改革试点成果的制度化，司法机关组织管理体系方面的巡回法庭改革则已被 2018 年通过修订的人民法

院组织法吸收，但是"跨行政区划法院与检察院"与四级法院审级职能定位改革试点尚未有单独立法成效。另一方面，机制改革试点的立法吸收，已得到立法确认的有以下几项：刑事速裁程序、认罪认罚从宽制度、刑事案件律师辩护全覆盖制度、检察机关提起公益诉讼、检察机关对监狱实行巡回检察制度、人民陪审员制度等。[1]

可以看出，符合基本法律秩序框架下的司法改革，不仅有利于合理地解决司法实践中的实际问题，弥补法律天然滞后属性带来的不足，更能够为我国的下一步立法提供先行补充和调适。

第二节　司法体制改革地方试点与立法

一、司法体制改革的发展阶段

司法制度改革通常包括两个层面，即司法体制改革和司法诉讼机制改革。前者主要涉及司法机关之设置、职能、地位、人员及内外关系等宏观结构方面内容，后者主要涉及司法运行的规则、具体程序、制度等微观技术方面内容。[2] 在新时期司法体制改革进程中，最关键问题与最受关注的有两大方面，分别是司法地方化与司法行政化的破除。司法地方化主要指以地方保护主义为特征的司法，其最典型的表现是地方保护主义和行政诉讼的虚置，使得司法审判在目标上出现严重偏离，以地方利益而非公平公正为重；司法行政化主要指司法主体、司法行为、司法目标、上下级法院关系等违背了司法应有之属性，不断地向行政化靠拢的倾向。新时期的司法体制改革以"去地方化"和"去行政化"作为基本线索，包含了诸如"司法责任制""员额制""审判中心主义""省级以下法院、检察机关人财物收归省级统一管理"等一系列重大改革课题，使得司法制度的整体面貌发生了重要改变。

1997 年，党的十五大报告中指出要"推进司法改革，从制度上保证司法机关依法独立公正地行使审判权和检察权，建立冤案、错案责任追究制度"，正式拉开了我国司法改革的帷幕。2003 年，由中央政法委员会、全国人大内务司法委员会、政法各部门、国务院法制办及中央编制办的负责人组成的中央司法体制改革领导小组成立，标志着我国首轮司法体制改革正式成形。2004 年底，中央司法体制改革领导小组形成了《中央司法体制改革领导小组

---

① 廖丽环：《司法改革的试点研究》，厦门大学 2019 年博士学位论文，第 117 页。
② 陈光中、魏晓娜：《论我国司法体制的现代化改革》，《中国法学》2015 年第 1 期，第 101 页。

关于司法体制和工作机制改革的初步意见》，提出了改革和完善诉讼制度、诉讼收费制度、检察监督体制等 10 个方面的 35 项改革任务。

2013 年，《中共中央关于全面深化改革若干重大问题的决定》在党的十八届三中全会上审议通过。会议提出的"顶层设计与摸着石头过河相结合"的模式，将司法改革推向了新的高度。2014 年 6 月，中央全面深化改革领导小组审议通过《关于司法体制改革试点若干问题的框架意见》，在这之后，最高层成为司法改革的直接主导者，一系列真正涉及司法体制的改革方案得到全面推行。

我国的司法体制改革工作总体上呈现逐步推进的态势，最终的改革目标是确立司法机关权威，实现司法机关严格依法办案，确保司法机关独立行使职权，并最终担负起维护社会的公平与正义的重任。[1] 随着中央的重视程度与参与度的不断提高，我国司法改革的活跃度不断强化。根据这一发展脉络，本节将司法改革大体分为三个阶段，分别是自发萌芽时期（1997 年—2003 年）、整体探索时期（2003 年—2012 年）、全面活跃时期（2013 年至今），这三个时期分别呈现了不同的改革试点现象。其中前两个时期司法改革措施的推行，都是在既有的司法体制框架下的工作机制改革，并且具体改革项目都是由最高司法机关发起，而全面活跃时期的司法改革则是真正经中央层面统筹规划而推行的，系统性更强，目标更加统一和明确。因此，2013 年之后的司法改革进入了一个全新的阶段。

综上，司法体制改革的基本内涵可概括为：以维护司法权威，确保司法公正，维护社会公平为目标，围绕司法机关职能、地位、人员、内外关系等而开展的，主要解决司法地方化和司法行政化问题的一系列优化举措。

二、司法体制改革的相关规定

新时期的司法体制改革是中央在全面深化改革的框架下统筹规划和主导的，只有正确处理好中央顶层设计与地方实践探索的关系，才能确保改革沿着正确方向前进。在落实各项具体的改革措施前，必须首先按照中央统一部署，加强总体谋划。以下是中央层面作出的关于司法体制改革的指导性文件与规定。

2013 年 11 月，党的十八届三中全会上通过了《中共中央关于全面深化改革若干重大问题的决定》，其第九部分内容是推进法治中国建设，提出要深化司法体制改革，并列举出 5 项改革目标，分别是维护宪法法律权威、深化行

---

① 章武生：《我国政治体制改革的最佳突破口：司法体制改革》，《复旦学报（社会科学版）》2009 年第 1 期，第 108 页。

政执法体制改革、确保依法独立公正行使审判权检察权、健全司法权力运行机制、完善人权司法保障制度。第十六部分内容提出，中央成立全面深化改革领导小组，负责改革总体设计、统筹协调、整体推进、督促落实的工作职能，确立司法体制改革的中央领导机构。2014 年 2 月，中央全面深化改革领导小组第二次会议，审议通过的《关于深化司法体制和社会体制改革的意见及贯彻实施分工方案》解决了"司法体制改革如何分步走"的问题，明确了深化司法体制改革的目标、原则，制定了各项改革任务的路线图和时间表。第三次会议审议通过《关于司法体制改革试点若干问题的框架意见》，对若干重点难点问题确定了政策导向。2014 年 10 月，党的十八届四中全会通过的《中共中央关于全面推进依法治国若干重大问题的决定》提出了 7 项具体目标，对党的十八届三中全会提出的深化司法体制改革目标进一步作出细化。

　　上述顶层设计的决策部署，为各项具体的改革措施指明了方向与实施路线。从步骤上看，遵循来自中央对司法改革的部署，需要注重各项司法体制改革举措的衔接，积极开展试点，注重各项改革举措的贯彻落实。受篇幅影响，下文将主要介绍员额制、司法责任制、省级以下法院检察院人财物收归省级统一管理制度、巡回法庭制度、跨行政区划法院检察院制度等改革制度的主要规定。

　　（一）员额制改革的相关规定

　　员额制是指有关司法机关包括法院和检察院在编制内根据办案工作量、辖区人口、经济发展等因素确定的，包括法官和检察官的职数限额的制度。员额制是实现司法人员分类管理的核心，同时也是实现司法人员职业化的基础，更是实行司法责任制的前提。通过员额制改革，可以提高办案质量和效率以及司法公信力。

　　2014 年 3 月，中央部署开展司法体制改革四项试点工作。2014 年 6 月，中央全面深化改革领导小组第三次会议审议通过了《关于司法体制改革试点若干问题的框架意见》，第一次明确提出"建立法官、检察官员额制"。[1] 会

---

　　[1]　中央全面深化改革领导小组第三次会议审议通过了《关于司法体制改革试点若干问题的框架意见》，指出：建立法官、检察官员额制，根据该地区的案件数量，确定法官、检察官人数，每名法官、检察官根据平均办案数量审理案件，这既能体现法院、检察院中法官、检察官的主体地位，打破法官、检察官与司法行政人员"不同工却同酬"的机制，也能让法官、检察官更科学合理地办案，避免出现"案多人少"的情况。为了改变目前法官、检察官队伍大、门槛低、素质参差不齐的局面，法官、检察官要通过专门的遴选委员会选举产生，由组织人事、纪检监察部门在政治素养、廉洁自律等方面考察把关，人大依照法律程序任免。建立逐级遴选制度，上级法院、检察院的法官、检察官原则上从下一级法院、检察院择优遴选，既可为优秀的基层法官、检察官提供晋升通道，又可保证上级法院、检察院的法官、检察官具有较丰富的司法经验和较强的司法能力，形成优秀人才有序流动的良性机制。

议还通过了《上海市司法改革试点工作方案》，方案中明确规定了上海市司法改革试点的具体内容，自此，上海作为我国员额制改革的第一个试点地方正式拉开了帷幕。

2015 年 2 月，最高人民法院公布的《人民法院第四个五年改革纲要（2014—2018）》将建立法官员额制度规定为实现"法院人员的正规化、专业化、职业化建设"的重要措施。即根据法院辖区经济社会发展状况、人口数量（含暂住人口）、案件数量、案件类型等基础数据，结合法院审级职能、法官工作量、审判辅助人员配置、办案保障条件等因素，科学确定四级法院的法官员额。根据案件数量、人员结构的变化情况，完善法官员额的动态调节机制。科学设置法官员额制改革过渡方案，综合考虑审判业绩、业务能力、理论水平和法律工作经历等因素，确保优秀法官留在审判一线。同时，最高人民检察院也公布了《关于深化检察改革的意见（2013—2017 年工作规划）》（2015 年修订版），提出要建立检察官员额制度，合理确定检察官与其他人员的比例。

以法官员额制为例，改革试点中主要有以下措施：

一是推进法院人员分类管理制度改革，将法院人员分为法官、审判辅助人员和司法行政人员，实行分类管理。与之配套的，则是拓宽审判辅助人员的来源渠道，建立审判辅助人员的正常增补机制，减少法官事务性工作负担，实现"以类分岗，以岗定额"。在上海市的司法改革方案中，司法机关工作人员被划分为法官与检察官、司法辅助人员、行政管理人员，这三类工作人员的比例被确定为 33%、52% 和 15%。[①]

二是按照中央关于推进法官员额制改革的要求，法官员额比例应当控制在中央政法专项编制的 39% 以内。[②] 39% 的员额比例是针对各省、自治区、直辖市法院的中央政法专项编制而言，可以在不同审级、地域进行调剂，并不是要求每个法院的法官员额比例都必须是 39%。

三是配合省以下法院人事统管改革，推动在省一级设立法官遴选委员会，从专业角度提出法官人选，由组织人事、纪检监察部门在政治素养、廉洁自律等方面考察把关，人大依照法律程序任免，保证审判队伍的专业化、精英化。从各个试点法院的实践来看，入额法官的遴选流程大致为：申请报名→入额基本条件审查→入额考核→入额考试→法官遴选委员会表决→审议确定。

---

① 潘铭方、李清伟：《论法官员额制的制度构建》，《法学杂志》2018 年第 1 期，第 119 页。
② 陈永生、白冰：《法官、检察官员额制改革的限度》，《比较法研究》2016 年第 2 期，第 23 页。

　　经过几年的改革探索和逐步试点，全国员额制的推行已经基本完成。员额制改革推动法官检察官的职业化与精英化，增强了法官检察官的职业吸引力和职业尊荣感，对于集中优势审判资源、提高审判效率、促进公平正义更好的实现都具有积极意义。①

（二）司法责任制改革的相关规定

　　司法责任制改革是新时期司法体制改革的"牛鼻子"②，是司法去行政化改革的重心。司法责任制有两个方面的含义：一是，"让审理者裁判"；二是，"由裁判者负责"。前者意味着合议庭或独任法官拥有对案件的独立审判权，院长、副院长、庭长、副庭长则不再干预前者的审判活动，既不发布指令，也不再签署裁判文书，这些司法行政管理官员假如要审理案件，就只能在进入法官员额的前提下，通过加入合议庭或者担任独任法官，来行使对案件的审理权和判决权。而所谓"由裁判者负责"，则是指根据权力与责任相一致的原则，在合议庭和独任法官拥有独立审判权的前提下，对法官实行终身问责和责任倒查的制度。在员额制和司法责任制的制度框架下，员额制是司法责任制的前提和基础，唯有让那些最优秀的司法精英进入法官员额，并大幅度减少法官的数量、提升法官的福利待遇和社会地位，合议庭和独任法官独立行使审判权才有实施的前提；也只有对员额法官在"实现精英化"的前提下，对法官违反审判责任的追究也才有现实的基础。③

　　新时期司法责任制改革源于以下三个规范性文件。首先，党的十八届三中全会通过的《中共中央关于全面深化改革若干重大问题的决定》指明了责任制改革的目的，即"让审理者裁判、由裁判者负责，完善主审法官、合议庭办案责任制"。其次，党的十八届四中全会通过的《中共中央关于全面推进依法治国若干重大问题的决定》明确了责任制改革的方向，即"明确各类司法人员工作职责、工作流程、工作标准，实行办案质量终身负责制和错案责任倒查问责制"。再者，《人民法院第四个五年改革纲要（2014—2018）》指出了责任制改革的主要任务，即健全司法过错追究机制，统一司法过错责任的认定标准，将完善主审法官、合议庭办案责任制作为关键环节，推动建立权责明晰、权责一致、监督有序、配套齐全的审判权力运行机制。

　　依据上述司法责任制的改革框架，一系列相应的改革措施被推出并得到

---

① 虞浔：《中国司法体制改革研究——以上海为视角》，上海人民出版社 2021 年版，第 307 页。
② 习近平：《在中央政法工作会议上的讲话》，《习近平关于全面依法治国论述摘编》，中央文献出版社 2015 年版，第 102 页。
③ 陈瑞华：《司法体制改革导论》，法律出版社 2018 年版，第 260—261 页。

实施。

2015 年 2 月，中央全面深化改革领导小组第十次会议审议通过《领导干部干预司法活动、插手具体案件处理的记录、通报和责任追究规定》，明确对领导干部的行为进行了规范，明令禁止领导干部干预司法活动，且首次提出要保护如实记录干预司法行为的法官。为落实这一规定，2015 年 8 月，最高人民法院发布了《人民法院落实〈领导干部干预司法活动、插手具体案件处理的记录、通报和责任追究规定〉的实施办法》，严格约束人民法院内部领导干部干预司法行为。

2015 年 9 月，最高人民法院印发了《最高人民法院关于完善人民法院司法责任制的若干意见》，该文件要求对人民法院司法工作人员职权内容、审判工作机制、法官考核管理制度、责任追究范围等方面进行改革，其中包括明确随机分案为主的分案原则、明确独任法官裁判文书签发权限、强化法官考评监督、明确审判责任的范围和追责原则等。同年，最高人民检察院印发了《最高人民检察院关于完善人民检察院司法责任制的若干意见》，旨在建立以检察官为主体"谁办案谁负责，谁决定谁负责"的检察权运行工作机制，在明确检察人员职责权限的同时，还规定了检察人员在司法办案工作中，应当承担司法责任的 11 种情形。①

2017 年 4 月，最高人民法院印发了《最高人民法院关于落实司法责任制完善审判监督管理机制的意见（试行）》。该意见要求，除审判委员会讨论决定的案件外，院庭长对其未直接参加审理案件的裁判文书不再进行审核签发，也不得以口头指示、旁听合议、文书送阅等方式变相审批案件。

2020 年 7 月，针对司法责任制落实过程中出现的院庭长监督管理缺位等问题，最高人民法院印发了《最高人民法院关于深化司法责任制综合配套改革的意见》。该文件进一步规范了院庭长与审判人员的审判权力和责任清单，院庭长对"可能涉及群体性纠纷、疑难复杂、类案冲突、违法审判"等四类案件的监督管理职责，进一步严格违法审判责任制度，完善法官惩戒与纪检

---

① 根据《最高人民检察院关于完善人民检察院司法责任制的若干意见》，检察人员在司法办案工作中，故意实施 11 种行为之一的，应当承担司法责任：包庇、放纵被举报人、犯罪嫌疑人、被告人，或使无罪的人受到刑事追究的；毁灭、伪造、变造或隐匿证据的；刑讯逼供、暴力取证或以其他非法方法获取证据的；违反规定剥夺、限制当事人、证人人身自由的；违反规定限制诉讼参与人行使诉讼权利，造成严重后果或恶劣影响的；超越刑事案件管辖范围初查、立案的；非法搜查或损毁当事人财物的；违法违规查封、扣押、冻结、保管、处理涉案财物的；对已经决定给予刑事赔偿的案件拒不赔偿或拖延赔偿的；违法违规使用武器、警械的；其他违反诉讼程序或司法办案规定，造成严重后果或恶劣影响的。

监察衔接机制等司法责任制度，进一步推进司法责任制度全面落实。[①]

司法责任制是建立在司法权力运行机制之上并与司法权的性质特点等密切相关的一种责任体系，其根本目的不仅仅是为了惩戒，而是通过制度的反向激励，促进法官依法独立公正履行司法职责。[②] 同时，从试点情况来看，司法责任制对于优化司法机构职能和公正司法起着正向的促进作用。

（三）省级以下法院、检察院人财物统一管理制度的相关规定

中共中央政治局委员、中央政法委书记孟建柱在《深化司法体制改革》一文中指出："考虑到我国将长期处于社会主义初级阶段的基本国情，将司法机关人财物完全由中央统一管理，尚有一定困难。应该本着循序渐进的原则，逐步改革司法管理体制，先将省级以下地方人民法院、人民检察院的人财物由省一级统一管理。"党的十八届三中全会提出"推动省以下地方法院、检察院人财物统一管理"的改革举措后，中央全面深化改革领导小组第三次会议审议通过了《关于司法体制改革试点若干问题的框架意见》和《上海市司法改革试点工作方案》；之后，又陆续审议通过了其他省份的《司法改革试点工作方案》。

作为一项体制性改革，省以下法院、检察院人财物统一管理不仅具有牵一发而动全身的影响力，而且意味着和原有的体制、制度、模式不同，建立一种全新的管理和运转模式。司法机关的职能活动离不开地方党委、政府和人民群众的支持、协助、参与和互动。无论司法活动、司法作风和司法效果都必领受到地方经济、社会发展和广大人民群众的检验评价。因此，省以下地方法院、检察院人财物统一管理，更重要的是建立防止地方党政机关及其领导干部非法干预司法活动，以及将司法机关作为维护地方利益的工具的制度机制。这恰恰体现了员额制、司法责任制与省以下法院、检察院人财物统一管理制度改革，三者之间紧密的联系，意味着司法体制改革是一项系统性工程。

最高人民法院发布的《人民法院第四个五年改革纲要（2014—2018）》提出："配合中央有关部门，推动省级以下地方法院经费统一管理机制改革要严格'收支两条线'管理，地方各级人民法院收取的诉讼费、罚金、没收的财物，以及追缴的赃款赃物等，统一上缴省级国库。"据此理解，这种"财物收支两条线"的财物统一管理体制的最大特点就是司法机关的财务收入和经费支出实行单独的管理方式，不可将司法机关的收入直接作为支出。一方面，

---

① 崔永东：《司法改革战略与对策研究》，人民出版社 2021 年版，第 121 页。

② 孙辙、杨春福：《论我国法官司法责任制度的逻辑与范式》，《南京社会科学》2021 年第 8 期，第 100 页。

司法机关收取的诉讼费、罚金、没收的财物，以及追缴的赃款赃物等都需要统一上缴省级财政部门，由省级财政部门进行管理和分配，司法机关不可私自使用这些财物；另一方面，司法机关所需要的各项支出需要通过制定预算的形式报省级人大批准，然后由各省级财政部门按照预算的规定向各级司法机关统一划拨经费。①

2015 年 12 月，为进一步强化人民法院人员、财物保障，最高人民法院会同中央编办、中央政法委、最高人民检察院印发了《关于省以下地方法院检察院政法专项编制统一管理的试点意见》，明确提出省以下地方法院的机构编制管理工作，由省以下分级管理上收至省级统一管理，为在省以下地方法院摸清人员编制底数、有序推进员额制度改革和强化人员分类管理奠定了管理基础。在财物管理保障方面，最高人民法院坚持从实际出发，因地制宜，先期推进了吉林、安徽、湖北、广东、海南、青海等省份实行省级统一管理，部分省份则暂时还是以地市为单位实行统一管理。②

（四）最高人民法院设立巡回法庭的相关规定

巡回法庭是最高人民法院派出的常设审判机构，代表最高人民法院负责审理跨行政区域重大行政和民商事案件。③ 关于巡回法庭的功能，习近平总书记在《关于〈中共中央关于全面推进依法治国若干重大问题的决定〉的说明》中概括为两个"有利于"：一是，有利于审判机关重心下移、就地解决纠纷、方便人民群众诉讼；二是，有利于最高人民法院本部集中精力制定司法政策和司法解释、审理对统一法律适用有重大指导意义的案件。④

党的十八届四中全会审议通过的《中共中央关于全面推进依法治国若干重大问题的决定》，提出优化司法职权配置，推动实行审判权和执行权相分离的体制改革试点，第一次明确规定了"最高人民法院设立巡回法庭"⑤。2014年 12 月，中央全面深化改革领导小组第七次全体会议审议通过了《最高人民法院设立巡回法庭试点方案》。随后，中组部批准成立两个巡回法庭的党组，全国人大常委会对巡回法庭的庭长等有关人员进行了任命。

---

① 虞浔：《中国司法体制改革研究——以上海为视角》，上海人民出版社 2021 年版，第 304 页。

② 崔永东：《司法改革战略与对策研究》，人民出版社 2021 年版，第 122 页。

③ 纵博：《最高人民法院巡回法庭的设立背景、功能及设计构想》，《法律科学》2015 年第 2 期，第 70 页。

④ 习近平：《关于〈中共中央关于全面推进依法治国若干重大问题的决定〉的说明》，新华网，http：//www. xinhuanet. com//politics/2014-10/28/c_ 1113015372_ 3. htm，最后访问日期 2022 年 4 月 28 日。

⑤ 最高人民法院：《中国法院司法改革年鉴 2015 年卷》，人民法院出版社 2018 年版，第 176 页。

最高人民法院在 2015 年 1 月发布《最高人民法院关于巡回法庭审理案件若干问题的规定》（以下简称《巡回法庭规定》），明确了最高人民法院第一巡回法庭设在广东省深圳市，负责巡回广东、广西、海南三省区，第二巡回法庭则设在辽宁省沈阳市，负责巡回辽宁、吉林、黑龙江三省。《巡回法庭规定》明确了巡回法庭受案范围：行政、民商事一审、二审和申请再审案件，刑事申诉案件，依照职权提起再审的案件、涉港澳台民商事案件和司法协助案件，程序性事项，来信来访事项等。涉外商事案件由最高人民法院本部审理，不属于巡回法庭受理范围。① 随着该规定的出台，巡回法庭的地位、受案范围、辖区等一系列问题有了法律明确具体的规定和实施细则，巡回法庭制度有了一个基本的框架。

随后，最高人民法院第一巡回法庭于 2015 年 1 月 28 日在广东省深圳市正式挂牌成立，第二巡回法庭于 2015 年 1 月 31 日在辽宁省沈阳市挂牌成立。2016 年 11 月 1 日，中央全面深化改革领导小组第二十九次会议审议通过了《关于最高人民法院增设巡回法庭的请示》，同意最高人民法院在重庆市、西安市、南京市、郑州市增设巡回法庭。新设巡回法庭庭长均由最高人民法院副院长兼任，副庭长从最高人民法院现任庭局职干部中选派。

新增的巡回法庭也于 2016 年底相继挂牌成立、投入办公，巡回法庭制度进一步发展。

从党的十八届三中全会提出司法权和行政管辖的适当分离的构思、党的十八届四中全会明确提出建立最高人民法院巡回法庭，到最高人民法院拿出具体的改革方案和实施细则，再到巡回法庭的正式投入办公，是一项迅速推出并落实的自上而下改革的制度。这种工作态度和效率应该说完全符合习近平总书记所说的"马上就办"精神。②

（五）设立跨行政区划法院和检察院的相关规定

跨行政区划司法机关设置的改革是当前司法体制改革的重要举措，是为解决司法管辖区与行政区划高度重合、司法官员任免高度地方化和地方有关机关不当干涉司法机关依法独立行使职权等司法地方化的现实难题。③ 党的十八届三中全会通过的《中共中央关于全面深化改革若干重大问题的决定》提出："探索建立与行政区划适当分离的司法管辖制度，保证国家法律统一正确

---

① 贺小荣、何帆、马渊杰：《〈最高人民法院关于巡回法庭审理案件若干问题的规定〉的理解与适用》，《人民法院报》2015 年 1 月 29 日，第 5 版。

② 刘贵祥：《巡回法庭改革的理念与实践》，《法律适用》2015 年第 7 期，第 35 页。

③ 金鑫：《跨行政区划司法机关设置的改革：缘起、经验与实现》，《武汉大学学报》2015 年第 5 期，第 116 页。

实施。"党的十八届四中全会通过的《中共中央关于全面推进依法治国若干重大问题的决定》又提出:"探索设立跨行政区划的人民法院和人民检察院,办理跨地区案件。"

第一,跨行政区划法院的设立。2014年12月2日中央全面深化改革领导小组第七次会议审议通过了《设立跨行政区划人民法院、人民检察院试点方案》,其规定了跨行政区划人民法院所在地高级人民法院以司法文件形式指定管辖下列案件:(1)跨地区的行政诉讼案件;(2)跨地区的重大民商事案件;(3)跨地区的重大环境资源保护案件、重大食品药品安全案件等;(4)跨行政区划人民检察院提起公诉的案件和公益诉讼案件;(5)高级人民法院指定管辖的其他特殊案件。为保持管辖范围上的连续性,跨行政区划人民法院仍管辖原铁路法院受理的刑事、民事案件。[1] 随即,北京市第四中级人民法院在北京市铁路局运输中级法院"加挂牌子"成立,上海市第三中级人民法院依托上海铁路运输中级法院成立(与上海知识产权法院一起实行"三块牌子一个机构"),标志着我国跨行政区域司法机构改革试点正式拉开序幕。

2015年2月,最高人民法院公布《最高人民法院关于全面深化人民法院改革的意见——人民法院第四个五年改革纲要(2014—2018)》,明确了改革的时间表与具体方案,表示"到2017年底,初步形成科学合理、衔接有序、确保公正的司法管辖制度",[2] 文件指出以科学、精简、高效和有利于实现司法公正为原则,探索设立跨行政区划法院,构建普通类型案件在行政区划法院受理、特殊类型案件在跨行政区划法院受理的诉讼格局,将铁路法院改造为跨行政区划法院,主要审理跨行政区划案件、重大行政案件、环境资源保护、企业破产、食品药品安全等易受地方因素影响的案件、跨行政区划人民检察院提起公诉的案件和原铁路法院受理的刑事、民事案件。

试点之后,全国其他地方法院也都积极探索并建立跨行政区划司法机构。从设置与运行来看,通过建立由地方设立的跨行政区划法院集中受理行政诉讼案件的机制,不仅能够破解司法的地方保护主义,确保地方利益重新配置的合理化,也能够促进地方政府依法行政,推动地方法治政府建设,取得的效果良好。

第二,跨行政区划检察院的设立。跨行政区划检察改革的试点工作,以作为省级检察院派出机构的铁路、林区、农垦、矿区等检察院为重点改革试

---

① 林默:《继续推进和创新跨行政区划法院改革——专访中国政法大学副校长马怀德教授》,《人民法制》2016年第1期,第32页。
② 陈卫东:《跨行政区划人民法院改革研究》,《财经法学》2016年第6期,第20页。

点单位，旨在落实中央关于深化与行政区划适当分离的司法管辖制度改革要求，创新完善检察机关法律监督体系，优化司法资源配置，提升办理特定、跨区域案件专业化水平。

2014 年 12 月 2 日，中央全面深化改革领导小组第七次会议审议通过了《设立跨行政区划人民法院、人民检察院试点方案》。同月，上海、北京在依托铁路运输检察院的基础上，先后设立上海市人民检察院第三分院和北京市人民检察院第四分院，开展跨行政区划检察院改革试点工作。除两家试点检察院外，在改革试点方案总体框架下，积极探索铁检管辖改革的具体实践：广东省委深改组第九次会议审议通过广东省铁路检察院管辖体制改革方案，明确广州铁检分院对铁路中院管辖的行政诉讼案件、知识产权法院和海事法院审理的相关案件进行监督，负责办理广州市范围内民航、港口、水运、海事所属公安机关侦查的重大刑事案件。陕西省委深改组审议通过西安铁检机关管辖行政诉讼监督和环境资源案件试点改革方案，明确西安铁检两级检察院依法对当地铁路法院办理的西安、安康两市行政案件和环境资源案件履行检察监督职责。

2015 年 2 月最高人民检察院印发的《关于深化检察改革的意见（2013—2017 年工作规划）》规定："探索设立跨行政区划的检察院，构建普通类型案件由行政区划检察院办理，特殊类型案件由跨行政区划检察院办理的诉讼格局，完善司法管辖体制。"跨行政区划检察院的制度框架，在顶层设计的勾勒中逐步明朗。[1]

为进一步深化跨行政区划检察改革，2021 年 2 月最高检又发布《关于开展跨行政区划检察改革试点工作的通知》，明确将"专门法院民事行政诉讼监督案件"纳入试点案件类型，除铁检院外，林区、农垦、矿区以及监所检察院亦纳入改革试点范围。[2]

（六）四级法院审级职能定位的相关规定

中央全面深化改革委员会在 2019 年通过的《关于政法领域全面深化改革的实施意见》提出，要"明确四级法院职能定位，健全完善案件移送管辖和提级管辖机制，完善民事再审申请程序，探索将具有法律适用指导意义、关乎社会公共利益的案件交由较高层级法院审理"。这项改革任务由最高人民法院牵头制定改革方案，合理确定四级法院职权配置、案件管辖和机构设置，

---

[1]　王凤涛：《跨行政区划检察院的组织结构》，《浙大法律评论》2018 卷，第 240 页。

[2]　徐燕平：《全力推进跨行政区划检察改革再上新台阶》，《检察风云》2022 年第 1 期，第 33 页。

充分发挥审级制度诉讼分流、有效监督和资源配置的功能作用。2021 年 8 月 20 日，全国人大常委会通过《全国人民代表大会常务委员会关于授权最高人民法院组织开展四级法院审级职能定位改革试点工作的决定》，为这项工作提供了法律依据。

为贯彻落实党中央关于完善四级法院审级职能定位的决策部署，2021 年 9 月，最高人民法院印发《关于完善四级法院审级职能定位改革试点的实施办法》，正式启动为期两年的试点工作，提出在最高人民法院以及北京、天津、辽宁、上海、江苏、浙江、山东、河南、广东、四川、重庆、陕西 12 个省（市）的人民法院开展试点工作。该文件共涉及 23 条规定，明确了改革试点的工作目标、主要任务、试点范围和期限及配套保障举措等内容，是开展试点工作的具体依据，内容主要包括五个方面。一是，明确四级法院审级职能定位；二是，完善行政案件级别管辖制度；三是，完善案件提级管辖机制；四是，改革再审程序；五是，完善最高人民法院审判权力运行机制。试点实施办法还就试点工作的范围、期限、组织实施及配套保障等方面作出规定，要求各高级人民法院及时制定具体实施方案和相关制度规定，积极优化司法资源配置，推动编制、员额配备向基层和办案一线倾斜，确保司法资源配置与各级法院审级职能定位相匹配。

《全国人民代表大会常务委员会关于授权最高人民法院组织开展四级法院审级职能定位改革试点工作的决定》和《关于完善四级法院审级职能定位改革试点的实施办法》明确规定了试验目标、试验内容、试验区域、试验期限等多项重要内容。就试验评估而言，包括定期评估和最终评估。授权决定明确规定了两年的试验期限，要求最高人民法院应当就试点情况向全国人大常委会进行中期报告，在试点结束后亦应进行试验评估。就法律修改而言，在两年试点结束后会通过修改民事诉讼法、行政诉讼法等法律对四级法院审级职能定位改革方案中被验证为合理性与有效性的内容加以确认，上升为正式的法律规范。

三、司法体制改革地方试点的立法成效

我国的司法体制改革举措逐步深化落实，充分地吸收试点经验与成果，并通过立法吸收巩固改革成果。上文所提到的司法体制改革中，跨行政区划法院与检察院和四级法院审级职能定位改革至今，仍在制度摸索与实践探索中，尚未有立法所体现。而员额制、司法责任制、省以下法院检察院人财物管理体制、巡回法庭制度等改革试点经验的吸收，则主要体现在以下立法成效中。

（一）《中华人民共和国人民法院组织法》的相应修改

2018 年 10 月 26 日下午，第十三届全国人大常委会第六次会议表决通过了新修订的《中华人民共和国人民法院组织法》。此次修法最核心的要素是"司法责任制改革"。该法自 2019 年 1 月 1 日起施行。此次修订是继 1979 年颁布以来首次"大修"，使其由原有的 3 章 40 条扩充至 6 章 59 条，将许多重要的司法体制改革成果以法律条文的形式加以巩固明确，主要围绕以下几个方面：

一是对员额制改革成果的立法吸收。通过第四十六条、第四十七条立法确认了法官员额制，并对员额法官的选任进行了规定；通过第四十五条、第四十八条至第五十一条明确了员额制改革中"司法人员分类管理"的内容，对"法院人员的正规化、专业化、职业化建设"的员额制改革目标作出了立法回应。

二是对司法责任制的立法确认。第八条规定："人民法院实行司法责任制，建立健全权责统一的司法权力运行机制。"第五十二条规定了对法官职责的非法干预和对领导干预司法进行记录及责任追究制度，是对司法责任制改革的立法落实，尤其是对《领导干部干预司法活动、插手具体案件处理的记录、通报和责任追究规定》的立法体现。

三是对省以下人财物统一管理制度的立法确认。第四十七条与第五十六条、第五十七条对法官的选任和编制、经费作出规定，反映出人财物"省级统管"改革的试点成果。

四是对最高人民法院巡回法庭的立法确认。根据最高人民法院设立巡回法庭的试点实践，第十九条第一款规定："最高人民法院可以设巡回法庭，审理最高人民法院依法确定的案件。"

（二）《中华人民共和国人民检察院组织法》的相应修改

2018 年 10 月 26 日下午，第十三届全国人大常委会第六次会议表决通过了新修订的《中华人民共和国人民检察院组织法》，对员额制、司法责任制等改革的试点成果进行了立法确认。

一是对员额制改革的立法吸收。通过第四十一条、第四十二条确认了检察官员额制和检察官选任的规定；第四十条、第四十三条至第四十五条则反映员额制改革中的"司法人员分类管理"制度，对检察官助理、书记员、司法警察等司法人员的基本职责作出了立法规定。

二是对司法责任制改革的立法确认。第八条规定："人民检察院实行司法责任制，建立健全权责统一的司法权力运行机制。"第四十七条则对检察官责任制进行了细化规定："任何单位或者个人不得要求检察官从事超出法定职责范围的事务。对于领导干部等干预司法活动、插手具体案件处理，或者人民检察院内部人员过问案件情况的，办案人员应当全面如实记录并报告；有违法违纪情形的，由有关机关根据情节轻重追究行为人的责任。"

三是对省以下人财物统一管理制度改革的立法吸收。第五十条与第五十一条对检察院编制、经费管理制度进行立法规定。

（三）《中华人民共和国法官法》的相应修改

2019 年 4 月 23 日，第十三届全国人大常委会第十次会议通过了新修订的《中华人民共和国法官法》。此次修法是全面落实司法责任制的重要举措，该法于 2019 年 10 月 1 日起施行。此次修订是在 2001 年、2017 年经过两次修改后的又一次"大修"，主要围绕以下几个方面：

一是对员额制改革的立法确认。首先是法官法第二十五条明确规定了法官实行员额制管理和法官选任工作的原则，第二十六条还明确了法官实行单独职务序列管理，与人民法院组织法并无差别；其次，还取消了助理审判员设置。因在司法体制改革试点过程中，各地法院已基本不再任命助理审判员，其部分职责也逐步由法官助理行使；再次，法官法第十六条、第四十八条则对法官遴选（惩戒）委员会的性质和组成人员作了规定。

二是对司法责任制的立法完善。为了结合司法责任制改革，进一步加强对法官履职的监督，新修订的法官法不仅在立法目的即总则第一条中增加了"加强对法官的管理和监督"方面的内容。同时，第八条、第十条、第十一条细化了法官的职责、义务和权利。第五十四条与人民法院组织法第五十二条相同，规定了责任追究制度。值得一提的是，《最高人民法院关于完善人民法院司法责任制的若干意见》第二十五条明确了两类审判责任：一是违法审判责任；二是职业伦理责任。如需要追究的，该意见的第三十六条明确规定："应当报请院长决定，并报送省（区、市）法官惩戒委员会审议。"新修订的法官法总体上也坚持了这一立场，法官法第四十八条第一款规定，法官惩戒委员会负责从专业角度审查认定法官是否存在本法第四十六条第四项、第五项规定的违反审判职责的行为，提出构成故意违反职责、存在重大过失、存在一般过失或者没有违反职责等审查意见。[①]

三是对人财物管理体制改革的立法吸收。法官法第十五条至第十七条的规定将上级法院法官遴选和部分地方试点施行的吸收法院系统外部人才作为法官的改革实践进行立法确认。法官法第二十六条至第二十九条还对法官的等级编制、评定和晋升作了原则性规定。

---

① 夏锦文、徐英荣：《〈法官法〉修订后法官惩戒的程序规制研究——以法官惩戒委员会制度激活为中心的分析》，《江苏社会科学》2021 年第 6 期，第 124 页。

四是对巡回法庭的立法确认。法官法第十八条规定了最高人民法院巡回法庭庭长、副庭长，由院长提请全国人民代表大会常务委员会任免。

（四）《中华人民共和国检察官法》的相应修改

2019 年 4 月 23 日，第十三届全国人民代表大会常务委员会第十次会议通过了新修订的《中华人民共和国检察官法》。此次修法是全面落实司法责任制的重要举措，是在 2001 年、2017 年经过两次修改后的又一次"大修"，主要围绕以下几个方面：一是，提升了选任检察官的专业化要求；二是，首次在法律上明确了"四大检察"职能；三是，增加了很多对检察官履职的监督内容。此外，还完善了检察工作的基本原则和工作机制以及人民检察院内设机构的有关规定等诸多方面。

检察官法对于司法责任制、员额制和司法人员的分类管理等改革的立法吸收与新修订的法官法大体类似，主要体现为：在第一条中特别新增了"对检察官的监督"；在第二条中取消了"助理检察员"的设置；在第七条、第八条、第十条、第十一条中明确了检察官的职责、义务和权利；第二十六条立法确认检察官实行员额制；第四十九条至第五十二条对检察官惩戒委员会的性质和组成人员作出规定；此外，还有对检察官的任免、遴选、等级编制、评定和晋升等制度作出了立法确定。

总体而言，上述围绕法院和检察机关的法律修订及其他法律的出台和修订，全面贯彻了中央司法体制改革精神，是巩固司法体制改革成效的一个重要内容，主要是通过立法来确认和巩固司法体制改革的成果，将司法责任制、司法人员的分类管理和员额制管理等一系列的措施上升为法律。

第三节　诉讼制度改革地方试点与立法

2014 年，党的十八届四中全会通过的《中共中央关于全面推进依法治国若干重大问题的决定》提出了"推进以审判为中心的诉讼制度"的改革课题。这一改革的目的在于"确保侦查、审查起诉的案件事实证据经得起法律的检验"。[①] 自此，"以审判为中心"正式成为刑事诉讼制度改革的核心主题并在实践中推行开来。这是党中央高层在全面推进依法治国背景下作出的重大司法改革战略部署，事关依法打击犯罪、切实保障司法人权，是保证司法公正、提高司法公信力的重要举措，对刑事诉讼制度改革创新具有基础支撑作用。

---

① 陈瑞华：《论程序正义的自主性价值——程序正义对裁判结果的塑造作用》，《江淮论坛》2022 年第 1 期，第 8 页。

同时，该文件中还指出："优化司法职权配置。健全公安机关、检察机关、审判机关、司法行政机关各司其职，侦查权、检察权、审判权、执行权相互配合、相互制约的体制机制。"

可以看出，以"以审判为中心"和"优化司法职权配置"都是司法改革中对于保证公正司法、提高司法公信力的重要措施。诉讼制度改革是一个系统工程，涉及整个司法体制，影响整个诉讼过程，包括多项诉讼制度的健全完善和试点创新。受篇幅影响，本节将主要介绍以下改革措施：刑事速裁程序、认罪认罚从宽制度、审判阶段律师全覆盖、巡回检察试点与检察机关提起公益诉讼制度改革试点的规定与立法吸收情况。

一、诉讼制度改革的相关规定

党的十八届四中全会指出，推动以审判为中心的诉讼制度改革的意义在于确保法庭认定的案件事实和证据能够经得起历史的检验。这不仅需要保证法庭在查明事实、认定证据和最终裁判中的决定性作用，还需要强调法庭对当事人诉讼权利的保障。可以说，审判中心主义归根究底是要落实法庭审理的中心地位，实现庭审实质化。按照现阶段的刑事诉讼制度来看，法院必须获得非常充足的司法资源，才能够支持庭审实质化的实现。然而，"案多人少"的矛盾直接导致庭审实质化的难以实现。这会直接诱发如何在司法实践中落实与推进审判中心主义的新问题。关于解决这一新问题，理论界与实务界已经达成共识，给出的方案就是构建刑事案件繁简分流机制，将符合条件的案件在审前消化处理，设立认罪协商机制，根据轻罪或重罪、认罪或不认罪、案情简单或复杂的情形，对进入刑事诉讼程序的案件采取不同的审判程序。同时还要完善巡回检察与检察机关提起公益诉讼制度，以此推进诉讼制度改革的进程，加快立法进程。

（一）刑事速裁程序试点的相关规定

刑事速裁程序是刑事诉讼理论研究的重要问题，同时也是司法改革刑事领域中具有实践性的前沿问题。刑事案件速裁程序试点，基于我国长期以来案多人少的现实司法困境，有利于进一步推动案件繁简分流，优化司法资源配置，提高办理刑事案件的质量与效率，维护当事人的合法权益，促进社会和谐稳定，并为改革完善刑事诉讼法积累实践经验。

2014 年 6 月，第十二届全国人大常委会第九次会议通过了《全国人民代表大会常务委员会关于授权最高人民法院、最高人民检察院在部分地区开展刑事案件速裁程序试点工作的决定》（以下简称《速裁程序决定》），为我国确立了刑事速裁程序制度，规定了试点期限为两年，明确了刑事速裁程序的案件适用范围和条件等。主要规定：授权最高人民法院、最高人民检察院在北京、天津、上海、重庆、沈阳、大连、南京、杭州、福州、厦门、济南、青岛、郑州、武汉、长沙、广州、深圳、西安开展刑事案件速裁程序试点工作。对事实清楚，证据充分，被告人自愿认罪，当事人对适用法律没有争议的危险驾驶、交通肇事、盗窃、诈骗、抢夺、伤害、寻衅滋事等情节较轻，依法可能判处一年以下有期徒刑、拘役、管制的案件，或者依法单处罚金的案件，进一步简化刑事诉讼法规定的相关诉讼程序。

　　2014 年 8 月，最高法、最高检、司法部、公安部联合发布了《关于在部分地区开展刑事案件速裁程序试点工作的办法》（以下简称《速裁程序办法》），标志着刑事速裁程序试点工作正式在全国展开。该办法共 18 条，对速裁程序的适用范围、启动主体及方式、案件证明标准、认罪认罚的自愿性、真实性和合法性审查机制、认罪认罚激励机制以及当事人权利保护等方面作了规定。第一，在程序的适用范围方面，办法在强调当事人认罪的基础上，从正向和反向两个方面进行规范，避免某些社会影响恶劣的案件因适用速裁程序而导致罪责刑不相适应。第二，在程序的启动主体及方式方面，办法规定了辩护人、公安机关、检察院和法院均可启动或建议启动速裁程序，可在条件允许的情况下设置专门的速裁办公室或法庭，并将速裁程序的办案期限规定为"8 +7"，[①] 通过流程的优化提高诉讼效率。第三，在证明标准方面，坚持与普通程序相一致的案件证明标准，即"事实清楚，证据确实、充分"。第四，在运行规则和审查机制方面，引入司法行政机关量刑建议评估机制，并且强调对包括被害人在内的诉讼参与人意见的尊重，还为速裁程序与普通程序的转化提供了支持。第五，在激励机制方面，对于自愿如实供述所犯罪行，承认指控的犯罪事实，愿意接受处罚的，检察机关可以提出相对不认罪认罚较轻的量刑建议，以量刑优惠激励犯罪嫌疑人、被告人认罪认罚。第六，在当事人权利保护方面，除要求速裁程序的适用需要征得当事人同意外，还引入了值班律师制度以为相关的当事人提供法律援助，并赋予当事人在一定条件下申请不公开审理的权利。[②]

　　2014 年 11 月 20 日，公安部发布了《关于切实做好刑事案件速裁程序试点工作的通知》，提出要加强公安机关和其他部门的协作配合，指出："试点

---

　　①　根据《关于在部分地区开展刑事案件速裁程序试点工作的办法》的规定：公安机关在侦查终结移送审查起诉时，认为案件符合速裁程序适用条件的，可以依法建议人民检察院按速裁程序办理，人民检察院受理案件以后，应当在 8 个工作日内作出是否提起公诉的决定。人民检察院在决定提起公诉以后并建议适用速裁程序的，人民法院适用速裁程序审理案件一般应当在 7 个工作日内审结。

　　②　陆海：《刑事速裁程序改革研究》，中南财经政法大学 2019 年博士学位论文，第 78 页。

单位公安机关要加强与当地人民法院、人民检察院、司法行政机关和法律援助机构的联系沟通和工作配合，及时总结试点经验，协调解决试点过程中出现的问题。同时，要积极协调人民法院、人民检察院，就有关案件调查取证的重点、标准等方面达成一致意见，共同出台工作规范，提高诉讼效率。"

总的来说，刑事速裁程序在试点地区的运用，对于节约司法资源，提高诉讼效率起到了积极作用，缓解了刑事案件诉讼压力，为刑事案件的快速办理开创了良好路径，为认罪认罚从宽制度提供了宝贵经验。2016 年，在刑事速裁程序试点工作结束之后，全国人大常委会再次授权最高人民法院、最高人民检察院在原速裁程序试点地区实施为期两年的"认罪认罚从宽制度"试点工作。因此，"认罪认罚从宽制度"试点并不是替代"刑事速裁程序"试点，而是将刑事速裁程序纳入认罪认罚制度的框架之内。

（二）认罪认罚从宽制度试点的相关规定

从理论上来说"认罪认罚从宽"属于一种兼具实体和程序内容的改革措施，其实体部分属于传统上"宽严相济"刑事政策的表现，其程序部分则是一种特殊的简易程序，也就是通常所说的"刑事速裁程序"。[①] 认罪认罚从宽制度是我国宽严相济刑事政策的制度化，也是对刑事诉讼程序的创新，既包括实体从宽，也包括程序从简，将有利于促使犯罪嫌疑人、被告人如实供述犯罪事实，配合司法机关依法处理好案件，有利于节约司法成本，提高司法效率，也有利于减少社会对抗，修复社会关系。

党的十八届四中全会通过的《中共中央关于全面推进依法治国若干重大问题的决定》首次明确提出了"优化司法职权配置，完善刑事诉讼中认罪认罚从宽制度"。此后，2015 年 2 月，最高人民法院发布《人民法院第四个五年改革纲要（2014—2018）》，提出"完善刑事诉讼中认罪认罚从宽制度。明确被告人自愿认罪、自愿接受处罚、积极退赃退赔案件的诉讼程序、处罚标准和处理方式，构建被告人认罪案件和不认罪案件的分流机制，优化配置司法资源"。同时，最高人民检察院发布了《关于深化检察改革的意见（2013—2017 年工作规划）》，提出"推动完善认罪认罚从宽制度，健全认罪案件和不认罪案件分流机制"。

随着刑事速裁程序两年试点期满，2016 年 7 月 22 日，《关于认罪认罚从宽制度改革试点方案》由中央全面深化改革领导小组第二十六次会议审议通过，自 2016 年 7 月 22 日起实施；2016 年 9 月，第十二届全国人大常委会第

---

① 参见最高人民法院司法改革领导小组办公室：《〈最高人民法院关于全面深化人民法院改革的意见〉读本》，人民法院出版社 2015 年版，第 76 页。

二十二次会议通过《全国人民代表大会常务委员会关于授权最高人民法院、最高人民检察院在部分地区开展刑事案件认罪认罚从宽制度试点工作的决定》，授权在北京等 18 个与速裁程序试点同样的地区开展刑事案件认罪认罚从宽制度试点。

2016 年 11 月，最高人民法院、最高人民检察院会同公安部、国家安全部、司法部印发《关于在部分地区开展刑事案件认罪认罚从宽制度试点工作的办法》（以下简称《认罪认罚从宽试点办法》），正式启动试点工作。该文件就认罪认罚从宽制度的试点工作作出了较为细致的规定，并对速裁程序的部分规定作了修正。第一，将速裁程序的适用范围扩大至可能判处三年有期徒刑以下刑罚的案件。第二，在办案期限上，将《关于在部分地区开展刑事案件速裁程序试点工作的办法》中规定的速裁程序的"8＋7"的办案期限改为"10＋10"。

《认罪认罚从宽试点办法》厘定了试点操作的基本框架，以下从制度设计与"从宽"的实体结果两方面介绍主要规定：

一是，在制度设计上，偏重程序法属性。第一条、第二条规定了认罪认罚从宽制度的适用情形以及排除适用的情形。在适用阶段上，该试点办法规定认罪认罚适用于侦查、审查起诉、审判三个阶段。第六条规定，"应当将犯罪嫌疑人、被告人认罪认罚作为其是否具有社会危害性的重要考虑因素，对于没有社会危害性的犯罪嫌疑人、被告人，应当取保候审、监视居住"。这表明认罪认罚具有程序从宽的程序后果，其对强制措施的适用具有评价意义。从第三条、第十五条来看，该试点办法坚持了案件事实清楚、证据确实充分的证明标准。从第五条来看，该试点办法建立了较为全面、有效的律师帮助制度。第十五条确立了法官审查犯罪事实真实性、协议自愿性和合法性的程序权力。第十六条则保障了被告人最后陈述的权利等。

二是，在从宽的实体结果方面，第四条规定，"办理认罪认罚案件，应当坚持下列原则：贯彻宽严相济刑事政策，充分考虑犯罪的社会危害性和犯罪嫌疑人、被告人的人身危险性，结合认罪认罚的具体情况，确定是否从宽以及从宽幅度……确保刑罚的轻重与犯罪分子所犯罪行和应当承担的刑事责任相适应"。对于应当如何从宽、从宽幅度、量刑基准等问题，给出了方向性的从宽原则。①

---

① 左卫民：《认罪认罚何以从宽：误区与正解——反思效率优先的改革主张》，《法学研究》2017 年第 3 期，第 162 页。

（三）刑事案件律师辩护全覆盖的相关规定

以审判为中心的刑事诉讼制度改革，需要建设有力的辩护制度。推行刑事辩护全覆盖能为司法体制改革提供三个方面的重要支撑：一是，优化刑事诉讼构造，是完善以审判为中心的诉讼制度的重要支柱；二是，践行以控辩协商为特点的合作式刑事诉讼，是完善认罪认罚从宽制度的重要支柱；三是，扩大法律援助的适用范围和影响力，是完善法律援助制度的重要支柱。① 在改革进程中，司法机关也展示出重视并强化犯罪嫌疑人、被告人辩护权行使的积极姿态。正因如此，在最高人民法院、最高人民检察院相继推行的刑事案件速裁程序试点、认罪认罚从宽制度试点工作中，保障并强化犯罪嫌疑人、被告人辩护权的行使均被列为重点举措而加以强调。②

2016 年 7 月，最高人民法院、最高人民检察院、公安部、国家安全部、司法部印发《关于推进以审判为中心的刑事诉讼制度改革的意见》，不仅强调要保障律师的辩护权，发挥律师的专业监督作用，同时提出要建立法律援助值班律师制度，完善法律援助制度，健全依法申请法律援助工作机制和办案机关通知辩护工作机制。

2017 年 10 月，最高人民法院、司法部联合出台了《关于开展刑事案件律师辩护全覆盖试点工作的办法》（以下简称《办法》），提出在北京、上海、浙江、安徽、河南、广东、四川、陕西 8 个省（直辖市）开展刑事案件律师辩护全覆盖试点工作，迈出了推动刑事案件律师辩护全覆盖的第一步。具体而言，包括以下内容：

一是扩大辩护范围。规定中所指刑事案件律师辩护全覆盖主要是刑事案件审判阶段的律师辩护全覆盖，包括：被告人具有刑事诉讼法第三十四条、第二百六十七条规定应当通知辩护情形，人民法院应当通知法律援助机构指派律师为其提供辩护；除此之外，其他适用普通程序审理的一审案件、二审案件、按照审判监督程序审理的案件，被告人没有委托辩护人的，人民法院也应当通知法律援助机构指派律师为其提供辩护；适用简易程序、速裁程序审理的案件，被告人没有辩护人的，人民法院应当通知法律援助机构派驻的值班律师为其提供法律帮助；在法律援助机构指派的律师或者被告人委托的律师为被告人提供辩护前，被告人及其近亲属可以提出法律帮助请求，人民

---

① 胡铭：《刑事辩护全覆盖与值班律师制度的定位及其完善——兼论刑事辩护全覆盖融入监察体制改革》，《法治研究》2020 年第 3 期，第 61—62 页。

② 詹建红：《刑事案件律师辩护何以全覆盖——以值班律师角色定位为中心的思考》，《法学论坛》2019 年第 4 期，第 20 页。

法院应当通知法律援助机构派驻的值班律师为其提供法律帮助。

二是明确工作职责、权利救济和责任追究。第三条、第四条、第五条和第十条、第十一条分别对通知辩护职责、权利救济和责任追究作了明确的规定。人民法院的告知、通知辩护职责，使被告人知悉相关权利，人民法院及时通知法律援助机构指派律师为符合条件的被告人提供辩护。规定了未履行通知辩护职责的救济程序，第二审人民法院发现第一审人民法院未履行通知辩护职责，导致被告人审判期间未获得律师辩护的，应当认定符合刑事诉讼法第二百二十七条第三项规定的情形，裁定撤销原判，发回原审人民法院重新审判。强化责任追究，对人民法院未履行通知辩护职责，或者法律援助机构未履行指派律师等职责，导致被告人审判期间未获得律师辩护的，依法追究有关人员责任。

三是加强律师资源保障。第十条规定了司法行政机关和律师协会对律师资源的统筹调配，鼓励和支持律师开展刑事辩护业务。要求组织资深骨干律师办理刑事法律援助案件，发挥优秀律师在刑事辩护领域的示范作用，组织刑事辩护专项业务培训，开展优秀刑事辩护律师评选表彰活动，推荐优秀刑事辩护律师公开选拔为立法工作者、法官、检察官，建立律师开展刑事辩护业务激励机制，充分调动律师参与刑事辩护工作积极性。

四是加强经费保障。《办法》第八条规定，建立多层次经费保障机制，加强法律援助经费保障。包括司法行政机关协调财政部门合理确定、适当提高办案补贴标准并及时足额支付；有条件的地方可以开展政府购买法律援助服务；探索实行由法律援助受援人分担部分法律援助费用。[①]

2018 年 12 月，最高人民法院、司法部又发布了《关于扩大刑事案件律师辩护全覆盖试点范围的通知》，提出延长试点期限，扩大试点范围至全国 31 个省（区、市）和新疆生产建设兵团。该举措无疑又向刑事辩护全覆盖的目标迈进了一大步。

（四）对监狱实行巡回检察的相关规定

监狱是国家刑罚执行机关，也是国家内部安全体系的一个重要环节，其刑罚执行和监管改造质量如何，直接关系刑罚目的的最终实现，也直接关系总体国家安全观的全面落实和社会的安全稳定。对监狱刑罚执行和监管改造活动实行法律监督是我国法律赋予检察机关的一项重要职责。[②]

2018 年 5 月，最高人民检察院印发《检察机关对监狱实行巡回检察试点

① 樊崇义：《让每一个刑事案件都有律师辩护》，《人民法治》2017 年第 11 期，第 81 页。
② 周伟：《监狱巡回检察改革若干问题研究》，《中国检察官》2018 年第 23 期，第 57 页。

工作方案》，并作为《2018—2022 年检察改革工作规划》主要任务之一，决定在山西、四川等 8 个省（区、市）检察机关开展监狱巡回检察工作试点。最高人民检察院提出改"派驻"为"巡回＋派驻"的重大改革，巡回检察主要是通过合理调整检察机关与监督对象之间的关系，合理确定监督重点，通过机动灵活的检察方式，确保检察监督的针对性、时效性，是将原来派驻在各监狱的检察人员集中起来，组成若干巡回检察办案工作组，对监狱实行不固定检察人员、不固定监督监狱、不固定检察时间的巡回检察。[①] 根据最高人民检察院的试点方案，此次改革涉及监狱检察的组织架构、工作重点、检察方法、问责制度等方面的变化：

第一，在组织构成上，"巡回检察"对现有监狱检察人员重新进行布局与调整。巡回检察组由员额检察官担任组长，办案组成员可以根据工作需要随时调整、定期轮换，主要由负责刑事执行检察工作的检察人员组成。

第二，在涉及设施安全、消防安全、食品卫生安全、生产项目安全等专业性检察时，巡回检察组可以邀请消防、食品卫生等机构协助检察；检察组也可以邀请人大代表、政协委员以及人民监督员参加巡回检察工作，提高检察工作的民主性和透明度。

第三，在工作方式上，巡回检察通常采取常规巡回、专项巡回、机动巡回、专门巡回、交叉巡回等方式。对不同的问题采取不同的巡回方式。

第四，在工作方法上，检察人员每次巡回检察前都要制定巡回检察方案确定工作重点和分工安排，了解监狱相关情况并进行业务培训。在巡回检察过程中，检察人员可以依据当次巡回检察的目标和重点选择工作方法，如调阅相关案卷材料以及书面、录像、电子资料，实地查看监狱内部、与罪犯谈话、向监管民警了解情况，甚至可以开展问卷调查。"巡回检察"根据检察发现问题的性质不同，分为提出口头纠正意见或者检察建议、发出纠正违法通知书或者检察建议书等处理方式。

第五，在追责制度上，新增了对检察人员的追责规定，对监狱存在的重大问题应当发现而未发现的或发现后不予报告、未依法提出整改意见的，追究巡回检察人员失职、渎职的责任，力求以责任倒逼工作成效。[②]

在试点过程中，《中华人民共和国人民检察院组织法》《人民检察院监狱

---

① 李奋飞、王怡然：《监狱检察的三种模式》，《国家检察官学院学报》2019 年第 3 期，第 106 页。

② 李奋飞、王怡然：《监狱检察的三种模式》，《国家检察官学院学报》2019 年第 3 期，第 106—107 页。

巡回检察规定》和《人民检察院监狱检察工作目录》已通过法律形式对巡回检察制度作出了确认并提供具体指引。

（五）检察机关提起公益诉讼的相关规定

中共十八届四中全会通过的《中共中央关于全面推进依法治国若干重大问题的决定》提出，"探索建立检察机关提起公益诉讼制度"。对一些行政机关违法行使职权或者不作为造成对国家和社会公共利益侵害或者有侵害危险的案件，如国有资产保护、国有土地使用权转让、生态环境和资源保护等，由于与公民、法人和其他社会组织没有直接利害关系，使其没有也无法提起公益诉讼，导致违法行政行为缺乏有效司法监督，不利于促进依法行政、严格执法，加强公共利益的保护。由检察机关提起公益诉讼，有利于优化司法职权配置、完善行政诉讼制度，也有利于推进法治政府建设。[①]

2015 年 7 月 1 日，第十二届全国人大常委会第十五次会议通过了《全国人民代表大会常务委员会关于授权最高人民检察院在部分地区开展公益诉讼试点工作的决定》。次日，最高人民检察院发布了《检察机关提起公益诉讼改革试点方案》（以下简称《试点方案》）。在此基础上，最高检研究制定了《人民检察院提起公益诉讼试点工作实施办法》（以下简称《试点实施办法》），于 2016 年 1 月 6 日发布。作为推进试点工作配套制度的一部分，2016 年 2 月 22 日最高人民法院通过了《人民法院审理人民检察院提起公益诉讼案件试点工作实施办法》。至此，我国检察机关提起行政公益诉讼有了顶层设计支持和基本规则，行政公益诉讼制度的基本框架落地。

从规定的内容来看，这一制度的独特之处主要包括三个阶段，即发现线索并调查核实、诉前程序、提起诉讼。

第一，发现线索并调查核实。《试点方案》将检察机关提起诉讼的线索限定在"履行职责过程中发现"。《试点实施办法》第一条和第二十八条规定，人民检察院履行职责包括履行职务犯罪侦查、批准或者决定逮捕、审查起诉、控告检察、诉讼监督等职责。这表明公民、法人或者其他组织可通过申诉、控告和举报方式向检察机关提供公益诉讼线索，这种方式既遵循了规范保护理论又是对宪法授予公民的申诉权的保障。[②]依据《试点实施办法》第四条和第三十一条的规定，人民检察院各业务部门在履行职责中，发现可能属于

---

① 参见《中共中央关于全面推进依法治国若干重大问题的决定》，人民出版社 2014 年版，第 58 页。

② 刘艺：《检察机关提起公益诉讼亟须厘清的几个问题》，《学习时报》2015 年 8 月 27 日，第 4 版。

公益诉讼范围的案件线索，应当将有关材料移送民事行政检察部门。《试点实施办法》第六条和第三十三条规定了检察机关的调查核实权，依法调查核实污染环境、侵害众多消费者合法权益等违法行为、损害后果或者行政机关违法行使职权或者不作为的相关证据及有关情况。通过调查核实证据，确定公共利益受损的情况及原因，并作出是否进入诉前程序或者诉讼程序的决定。

第二，诉前程序。《试点方案》设置了诉前程序，规定在提起民事公益诉讼之前，检察机关应当依法督促或者支持法律规定的机关或者有关组织向人民法院提起民事公益诉讼；在提起行政公益诉讼之前，检察机关应当先行向相关行政机关提出检察建议，督促其纠正行政违法行为或依法履行职责。[①]

第三，提起诉讼。关于公益诉讼的诉讼请求。检察机关提起民事公益诉讼，可以提出停止侵害、排除妨碍、消除危险、恢复原状、赔偿损失、赔礼道歉的诉讼请求；在提起行政公益诉讼时，可以提出撤销违法行政行为、在一定期限内履行法定职责、确认行政行为违法或无效的诉讼请求。检察机关提起公益诉讼，《试点方案》没有规定的，适用民事诉讼法、行政诉讼法及相关司法解释的规定。

2017年5月，中央全面深化改革领导小组第三十五次会议审议通过《关于检察机关提起公益诉讼试点情况和下一步工作建议的报告》。会议指出：试点检察机关在生态环境和资源保护、食品药品安全、国有资产保护、国有土地使用权出让等领域，办理了一大批公益诉讼案件，积累了丰富的案件样本，制度设计得到充分检验，正式建立检察机关提起公益诉讼制度的时机已经成熟，要在总结试点工作的基础上，为检察机关提起公益诉讼提供法律保障。

二、诉讼制度改革地方试点的立法成效

司法改革地方试点按照中央顶层设计与摸着石头过河的基本路线展开，为改革后期的立法工作打下基础。随着试点项目的逐步深化与落实，试点的先进经验与成果得到了立法吸收。在诉讼制度改革中所涉及的刑事速裁程序、认罪认罚从宽制度、刑事案件律师辩护全覆盖制度、巡回检察制度以及检察机关提起公益诉讼制度等，凡是试点中可复制的、具有代表性意义的有效改革措施已被上升为法律法规，并推广至全国，主要体现在以下立法成效中。

（一）刑事速裁程序的立法确认

刑事速裁程序改革试点成果，在《中华人民共和国刑事诉讼法》与《最

---

① 郑新俭：《做好顶层设计稳步推进公益诉讼试点工作》，《人民检察》2015年第14期，第42页。

高人民法院关于适用〈中华人民共和国刑事诉讼法〉的解释》中得到了立法确认。

首先，刑事诉讼法增设速裁程序。2018 年 4 月，十三届全国人大常委会第二次会议首次审议了全国人大常委会委员长会议关于提请审议《中华人民共和国刑事诉讼法修正案（草案）》的议案。其中包括将刑事速裁程序以法律的方式予以确定；10 月，全国人大常委会通过了《全国人民代表大会常务委员会关于修改〈中华人民共和国刑事诉讼法〉的决定》，"速裁程序"以专节的形式被纳入立法体系。2018 年刑事诉讼法在其第三编"审判"的第二章"第一审程序"中新增第四节，共 5 条对速裁程序进行了专门规定：第一，明确速裁程序适用范围。刑事诉讼法第二百二十二条在《速裁试点办法》的基础上，采纳了经《认罪认罚从宽试点办法》扩大的适用范围，使更多的轻罪案件被纳入了速裁程序的处理范畴。第二，明确不适用于速裁程序的六种情形（参见刑事诉讼法第二百二十三条），相比《认罪认罚从宽试点办法》中的规定，刑事诉讼法将"被告人是未成年人"加到速裁程序的排除适用范围之中。第三，规定了适用速裁程序审理案件时，可以不受第一审普通程序关于送达、法庭调查和法庭辩论等规定的限制；但在判决宣告前应当听取辩护人的意见和被告人的最后陈述意见；还规定了适用速裁程序审理案件，应当当庭宣判。第四，规定了速裁程序的审理期限，即在受理后十日内审结的原则下，允许法官对可能判处一年以上有期徒刑的犯罪延长五日的审判期限。该条采纳的是《认罪认罚从宽试点办法》中对速裁程序审限的规定，比《速裁试点办法》中的相关规定稍有延长。第五，规定了不宜适用速裁程序情形的补充内容，主要明确"人民法院在审理过程中"发现不宜适用速裁程序的情形时，法院应变速裁程序为简易程序或普通程序后，重新审理（参见刑事诉讼法第二百二十六条）。

其次，司法解释对刑事速裁程序的进一步补充。2021 年 1 月，最高人民法院发布了《最高人民法院关于适用〈中华人民共和国刑事诉讼法〉的解释》，该司法解释根据修改后刑事诉讼法的规定，吸收试点的有关规定，结合司法实践反映的问题，新增了第十四章"速裁程序"，围绕刑事速裁程序作了共计 9 条规定。其中，对人民检察院未提出建议的案件能否适用速裁程序的问题，关于适用速裁程序公开审理案件在开庭前送达期限的问题，以及对速裁程序适用通知及程序转化等，进行了部分细化，较大程度上解决了人民法院审理中的程序适用不清等问题。

（二）认罪认罚从宽制度的立法确认

关于认罪认罚从宽制度改革试点经验的立法吸收主要体现在：2018 年 10

月修正后的《中华人民共和国刑事诉讼法》；2019 年 10 月，最高人民法院、最高人民检察院、公安部、国家安全部、司法部发布的《关于适用认罪认罚从宽制度的指导意见》；2019 年 12 月，最高人民检察院发布实施的《人民检察院刑事诉讼规则》（以下简称《高检规则》）；2020 年 5 月，最高人民检察院印发的《人民检察院办理认罪认罚案件监督管理办法》；2021 年 1 月，最高人民法院公布的《最高人民法院关于适用〈中华人民共和国刑事诉讼法〉的解释》（以下简称《高法解释》）；2021 年 6 月，"两高"发布的《关于常见犯罪的量刑指导意见（试行）》（以下简称《量刑指导意见》）；2021 年 12 月，最高人民检察院颁布的《人民检察院办理认罪认罚案件听取意见同步录音录像规定》（以下简称《听取意见规定》）；2021 年 12 月，最高人民检察院印发的《人民检察院办理认罪认罚案件开展量刑建议工作的指导意见》（以下简称《量刑建议指导意见》）。由于本书其他章节会对认罪认罚从宽制度的立法成效进行较为详尽的梳理和阐述，本部分对相关立法的论述主要集中在刑事诉讼法，并简要分析《指导意见》及《高法解释》的相关规定。而《监督管理办法》《听取意见规定》《量刑指导意见》及《量刑建议指导意见》主要聚焦于认罪认罚从宽制度的特殊部分，在此不再赘述。

首先，刑事诉讼法对认罪认罚从宽制度改革成果进行了立法确认。2018 年 10 月，十三届全国人大常委会通过了《全国人民代表大会常务委员会关于修改〈中华人民共和国刑事诉讼法〉的决定》，将认罪认罚从宽和速裁程序试点积累的可复制、可推广、行之有效的实践经验上升为法律，并完善了认罪认罚从宽的程序性规定，主要体现在以下几个方面：第一，第十五条确立了认罪认罚从宽制度的原则，将"认罪"界定为"犯罪嫌疑人、被告人自愿如实供述自己的罪行"；将"认罚"界定为"愿意接受处罚"，来替代《认罪认罚从宽试点办法》中的"同意量刑建议"；第十五条与第二百零一条[1]则确定了"从宽处理"的原则。[2] 第二，明确适用范围。从试点的实施到刑事诉讼法都没有限定认罪认罚从宽制度适用的罪名和刑罚。但值得注意的是，刑事

---

[1] 刑事诉讼法第二百零一条规定："对于认罪认罚案件，人民法院依法作出判决时，一般应当采纳人民检察院指控的罪名和量刑建议，但有下列情形的除外：（一）被告人的行为不构成犯罪或者不应当追究其刑事责任的；（二）被告人违背意愿认罪认罚的；（三）被告人否认指控的犯罪事实的；（四）起诉指控的罪名与审理认定的罪名不一致的；（五）其他可能影响公正审判的情形。人民法院经审理认为量刑建议明显不当，或者被告人、辩护人对量刑建议提出异议的，人民检察院可以调整量刑建议。人民检察院不调整量刑建议或者调整量刑建议后仍然明显不当的，人民法院应当依法作出判决。"

[2] 杨立新：《认罪认罚从宽制度理解与适用》，《国家检察院学报》2019 年第 1 期，第 52 页。

诉讼法第二百二十三条规定，被告人是未成年人的案件不适用速裁程序，这就意味着未成年被告人本人认罪认罚，也只能适用简易程序或者普通程序审判。第三，确立权利告知程序，第一百二十条、第一百七十三条和第一百九十条明确规定侦查人员、检察人员和审判人员讯问和审判时应当告知犯罪嫌疑人、被告人享有的诉讼权利，如实供述自己罪行可以从宽处理和认罪认罚从宽的法律规定。这三条规定主要吸收《认罪认罚从宽试点办法》中的第十条、第十五条规定。第四，规定认罪认罚的形式要件，即认罪认罚具结书与量刑建议。刑事诉讼法第一百七十四条第一款规定："犯罪嫌疑人自愿认罪，同意量刑建议和程序适用的，应当在辩护人或者值班律师在场的情况下签署认罪认罚具结书。"该条规定与《认罪认罚从宽试点办法》第十条并没有区别。刑事诉讼法第一百七十六条第二款则规定："犯罪嫌疑人认罪认罚的，人民检察院应当就主刑、附加刑、是否适用缓刑等提出量刑建议，并随案移送认罪认罚具结书等材料。"第五，明确对认罪认罚案件的审查与裁判情况。刑事诉讼法第一百九十条规定，被告人认罪认罚的，审判长应当审查认罪认罚的自愿性和认罪认罚具结书内容的真实性、合法性。刑事诉讼法第二百零一条规定了法院对于量刑建议的采纳情况。该条内容来源于《认罪认罚从宽试点办法》第二十条、第二十一条的规定。第六，规定了程序转化机制。刑事诉讼法第二百二十六条规定，人民法院在审理过程中发现被告人违背意愿认罪认罚或者被告人否认指控的犯罪事实的，应当转程序重新审理。以此来保障被告人的权利。

其次，《关于适用认罪认罚从宽制度的指导意见》进一步细化了认罪认罚从宽制度的相关规定。2019 年 10 月 11 日，最高人民法院、最高人民检察院、公安部、国家安全部、司法部印发了《关于适用认罪认罚从宽制度的指导意见》，明确了其目的是为了"正确实施刑事诉讼法新规定，精准适用认罪认罚从宽制度，确保严格公正司法，推动国家治理体系和治理能力现代化"。该指导意见共包含基本原则、适用范围与条件等十三个部分，全文共计 60 条（含附则）。指导意见的主要规定可概括体现在：明确贯彻宽严相济刑事政策、被追诉人权利保障、司法机关审查义务、量刑建议相关程序、被害方权益保障、社会调查评估等多个方面。

再次，《最高人民法院关于适用〈中华人民共和国刑事诉讼法〉的解释》（以下简称《高法解释》）对认罪认罚从宽制度进行了多方面的补充和完善。2021 年 1 月，最高人民法院公布《高法解释》，第十二章为"认罪认罚案件的审理"，围绕认罪认罚从宽制度作了共计 11 条规定。其中，以下几条规定具有特殊意义，对其他文件中的规定进行了补充：第三百四十九条规定了人民检察院对侦查机关是否履行告知义务的审查义务；第三百七十条规定了不适用速裁程序的 7 种类型并附一条兜底性条款，其中规定"辩护人做无罪辩护的"不适用速裁程序；第三百七十五条对速裁程序的转换条件进行完善，"案件疑难、复杂或者对适用法律有重大争议的"案件应当转为普通程序或者简易程序审理；此外，对于认罪认罚案件中的重点审查内容也作出了明确规定，尤其是对"被告人在人民检察院提起公诉前未认罪认罚，在审判阶段认罪认罚"与"被告人在第一审程序中未认罪认罚，在第二审程序中认罪认罚"的情形作出了细化规定，具有极强的实践意义。

（三）刑事案件律师辩护全覆盖的立法确认

刑事案件律师辩护全覆盖就是在刑事诉讼过程中，每一个案件中的每一位犯罪嫌疑人、被告人都有律师为其辩护。实现律师辩护全覆盖，其实就是要实现刑事案件 100% 的律师辩护率。① 当前，刑事案件律师辩护全覆盖制度改革的立法成效主要体现在刑事诉讼法和法律援助法之中。

首先，2018 年修改的刑事诉讼法正式立法确认了值班律师制度，进一步扩大了刑事法律援助的范围并确立了具体路径，推动实现刑事辩护的全覆盖。刑事诉讼法第三十六条规定："法律援助机构可以在人民法院、看守所等场所派驻值班律师。犯罪嫌疑人、被告人没有委托辩护人，法律援助机构没有指派律师为其提供辩护的，由值班律师为犯罪嫌疑人、被告人提供法律咨询、程序选择建议、申请变更强制措施、对案件处理提出意见等法律帮助。人民法院、人民检察院、看守所应当告知犯罪嫌疑人、被告人有权约见值班律师，并为犯罪嫌疑人、被告人约见值班律师提供便利。"刑事诉讼法第一百七十三条、第一百七十四条在对认罪认罚从宽机制适用进行规范时，对值班律师的在场、意见及内容作出了特别强调；从并列内容来看，立法在某种程度上赋予了值班律师与辩护人似乎同样的法律地位，这有利于更好地实现刑事诉讼制度对犯罪嫌疑人、被告人的权利保障，提高社会对司法制度公正与权威的认可度，推动刑事案件律师辩护全覆盖制度的落实。

其次，《中华人民共和国法律援助法》将刑事法律援助制度上升到了法律层面。2021 年 8 月，第十三届全国人大常委会第三十次会议表决通过《中华人民共和国法律援助法》，自 2022 年 1 月 1 日起施行。法律援助法以若干条文对刑事法律援助制度作出了规定，无疑是对刑事案件律师辩护全覆盖改革的新发展。法律援助法中，对与刑事律师辩护全覆盖制度的相关立法主要体现在以下方面：第一，规定了无期徒刑、死刑复核案件法律援助律师的"资

---

① 顾永忠：《刑事辩护制度改革实证研究》，《中国刑事法杂志》2019 年第 5 期，第 139 页。

格准入"制度，初步建立起"极刑案件"法律援助质量控制机制（参见法律援助法第二十六条）。① 第二，确立了法律援助不得损害委托辩护权的原则，法律援助法第二十七条规定："人民法院、人民检察院、公安机关通知法律援助机构指派律师担任辩护人时，不得限制或者损害犯罪嫌疑人、被告人委托辩护人的权利。"第三，将适用普通程序审理的刑事案件纳入法律援助的范围，加强对普通程序审理的案件中被告人的权利保障（参见法律援助法第二十五条规定）。

（四）对监狱实行巡回检察制度的立法确认

随着改革试点的展开，《中华人民共和国人民检察院组织法》和《人民检察院监狱巡回检察规定》等法律文件，随之对巡回检察制度作出了确认并提供具体指引。

首先，《中华人民共和国人民检察院组织法》在立法上明确了检察机关可以对监狱、看守所等场所实行派驻检察和巡回检察。2018 年 10 月 26 日，十三届全国人大常委会第六次会议表决通过了新修订的《中华人民共和国人民检察院组织法》第十七条第一款规定："人民检察院根据检察工作需要，可以在监狱、看守所等场所设立检察室，行使派出它的人民检察院的部分职权，也可以对上述场所进行巡回检察。"该规定与《检察机关对监狱实行巡回检察试点工作》中的试点规则稍有不同。根据试点方案的安排，对试点地区监狱不再区分监狱规模一律实行巡回检察，而第十七条规定将派驻与巡回二者都确认为监狱检察的法定形式。

其次，《人民检察院监狱巡回检察规定》（以下简称 2018 年《规定》）立法吸收了监狱巡回检察制度的试点成果，规定了监狱实行巡回检察的同时实施派驻检察。至此，"派驻 + 巡回"模式在法律上得到了确认。2018 年《规定》对监狱检察的内容、重点和方法作出了较为原则的规定。在成员的组成上，规定人民检察院根据巡回检察工作需要可以邀请司法行政、安全生产监督管理、审计等部门人员参加，巡回检察组由本院和下级院的检察人员、司法行政人员、司法机构以外的专家三部分组成。在巡回检察的方式上，规定了常规巡回检察、专门巡回检察、机动巡回检察、交叉巡回检察等四种巡回检察形式。在巡视结果的公开上，第二十三条要求"巡回检察工作开展情况，应当以适当方式向社会公开"。

再者，2021 年 12 月，最高人民检察院出台了新的《人民检察院巡回检察

---

① 潘金贵：《刑事法律援助制度的发展与完善——兼评〈法律援助法〉相关条文》，《法学杂志》2022 年第 2 期，第 88 页。

工作规定》（以下简称 2021 年《规定》），并宣布实施了三年多的 2018 年《规定》同时废止。新的规定主要有四个变化：第一，新的巡回检察对象不仅包括监狱，还包括看守所和其他刑事执行活动。之前所展开的看守所巡回检察试点，为这一规定提供了立法经验。第二，明确了各级检察院负责特定类型巡回检察的分工模式（参见 2021 年《规定》第九条）。该分工模式是对试点方案中检察工作方式的进一步细化。第三，对派驻检察制度进行了修改。2021 年《规定》和 2018 年《规定》一样，在名为"巡回检察"的规范中，附带对派驻检察进行了重大修改。2021 年《规定》第十七条对派驻检察作出了详细的人员规定，体现了对派驻检察工作的加强和重视。第四，首次明确了对派驻人员的监督的用词为"检查"。2021 年《规定》第三章为"对派驻检察工作的检查"。①

（五）检察机关提起公益诉讼制度的立法确认

2015 年 7 月，最高人民检察院印发《检察机关提起公益诉讼试点方案》后，检察公益诉讼制度开始在全国 13 个省、自治区、直辖市检察院开展为期 2 年的试点。2017 年 6 月全国人大常委会修改民事诉讼法、行政诉讼法后，检察公益诉讼制度正式入法并全面实施。检察机关提起公益诉讼分为民事公益诉讼和行政公益诉讼两类，这是按照适用的诉讼法的性质或者被诉主体的不同进行划分的。按照提起诉讼的主体加以划分，可分为检察机关提起的公益诉讼、其他社会组织提起的公益诉讼两类。

首先，《中华人民共和国民事诉讼法》（2017 年修订施行）立法确认了民事公益诉讼制度，确定了检察院在民事公益诉讼中的角色。民事诉讼法第五十五条第二款规定："人民检察院在履行职责中发现破坏生态环境和资源保护、食品药品安全领域侵害众多消费者合法权益等损害社会公共利益的行为，在没有前款规定的机关和组织或者前款规定的机关和组织不提起诉讼的情况下，可以向人民法院提起诉讼。前款规定的机关或者组织提起诉讼的，人民检察院可以支持起诉。"这是有关民事公益诉讼的规定。根据民事诉讼法相关规定，民事公益诉讼主要有环境公益诉讼、消费公益诉讼两种类型。

其次，《中华人民共和国行政诉讼法》（2017 年修订施行）对检察院提起行政公益诉讼作出了原则性规定，第二十五条第四款规定："人民检察院在履行职责中发现生态环境和资源保护、食品药品安全、国有财产保护、国有土地使用权出让等领域负有监督管理职责的行政机关违法行使职权或者不作为，

---

① 高一飞：《监所检察制度的系统化改革》，《广西大学学报（哲学社会科学版）》2022 年第 1 期，第 158 页。

致使国家利益或者社会公共利益受到侵害的，应当向行政机关提出检察建议，督促其依法履行职责。行政机关不依法履行职责的，人民检察院依法向人民法院提起诉讼。"

再次，2018 年 10 月 26 日，第十三届全国人大常委会第六次会议表决通过了新修订的《中华人民共和国人民检察院组织法》。该法第二十条规定了检察机关的若干职权，其中就包括"依照法律规定提起公益诉讼"。这一规定立法确认了检察机关提起公益诉讼制度改革。与之类似的还有 2019 年新修订的《中华人民共和国检察官法》第七条，立法明确了"开展公益诉讼工作"是检察官的职责之一。

最后，2018 年《最高人民法院、最高人民检察院关于检察公益诉讼案件适用法律若干问题的解释》（以下简称《两高检察公益诉讼解释》），对检察机关提起行政公益诉讼的主要任务、遵循原则、身份地位、具体程序等内容进行了立法确认，主要体现在：第一，明确身份属性。第四条将检察机关称为"公益诉讼起诉人"，以此身份提起公益诉讼。第十条将检察机关不服人民法院一审判决、裁定的应对方式更改为"向上一级人民法院提起上诉"。这条规定与 2015 年最高人民检察院出台的《检察机关提起公益诉讼改革试点方案》和《人民检察院提起公益诉讼试点工作实施办法》所规定的内容存在差异。在试点方案和实施办法中，将检察机关称为"公益诉讼人"，以此身份提起民事、行政两类公益诉讼，检察机关认为同级人民法院未生效的一审判决、裁定确有错误的，应对方式是"向上一级人民法院提出抗诉"。由此可见，检察机关身份从"公益诉讼人"到"公益诉讼起诉人"，检察公益诉讼启动二审程序从"抗诉"到"上诉"，立法者逐渐表明将检察机关定位为公益诉讼中原告当事人的立场，也就是一定程度上将检察公益诉讼定位于平等主体之间的争讼。① 第二，明确了管辖法院。《两高检察公益诉讼解释》第五条规定：基层人民检察院提起的第一审行政公益诉讼案件，由被诉行政机关所在地基层人民法院管辖。第三，明确了受案范围。与民事诉讼法和行政诉讼法中的相关规定相同。第四，确立了诉前程序。《两高检察公益诉讼解释》第二十一条规定，检察机关有权在因行政机关违法行为导致公共利益受损的案件中通过向其提出检察建议的方式介入，督促行政机关自行改正违法现象，诉前程序的期限为行政机关收到检察建议书之日起两个月内。紧迫情况下检察机关有权要求行政机关在十五日内进行回复。第五，确定起诉条件。检察机

---

① 邹雄、陈山：《监督者抑或当事人？——检察公益诉讼原告双重角色的法理检视》，《江西社会科学》2022 年第 3 期，第 151 页。

关提起行政公益诉讼应当同时满足实体要件与程序要件。实体要件是行政机关经过诉前程序仍未纠正违法行为，致使受损公共利益得不到修复；程序要件是提交向人民法院提起公益诉讼所需的材料。第六，对诉讼请求的规定。《两高检察公益诉讼解释》第二十五条明确了人民检察院可以向人民法院提出撤销或部分撤销违法行政行为、限期履行法定职责、确认违法或确认无效等诉讼请求。该规定采纳接受了《检察机关提起公益诉讼改革试点方案》中关于诉讼请求的规定。

第三章

司法体制改革的地方试点与立法完善

司法体制改革是国家治理体系和治理能力现代化建构的关键一环，其成败直接关乎公正高效的司法制度能否最终建立。因而，自 20 世纪 80 年代起，中央历届领导人都高度重视司法体制改革。特别是中共十八大以后，中央层面开启了新一轮的司法体制改革，本轮司法体制改革的最大亮点就是对司法体制改革的难点进行明确界定，将建立和完善司法责任制作为改革的重心。2015 年，习近平总书记在中央政法工作会议上发表重要讲话，指出，"完善司法责任制，在深化司法体制改革的过程中居于基础性地位，是必须牵住的'牛鼻子'"。[①] 把司法责任制改革视为司法体制改革的"牛鼻子"，就是要把建立和完善司法责任制作为司法体制改革的关键和重点，据此牵引司法体制全面改革、深度改革、彻底改革。[②] 然而，对于司法责任制这个"牛鼻子"应该怎么牵？它牵引了哪些体制改革？《最高人民法院关于完善人民法院司法责任制的若干意见》（以下简称《司法责任制的若干意见》）指出了当前司法责任制改革的基本原则，即"遵循司法权运行规律，突出法官的办案主体地位"。这一表述虽然落脚点在于责任，但其着眼点则在于权力，其核心旨在将责任置于合乎权力运行的逻辑框架下。[③] 基于此，司法责任制改革应同时沿着如下两条线索展开：其一，围绕保障司法权独立运行展开，其主要表现为员额制、审判业务机构、人财物管理等整体性的体制改革；[④] 其二，围绕追究司法责任展开，积极回应司法腐败、司法不公等现实困境，建立司法责任追究制度，其主要表现为司法监督管理、司法责任追责等操作性的制度修改。[⑤]

从责任理论的一般原理来看，司法权独立行使更具根本性地位，只有保

[①] 习近平：《在中央政法委工作会议上的讲话》，载《习近平关于全面依法治国论述摘编》，中央出版社 2015 年版，第 102 页。

[②] 张文显：《论司法责任制》，《中州学刊》2017 年第 1 期，第 40 页。

[③] 《最高人民法院关于完善人民法院司法责任制的若干意见》第二条第三款。

[④] 龙宗智：《司法改革：回顾、检视与前瞻》，《法学》2017 年第 7 期，第 15—18 页。

[⑤] 黄文艺：《中国司法改革基本理路解析》，《法制与社会发展》2017 年第 2 期，第 10—11 页。

证了司法权独立行使，追求司法责任才符合权责一致的责任理念。因而，本章研究的内容具体落在以司法责任制为中心的司法体制改革的议题上。同时，本章也将从法院的视角研究地方试点中的司法责任制改革，这不是因为地方试点中的检察官的司法责任不重要，而是因为司法权本质上是判断权和裁决权，而裁决权在司法权中又处于核心地位，所以法院司法体制改革是探索司法体制改革过程的有用典范，其对保障司法权正确运行更具决定性意义。[①]

有鉴于此，本章将分四节对其展开讨论：第一节旨在解释司法责任制为何被称之为司法体制改革的"牛鼻子"？对于这个问题，本节主要通过分析司法责任制概念的内涵、科学化历程，厘清司法责任制改革和司法体制改革之间的关系进行回答。本节认为，司法责任制改革的内容应该包含如下两个方面：其一，保障司法权独立运行的司法体制改革；其二，追究司法责任的操作性制度修改。其中，围绕司法体制改革的内容在于保障司法权力的独立运行，具体包含员额制改革、业务机构改革、人财物管理体制改革等方面，这些内容基本上对司法体制改革进行了全面覆盖，因而被称之为司法体制改革的"牛鼻子"。第二、三、四节旨在讨论的问题是：员额制改革、审判业务机构改革以及人财物管理体制改革地方试点的实践状况、有益经验、不足以及对立法活动的影响，对于这些问题，本章后三节主要通过梳理有关地方试点改革的政策文件、改革举措以及法律文件、司法解释等文献进行回答。

第一节　司法责任制：司法体制改革的"牛鼻子"

2013 年 11 月 12 日，党的十八届三中全会通过的《中共中央关于全面深化改革若干重大问题的决定》明确指出，"优化司法职权配置，改革审判委员会制度，完善主审法官、合议庭办案责任制，让审理者裁判、由裁判者负责"作为健全司法权运行机制的重要举措。[②]《中共中央关于全面深化改革若干重大问题的决定》首次以中央正式文件的形式强调司法权有效运行对司法责任制内涵及司法责任制改革的意义，并指出了以往责任制改革过程中"权力"和"责任"相脱钩的弊端。或许是受传统的"法律责任""强制制裁"等观念的影响，理论界和实务界长期以来对司法责任制的认识极为混乱。这突出地表现为，很多人侧重于将司法责任制研究的重心聚焦在司法问责问题上，

---

① 张文显：《论司法责任制》，《中州学刊》2017 年第 1 期，第 42 页。

② 参见《中共中央关于全面深化改革若干重大问题的决定》，中央政府门户网站，http：//www.gov.cn/jrzg/2013-11/15/content_ 2528179.htm，最后访问日期 2021 年 12 月 1 日。

而很少有人关注司法权独立运行对司法责任制的意义。[①] 有鉴于此，本节将试图从如下三个方面来澄清对司法责任制的认识：首先，梳理相关的文献资料，对"司法责任制"一词进行概念分析，清晰准确地界定"司法责任制"的内涵；其次，梳理相关的政策、规范性文件，揭示司法责任制的科学化发展历程，展现司法责任制内涵的演变；再次，梳理相关政策、规范性文件以及领导人的讲话，揭示司法责任制同司法体制改革二者之间的关系。

一、司法责任制的内涵

为了更为清晰地界定"司法责任制"的内涵，本节将"司法责任"一词拆分为"司法""责任"这两个要素，分别从词源学角度对这两个语词的内涵进行分析。之后，在此基础上对"司法""责任"两词的内涵进行重新组合，从而使其成为一个内涵清晰的概念。

(一)"司法"的含义

在司法理论的研究中，"司法"是一个被高频率使用的概念，这个概念在不同语境下被赋予了不同的含义。从国家机关活动的角度来讲，司法指的是，包含侦查、检察、审判、司法执行等在内的一系列活动。这类活动通常是由特定的法律实施机关从事。例如，司法审判活动是由各级人民法院就当事人提起法律纠纷进行裁判的活动。从权力主体的角度来讲，司法是指享有特定权力的国家机关，即我们通常所说公安机关、检察机关、审判机关以及司法行政机关。[②] 从国家权力的角度来讲，司法通常是指同立法权力、行政权力相对应的一种国家公权力，即我们常说的司法权。[③] 究其词源，司法权作为一种独立的权力，其最早源于孟德斯鸠的分权学说。孟德斯鸠主张，每个国家的权力都需要有三种，即立法权、关于国际事项的行政权力以及有关民事法规事项的行政权力。其中，第二项权力被称之为行政权、第三项权力被称之为司法权。[④] 在中国，一般认为，司法权包含了侦查权、检察权、审判权、执行权。

---

① 范成珊、岳联国：《司法责任原则初探》，《法学杂志》1984 年第 1 期，第 14 页；苏泽林编：《法官职业化建设指导与研究》，人民法院出版社 2003 年版，第 71 页。从这些早期有关司法责任制研究文献来看，研究者主要将研究重心聚焦于司法问责问题上，而很少考虑司法权独立运行问题。

② 参见《中共中央关于全面深化改革若干重大问题的决定》，中央政府门户网站，http：//www. gov. cn/jrzg/2013-11/15/content_ 2528179. htm，最后访问日期 2021 年 12 月 1 日；《中共中央关于全面推进依法治国若干重大问题的决定》，中央政府门户网站，http：//www. gov. cn/zhengce/2014-10/28/content_ 2771946. htm，最后访问日期 2021 年 12 月 1 日。

③ 张文显主编：《法理学》（第四版），北京大学出版社 2011 年 6 月，第 211 页。

④ ［法］孟德斯鸠：《论法的精神》（上），张雁深译，商务印书馆 1961 年版，第 155 页。

前述这些理解从不同角度揭示了"司法"一词的丰富内涵，但考虑到各国的司法理论具有一定的本土特色，必须结合自身的政治语境对其展开讨论。从中国历次司法改革的实际情况来看，中国的司法改革高度地依赖来自中央层面的推动力量。为了有效地推动司法改革，中央层面往往会出台大量的政策文件对改革活动进行路径指引。有鉴于此，为了更准确地把握"司法"一词的含义，我们有必要结合中共十八大以后所出台的相关政策文件、规范文本对其进行分析。

自中共十八大以来，先后通过了《中共中央关于全面深化改革若干重大问题的决定》（以下简称《全面深化改革的决定》）、《中共中央关于全面推进依法治国若干重大问题的决定》（以下简称《全面推进依法治国的决定》）、《最高人民法院关于全面深化人民法院改革的意见——人民法院第四个五年改革纲要（2014—2018）》（以下简称《四五纲要》）以及《最高人民法院关于深化人民法院司法体制综合配套改革的意见——人民法院第五个五年改革纲要（2019—2023）》（以下简称《五五纲要》）等政策文件。从内容来看，这些政策文件都明确地将审判活动改革作为本轮司法改革的重要内容予以强调。

同时，2014 年，习近平总书记在中央政法工作会议的讲话中，对司法权作出了科学的界定，指出"司法权是对案件事实和法律的判断权和裁决权"。① 习近平总书记将司法权界定为判断权和裁决权，实则表明了审判权是司法概念的核心意义。这是因为司法活动中其他诸如侦查权、检察权、执行权都是围绕审判权展开，审判权在其中具有决定性意义。②

（二）"责任"的含义

追溯词源，在现代汉语词典中，"责任"一词具体包含如下两层含义：第一，责任指的是，应该做好的分内之事。比如，我们总会对那些做事认真负责的人作出这样的评价，他们具有责任心，他们做事总能尽心尽责。第二，责任指的是，如果没有做好自己的工作，就应当承担不利后果或强制性的义务。比如，当正在执勤的警察遇到路人求救时，警察却选择冷眼旁观，路人就可以追究警察的责任。③ 对于"责任"一词的第一层含义而言，其通常要求行动者采取一种负责任的方式行动，以达致一种完满的状态，实现他人的预期目标。而对于"责任"一词的第二层含义，则主要针对行为所导致的不

---

① 中共中央文献研究室编：《习近平关于全面深化改革论述摘编》，中央文献出版社 2014 年版，第 79 页。

② 张文显：《论司法责任制》，《中州学刊》2017 年第 1 期，第 42 页。

③ 《现代汉语词典》，商务印书馆 2005 年版，第 1702 页。

利后果，根据这种不利的行动后果来追究行为人的责任。通常来讲，"责任"一词应当同时包含前述两层含义。

　　然而，早期多数学者和立法者对于司法活动中责任问题的研究只强调后者而忽视前者。例如，有学者将法官审判责任的内涵界定为，法官在审判活动中违反法律所规定的职责和义务，依法应当承担的行政责任或刑事责任。[①]也有学者从知识考古学的视角探究司法活动中"责任"一词的内涵，其认为，"责任"一词自古有之，最早可以追溯到秦汉时期，"责任"一词具体是指对司法官员不当行使职权的责任追究制度。[②] 有鉴于此，为了对"责任"一词的含义进行科学的界定，我们有必要考量"责任"一词的基本含义，并结合中共十八大以来出台的相关政策文件、规范文本反思这个日常语词。

　　从中共十八大后出台的相关文件来看，中央层面的领导人对司法活动中的"责任"一词的含义有了新的认识，这个新的认识就是"责任"不仅仅是对违背自己本职工作的不利后果的追究，还包含保障做好本职工作的权力配置，增强主体的责任意识。比如，《全面深化改革的决定》在提及法治建设时，强调"健全司法权运行机制，优化司法职权配置，让审理者裁判、由裁判者负责"。同时，通过对现有有效法律规范的分析，我们发现大量的"责任规范"包含了对主体本职工作的强调。比如，法官法第三条，将忠于宪法、法律，为人民服务作为法官的本职工作；宪法第一百三十一条，将依法独立行使审判权作为法院法官的本职工作等。因而，结合中共十八大以来中央出台的政策文件和相关法律规范，"责任"一词的内涵不仅包含主体的责任承担，还包括主体依法享有独立地做好本职工作的能力。

　　（三）司法责任制概念的界定

　　就审判机关而言，通过前述分析可以得知，司法指的是法官所从事的审判活动。责任则指行为人应该做好的分内事情，并且若没做好这些分内的事情，就应该对此承担不利后果，它既包含了积极履行职责，同时也包含了对履行职责不当的问责。同时，现代社会对于"责任"一词的讨论都是在一定社会制度下展开的，因而"责任"一词常常可以表述为"责任制"一词。有鉴于此，我们可以对"司法责任制"作出如下定义：司法责任制指的是，法官应当履行正确行使审判权的法律职责和法官在违法行使审判权时应当承担的不利后果。这种关于"司法责任制"概念的界定同学界多数学者的定义基本上保持了一致性，都是围绕"责任"一词的双重含义对"司法责任制"概

---

　　① 苏泽林编：《法官职业化建设指导与研究》，人民法院出版社 2003 年版，第 71 页。
　　② 崔永东：《司法责任制的传统和现实》，《人民法院报》2015 年 6 月 5 日，第 5 版。

念进行科学的界定。①

    需要指出的是，就"司法责任制"概念的具体使用而言，需要特别强调如下两点：其一，"司法责任制"概念所指涉的内容有别于以往的司法责任制度所指涉的内容。长期以来，我国对于司法责任制度的相关规定主要散见于法官法以及最高人民法院出台的规范性文件，对司法责任制的内涵缺乏系统性规定，这就导致理论界和实务界对司法责任制的理解一直处在一个内涵逐渐清晰的动态变化过程中。这种动态变化主要表现为如下两个方面：首先，司法责任制不同于早期的司法问责制。司法问责制指向的内容是追究责任的范围、承担责任的主体、责任形式、责任的确认和追究程序等，这些内容主要围绕"司法问责"的内容展开，对法律职责的保障缺乏必要的讨论。② 其次，司法责任制也不同于早期的审判负责制。审判负责制指向的内容主要是强化合议庭和法官的审判职责、对审判权力行使后果承担相应的责任等，这种内容指向的转换表明审判责任制已经开始重视还权于法官，但对保障法官独立行使职权的重要性还存在着认识上的不足。③ 其二，"司法责任制"概念同"法官责任制"概念、"审判责任制"概念所讨论的都是同一问题域，三个概念具有相同的核心含义。现阶段学界对于司法责任制问题的研究，经常使用的概念表述有"司法责任制""法官责任制""审判责任制"，并且对其内涵不作区分。但事实上，这些概念之间存在着一定的差异。具体而言，《司法责任制的若干意见》仅仅使用了"司法责任制""审判责任制"两个概念，并明确将"审判责任制"确立为"司法责任制"的核心。由此可见，司法责任制的外延较审判责任制更为广泛。同时，从《司法责任制的若干意见》的其他相关规定中，我们也可以发现两者在责任主体、责任内容方面不尽相同。具体而言，就责任主体而言，司法责任制的责任主体表述的是人民法院，实际上指向的却是法官，而审判责任制的责任主体则指向的是法官及参与审判的相关人员；就责任内容而言，司法责任制只指向法官的责任，而审判责任

---

    ① 张文显：《论司法责任制》，《中州学刊》2017 年第 1 期，第 47 页；陈卫东：《司法责任制改革研究》，《法学杂志》2017 年第 8 期，第 34 页；王迎龙：《司法责任语境下法官责任制的完善》，《政法论坛》2016 年第 5 期，第 136—139 页；刘素君、柳德新：《论主审法官责任制的功能定位与实现路径》，《河北法学》2016 年第 6 期，第 196 页。

    ② 《中华人民共和国法官法》（2001 修正）第十一章、《人民法院审判人员违反审判责任追究办法（试行）》和《人民法院审判纪律处分办法》。

    ③ 《人民法院五年改革纲要》、《人民法院第二个五年改革纲要（2004—2008）》和《人民法院第三个五年改革纲要（2009—2013）》。

制既包含法官的责任也包含负有监督管理职责等相关人员的责任。[①] 但是，这两方面的差异只是一些细节性的，"司法责任制""审判责任制"概念的核心含义都聚焦在"权责一致"的责任原理上。

二、司法责任制的科学化历程

司法责任制改革在中国经历了一个漫长的过程，回顾这一制度的改革历程，自 1993 年最高人民法院在全国法院工作会议上将错案追究制度作为新举措在全国范围内推广算起，这项制度共经历了问责制、负责制、办案责任制、司法责任制这四个阶段。这种科学化发展历程从最初只强调对裁判结果负责，到逐渐强调权责统一，即强调在保障审判权独立运行的前提下，追究审判人员的责任。

（一）法官问责制阶段：以司法问责为导向

法官问责制的提法，最早可以追溯到 20 世纪 80 年代中期建立的法院监察制度，期间经历了河北省秦皇岛市海港区法院的试点改革，后来最高人民法院在 1993 年的全国法院工作会议上将该制度在全国范围内进行推广，并在 1998 年出台的《人民法院审判人员违法审判责任追究办法（试行）》和《人民法院审判纪律处分办法》两项规范性文件中正式将该项制度进行落实。[②] 在这两项规范性文件中，最高人民法院明确规定了法官问责的范围、承担责任的主体、责任形式、违法审判责任的确认和问责程序等内容，其规范的行为既包括法官的违法行为，也包含法官的违纪行为。

从上述规范性文件所规定内容的范围来看，这两项规范性文件所确立的司法责任制，是一种法官问责制，其聚焦的内容在于追究法官违法、违纪行为的责任。

持法官问责制观点的学者认为，只有在法官存在与审判活动和自身职业身份相关的不当行为时，法官承担责任才是合理的；反之，在法官实际上无法为其审判行为、职业身份相关的行为负责时，对法官进行问责便会失去正当性。而在现实的司法活动中，这恰恰成为法官问责制饱受诟病的症结所在。长期以来，我国法院内部形成了院长全面负责、审判与司法行政相互交织的科层化的组织结构，审判权实际上是在"审"与"判"相脱离的机制下运行

---

① 《最高人民法院关于完善人民法院司法责任制的若干意见》第一条、第二十五条、第二十七条。

② 陈虎：《逻辑与后果：法官错案责任终身制的理论反思》，《苏州大学学报（哲学社会科学版）》2016 年第 2 期，第 63—64 页。

的，诉讼中心不在庭审。同时，法官在领导审批、审委会讨论决定、上级法院指示等的多重力量束缚下，其真正拥有的审判权力极为有限。在法官所享有的审判权残缺的情况下，如何追责就成为难以实现的问题。① 究其原因便在于法官的职责不清，权责不统一。

（二）主审法官负责制阶段：以厘清审判职责为导向

为了缓解法官问责制所面临的权责不清的现实困境，1999 年至 2009 年这十年内，最高人民法院先后出台了《人民法院五年改革纲要》（以下简称《一五纲要》）、《人民法院第二个五年改革纲要（2004—2008）》（以下简称《二五纲要》）和《人民法院第三个五年改革纲要（2009—2013）》（以下简称《三五纲要》）三个规范性文件，并试图建构法官依法独立审判责任制，强化合议庭和独任法官的审判职责。其中，《一五纲要》强调建立符合审判工作规律的审判组织形式，指出强化合议庭和法官的职责。《二五纲要》则在《一五纲要》的基础上，进一步地指出，要建立法官依法独立判案责任制，强化合议庭和独任法官的审判职责，并逐步实现合议庭、独任法官负责制。《三五纲要》再次提出，完善合议庭制度，进一步加强合议庭和主审法官的职责。

从上述三个改革纲要文件的内容来看，责任制改革的理念不断深入人心，责任制内容的设计也更为科学。其中，《一五纲要》突出地强调要明确合议庭、法官和审判委员会的工作职责，强化合议庭和法官的职责等内容，这表明此时法院已将明确法官职责作为改革的重要目标进行确立。《二五纲要》在此基础上将该理念持续向前推进，这突出地表现为三个方面：其一，《二五纲要》首次提出"法官依法独立判案责任制"。"法官依法独立判案责任制"不仅强调了合议庭和独任法官的审判职责，更重要的是落实了法官判案的独立地位，法官依法独立行使审判权的要求获得了制度层面上的支持。其二，《二五纲要》进一步明确了审判责任主体。其强调要逐步实现合议庭、独任法官负责制，逐步地通过制度化方式将审判权"返还"给法官，此时已隐约感受到"让审理者裁判，让裁判者负责"的气息。其三，《二五纲要》首次将"明确职权"和"司法问责"两者同时作为改革任务的重心。《一五纲要》将改革的重心聚焦在职责的划定上，对司法问责鲜有关注，而《二五纲要》的改革既强调职权明确的积极意义，也关心司法问责的重要意义，"明确职权"和"司法问责"两手都要抓，两手都要硬，这使得权责统一的理论脉络已初步显现出现实的萌芽。《三五纲要》并未对《二五纲要》的实质内容进行大

---

① 陈杭平：《在司法独立与司法负责之间——美国州法官考评制度之考察与评析》，《当代法学》2015 年第 5 期，第 130—131 页。

的改动，只是将责任制主体的提法表述得更为科学，将《二五纲要》中"独任法官"变更为"主审法官"。一般认为，"独任法官"主要适用于诉讼活动中的简易程序，这种表述容易使人误以为司法问责的主体仅适用于参与简易程序审理案件的法官；而"主审法官"则指向所有参与审理案件的法官，责任主体名称的变更反映了责任制改革由简易程序扩展到所有的审判程序。

通过梳理前述三个改革纲要，我们发现制度设计者已逐渐认识到法官职责明晰的重要意义，指引这种认识上变化的权责一致的责任理念已经崭露头角，但并未被制度设计者清晰地揭示，需要进一步认真贯彻权责一致的责任理念，科学地建构司法责任制度。

（三）法官办案责任制阶段：以权责统一为导向

中共十八大以后，责任制改革进入改革的深水区，权责一致的责任理念，在《全面深化改革的决定》《全面推进依法治国的决定》《四五纲要》三个规范性文件中逐步得到贯彻，具体表现为如下三个方面：

第一，《全面深化改革的决定》明确地指出了"主审法官、合议庭办案责任制"的目的，即确立"让审理者裁判，由裁判者负责"。一方面，"让审理者裁判，由裁判者负责"一针见血地回应了司法责任制度改革长期以来存在的问题，即长期以来，中国司法审判实践中存在着审判人员权责不一致的症结；另一方面，"让审理者裁判，由裁判者负责"也科学地揭示了司法责任制的核心要义和科学内涵，符合司法审判活动自身特殊性质和规律。[1]

第二，《全面推进依法治国的决定》明确地提出了通过推进以审判为中心的诉讼制度改革，建立了办案质量终身制和错案责任倒查问责制，明确了责任承担的实效和责任追究的方式。这些内容指明了本轮司法责任制改革的方向，即强调改革要以审判为中心，建构符合司法权运行规律的司法问责制度。[2]同时，厘清了追责的实效，明确了问责的方式，认真贯彻责任法定的理念。

第三，《四五纲要》系统地揭示了司法责任制改革的目标和任务。这突出地体现为三个方面：首先，《四五纲要》首次将司法责任制改革的目标确立为建构符合司法权运行规律的中国特色社会主义审判权运行体系。将责任制改革纳入符合司法权运行规律的轨道中，这看似理所应当，但回顾我国司法改革的历史，其间漫漫长路着实不易，其意义重大，不仅为未来司法改革指明

---

① 张文显：《论司法责任制》，《中州学刊》2017年第1期，第45—46页。
② 蒋志如：《〈中共中央关于全面推进依法治国重大问题的决定〉中的司法改革》，《内蒙古师范大学学报（哲学社会科学版）》2017年第4期，第59—60页。

了方向，也为建构科学的责任制体系确立了标准。其次，《四五纲要》围绕权责统一司法原则，建构了一个集评价机制、问责机制、惩戒机制、退出机制与保障机制于一体、内部融贯的责任体系。① 需要指出的是，权责统一的原则，并不是简单地将司法责任制化约为权力和责任这两个要素。权责统一责任制体系的构成要素更为丰富，涉及一系列要素，只有将这些要素按照符合司法权运行规律的方式一一关联起来，权责一致的理念方可实现。前述五大机制的提出，正体现了建构符合司法权运行规律的完整责任体系的努力，极大地完善了司法责任制的内容。再次，《四五纲要》科学地界定了主审法官、合议庭成员的责任。一方面，保障主审法官、合议庭成员独立发表意见的职权；另一方面，明确主审法官、合议庭成员在发表个人意见、履职行为过程中承担责任的情形。认真贯彻权责统一的责任原理，先将权力赋予法官，后对其不当行为进行问责，这符合逻辑上的先后顺序。同时，凡是拥有权力必会产生责任，权力的不当行使必然会导致不利的责任后果，这符合结构上的对称关系。

如上所述，前述三个规范性文件的补充，使得司法责任制在责任逻辑上获得较为充分的说明，在观念层面上将权责统一的理念深入人心，为司法责任的体系建构提供了充足的理论基础。

（四）司法责任制阶段：以建构符合司法权运行规律的责任体系为导向

2015 年 8 月 18 日，中央全面深化改革领导小组通过了《最高人民法院关于完善人民法院司法责任制的若干意见》，该规范性文件全面系统地揭示出司法责任制的逻辑构成，明确地指出，完善人民法院的司法责任制，必须以严格的审判责任制为核心，以科学的审判权运行机制为前提，以明晰的审判组织权限和审判人员职责为基础，以有效的审判管理和监督体制为保障，让审理者裁判，由裁判者负责，确保人民法院依法独立公正行使审判权。② 同时，《最高人民法院关于完善人民法院司法责任制的若干意见》的第四部分专门规定了"审判责任的认定和追究"，规定法官在职责范围内对办案质量终身负责，并界定了违法审判的条件和不得作为错案予以追责的责任豁免情形。据此，我们可以说，《最高人民法院关于完善人民法院司法责任制的若干意见》的颁行，标志着我国司法责任制制度框架的正式形成，这一宏观的制度框架为地方试点工作的开展提供了方向性指引。

《最高人民法院关于完善人民法院司法责任制的若干意见》在充分吸收前

---

① 《〈人民法院第四个五年改革纲要（2014—2018）〉主要内容》，《法律适用》2014 年第 8 期。
② 《最高人民法院关于完善人民法院司法责任制的若干意见》第一条。

述规范性文件的基础上，围绕司法权运行规律对司法责任制进行了系统化的阐释。这突出地表现为如下四个方面：其一，将审判责任制纳入司法责任制改革的总体框架中，统称为司法责任制；其二，系统化地揭示出司法责任制的构成要素，即一个核心、一个前提、一个基础、一个保障，即以严格的审判责任制为核心，以科学的审判权运行机制为前提，以明晰的审判组织权限和审判人员职责为基础，以有效的审判管理和监督体制为保障；其三，明确地指出司法责任制改革的目标，让审理者裁判，由裁判者负责，确保人民法院依法独立公正地行使审判权；其四，将司法责任制置于司法权运行系统中，强调"以科学的审判权运行机制为前提"，揭示了司法责任制改革是一项系统化工程。

最后，需要强调的是，《最高人民法院关于完善人民法院司法责任制的若干意见》之所以重要，在于它系统化地揭示了司法责任制丰富的内涵，明确地将司法责任制改革的目的确立为确保人民法院依法独立公正行使审判权，因而责任制的核心要义在于保障司法权独立行使，即"让审理者裁判，由裁判者负责"，司法责任制的科学设定，需要尊重司法权运行机制的内在规律，特别是要完善司法体制改革，保障司法权的独立行使。

三、司法责任制与司法体制改革的关系

依法公正审判是司法责任制改革的目的。为了实现此目的，一方面，需要保障法官依法独立地行使审判权；另一方面，需要建构合理的司法问责机制，对法官的裁判行为进行合理的规制。法官独立行使审判权对于实现司法公正无疑是必需的，根据责任理论的一般原理，在行为人不能自由行动而受制于他人利益或意志支配的场合，我们无法期望行为人能够对其行为的不利后果承担责任。然而，人类司法实践的历史经验告诉我们，法官独立审判固然重要但相对脆弱，法官的独立性容易通过腐败或不合法的审判活动被滥用。[1] 因而，通过司法问责约束法官行为不可或缺。但是，考虑到法官独立审判和司法问责之间存在着天然的对立，如果法官缺乏必要问责机制约束，司法公正将会难逃质疑，但若法官独立审判无法保障，司法问责又将违反责任理论的一般原理。如何在法官独立审判和司法问责两者之间获得精妙的平衡，则是司法责任制改革问题的关键，也是司法责任制改革问题的难点。

值得一提的是，从中共十八大以来通过的一系列政策、规范文件来看，中国当前的司法责任制改革一直沿着如下两条线索交织开展：第一条线索围

---

[1] 葛维宝：《法院的独立与责任》，《环球法律评论》2002 年第 1 期，第 8 页。

绕着法官独立行使审判权展开，这条线索主要围绕司法体制改革方向前行，具体表现为员额制改革、审判业务机构改革以及人财物管理体制改革等"去地方化""去行政化"的努力。① 第二条线索则围绕着司法问责展开，积极回应司法腐败、司法不公等现实困境，建立司法责任追究制度，具体表现为司法文化培育、司法责任追责等操作性的制度修改。② 然而，从司法权运行规律的角度来看，司法权独立行使更具有根本性地位，只有保证了司法权独立行使的前提下，追求司法责任才是合理的，换言之，司法权独立行使为司法问责提供了正当性依据。因而，围绕司法体制的改革对于本轮司法责任制改革更具基础性意义。

如前所述，本轮的司法体制改革主要包含员额制改革、审判业务机构改革以及人财物管理体制改革三个方面。从这三个方面的内容来看，其牵涉的内容主要是司法机关的设置、职能、地位、人员及内外关系等方面，这些内容几乎牵引着司法体制改革的方方面面。或许正是在这个意义上，司法责任制改革被形象地称为司法体制改革的"牛鼻子"。这个"牛鼻子"牵引的司法体制改革的具体内容主要表现为如下三个方面：

其一，法官员额制改革。由于司法活动是一项特殊活动，这项活动的正确实施需要特定主体依据法律规范以及特定的法律适用方法解决待决案件的争议。③ 其本质就带有一种精英主义的气质，对审判活动主体提出了特殊的要求，要求法官具备理解法律、灵活运用裁判方法的资格和能力，并且具备良好的法律职业操守。同时，从社会分工的合理性和司法活动的复杂性来看，司法活动也不能配备过多的法官，如果配备过量的法官不仅会大幅度提高司法活动的成本，也可能会反向诱发效率低下的司法活动。④ 这就使得司法责任制改革必须为司法活动配置合理的人员，并且合理的人员必须满足四点要求：首先，这些人员必须具备一定的资质，能够符合预设的身份标准。也就是说作为审判主体的法官必须具备法律知识、能够灵活运用裁判方法、具备一定的法律职业经验等。其次，这些人员的数量必须受到严格的控制，非因法定事由不得超出法定最大的人员限额。从事审判工作的法官数量一旦处于饱和状态时，法官的人数只能随之减少不能任意增加。再次，这些人员的数量必须要保持相对稳定，不得随意变更人员数量，确保人力资源的稳定。最后，

---

① 陈卫东：《改革开放四十年中国司法改革的回顾与展望》，《中外法学》2018 年第 6 期，第 1411—1412 页。

② 葛维宝：《法院的独立与责任》，《环球法律评论》2002 年第 1 期，第 15 页。

③ 樊崇义：《诉讼原理》，法律出版社 2003 年版，第 433 页。

④ 彭巍：《司法规律学术研讨会纪要》，《法制与社会发展》2015 年第 3 期，第 233 页。

这些人员的日常工作必须接受科学指标的考核，以实现有效管理的目标。同时，这也为员额制改革确立了改革的目标，即员额制改革必须要积极推动法官的正规化、专业化和职业化建设。围绕"正规化、专业化、职业化"的目标，中央采取了一些具体措施积极推动员额制的改革。比如，为了严格把控法官专业能力的入口，中央积极推进了关于统一法律职业资格制度的改革，确保法官具备系统的专业知识。为了确保入额法官具备综合性的专业素养、职业能力以及职业操守，中央积极推动省级法官遴选委员会的设立，要求汇集各方专业人士、人大代表、政协委员等组成的专业委员会成员从专业角度提出法官人选，为司法责任制的实施输入合格的人才。

其二，审判业务机构改革。推动审判业务机构改革主要围绕两个方向开展：一是，优化司法机关内部管理体系，实行法院的行政事务管理权与审判权相分离；二是，优化司法机关的对外关系，防止来自司法机关外部的各种违法干预活动。[①] 对于司法机关内部管理体系而言，司法机关的对内关系长期存在着偏行政化倾向，法院的行政事务管理权极大地支配着审判权。究其根源在于，以往审判独立习惯性地被解读为法院整体的独立，并未认真对待保障司法权独立行使，落实法官的独立问题，这使得法院内部审判人员的人事管理和业务办理制度严重地制约了法官的审判工作。其中，在人事管理方面，法官和法院工作人员按照"科层制"模式设定级别，法官群体之间存在着浓厚的上下级关系，本院院长对副院长、副院长对庭长、庭长对法官等之间是一种领导与被领导、支配与被支配的关系。同时，业务办理方面，本院的业务部门在业务办理方面存在着各种"审批""请示"情形，审判委员会与合议庭之间也存在"决定"和"执行"的业务关系，这些偏行政化现象都严重影响法官个体独立办案，无法保障其独立行使审判权。[②] 此外，在司法机关的对外关系上，司法机关被同级地方国家机关严重掣肘。这主要表现为，地方各级人民法院需要接受同级党委机关的领导，党的领导在审判实践中往往被异化为个别地方党委领导人的不当干预司法审判活动。同时，根据我国现行法律的规定，地方各级人民法院受到同级政法委、人大、检察机关、政协组织的监督。然而，在审判实践中这些外部监督力量往往假借审判监督之名对审判活动进行不当干预。[③] 为了解决长期困扰司法权独立运行的制度难题，中

---

① 陈光中、魏晓娜：《论我国司法体制的现代化改革》，《中国法学》2015 年第 1 期，第 105 页。

② 顾培东：《再论人民法院审判权运行机制的建构》，《中国法学》2014 年第 5 期，第 285—287 页。

③ 金泽刚：《司法改革背景下的司法责任制》，《东方法学》2015 年第 6 期，第 131—132 页。

共十八大以来中央层面先后通过了一系列改革文件，并采取多个具体改革措施优化法院的对内和对外关系。比如，通过司法人员分类管理、实行司法行政事务管理权和审判权相分离的体制改革来优化法院的对内关系。与之相对应的是，通过建立领导干部干预司法活动、插手具体案件处理的记录、通报和问责制度，防止司法活动的外部干预。

其三，法院人财物管理体制改革。法院人财物管理体制对于确保法官独立行使审判权具有重要意义。法官依法独立行使审判权的前提是法官的职业待遇能够受到有效保障，不会因自己的依法履职行为受到地方政府的不当影响。一般而言，法院人财物管理体制改革涉及如下两个方面的内容：一是，法院人员的统一管理。这要求地方法官的任免应由省级按照法定程序统一进行提名、管理。二是，法院财物的统一管理。为了防止地方政府干预法官办案，各省级政府财政部门实施对省级以下地方法院的经费进行统一管理。① 我国长期以来，在地方法院领导成员、审判人员的人事任免事项上，地方法院的院长是由地方各级人民代表大会选举产生，而副院长、庭长、副庭长、审判员是由地方各级人民代表大会常务委员会任免。② 同时，地方各级人民法院的财政经费均由同级地方政府财政支出，同级地方人大审议，并由地方同级政府财政划拨。在这种人、财、物管理体制下，各级地方法院将严重地受制于地方同级党政机关，无法真正地做到依法独立审判。有鉴于此，中共十八大以来，中央层面高度重视法院人财物管理体制的改革。比如，在党的十八届三中全会上，中央提出了健全法官职业保障制度，并将其作为推进法治中国建设的重要举措；在党的十八届四中全会上，中央提出建立法官专业职务序列及工资制度，积极推动省级以下地方法院人、财、物统一管理，克服地方党政机关对同级地方法院审判活动的制度"裹挟"。同时，在人财物管理体制改革之外，也提出完善职级晋升保障机制，保证法官可以通过任职年限、办案量、"发改率"等客观的条件获取公正的晋升机会。完善权力行使的保障制度，创造法官敢于坚持自己正确意见的条件和氛围，充分保障法律在依法独立行使职权时，免于负担损害赔偿责任等。

综上所述，司法体制改革是一项高度复杂的系统化工程，必须围绕司法责任制改革这个关键一环对其展开深入研究。同时，司法责任制改革的重心并不在于如何落实法官的司法责任，而是在于如何保障法官依法独立行使审

---

① 王治国：《坚持顶层设计与实践探索相结合 积极稳妥推进司法体制改革试点工作》，《检察日报》2014 年 6 月 16 日，第 1 版。

② 《中华人民共和国人民法院组织法》第四十三条。

判权。只有在保证司法权独立运行的前提下，对法官展开司法问责才是合理的、符合权责一致的责任原理。因而，本轮司法体制改革的重心必须聚焦于如何保障法官依法独立行使审判权这一关键问题上。基于此，本章将在下面三节围绕员额制改革、审判业务机构改革、人财物管理体制改革三个方面来回应审判权依法独立行使问题。

第二节　员额制改革及其对立法活动的影响

法官员额制改革指的是，在人民法院的编制数量内根据一定的标准确定固定数量的法官人数，按照司法"正规化、专业化、职业化"的目标把真正符合条件的审判工作人员确定为员额编制后的法官，集中行使国家审判权的司法体制改革。[①] 在我国，员额制改革最早可以追溯至 20 世纪 90 年代末，1999 年《一五纲要》中，最高人民法院首次提出建立书记员单独职务序列，合理配置审判人员和司法行政人员，并决定选定不同地域、级别的法院从事相关事项的试点工作。中共十八大后，中央层面围绕员额制改革出台了一系列规范性文件，并大力推行员额制改革地方试点工作。截至 2016 年，法官员额制改革地方试点已在全国各地开展并产生了一系列影响。有鉴于此，本节主要围绕四个方面展开讨论：其一，回顾地方试点中的员额制改革的历史背景；其二，梳理地方试点中的员额制改革的实践状况；其三，总结地方试点中的员额制改革的经验和不足；其四，分析地方试点中的员额制改革对立法活动的影响。

一、员额制改革的历史进程

在对地方试点中的员额制改革现状进行梳理之前，有必要对员额制改革历史进程进行简要回顾，以便对当前的员额制改革进行更好的理解。回顾我国关于员额制改革的政策、规范文本，我国的员额制改革大致经历了三大阶段：

第一，早期的法官定编制阶段。1999 年《一五纲要》首次指出，要对各级人民法院法官的定编工作展开研究，在保证审判质量和效率的前提下，有计划、有步骤地确定法官的编制。法官定编的提出遂打破了长期以来各级法

---

① 宋远升：《精英化与专业化的迷失——法官员额制的困境与出路》，《政法论坛》2017 年第 2 期，第 101 页。

院只有干部编制，没有法官编制的制度状况，其意义重大。① 但囿于当时的法治水平和历史条件，《一五纲要》对法官定编制改革并未给出一些可供操作的具体措施。为了提高法官的专业化程度，2001 年我国对法官法进行修订，此次新修订的法官法的一大亮点就是进一步要求各级法院在法官的人员编制内具体确定员额比例的办法。② 这一表述虽然为法官定编制提供了相应的法律依据，但由于员额比例缺乏具体的计算标准，这使得早期的定编制改革只能停留在理论讨论层面。

第二，中期的法官定额制阶段。2002 年《最高人民法院关于加强法官队伍职业化建设的若干意见》（以下简称《职业化建设的若干意见》）开始将法官定编提法变更为法官定额，这标志着员额制改革正式进入定额制阶段。《职业化建设的若干意见》首次对定额比例的计算标准作出相关规定，具体表现为，定额比例的确定要结合国情、审判工作量、辖区面积和人口、经济发展水平等因素进行综合考量，同时还明确要求地方各地法院不能超出定额这一上限。③ 这种从理论层面上的讨论到实践性制度建构使得员额制改革更上一层楼，但由于法官助理制度的试行使得定额制改革进程放缓。之后，《二五纲要》再次提出关于定额比例计算标准的相关规定，要求法院根据管辖级别、管辖地域、案件数量保障条件等因素制定具体的员额比例方案。④ 2009 年《三五纲要》更进一步地提出建立适应性更强的编制制度，研究制定与法官职业特点相适应的职数比例和职务序列。⑤ 这一阶段整体而言，虽然存在一定数量的定额制改革相关文件，并对法官定额比例计算标准作出相关具体规定，但是由于涉及面广，且无相应的人、财、物支撑，导致员额制改革并未取得实质性的进展。⑥

第三，成熟的法官员额制阶段。中共十八大以后，特别是 2013 年《全面深化改革的决定》出台后，员额制改革进入一个新时期。该文件不仅提到完善司法人员分类管理制度，还积极推出了一系列有关员额制改革的配套措施，比如提出推动省级以下地方人财物管理等内容。之后，《全面推进依法治国的

---

① 祝铭山：《关于〈人民法院五年改革纲要〉的说明》，《中华人民共和国最高人民法院公报》1999 年第 6 期，第 194 页。
② 《中华人民共和国法官法》（2001 修正）第五十条。
③ 《最高人民法院关于加强法官队伍职业化建设的若干意见》第二十五条。
④ 《人民法院第二个五年改革纲要（2004—2008）》第三十六条。
⑤ 《人民法院第三个五年改革纲要（2009—2013）》第十九条。
⑥ 徐昕、黄艳好、汪小棠：《中国司法改革年度报告（2014）》，《政法论坛》2015 年第 3 期，第133 页。

决定》则进一步指出加快建立有关员额制改革的配套措施，比如提出建立符合职业特点的法治工作人员管理制度，完善职业保障体系，建立法官专门职务序列及工资制度等。2015 年《四五纲要》首次对员额制改革作出系统的表达，其对法官员额制的样态、内涵和目的作出明确规定，即法官员额制是对法官在编制限度内实行员额管理，确保法官主要集中在审判一线，确保高素质人才能够充实到审判一线。① 同时，对员额比例的计算标准进行了更为详尽的规定。此后，法官员额制开始真正进入实质性的试点改革阶段，各地因地制宜，呈现出了多元化、差异化的探索格局，并取得了一系列的改革成果。截至 2017 年 6 月，最高人民法院和地方各级人民法院基本上完成了员额制法官的选任工作。②

二、员额制改革地方试点的实践状况

自 2016 年起，法官员额制改革在全国各试点全面开展。这些改革试点在员额制改革过程中取得了一系列改革成果，突出地表现为五个方面：

其一，各地方试点基本上明确了法官员额比例测算方法。从各个地方试点统计的情况来看，各个地方试点在中央所设置的 39% 的上限员额比例"红线"下，结合本地的实际情况和工作量测算出适合本地的具体法官员额比例。③ 其中，上海采用将工作量测算到以每小时为单位的方式，将具体的员额比例设定为 33% ;④ 广东省则根据本省各地区经济发展情况、案件数量等因素在全省范围内统筹员额比例，将粤东西北这些经济欠发达地区的员额比例控制到 30% 以内，而对珠三角地区的员额比例则放宽至 39% 以上，并且为了能够留住更多的优秀青年法官助理，允许各地方保留一定数量的机动员额比例;⑤ 而北京各试点地区则按照"以案定额"的原则具体确定各试点地区法院的员额法官比例。

其二，各地方试点基本上按期完成法官入额工作，初步实现了各类人员分类定岗的改革目标。从我国司法改革实际推进情况来看，我国的司法改革

---

① 《人民法院第四个五年改革纲要（2014—2018）》第四十九条。

② 周强：《最高人民法院关于人民法院全面深化司法改革情况的报告》，《人民法院报》2017 年 11 月 2 日，第 1 版。

③ 王禄生、冯煜清：《员额制与司法改革实证研究：现状、困境和展望》，东南大学出版社 2017 年版，第 48 页。

④ 姜平：《上海司法体制改革制度选编》，法律出版社 2015 年版，第 4 页。

⑤ 潘玲娜：《落实司法责任制：看广东如何"钉钉子"》，《人民法院报》2016 年 12 月 24 日，第 5 版。

采取的是分期分批推进模式。其中，2014 年 6 月，中央批准了 7 个省市作为第一批地方试点，即上海、广州、吉林、湖北、贵州、青海、海南等，率先推进员额制改革。之后，2015 年 6 月，经中央批准，江苏、浙江、山东、安徽、福建、山西、内蒙古等 11 个省区市作为第二批地方试点；2016 年 1 月包括北京、河北等在内剩余的 14 个省区市全部进入第三批地方试点，至此我国已全面启动法官员额制改革。① 截至 2017 年 7 月，全国 31 个省区市法院均已按期完成员额法官入额工作。②

其三，各地方试点基本上都设立了法官遴选（惩戒）委员会。上海作为第一批地方试点，充分利用自身优势在全国设立了第一个法官遴选（惩戒）委员会，为员额法官的遴选、择优晋升、违纪行为的惩戒确定了法定执行机构。它的设立推动了员额法官的遴选工作，法官的选任、任命和奖惩将以委员会专家的遴选工作结合招录单位的考察相结合的方式得以确立，这充分地保障了员额法官选任工作的权威性。此外，从法官遴选（惩戒）委员会的组成人员来看，委员会是由各方专业人士及人大代表、政协委员等组成，这些委员从法官助理、优秀律师和高校法学专家中选任。以上海法官遴选（惩戒）委员会为例，2015 年 5 月 30 日，上海一改以往员额法官选任方式，增加了法官遴选委员会的遴选环节，将员额法官的实质决定机构由先前的法院内部考核机构转变为由外部专业人士组成的专业委员会。作为地方试点改革后第一批员额的 71 名法官助理由法官遴选委员会选任，并经人大常委会表决通过后进行正式任命。③ 截至 2021 年，地方各省级试点基本上都设立了法官遴选（惩戒）委员会，其中，北京、辽宁、吉林、黑龙江、山西、江苏、江西、云南等地依照程序，已对 46 名法官实施惩戒。④

其四，部分地方试点进行了员额制改革的制度创新。很多地方试点结合本地区自身情况，对员额制改革在中央划定的"红线"内做出了适当的创新工作，为法官员额制改革注入了鲜活的生命力。比如，海南省员额制改革采取全省三级法院全面同步推开试点的方式，对于员额比例的测算在不突破中央政法专项编制所设定的 39% 红线内，海南预留出了员额总数的 10%，对三级法院所确定的具体员额比例进行差异化处理。其中，高院、中院按照 38%

---

① 《第三批司法体制改革试点即将启动》，《人民日报》2015 年 12 月 5 日。

② 《法官员额制改革在全国法院已经全面落实》，正义网站，http：//www. jcrb. com/xztpd/2017/ 201707/qgsgtjh/sgtjhcx/sgtjhfy/201707/t20170712_ 1775471. html，最后访问日期 2021 年 12 月 15 日。

③ 《上海通过首批员额制法官任命》，《人民日报》2015 年 4 月 17 日，第 4 版。

④ 刘峥、何帆：《司法改革 2021：守正创新，行稳致远》，《人民法院报》2022 年 1 月 16 日，第 2 版。

的比例予以划定，而基层法院则按照 40% 的比例分配员额法官。① 同时，选任员额的方式也呈现出自己的特色，这突出地表现为"考核＋考试"两道关卡的制度设计模式，即考核量化在前，考试在后，之后再进行加权综合评定打分。对于第一道考核关卡而言，主要通过综合业务庭自评，主管院、庭长评，法院工作年限，法官任职年限这四类指标的量化打分，其所占分值比例为 60%；对于第二道考试关卡而言，该环节主要考察申请人员的政治素养和专业水平，考题参照"高考"模式，委托由政法院校的老师等人员组成的第三方独立、专业的机构进行评定，其所占分值比例为 40%。② 这些创新选拔机制在很大程度上保障了选拔活动的公平和公正。

其五，各地方试点的一线办案法官人数和审判效率基本上都发生了明显的增加。根据各地的相关统计数据，经过员额制改革后，各地方试点地区的具体办案法官人数都发生了较大幅度的上升。比如，以江苏省为例，据统计 2015—2016 年 3 月，江苏全省法院的 3957 名院、庭长共参与审理案件 62.7 万件，对比改革前同比增长 39.83%；海南省入额的院、庭长 402 人，其参与办理的案件达 3.66 万件，对比改革前同比增长 30.14%；上海全市参与一线办案的法官数量也比员额制改革之前上升了 1.4%，同时，主要办案部门法官的实际数量也比改革之前的数量增加了 7.6%。③ 同时，科学的人员分类管理模式，也极大地提高了参与一线办案法官的审判效率。以上海为例，上海地区通过地方试点改革后，建立了人员分类管理制度，对法官、司法辅助人员和法院行政人员实行不同的管理，法官负责审判业务，辅助人员和法官助理则在法官的指导下负责与案件审判相关的辅助性工作，这样法官和其他人员通过分工负责、相互配合，极大地提高了审判效率。据统计，2014 年上海各级法院法官年人均结案率达到 158.74 件，同比增长了 27.66 件，增幅高达 21.1%，高居全国法院第二。④

三、员额制改革地方试点的经验与不足

（一）员额制改革地方试点的有益经验

员额制改革地方试点为员额制改革积累了大量的有益经验，考察员额制

---

①　蒋安杰：《海南司法体制改革试点——法官选任探秘》，《法制日报》2015 年 2 月 4 日，第 9 版。

②　丁汀：《法官选任，为何这么选》，《人民日报》2015 年 1 月 29 日，第 4 版。

③　许聪：《法官员额制：实现正轨化专业化职业化》，《人民法院报》2016 年 3 月 15 日，第 5 版。

④　《上海司法改革：多措并举破解"案多人少"难题》，中国新闻网，https://www.chinanews.com.cn/fz/2015/04-30/7243840.shtml，最后访问日期 2021 年 12 月 20 日。

改革的这些具体成效最直接的表现，就是各地方试点围绕员额比例的测算方法呈现出许多有益的实践样态。概括而言，这些有益的实践样态主要表现为四个方面：

1. 健全司法人员分类管理，科学细分不同类型司法人员的员额比例。在健全司法人员分类管理制度改革中，上海市走在前列。为了科学细分不同类型司法人员的员额比例，上海市先后颁布了《上海市司法改革试点工作方案》（2014 年 6 月）、《上海法院工作人员分类管理办法（试行）》（2015 年 1 月）等文件。前述规范文件将法院系统司法人员分为法官、司法辅助人员以及司法行政人员，其中将法官、司法辅助人员（具体包括法官助理、书记员和司法警察三类）、司法行政人员占队伍总数的比例分别设定为 33%、52%（其中，法官助理 16%、书记员 26%、司法警察 10%）、15% 的具体员额比例。① 上海员额制改革方案的有益经验主要呈现为三个方面：其一，人员分类管理具体明晰。这种改革模式彻底改变了以往的公务员行政管理模式，将各类司法人员的职责范围明确厘定，因而可以为其他地方提供可供复制且实际可行的宝贵经验。② 其二，相关司法人员的员额配置与岗位设置匹配程度高度吻合。上海模式根据法院审判功能定位和审判岗位的工作量，将法官员额向基层法官倾斜、向工作量大的一线办案法官倾斜。同时，将审判业务部门的政治协理员和内勤设置人员逐步改由司法行政人员担任。其三，将司法管理和行政管理工作予以区分。削弱院、庭长的审批权力，使得员额的院、庭长回归到审判一线，削弱审判权对行政权的依赖，对审判权进行去行政化改进。

2. 全省统筹员额比例，动态管理员额分配。作为我国改革开放的前沿阵地，经济大省广东同样承担了大量的诉讼案件，但由于全省经济发展不平衡，省内不同区域的案件受理量分布极不均衡。据 2015 年所作的一项统计，珠三角地区法院每年的人均办案量超过 250 件，而欠发达的粤东西北地区的部分法院每年的人均办案量仅 20 件。③ 为了弥合全省不同地区之间的案件受理量之间的巨大差异，广东省先后出台了《全省法官员额分配指导意见》《地市法院法官员额配置办法》《入额院、庭领导和专职委员办案数量》等规范性文件。这些规范性文件提出了以法官办案基数作为员额分配的主要依据，综合核定全省各地法官的员额数量，将全省员额法官的员额比例统筹控制在 39%

---

① 姜平：《上海司法体制改革制度选编》，法律出版社 2015 年版，第 4 页、第 32 页。

② 杨力：《中国司法体制改革的重大现实命题——司法体制改革试点的上海样本研究》，《中国社会科学评价》2016 年第 1 期，第 63 页。

③ 毛一竹：《广东加紧推进司法改革》，《瞭望》2015 年第 24 期，第 17 页。

以内，结合各地之间的地域差异，对员额法官进行动态管理综合调剂，扩大珠三角地区法官员额法官的员额比例，降低粤东西北地区法院员额法官的员额比例。① 同时，为了充分利用有限的入额法官资源，广东省严格要求进入员额的法官必须从事一线审判工作，非一线办案部门原则上不能占用员额法官名额，并且基层法官入额的院领导也必须要保证至少三分之一的工作时间用于参与案件审理工作，这极大地增加了一线办案法官的数量。②

3. 三级法院同步推进，员额分配向基层法院倾斜。当前司法体制改革的重要目标之一就是"去行政化""去地方化"，为了防止司法改革过程中来自同级地方层面上的阻力，有地方采用全省三级法院全面同步推进的方式从事员额制改革。对此，海南省结合自身的省管县的特殊体制以及自身审判业务连续性的特点，形成了自己独特的"去地方化"改革模式。海南模式的有益经验主要表现为三个方面：其一，采用全省三级法院全面同步推进的方式，放弃采用"区域分批试点"的改革模式。2015 年 1 月 17 日，海南省第一次组织全省法官进行员额制考试，1 月 20 日集中对外公布入额法官候选名单。7 月 16 日、17 日集中表决通过首次 1116 名入额法官名单。③ 2017 年 7 月 11 日，海南省进行第二次全省法官员额制考试，共选任 160 名员额法官，两次员额法官选任都是在全省三级法院中同步推进。④ 其二，保障全省员额比例总数不突破中央政法专项编制的 39%，预留员额总数的 10% 作为机动名额，同时三级法院的实际员额比例向基层倾斜。⑤ 海南省在进行本省员额制改革的过程中，在满足中央所设定的员额比例"红线"范围内向基层倾斜、向办案一线倾斜，这突出地表现为，高院、中院按照 38%，而基层法院则按照 40% 的实际比例分配员额，尽量将更多的员额分配到基层法院。其三，采用"考核 + 考试"的选任模式，据此保障选任的公平和公正。

4. 结合实际分批实施员额法官选任工作，合理确定员额选任标准。许多地方试点采取了"分步走"的模式，因地制宜设计了符合自身实际情况的员额比例，同时不违反中央划定的最高比例红线。其中，北京市根据自身改革

---

① 潘玲娜：《落实司法责任制：看广东如何"钉钉子"》，《人民法院报》2016 年 12 月 24 日，第 5 版。

② 李阳：《司改两年再观察：看试点法院如何破解难题》，《人民法院报》2016 年 7 月 19 日，第 1 版。

③ 蔡康：《海南推进法官员额制改革 建立新型法院人员配置模式》，《海口晚报》2015 年 9 月 17 日，第 12 版。

④ 朱永：《海南法院启动第二次额法官选任 选任名额共 160 名》，《央广网》2017 年 6 月 27 日。

⑤ 董治良：《海南法院司法改革试点工作回顾》，《人民法院报》2016 年 6 月 29 日，第 5 版。

环境的实际情况，在中央划定的"红线"范围内形成了具有自身特色的改革模式。北京模式的有益经验主要表现如下：其一，员额制改革整体层面上采用两步走改革模式，分步进行员额法官选任工作。第一步将首批遴选员额比例控制在 30% 以内；第二步结合全市法院的审判执行工作的实际情况，并将执行中行使查封、扣押、拍卖等裁定权的岗位纳入员额岗位，对其分配适当的员额。同时采用区分标准计算具体比例，对于审判员而言，计算标准侧重于考察员额人选的办案业绩，而对于其他辅助人员而言，则以考试和考核相结合的方式进行计算。其二，结合自身特性，进行员额比例计算。为了实现员额资源的高效利用，北京三级法院实施了差异化的员额比例分配，其中将办案任务最重的朝阳区人民法院的员额比例确立为 48.2%。[①] 其三，以员额法官为中心，优化审判人力资源。很多地方试点尝试通过员额法官将整个法院工作人员带动起来，形成以办案为中心的工作机制，试图给审判工作提质增效。比如，北京二中院以组建审判团队的方式优化司法人力资源，即将每个审判团队配备 3 个以上员额法官和一定比例的法官助理、书记员，并对团队内部进行细化分工。这样的内部分工，将员额法官从大量的事务性工作中解脱出来，将自己的精力集中到案件审理中，从而极大优化了审判人力资源。[②]

（二）员额制改革地方试点存在的主要问题

虽然经过多年的地方试点改革为法官员额制积累了大量的有益经验，但随着员额制改革的深入，各个地方试点在改革的过程中也暴露出了许多问题。具体而言，这些员额制改革的弊端主要表现为三个方面：

第一，由于缺乏统一的操作标准，很多试点法院的改革方案呈现出浓厚的地方特色。从现行的员额制改革实践来看，地方试点虽然给予了各试点机关较大的自主空间，使得地方司法机关可以根据自身的实际情况因地制宜地发挥主观能动性，制定符合本地自身条件的员额制改革方案。[③] 比如，广东的员额制改革方案，全省对于员额比例进行动态管理，这种动态管理可能适用于那些省内经济发展极不平衡的省份，对于那些省内各地区发展均衡的省份可能就不适用。因而，这种地方自行其是的改革方式使得员额制改革的部分

[①] 郭祥：《回归办案本位 充实一线力量——访最高人民法院司改办主任胡仕浩》，《人民日报》2017 年 1 月 11 日，第 17 版。

[②] 安然：《北京二中院推出以员额法官为核心的专业化审判团队》，《北京晚报》2016 年 10 月 16 日，第 6 版。

[③] 王禄生：《相马与赛马：中国初任法官选任机制实证研究》，《法制与社会发展》2015 年第 2 期，第 51—52 页。

有益经验无法在全国范围内进行推广。

第二，由于缺乏完备的法官助理形成机制，很多地方试点的员额制改革举步维艰，改革成果甚微。在各地方试点的员额制改革实践中，一个普遍现象就是法官助理制度存在着或多或少的制度短板。具体表现有二：其一，法官助理职业保障不足。现行的改革方案使其晋升渠道窄、职业前景黯淡，难以吸引、留住优秀的法官人才。① 其二，法官助理的职责边界不清。一方面，无法厘清法官助理和书记员之间的职责边界；另一方面，法官和法官助理之间的职责也常常在审判实践中混同在一起，由于边界的模糊，法官助理也往往被安排从事实质性审判事物。

第三，由于缺乏完备的法官职业保障机制，很多地方试点法院出现了法官"离职潮"。法官职业保障是确保法官依法独立行使审判权的坚实基础，职业保障机制是否完善直接影响员额制改革的成败。目前，地方试点中的职业保障机制的不足主要表现有四：其一，职业压力大，很多法官不堪重负；其二，职业待遇难如人意，相比律师仍然存在较大差距；其三，职业风险日益增加，豁免机制缺位；其四，职业尊荣感欠缺。由于法院内部的审判管理和绩效考核仍然存在"指标至上"的现象，为了迎合一些不合理的考核指标，很多法官面对涉诉信访只能选择忍气吞声。② 从各地方试点员额制改革的实际情况来看，很多地方试点法院的法官对自己职业开始变得麻木，甚至会对自己的工作表现出"厌恶"的情绪。③ 当前，已有很多法官选择从体制内退出，这无疑又进一步地加重了法院人力资源的短缺。

四、员额制改革的地方试点对立法活动的影响

由于地方试点中的法官员额制改革是由中央顶层设计与地方摸着石头过河的双重结合，所以在改革的过程中地方试点担负着为后期中央立法服务的改革目的。因而，地方试点改革成果符合预期改革目标时，必须及时修改现有立法、吸收地方试点的改革成果。一般而言，中央立法对地方试点的改革成果吸收的主要方式为修订、修正案和修改决定等。从当前中央立法吸收的整体情况来看，各地方试点法院有关员额法官选任框架性的改革成果被立法所吸收，而对于一些操作性较强的试点改革成果则被予以搁置，未进行统一

---

① 刘斌：《从法官"离职"现象看法官员额制改革的制度逻辑》，《法学》2015 年第 10 期，第49—50 页。

② 牛艳、李兆杰：《法官流失与司法改革关系之省思——基于 A 省若干典型法官的实证分析》，《应用法学评论》2020 年第 1 辑，第 105—106 页。

③ 李浩：《法官离职问题研究》，《法治现代化研究》2018 年第 3 期，第 7—9 页。

立法。基于此，下文将主要围绕法官法和人民法院组织法对法官员额制改革成果的吸收情况展开分析：

（一）法官法视域下员额制试点改革成果的立法吸收及展望

法官法是我国法官制度规定的基础性法律，自 1995 年正式实施以来，对于建构和完善我国法官的选任工作发挥了重大作用。中共十八大以来，各地方试点全面推进法官员额制改革并取得相当数量的实践成果，为了保障改革于法有据能够继续深入推进，有必要通过立法形式将其固定下来。基于此，全国人大常委会于 2017 年、2019 年先后两次对《中华人民共和国法官法》进行修订，将各地方员额制试点的改革的有益经验予以吸收。从现行有效的《中华人民共和国法官法》（2019 年修正）的具体内容来看，法官法围绕员额制改革成果的立法吸收主要聚焦于法官选任问题上。具体而言，主要包括如下三点：

首先，法官法对法官员额制进行立法确认，统一对法官的遴选活动进行立法规定。法官法第二十五条首次明确规定，法官实行员额制管理，并认真汲取了各试点地区法官遴选标准的最大公约数，对员额比例计算标准、员额比例具体分配原则进行了统一规定。具言之，法官法第二十五条明确规定，法官员额比例计算标准应当综合考虑本地案件数量、经济社会发展情况、人口数量和人民法官审级等因素；员额比例具体分配原则应当遵循，省级控制总量、动态管理、优先考虑基层人民法院和案件数量多的法院等原则。整体而言，这些遴选标准是在综合各地方试点的改革实践后做出的一个合理的取舍。

其次，法官法将从律师、法学教学、研究人员中选拔法官的改革实践进行立法确认。法官法第十五条明确规定，人民法院可以根据审判工作的需要，从律师、法学教学、研究人员中招录法官。从各地方试点的实践情况来看，扩大法官的选任范围对加强法律人才之间的竞争和提升法官队伍的质量具有重要意义。

再次，法官法对设置独立的法官遴选（惩戒）机构进行了立法确认。法官法第十六条、第四十八条明确规定，省级设立法官遴选（惩戒）委员会，负责法官人选的专业能力的审核、惩戒工作。从各地方试点的法官遴选（惩戒）委员会的运行实践来看，法官遴选（惩戒）委员会的组成人员一般都是由专业人士组成，这为选拔具备专业素养、职业能力的高素质法官奠定了制度基础。

值得一提的是，就新修订的法官法自身内容而言，前述立法吸收活动呈现出较为明显的选择性吸收，许多地方试点在实践中所创设的操作性改革成果，因其争议太大而被搁置。① 具言之，这些争议较大的操作性改革成果主要表现为两个方面：

其一，有关法官选任活动的规定过于原则，缺乏具体、明确的制度依据。法官法第十四条仅对初任法官的遴选的方式作出了原则性规定，即采用考试、考核的办法，按照德才兼备的标准进行选拔，但在具体执行标准、执行程序上并未进行细化，并且从各地方试点的司法实践来看，这些做法不尽相同，具体操作仍缺乏一个相对统一的标准。

其二，有关法官选任机构的工作机制存在制度上的空白，缺乏具体的可操作性规定。以法官遴选委员会相关规定为例，法官法第十六条仅对法官遴选委员会的工作性质进行定位，但对如何具体落实这项工作缺乏明晰确定，比如，法官遴选委员会的工作章程如何制定、修改；此外，对于法官遴选委员会的具体组成人员、遴选程序等内容，也需进一步进行明晰化。对于这些问题仍然有待各地方试点进一步开展"先行先试"的工作，积极探索、积累经验，为法官法下一步的完善工作提供实践经验。

（二）人民法院组织法视域下员额制试点改革成果的立法吸收及展望

《中华人民共和国人民法院组织法》是规定我国法院机构设置和组织、职权的重要法律。现行人民法院组织法自 1979 年正式实施以来，其前后共经过 1983 年、1986 年和 2006 年、2018 年四次修订，对保障法院依法行使审判职能发挥重要作用。中共十八大以来，各地方试点全面推行法官员额制改革并取得相当数量的实践成果，为了更为有效地保障法院审判职能的高效运行，有必要通过立法形式将前述实践成果进行吸收。从具体内容来看，《中华人民共和国人民法院组织法》（2018 修正）对法官员额制改革成果的立法吸收主要聚焦在司法人员分类管理改革问题上。具体而言，主要包括如下两个方面：②

其一，人民法院组织法首次对法官员额制进行立法确认。具体而言，第四十六条规定，员额法官的选任工作应当遵从如下原则，以案定额、按岗定员、总量控制、省级统筹等。整体而言，这些遴选标准是在综合各地方试点的改革实践后做出的一个合理的取舍，这些原则性规定同法官法对员额法官的选任活动所提出的选任标准几乎相重叠，二者并无实质性差异。

---

① 杨奕：《我国法官准入标准及选任机制研究——以新修订的〈法官法〉为研究背景》，《法律适用》2019 年第 9 期，第 6—7 页。

② 姜启波、郭峰、袁春湘：《人民法院组织法修改的解读》，《人民司法》2019 年第 1 期，第 32 页。

其二，人民法院组织法对司法人员分类管理的地方实践进行立法吸收。对司法人员进行分类管理是地方试点员额制改革的一项重要内容，各地方试点都对建构符合职业特点的法院工作人员管理制度做出有益的尝试。人民法院组织法第四十七条至第五十一条分别对员额法官选任、法官助理、书记员、司法警察、司法技术人员等成员的基本职责进行规定。具体而言，第四十七条结合各地方试点有益经验规定了员额法官的选任情况，第四十八条则根据地方试点的实践定位对法官助理的工作性质进行了立法确认。

同样，就新修改的人民法院组织法自身内容而言，前述立法吸收活动也呈现出较为明显的选择性吸收，许多地方试点在实践中所创设的操作性改革成果，都因争议太大而被搁置。[①] 具言之，这些争议性较大的操作性改革成果主要表现为如下两个方面：

其一，有关法官选任活动的规定过于原则，缺乏统一、明确的制度依据。人民法院组织法第四十六条仅对员额法官的选任的方式作出了原则性规定，即采用考试、考核的办法，按照以案定额、按岗定员进行选拔，但在具体执行标准、执行程序上并未进行细化，并且从各地方试点的司法实践来看，这些做法不尽相同，具体操作仍缺乏一个相对统一的标准。

其二，有关司法人员职责权限的规定过于原则，缺乏现实的可操作性。以员额法官、法官助理的相关规定为例，人民法院组织法第四十八条规定，法官助理在法官的指导下从事审查案件资料、草拟法律文书等审判辅助工作，但就审判辅助工作和实质审判事务之间的边界，人民法院组织法并无明确规定，[②] 这需要人民法院组织法在接下来的修正活动中对其进行进一步的完善。

第三节　审判业务机构改革及其对立法活动的影响

本轮审判业务机构改革的主要目的在于保障法官能够依法独立作出决定，不受其他法官、外部人员的影响。以往对法官职业的最大质疑在于"审理者不裁判，裁判者不审理"。众所周知，在司法实践活动中，许多案件的裁判结果需要经过庭长、主管副院长、审判委员会、上级法院的层层审批后方可作

---

① 杨奕：《我国法官准入标准及选任机制研究——以新修订的〈法官法〉为研究背景》，《法律适用》2019 年第 9 期，第 6—7 页。
② 侯猛：《〈人民法院组织法〉大修应当缓行——基于法官制度的观察》，《中国法律评论》2017 年第 6 期，第 51—52 页。

出。① 这种审判权运行模式将本该属于审判法官的裁判权转移给审判法官以外的"审判者"，其严重违反了司法权的运行规律。为了保障法官能够依法独立行使审判权，有必要对审判业务机关的对内关系、对外关系进行优化，防止来自法院内部和法院外部力量的干预。从审判业务机构改革的历史进程来看，审判业务机构的改革最早可以追溯至 20 世纪 80 年代末。1983 年，随着《中华人民共和国人民法院组织法》颁布，各级人民法院围绕健全法院机构工作人员配置的目标，设立了大量的内设机构。中共十七大后，最高人民法院开始提出以审判工作为重心的内设机构改革，并选择部分法院作为试点改革机构。截至 2018 年，法院审判业务机构改革工作已在全国各级法院全面开展，各地法院围绕审判业务机构改革积累了大量的实践经验，这些有益的经验为国家立法活动提供了丰富的立法资源。有鉴于此，本节主要围绕如下四个方面对审判业务机构改革问题展开讨论：首先，回顾审判业务机构改革的历史背景；其次，梳理审判业务机构改革地方试点的实践状况；再次，总结审判业务机构改革地方试点的经验和不足；最后，分析审判业务机构改革地方试点对立法活动的影响。②

一、审判业务机构改革的历史背景

在对地方试点中的审判业务机构改革现状进行梳理之前，有必要对审判业务机构改革的历史背景进行揭示，以便更好地理解审判业务机构改革的内容。回顾我国有关审判业务机构改革的相关文献、政策文本，审判业务机构改革的主要原因表现为三个方面：

首先，我国法院审判业务机构偏行政化。法院审判业务机构的行政化，是指法院审判业务机构的地位被行政"格式化"，审判业务机构同其他机构以及审判业务机构内部之间存在着一定的"领导与被领导""决定与被决定"的关系。具体而言，这种行政化的关系主要表现为如下三个方面：其一，上下级法院审判业务机构之间的行政化现象严重。在司法实践中，由于下级法

---

① 方乐：《审判权内部运行机制改革的制度资源与模式选择》，《法学》2015 年第 3 期，第33 页。

② 需要指出的是，审判业务机构对外关系的优化主要通过中央"自上而下"的改革模式进行，其标志性事件为《全面推进依法治国的决定》以及 2015 年中央颁布的《领导干部干预司法活动、插手具体案件处理的记录、通报和责任追究规定》《司法机关内部人员过问案件的记录和责任追究规定》等相关会议决议、政策文件的出台，这种改革模式有别于地方试点采取的"自下而上"的改革模式。因而，本节所讨论的审判业务机构改革地方试点主要针对的是，审判业务机构对内关系的优化问题。

院被发回或改判的案件数量被设置为其考核的指标，下级法院为了保证本院审理的案件不被发回或改判，都会主动请示上级法院并按上级法院的指示进行裁判。[①] 其二，法院审判业务机构的审判活动存在着严重的行政化倾向。长期以来，我国法院审判业务机构按照审判案件的性质，设置刑事审判庭、民事审判庭、行政审判庭等。在案件审理过程中，所有的案件在经过独任法官或合议庭审理之后，作出判决之前，主审法官都必须将案件审理的具体意见上报给庭长或院长，由院长或庭长对该处理意见进行审查并作出同意与否的批示，院长或庭长的批示将最终决定判决结果。[②] 其三，法院审判业务机构的人事管理存在着严重的行政化倾向。长期以来，我国法院在编的工作人员不论是从事后勤工作还是从事审判工作，每个人都被纳入统一的行政等级体系中，审判员有副科级、科级、副处级、处级、副厅级到副国级之分。[③] 从事审判工作的法官和从事后勤工作的人员之间并无实质性区别，二者理论上可以互换，采用统一的人事管理制度。此外，司法实践中，法官的晋升通常有两种渠道：一是，法官行政级别的提升；二是，法律职务的提升。不管是哪种晋升方式都是统一由法院的政治部按照行政机关的人事管理模式进行运作。[④]

其次，我国法院审判业务机构之间的职能定位界限模糊。自 1983 年《中华人民共和国人民法院组织法》颁布实施后，我国法院审判业务机构不断地经历"由简至繁、由泛到精"的转变，这种日趋复杂化、专业化的机构设置虽然很大程度上化解了日益复杂的诉讼纠纷，但也导致审判机构之间的职权不明、职责界限模糊。这突出地表现为两个方面：一是，某一审判业务机构同时肩负多种职能，导致机构自身职权不明。以法院立案庭为例，本来立案庭的职能定位是审查案件法律文书是否符合形式要求的机构，但为了充分贯彻"多元纠纷解决机制"，立案庭又被安排从事诉前调解和"小额速裁"的工作。这种诉讼职能上的叠加不仅加重了审判业务机构的原本工作量，也使得其原本职能同新设职能之间发生混淆和冲突。二是，精细化、专业化的庭室划分导致部分审判业务机构"借口"不属于自己的业务，逃避案件的审理。现行的"分庭制"模式虽然一定程度上有助于提升案件审理的专业化，但从司法实践来看，这种"分庭制"的做法在很多法院不但未能提升办案质量，

---

① 赵蕾：《取消"案件请示"呼声再起》，《南方周末》2009 年 5 月 22 日，新浪网，https：// news. sina. com. cn/c/sd/2009-05-22/103817869297. shtml，最后访问日期 2021 年 12 月 25 日。

② 李建明：《刑事司法改革研究》，中国检察出版社 2003 年版，第 277 页。

③ 贺卫方：《中国司法管理制度的两个问题》，《中国社会科学》1997 年第 6 期，第 126 页。

④ 中国法官管理制度改革研究课题组：《中国法官管理制度改革研究》，《政治与法律》1999 年第 4 期，第 22—23 页。

反而严重地分散了本就紧缺的审判力量，呈现为不同庭室"忙闲不均"的现象。① 以破产庭为例，该法庭的设立是为了处理涉及面广、案件内容复杂的企业破产专业领域的特定诉求，但对该庭设立的必要性，是存在着地域性差异的，对于那些经济发达地区的企业破产案件很多，而那些经济欠发达地区却寥寥无几，这种全面铺开的审判业务机构的设置，造成了那些欠发达地区法院"忙闲不均"，并进一步加深其"案多人少"的现实局面。

再次，我国审判业务机构的审判效能低下。受制于审判业务机构过于行政化的影响，审判业务机构在审理案件的过程中往往同时表现出行政管理和司法审判两种运行模式并存的混合运行模式，使得审判人员在这种复杂性的制度逻辑中被分化。② 同时，由于这两种运行模式在价值取向、运行方式、路径依赖上存在着张力，使得前述两种运行模式在司法实践中时常伴随着冲突的发生，并最终影响审判业务机构的审判效能。具言之，这种不利影响主要表现在三个方面：其一，两种运行模式的价值取向之间存在着差异。其中，行政管理活动的运行所追求的是高效、统一，而司法审判活动的运行则追求的是公平、正义。在司法实践中，由于审判人员的职位晋升、工资待遇同自己的考核成绩挂钩，而这些考核活动往往又是本院的行政管理部门组织的，这就在很大程度上催生审判人员疲于行政事务的考核而忽视了自己的"本职工作"，最终以牺牲审判效能来换取行政效率，造成"行政干扰审判"的尴尬局面。其二，两种运行模式的具体运行方式存在着差异。一般而言，行政管理活动的运行模式是一种单向度的服从与被服从的运行方式，下级要严格按照上级的指令行动；而司法审判活动的运行模式则是一种敏感于法律的运行方式，除了法律之外法官面前没有任何"上帝"，③ 司法审判活动要求审判人员独立对事实进行认定，严格按照法律的真正内容进行裁判案件。然而，在司法实践中，多数审判人员具有双重职业身份，即作为司法裁判人员的对外身份，作为行政管理下属的对内身份，审判人员的双重职业身份之间往往会产生巨大的冲突、对抗，继而影响审判人员的审判效能。其三，两种运行模式的路径依赖上也存在着根本性差异。随着社会发展，国家机关面临的日常挑战也愈发复杂和繁多，行政管理部门通常会选择增设内设机构来解决日益增多的行政事务。而司法机关面对这些挑战，通常理性的做法是提高审判人

① 刘潇：《"案多人少"与法官员额制改革》，《政治法学研究》2017年第一卷，第88—89页。

② 陈林林：《裁判的进路与方法——司法论证理论导论》，中国政法大学出版社2007年版，第145页。

③ 石文龙：《法伦理学》，中国法制出版社2006版，第158页。

员的专业能力，优化审判资源。然而，在历次审判业务机构改革过程中，审判机构机械地照搬了行政管理部门的改革模式，不断地增加机构、增加编制。[①] 其改革结果不仅没能很好地回应日益增长的司法诉求，反而导致审判业务机构之间"门户对立"，这极大地降低了审判效能。

二、审判业务机构改革地方试点的实践状况

自 20 世纪 80 年代起，人民法院开始进行审判业务机构改革。那时我国法院的审判活动呈现出高度的行政管理倾向，独任法官或合议庭的实质审判权力很小，"审判分离"现象极为严重。[②] 有鉴于此，《一五纲要》开始提出"强化法官独立审判作用"的改革目标，并相继推出大量的以"还权于法官或合议庭"为重心的审判业务机构改革方案。随后，《二五纲要》《三五纲要》进一步推出"还权于法官或合议庭"的审判业务机构改革方案。2013 年，随着《最高人民法院关于审判权运行机制改革试点方案》（以下简称《运行机制改革试点方案》）的颁布，各地方试点法院围绕审判业务机构改革进行了积极探索，并取得系列改革成果。具体而言，这些改革成果突出地表现为三个方面：

第一，各地方试点法院为突出合议庭的主体地位，建构了多元化的审判组织模式。作为法院审理案件的基本单位，突出合议庭的主体地位对保障审判权独立行使具有重要意义，从各试点法院审判业务机构的改革实践中，我们发现试点法院新设了多种类型的合议庭机构。具体而言，主要包含三类：其一，在原审判庭内部设立多个合议庭。从各地试点法院的改革实践中，我们发现许多法院在专业审判庭内部设立的多个合议庭。比如，青海试点法院有的组建 12 个合议庭，有的组建了 8 个合议庭。更有甚者，有试点法院根据案件类型设立了诸如建设工程合同类、侵权类、借贷合同类案件等 11 个合议庭。[③] 其二，打破原有的"分庭制"模式，设立了委员合议庭。"分庭制"模式最显著的特点在于，法院以机构的功能、人员的专业知识为标准组建审判庭，由特定审判庭负责办理特定类型的案件，审判庭庭长对由本庭审理的案

---

① 刘忠：《论中国法院的分庭管理制度》，《法制与社会发展》2009 年第 5 期，第 28 页。

② 高一飞、陈恋：《中国司法改革四十年变迁及其时代特征》，《东南法学》2019 年春季卷，第 72—73 页。

③ 周斌、蔡长春：《因地制宜探索司改经验可复制推广》，《法制日报》2015 年 12 月 4 日，第 5 版。

件负责"把关"。① 比如,刑事审判庭一般只负责审理刑事案件,其由熟练掌握刑事法律知识的专业人员组成。而委员合议庭是一种全新的审判组织,这种审判组织突破了原有的法院内部审判主体结构和关系层级的做法,委员都是来自本院的审判委员会的组成人员。从各试点法院的改革实践来看,很多试点法院为了审理重大、疑难、复杂案件专门新设了委员合议庭。也有一些试点法院为了针对院长交办的重大、疑难、复杂或新型类型案件而新设委员合议庭。② 其三,突破原有的制度规定,设立了审判长联席会议和专业法官会议。在最高法和各省级试点法院正式出台规范性文件之前,有地方试点法院突破原有的制度规定,创设了审判长联席会议和专业法官会议。从这些试点法院的改革实践来看,审判长联席会议和专业法官会议主要用于审理那些集团诉讼、群体性纠纷、重大维稳、舆情关注的敏感案件,或审理那些争议性较大的案件等。③

第二,各地方试点法院为优化审判资源,创造性地对院长、庭长的审判职责和行政职责进行了区分。如前所述,由于法院院长、庭长同时具备审判者和管理者双重身份,因而他们参与审判活动的公正性受到公众的严重质疑。有鉴于此,许多试点法院为了优化审判资源,在制度层面上对法院院长、庭长的审判职责和行政职责进行进一步的区分。这突出地表现为两个方面:其一,部分试点法院尝试将本院副院长、审判委员会委员、庭长、副庭长等直接编入合议庭并担任审判长。这种制度设计不仅有助于院长、庭长以审判人员的身份参与具体案件的审理以提升案件的审判质量,同时也有利于优化审判资源。这是因为,在中国司法实践中,各院院长、庭长一般都是审判业务较为优秀的法官,过去这些业务优秀的法官被任命为庭长、院长之后往往不再直接审理案件,而是以领导"审批"等方式帮助其他法官办案,这严重浪费法院优质审判资源。④ 其二,部分试点法院尝试着以制度化的方式将院长、庭长的审判管理职责进行明确。其具体内容主要表现为三点:一是,明确规定院长有权依法对本院生效案件进行监督。比如,重庆綦江区通过出台具体规范性文件,明确院长、庭长的监督职权。⑤ 二是,明确规定院长、庭长可以

---

① 王利明、姚辉:《人民法院机构设置及审判方式改革问题研究(上)》《中国法学》1998 年第 2 期,第 7 页。

② 何娟、王芳:《广东高院规范审委会委员办案》,《人民法院报》2014 年 3 月 29 日,第 8 版。

③ 芦磊、黄志远:《司法改革背景下审判长联席会议制度的转型与展望》,《人民司法》2017 年 7 月 14 日,第 59—60 页。

④ 蒋惠岭:《建立符合司法规律的新型审判权运行机制》,《法制资讯》2014 年第 4 期,第 42 页。

⑤ 杜云发:《规范院庭长审判管理监督行为》,《人民法院报》2016 年 5 月 18 日,第 4 版。

主持审判委员会、专业法官会议、审判长联席会议处理相关事宜。三是，明确院长依照法律规定主持法官考评委员会对法官进行考评等。①

第三，各地方试点法院围绕权责统一的理念，建构了"审、判相结合"的裁判文书签发制度。② 司法实践中，长期存在"审者不判，判者不审"的弊端，为了改变这种"审判分离"的现状，许多地方试点法院围绕"审、判相结合"的司法理念选择改变原有的裁判文书签发制度。具言之，有试点法院规定审判员独任审理的案件，由独任审判员直接签署；而合议庭审理的案件，则由具体承办法官、合议庭其他法官、审判长依次签署；并明确规定院长、庭长不得对未参加合议庭审理的案件进行签发。这种签发制度的改革不仅有效扭转了过去"审—判—签"相分离的实践状况，同时也很大程度上缓解了行政管理对司法审判的不当干预。③ 更有甚者，部分试点法院明确规定，经审判委员会讨论决定的案件，由分管院长签署，签署者要重点核查裁判文书意见与审判委员会讨论决定的意见是否一致。④

三、审判业务机构改革地方试点的经验与不足

（一）审判业务机构改革地方试点的有益经验

由于审判业务机构改革关联法院内部人事资源的重新配置，而人事资源的重新分配牵涉面广、触动的利益大，因而这项改革的进度一直比较缓慢。中共十八大后，在中央层面的大力推动下，各试点地方积极推动本地区法院审判业务机构的改革，并在改革过程中积累了大量的有益经验、形成了许多独具特色的改革模式。基于此，下文将从诸多试点法院中选取北京第四中级人民法院（以下简称北京四中院）、深圳福田区人民法院（以下简称福田区法院）、珠海横琴新区人民法院（以下简称横琴新区法院）这三处为代表，试图揭示各试点法院的有益改革经验。

1. 北京四中院：打造"审判庭 + 综合办公室"的审判业务机构改革模式

自 2014 年 12 月成立之初，北京四中院便一直积极推动本院内设机构的改革。北京四中院按照业务类别和机构职能对本院的内设机构进行有序划分，

---

① 林振通：《法官业绩考评机制之重构》，《人民法院报》2017 年 3 月 23 日，第 5 版。

② 《"审者裁判，裁者负责"的最大现实》，《南方周末》2014 年 2 月 11 日，共产党员网，https：//news. 12371. cn/2014/02/11/ARTI1392100698375976. shtml，最后访问日期 2021 年 12 月 25 日。

③ 《广东司法改革：院长、庭长不再签发本人未审理案件的裁判文书》，《人民日报》2014 年 12 月 9 日，澎湃新闻，https：//www. thepaper. cn/newsDetail _ forward _ 1284213？from = groupmessage& isappinstalled = 0，最后访问日期 2021 年 12 月 25 日。

④ 《广州市中级人民法院关于健全审判权运行机制完善审判责任制改革的实施意见》第十八条。

并在机构的设置上打破原有的"分庭制"机构设置模式，除强化审判庭的中心地位外，整合法院行政资源设立综合办公室，从根本上改变了过去非审判机构尾大不掉的局面，并在一定程度上实现了法院内设机构精简化的改革目标。具体来讲，北京四中院积极推动的审判业务机构改革的亮点主要表现为两个方面：一是，北京四中院通过创设法官委员会，实现审判业务机构的高度自治。法官委员会由法院全体入额法官组成，其依据章程开展工作，不受院、庭领导的干预。二是，北京四中院通过建构"四大平台"，改变以往日益严重的科层制管理模式。北京四中院依托法官委员会，建构法官的自治管理平台；依托审判委员会，建构审判业务综合管理平台；依托司法服务办公室，建构内外司法服务综合管理平台；依托综合行政办公室，建构审判保障服务平台。其中，司法服务办公室是北京四中院作为试点法院的特有机构，独具特色，其职能主要是延伸审判职能、实现司法和行政的良性互动，联络人大代表、政协委员、律协等社会力量。[1]

2. 福田区法院：打造"审判庭＋审判团队"的审判业务机构改革模式

从 2012 年 7 月起，福田区法院开始在全国范围内率先开展审判团队改革。为了建构符合司法权运行规律的审判团队，福田区法院在充分借鉴香港、澳门等地的审判业务机构设置内容后，选择突破原有的"分庭制"机构设置模式，结合案件类型，按照人案均衡原则，组建了包含审判长（1 人）、法官、法官助理以及其他司法辅助人员的 52 个审判团队。其中，按照法官和助理的不同配置，审判团队大致形成了"1＋2＋3""1＋1""1＋N"这三种人员配置模式。改革后的"审判庭＋审判团队"模式，极大地缩减了福田区法院的内部管理层级，将司法审判相关的文书签发、工作安排以及管理考核权限交由审判团队队长负责。突出审判团队的责任主体和管理单元的地位，取消庭长、副庭长的管理层级，由审判长直接接受分管副院长、院长和审判委员会的指导和监督，建构科学扁平化的管理新格局。此外，改革后的这种"审判庭＋审判团队"模式，将审判权相对集中地汇聚在作为优秀法官代表的审判长手中，实现了审判合一、权责利相统一的司法权运行模式。通过对既有法院资源的优化重组，明确审判长的职责，审判职权层级分明，行政管理和审判管理的分离，管理链条的缩减，极大地提升了审判管理精细化水平，为提升审判效能奠定了坚实的制度基础。[2]

---

① 郭京霞、付金：《整建制改革：人力和机制资源的系统整合》，《人民法院报》2017 年 1 月 9 日，第 6 版。

② 梁展欣：《深圳福田法院审判长制度改革》，《法制资讯》2013 年 9 月 30 日。

3. 横琴新区法院：打造"三办三会"的审判业务机构改革模式

自 2013 年正式设立以来，横琴新区法院采取了大量的措施，积极推动本院审判业务机构的改革，如不设审判庭，不设庭领导，建立法官会议制，改革审判委员会。为了保证审判权能够独立运行，防止审判权运行的行政化干扰，横琴新区法院按照机构精简原则，在法院内设机构的设置上，只设立审判管理办公室、人事监察办公室和司法政务办公室，审判委员会、法官考评委员会、法官会议（以下简称"三办三会"）。这种全新的审判业务机构改革模式试图将审判管理、人事管理、政务管理活动相互分离，建构符合审判权运行规律的内设机构设置模式。

各内设机构按照其职能分工，各司其职。其中，审判委员会主要负责总结审判经验以及讨论重大、疑难案件，法官考评委员会则主要负责指导对法官的培训、考核、评议等工作。而法官会议则是由横琴新区法院设立的一个全新的内设机构，其职责是确定法官工作量的分配、每位法官承办案件的类型、各专业合议庭的设置、重大案件的审理等工作。对于重大案件的审理，必须经由法官会议半数以上的法官出席且要求出席人数半数以上的法官同意之后，方可通过决议事项。法官会议自行决定重大案件极大地提升法官的民主决策和自治管理，一定程度上削弱了行政管理对司法审判的干预。[①]

（二）审判业务机构改革地方试点的不足

多年来，各地方试点虽然在审判业务机构改革的实践中积累了大量的有益经验，但囿于现实环境的影响，各地方试点在改革过程中也暴露出许多的不足。概括而言，审判业务机构改革地方试点的不足之处主要表现为三个方面：

首先，由于制度层面上缺位，很多地方试点法院的改革态度较为谨慎。在审判业务机构改革地方试点过程中，有关审判业务机构改革的制度性规定主要散见于人民法院组织法、运行机制改革试点方案中。特别是在运行机制改革试点方案公布之前，各级人民法院对于审判业务机构的改革主要局限于对审判庭进行细节性的改革，其他重要事项的改革"于法无据"，因而多数试点法院对审判团队的设立、司法行政机构的合并、新设司法辅助机构等，均无明确的制度性规定，处于"摸着石头过河"的试验阶段。比如，北京四中院的机构改革虽然整合了司法服务部门和行政管理部门，并在此基础上设立了司法服务办公室和综合办公室，但仍然没有彻底废止原有的"分庭制"模

---

① 钟小凯：《横琴新区法院"去行政化"改革的调研报告》，《司法改革评论》2016 年第 1 辑，第 157—160 页。

式，司法审判的行政化色彩依然未能完全消除，这表明试点法院在司法改革的过程中，依然表现得相对谨慎，不敢大步向前走。①

其次，由于改革活动的阻力过大，很多地方试点法院的改革范围不够全面。如前所述，地方试点中的审判业务机构改革由于涉及面广，其往往牵连法官内部多数人的既得利益，这使得各地方试点法院在进行机构改革的过程中不可避免地受到来自机构内部的巨大阻力。因而，很多试点法院在机构改革问题上表现得极为谨慎，其改革的范围相当有限。究其原因，改革活动的阻力主要源于三个方面：其一，从相关试点法院的改革实践来看，由于机构改革过程中，牵连到人事调整、职权的变动，这使得试点法院内部激起了相当程度的反对声音。其二，从相关试点法院的改革情况来看，多数试点法院重点关注的是将审判组织和本院行政组织相区隔，但对二者在本院体系中的互动问题未给予充分讨论，基本沿袭原有的平权设置状态，这种处置模式虽然可以有效区分司法审判和司法行政之间的权力边界，却不能充分凸显司法审判的绝对核心地位。其三，从相关试点法院的改革实践来看，相当数量试点法院新设的司法团队并未突出员额法官实质主体的地位，司法团队的队长已经成为支配员额法官的一只"无形之手"。②

再次，由于部分地方试点自身存在着一定的特殊性，这些地方试点法院改革方案可能无法成功复制到其他法院。法院审判业务机构改革是一项系统性工程，早期试点法院的改革只是为了通过小规模的试验积累有益经验，之后将这些有益经验复制到整个法院系统。因而，在复制试点法院经验的过程中，不可避免地涉及法院内部的衔接问题，比如不同审级法院的衔接、地域差异、人事流动等，这些问题受制于本地区法院的整体发展水平、法官的基本配置情况，将部分地方试点法院的经验植入其他地方法院必须要考虑"供体"和"受体"是否匹配。正如部分研究者所言，很多有益经验的获取多是来自那些带着特殊使命的"精英法院"。比如，北京四中院、横琴新区法院，它们都是党的十八大前后新设立的法院，对于这些新成立的法院，它们受到来自体制内部的改革阻力肯定要比在先成立的法院小，对于这些建立在"没有历史包袱""体量小"等独特因素之上的改革模式是否具有可推广性，仍需

---

① 吴在存：《北京四中院推进落实跨行政区划法院改革的实践与探索》，《人民法治》2016 年第 1 期，第 17 页。

② 张科、施忆、王红霞：《司法责任制背景下审判团队绩效考核模式建构》，《司法体制综合配套改革与刑事审判问题研究——全国法院第 30 届学术讨论会获奖论文集（上）》，第 411—412 页。

要时间的检验。①

四、审判业务机构改革的地方试点对立法活动的影响

如前所述，地方试点改革肩负着为后续的变法修律提供立法资源的重任。从各试点法院改革成果的立法吸收情况来看，这种立法吸收情况主要表现为两个方面：一是，《中华人民共和国人民法院组织法》（2018 年修正）将各地方试点中推行的内设机构改革实践成果进行制度化吸收；二是，《中华人民共和国人民法院组织法》并未就如何设置审判业务机构、如何整合非审判业务机构、如何控制内设机构规模等具体操作内容进行统一立法，这种立法安排特意将这类有争议的操作内容予以搁置，以期为地方试点的后续探索留出空间。基于此，下文将主要围绕《中华人民共和国人民法院组织法》对审判业务机构改革成果的吸收情况进行分析：

（一）人民法院组织法视域下审判业务机构改革成果的立法吸收

如前所述，人民法院组织法是规定我国法院机构设置、组织、职权配置，保障法院履行其法定职责的基础性法律。中共十八大以来，各地方试点法院围绕审判业务机构改革积极开展创新性活动并取得相当数量的实践成果，为了更为有效地保障审判权高效的运转，有必要将各试点改革的有益经验通过中央立法进行制度化吸收。从最新的人民法院组织法的修改内容来看，此次围绕审判业务机构改革成果的立法吸收主要聚焦在如下三个方面②：

其一，通过立法明确了相关审判业务机构的设置。人民法院组织法第二章对人民法院审判业务机构的相关设置作出了新的规定。比如，该法第二十七条规定，专业审判庭；第二十八条则规定了审判辅助机构和行政管理机构。从各试点改革的司法实践来看，这些审判业务机构的设立，对于积极推动审判业务骨干回归办案一线、简化办案流程、保障审判权独立运行具有重要意义。

其二，通过立法明确了综合业务机构的设置。值得一提的是，本次人民法院组织法的修改将多数试点法院在实践中长期运行的"研究室"进行了立法吸收，给予了制度层面上的身份确认。该法第二十七条第二款新增规定了综合业务机构，该机构具体包含以往长期存在的人民法院研究室、审判管理

---

① 方乐：《审判权内部运行机制改革的制度资源与模式选择》，《法学》2015 年第 3 期，第 33 页。

② 姜启波、郭峰、袁春湘：《人民法院组织法修改的解读》，《人民司法》2019 年第 1 期，第 29—31 页。

办公室等机构。长期以来，这类机构在总结审判经验、研究政策文件、提升审判工作管理质效等方面扮演着重要作用。从各试点改革的实际情况来看，综合业务机构的设置，在促进司法公正、提高审判质量等方面发挥着不可替代的重要作用。

其三，通过立法优化了现行的审判委员会制度。人民法院组织法第三章第三十六条至第三十九条分别对审判委员会的组成、职能、议事规则、启动程序、决定效力、责任承担及公开机制等内容作了系统性规定，并充分吸收各试点法院的有益经验对审委会的设置作三点变化：第一，明确了审判委员会和专业委员会之间的关系。本次人民法院组织法的修改，充分吸收了各地方试点法院对审委会工作方式的改革成果，将审判委员会的会议分为全体会议和专业委员会会议，并明确专业委员会的机构属性，即专业委员会是审委会的一种会议形式和工作方式。第二，科学地界定了审判委员会的职能。本次修改后的新法明确规定审委会讨论决定的案件范围以及负责总结审判工作经验的职能。第三，完善了审判委员会的运行机制。这突出地表现为，新法明确地规定合议庭和审委会二者之间的关系，审判委员会讨论决定案件的启动程序，合议庭应当严格执行经过审判委员会讨论决定的案件结果。同时，新法明确规定，通常情形下，经审委会讨论决定的案件结果应当公开，这进一步拓展了司法公开的深度，确保审判权在阳光下运行。

（二）人民法院组织法视域下审判业务机构改革成果的立法展望

一般而言，我国人民法院的工作主要包含司法审判工作和司法行政工作两大方面。[①] 本轮审判业务机构改革也将优化审判业务机构同司法行政机构之间的关系作为改革的重点并取得了丰硕的成果。但是，从最新的人民法院组织法对各试点法院改革成果的吸收情况来看，本次新法并未对各试点法院改革实践中不足的地方进行立法完善。具体而言，本次新法未曾吸收的内容主要表现为三个方面：

第一，未将试点法院中审判团队模式进行立法吸收，审判业务机构的设置依然沿用以往的"分庭制"模式。如前所述，本次新法虽然明确规定了各种不同的审判业务机构的设置，但对许多地方试点法院所创设的审判团队模式未进行立法吸收，从新法所规定的内容来看，对于审判机构的设定仍然采用以往的"分庭制"模式。试点法院之所以选择放弃"分庭制"模式，是因为"分庭制"是司法行政权侵蚀审判权的产物，其自身的司法行政属性往往

---

① 蒋惠岭、郭彦：《法院内设机构与司法管理改革》，人民法院出版社 2018 年版，第 53 页。

大于审判属性。^① 正是考虑到"分庭制"所固有的弊端，许多试点法院试图通过"审判组织"模式来取代传统的"分庭制"模式，或许由于"审判组织"在各试点法院的司法实践中也存在一定的争议，本次新法修改并未对其进行立法吸收，这需要留待各试点法院继续进行制度探索，为未来立法吸收提供更为完善的立法资源。

第二，未就审判辅助机构如何运行进行明确规定，使得审判辅助机构难以发挥其辅助功能。如前所述，本次新法虽然对审判辅助机构进行了立法规定，但由于仅列出了这样一个机构的名称和模糊化的设置条件，这使得该机构的运行缺乏可操作性。具体而言，首先，对于审判辅助机构具体可以辅助的事项缺乏清晰的认识；其次，不同辅助机构部门可以辅助的事项也同样缺乏清晰的认识；再次，由于不同辅助部门职权清单不明，这就使得不同辅助部门的责任范围也不清楚。这些制度空白需要留待各试点法院继续进行制度探索，以期为未来立法活动提供可供吸收的立法资源。

第三，未就如何合理控制审判业务机构的规模进行明确规定，使得这些新型审判业务机构无法真正"落地"。同样，本次新法虽然对审判机构的类型进行了立法规定，但由于仅列出了这些机构的名称和模糊化的设置条件，使得这些机构的设置模式缺乏可操作性，特别是很多法院面临"案多人少"的现实困境，如果无法科学地确立审判业务机构的规模，则会迫使这些法院自动放弃新型审判业务机构的设立。当然这种概括性规定或许考虑到各地、各级法院自身情况的不一致，无法给出一个统一的标准，但考虑到制度的可操作性，各试点法院仍然应当继续进行制度探索。

第四节　人财物管理体制改革及其对立法活动的影响

本节所讨论的人财物管理体制改革指的是，为了保障法官依法独立行使审判权，针对法院的人事任免、法院的经费、资产所进行的去地方化的司法改革活动。^② 在我国，司法地方化是一个长期困扰司法权独立运行的重要因素。长期以来，地方人民法院一直受困于同级地方党政机关的不当影响，无法依法独立行使审判权。这些不当影响主要表现为，地方法院领导成员、审判人员的任免由地方同级人大或其常委会负责，地方法院的财政经费由同级

---

① 黎晓露：《我国法院内设机构的结构性变革：审判团队模式探讨》，《法治现代化研究》2021年第5期，第140页。

② 张智辉：《关于人财物统一管理的若干思考》，《法治研究》2015年第1期，第8页。

地方政府财政支出。① 自中共十八大以来，中共中央高度重视司法的去地方化改革，将完善地方法院的人事任免、保障地方法院的经费、资产摆脱地方党政机关控制作为本轮司法体制改革的重点事项。2013 年 11 月，中共十八届三中全会明确提出，"推动省以下地方法院人财物统一管理"。此后，中央层面开始围绕省级人财物管理体制改革出台了一系列政策文件、规范文本，为地方法院加快推动人财物管理体制改革提供了强有力的制度保障。其中，2014年 6 月，中央全面深化改革领导小组审议通过《关于司法体制改革试点若干问题的框架意见》（以下简称《司法改革试点框架意见》），2015 年 2 月，最高人民法院发布《四五纲要》。同时，各地方试点法院也在积极推动本地法院人财物管理体制改革，并取得了许多有益的改革经验，这些有益的经验为进一步完善国家立法提供了丰富的立法资源。有鉴于此，本节将主要围绕如下四个方面对人财物统一管理体制改革的相关问题展开讨论：其一，回顾人财物管理体制改革的历史背景；其二，梳理人财物管理体制改革地方试点的实践现状；其三，总结人财物管理体制改革地方试点的有益经验及不足；其四，分析人财物管理体制改革地方试点对立法活动的影响。

一、人财物管理体制改革的历史背景

在对人财物管理体制改革地方试点的现状进行描述之前，有必要对近年来大力开展的法院人财物"省级统管"改革的历史背景进行揭示，以便更好地理解人财物管理体制改革地方试点的相关内容。回顾我国关于地方法院人财物管理体制改革的相关文献和政策文本，自 20 世纪 80 年代起至本轮司法体制改革启动之前，我国地方法院的人财物管理模式主要呈现为如下两大特征：

第一，在中国地方治理过程中，最为显著的政治特征就是人事任免问题上存在典型的"条块关系"，地方领导干部既要受到本部门体系行政上级的领导，也要受到同级党委的领导，继而形成了"块块为主，条块结合"的地方治理模式。② 地方法院干部的人事安排正是这种"条块关系"的集中体现。司法实践中，就审判业务的机关领导而言，不论是院长、副院长，还是庭长、副庭长都存在着一定的行政级别。地方同级党委对同级法院院长有人事建议权。此外，对于处于审判业务机构的一般审判人员的任用，虽然名义上由各

---

① 杨小军：《法治中国视域下的司法体制改革研究》，《法学杂志》2014 年第 3 期，第 26 页。
② 刘忠：《条条与块块关系下的法院院长产生》，《环球法律评论》2012 年第 1 期，第 107—108 页。

法院党组自行决定，但实质上仍然需要经过同级党委及其组织部门的批准，同级党委及其组织部门对其任免享有话语权。①

第二，地方政府保障同级法院的财政经费，对同级法院的财政经费享有实质性决定权。长期以来，中国地方各级法院的财政经费主要依靠同级政府的财政拨款和法院自身收取的诉讼费、罚金、没收的财物两种途径，而同级政府财政拨款占据其中的主要部分。这种财政经费来源模式对法院独立行使审判权造成极大的不利后果，不仅容易诱发司法地方化，也容易诱使法官滥用职权、以权谋私。具体而言，这主要表现为如下两个方面：其一，法院私自将其收取的诉讼费、罚金、没收财物留作经费，容易诱发法官滥用职权。在司法实践中，由于法院缺乏足够的财政经费，为了增加自己经费的收入，这些法院往往会选择将法院的"手"伸进案件当事人口袋里，强行要求当事人将案件进行拆分，主动制造更多的案件，或是任意提高罚金额度等。其二，同级政府财政拨款，容易诱发司法地方化。由于同级政府决定了地方法院的财政预算，地方法院为了获取充足的财政经费只能向地方财政部门求助，这样就使得地方法院被同级政府牢牢地控制。如果法院不"听话"，同级政府可以通过削减财政经费的方式迫使其"就范"。② 为了改变这一现状，2009 年我国进行了政法财政经费体制改革，将原来的"同级地方财政负担"模式转变为"央—地分级负担"模式。但在司法实践中，多数基层法院依然维持着"同级负担为主、上级补助为辅"的模式，换言之，许多基层法院的财政经费依然是由同级地方财政进行负担，基层法院的"金库"依然被同级地方政府所掌控。③

长期以来，我国地方法院的人财物管理模式所呈现的这两大特征严重影响法官依法独立行使审判权。

二、人财物管理体制改革地方试点的实践状况

（一）人事管理体制改革地方试点的实践状况

中共十八大以后，中央先后出台系列有关地方人事管理体制改革的政策文件，特别是《司法改革试点框架意见》的实施，为地方法院人事管理体制改革提供了方向性指引。各试点法院在《司法改革试点框架意见》的指引下

---

① 《党政领导干部选拔任用工作条例》（2002 版）第四条、第五条。

② 谭世贵、梁三利：《构建自治型司法管理体制的思考》，《北方法学》2009 年第 3 期，第 71—72 页。

③ 左卫民：《中国基层法院财政制度实证研究》，《中国法学》2015 年第 1 期，第 258—259 页。

结合本地实际情况，积极开展本地区法院人事管理体制改革活动，并取得系列改革成果。具体而言，这些人事管理体制改革成果主要表现为两个方面：

其一，各地方试点法院形成了领导成员与一般审判人员相区分的管理制度。从 2018 年最高人民法院公布的地方法院人事管理体制改革的成绩单来看，试点法院基本实现了有关领导成员和普通审判人员的新型"任免和管理"模式。具体而言，一是，对于地方法院领导干部的审判职务的任免，各试点法院选择适用"省级统一提名，地方分级任免"的模式。同时，对于基层法院领导干部的管理也有别于以往，即各地方试点的中院院长、基层法院院长均由省级党委或组织部管理，而其他领导干部或由省委组织部管理或由省委组织部委托当地市委管理。① 二是，对于普通审判人员的选任，各地方试点设置设立法官遴选委员会，负责普通审判人员的选任工作。对于普通审判人员的选任工作而言，与试点改革之前最大的差异体现为基层法院法官的选任工作上。以往基层法院普通法官的选任工作是由市级负责，而改革后则将基层法院普通法官同中级法院普通法官一样交由省级法官遴选委员会统一负责选任工作，这将在一定程度上缓解地方党政机关对地方法院的不当干预。

其二，各地方试点法院设立了法官遴选委员会。如前所述，为了统一管理本省法官的选任工作，各地方试点设立了省级法官遴选委员会。同时，为了维持法官遴选委员会的正常运行，各地方试点结合自身情况对遴选委员会的日常工作机构和构成人员进行了相关规定。具言之，一方面，各省级试点法官遴选委员会根据其自身的章程设立日常办事机构。从各地方试点的改革实践来看，法官遴选委员会的日常办事机构一般采用两种设立模式：一是"工作办公室"模式。法官遴选委员会选择在本省高级人民法院内部设立遴选工作办公室，具体负责遴选委员会的具体工作。二是"秘书处 + 工作办公室"模式。法官遴选委员会在本省政法委员会处设立遴选委员会秘书处，同时也在本省高级人民法院内部设立遴选工作办公室，通常由遴选委员会秘书处、遴选工作办公室负责遴选委员会的具体工作。② 另一方面，各省级试点法官遴选委员会根据《司法改革试点框架意见》对自身的组成人员作出了相关规定。从各地方试点的改革实践来看，法官遴选委员会的人员组成一般采用两种模式：一是"常任委员 + 非常任委员"模式；二是"专门委员 + 专家委员"模式。其中，常任委员或专门委员由省直机关委派的人员担任，专家委员则从

---

① 王蓉：《司改"成绩单"之法院人财物统一管理》，搜狐网，https：//www.sohu.com/a/155179023_170817，最后访问日期 2022 年 1 月 12 日。

② 刘练军：《司法官遴选委员会运行机制初探》，《财经法学》2019 年第 1 期，第 129—130 页。

资深法学专家、律师代表、审判业务专家、省人大代表、省政协委员中选任。此外，遴选委员会人员数量上，从各地方试点的实际情况来看，多数是集中在 15—20 人的规模上，其中近半数的人员是来自省直机关等公职部门的负责人。[①]

（二）财物管理体制改革地方试点的实践状况

各地方试点积极开展本地区法院财务管理体制改革活动，整体推进情况主要呈现为两个方面：

其一，各地方试点法院中的财物管理体制改革的整体推进速度缓慢。从实施省级统管试点法院的改革实践来看，各地方试点在法院财物统管改革活动中整体推进速度相较于其他体制改革更为缓慢，甚至出现了局部后退的现象。就整体推进情况而言，截至 2018 年 5 月，全国只有北京、天津、山西等 20 个地方省级试点，大连、深圳 2 个地方计划单列市试点实行省级地方法院财物统一管理。在这些实行统管的试点地方，省、市、县三级地方法院为省级政府财政部门的一级财政预算单位，由省级政府对其进行统一编制财政预算，预算资金由省级政府财政部门通过国库集中支付系统进行统一支付。此外，有 3 个地方省级试点在本省局部地区实行省级财物统管。就地方试点的区域分布而言，截至 2018 年 5 月，在已经全面实行省级统管的 22 个（省级、计划单列市）地方试点中，东部 5 个（省级、计划单列市）地方试点，中部 9 个、西部 8 个；在部分实行省级统管的 3 个省级地方试点中，中部 2 个、西部 1 个；而在未实行省级统管的 12 个（省级、计划单列市）地方试点中，东部 3 个、中部 5 个、西部 4 个。整体推进情况来看，东部发达地区乐于推行改革的比例最高，这在一定程度上说明，制约省级财物统管改革推行进度的主要原因并不在于地方试点的经济发展状况。[②]

其二，各地方试点法院形成了稳定的财物管理模式。从实施省级统管试点法院的改革实践来看，各地方试点在法院财物统管改革过程中主要形成了三种稳定的管理模式：一是省级政府财政部门直接管理模式。这种管理模式要求，高院、全省中院、基层法院独立编制各自经费预决算，然后直接上报给省级政府财政部门，三级法院所有同省级职能部门进行对接的事项，都由其自行负责同省级职能部门进行对接。二是省级政府财政部门直接管理 + 省高院协助管理模式。这种管理模式具体内容如下：省高院对其自身、全省中

---

① 于晓虹：《"去地方化"与"去行政化"的博弈与平衡——2014 年以来法检人财物省级统管改革再审视》，《中国法律评论》2017 年第 5 期，第 188—191 页。

② 唐虎梅：《省以下法院财物统管改革的现状与展望》，《法律适用》2018 年第 21 期，第 88 页。

级法院、全省基层法院的专项财政经费统一向省财政部门提出建议，后由省级政府财政部门直接下拨。对于日常财务工作由省高院协助管理，后经省高院先行进行初审汇总再报省级财政部门审核。同时，由省高院负责对本省内三级法院所有财政经费事项同省财政部门进行统一对接。三是省级政府财政部门直接管理＋省高院受托管理模式。这种管理模式具体表现为，省级政府财政部门授权委托省高院代为管理本省三级法院的财物统管工作，充分地调动了省高院在本省法院系统内的协调能力。①

三、人财物管理体制改革地方试点的经验与不足

（一）人财物管理体制改革地方试点的有益经验

从实施省级统管试点法院公布的改革成果来看，各试点省市的人事统管和财物统管改革活动都取得了一些制度上的变化，都在不同程度上实现了"司法去地化"的改革目标，这突出地表现为两个方面：其一，在地方法院人事管理问题上，"省级统管"极大地削弱了地方同级党政机关对中级人民法院、基层人民法院人事任免的干预；其二，在地方财物管理问题上，"省级统管"极大地削弱了地方政府财政部门对中级人民法院、基层人民法院生存资源的支配。有鉴于此，下文将分别对地方试点中的人事管理、财物管理的改革实践进行考察，以揭示这些实施省级统管试点法院的有益改革经验。

1. 人事管理体制改革：领导班子和普通法官相区分的选任模式

首先，对实施省级统管试点法院院长的选任，包含上海、广东在内多数省市采用了"省级统一提名，地方分级任免"的模式。具体而言，试点省市的中级法院、基层法院院长由省委集中统一管理，这两级法院的其他领导班子委托市委管理。对于法院领导班子的选任模式，特别是对中级法院领导班子的选任而言，改革之后的模式同改革之前的"条块关系"选任模式相比并无太大差别。其次，对实施省级统管试点法院普通法官的选任，各试点省市都成立法官遴选委员会，负责初任法官和"择优选升"法官（即上级法院从下级法院遴选法官）的选任工作。实践中，虽然各试点省市都设有省级法官遴选委员会，但在遴选委员会的组成和运行机制上形成各具特色的模式。从各试点省市的改革实践来看，遴选委员会的组成模式一般呈现为两种：一是"上海模式"，即专门委员＋常任专家委员。其中，专门委员是常任委员，一般是由省委组织部、省委政法委、省人大、省高院等机构所委派，其组成人

---

① 唐虎梅：《省以下法院财物统管改革的现状与展望》，《法律适用》2018年第21期，第88—89页。

数为 6—8 人；而专家委员则由资深法学专家、律师代表、审判业务专家组成，专家委员参与遴选体现了法官遴选过程中的专业性和社会性。专家委员又分常任和非常任，常任专家委员同专门委员一样在遴选委员会组成过程中确定，其任期同专门委员一样。① 二是"广东模式"，即专门委员 + 非常任专家委员。其中，法官遴选委员会主任由实践经验丰富、德高望重的资深法律界人士担任。专门委员同上海模式中专门人员的组成相同，非常任专家委员则由专业背景、经验丰富的人大代表、政协委员、律师、法学学者等人员组成，并要求非常任专家委员的比例不低于委员会总人数的 50%。同时，广东省高院也建立了非常任专家委员库，由遴选委员会主任每次随机抽取部分非常任专家委员参加法官遴选工作。②

2. 财物管理体制改革：预算、收入、资产、债务、编制管理相区分的管理模式

首先，对法院预算、收入管理体制的改革，包含广东、上海等在内的多数试点法院采用了"省级统管"的管理模式。各地方试点将省内市县区三级法院作为一级预算单位，由省级财政统一管理。同时，部分地方试点也将省内市县区三级法院非税收入采取统一管理，取消省级以下法院自身的非税收入过渡账户，其各项非税收入全部作为省级财政收入缴入省级国库。③ 值得一提的是，"省级统管"并不是所谓的"省级垂直管理"，负责统管的机关是省级政府财政部门，而不是省高院。省级政府财政部门在直接管理省级以下三级法院的经费预算和对预算执行进行监督、检查时，应当听取省级法院的意见和建议。地方试点实施"省级统管"有利于改变现有的对同级地方财政高度依赖的不利局面，保障法院财政供给的充分性，确保法院不被落入经费短缺的困境，同时也很大程度上消解了司法地方化所带来的行政干预司法的不良影响。④ 其次，对法院资产、债务、编制等管理体制的改革，多数省份试点法院采用了"省地联合"的管理模式。其中，以山西省为例，针对省内各级法院的债务而言，按照"谁举债，谁负责""先清理后化解""直接偿还到债权人"的化解原则，区分省级债务和市县债务，要求各试点中院、基层法院

---

① 于晓虹：《2014 年以来法检人财物省级统管改革再审视》，《人民法治》2018 年第 1 期，第 30—31 页。

② 李敏慎、马兰：《对立与统一：坚持问题导向与尊重司法规律——司法体制改革试点方案评析》，《中山大学法律评论》2015 年第 1 期，第 16—17 页。

③ 涂峰：《广东司法体制改革试点方案正式启动 深圳等为首批城市》，《南方都市报》2014 年 11 月 28 日。

④ 左卫民：《省统管法院人财物：剖析与前瞻》，《法学评论》2016 年第 3 期，第 2 页。

零债务后上划。同样，在编制管理改革上，将事业编制人员上划到省级统管，编制未经核定的未上划人员继续由原渠道提供工资待遇。而广东省则采用省级政府财政负担省内三级法院法官基本工资，地方政府财政支付同级法院法官的津贴、补贴。此外，在广东省内，作为计划单列市的深圳则在市级层面统管本市两级法院的人财物，财物市级统管之后，个别享受较多地方财政补贴的基层法院出现了人员待遇略有下降的现象。[①] 但整体来看，市级统管后随着相关保障方案的落实到位，不仅按照统一标准提高了全市审判人员的收入水平，也具有正式制度和长效机制的保障。[②]

（二）人财物管理体制改革地方试点的不足

如前所述，本轮司法体制改革过程中，人财物管理体制改革相较于其他体制改革而言，其整体推进速度相对缓慢。虽然各地方试点在人财物管理体制改革上取得了许多有益经验，但也必须认真对待改革过程中所暴露出的许多不足。从实施省级统管试点法院的改革实践来看，这些不足之处突出地表现为三个方面：

其一，地方试点中的人财物"省级统管"改革的理论定位与实践认知不符。从有关国家领导人的讲话来看，"司法权属于中央事权"的属性定位是本轮地方试点中人财物"省级统管"体制改革的理论基础。[③] 中央将司法权的权力属性定位于中央事权显然是为了解决长久以来我国司法实践中盛行的司法地方化症结。然而，这种理论定位与我国对司法权的权力属性的实践认知存在一定的张力。具体而言，这种张力主要表现为两个方面：一是对实施省级统管试点法院的人事任免采取"省级统管"同我们对现行人大制度的实践认知存在着紧张关系。根据我国宪法、人民法院组织法目前关于人民代表大会制度下的国家权力结构，地方各级法院院长是由同级人大选举任命，院长之外的其他领导班子则由同级人大常委会任免。这将使得"省级统管"的理论主张无法有效解释我国的政治实践。[④] 二是，对实施省级统管试点法院的人财物采取"省级统管"同我国当前基本国情的实践认知不吻合。按照"司法权是中央事权"的理论定位，法院人财物采用"省级统管"只是一个中间的

① 于晓虹：《2014 年以来法检人财物省级统管改革再审视》，《人民法治》2018 年第 1 期，第 33—34 页。

② 陈杭平：《"人财物省级统管"改革的成效与完善》，《人民法治》2018 年第 Z1 期，第 10 页。

③ 孟建柱：《深化司法体制改革》，《人民日报》2013 年 11 月 26 日，中国共产党新闻网，ht-tp：//cpc. people. com. cn/n/2013/1125/c64094-23643019. html，最后访问日期 2022 年 1 月 12 日。

④ 刘松山：《地方法院、检察院人事权统一管理的两个重大问题》，《法治研究》2014 年第 8 期，第 11—17 页。

过渡环节，最终是要实现"中央统管"。由于我国存在着庞大数量的员额法官，各省市地区发展也极不均衡，对全国法院人财物系统采用"中央统管"显然超出了中央现阶段所能承受范围。①

其二，地方试点中的人财物"省级统管"可能会一定程度上强化省级地方保护主义。如前所述，地方试点中的人财物"省级统管"改革的过程中，法官遴选委员会、省级政府财政部门分别扮演了关键性角色。其中，就地方试点中的人事"省级统管"改革活动而言，法官遴选委员会的组成人员近半数委员由省级党委领导下的国家机关、社会组织的工作成员组成，这使得省级党委将对地方法院法官的人事任免拥有事实上的控制权。同时，就地方试点中的财物"省级统管"改革活动而言，无论是由省级政府财政部门直接管理地方法院财政经费的拨付，还是由省级政府财政部门直接管理、省高院协助管理地方法院财政经费的拨付，我们都可以从中发现，地方法院的"钱袋子"最终都是由省级政府所掌控。司法实践中，如果地方法院拒不听从省级政府的"招呼"，省级政府就有可能在向地方法院财政经费拨付的过程中给地方法院"穿小鞋"。这表明，虽然地方法院人财物"省级统管"一定程度上弱化了地方党政机关对同级法院的不当干预，但却可能反向强化了省级党政机关对本省内法院的不当干预。②

其三，地方试点中的人财物"省级统管"可能会进一步强化上下级法院之间的司法行政化。从当前实施省级统管试点法院的改革实践来看，"省级统管"确实能够在一定程度上改变上下级法院之间的行政化现象。然而，从各地改革实践来看，"省级统管"也带来了"再行政化"的风险，即省高院同中级法院、基层法院之间的行政关系可能会受到进一步的强化。③ 具体原因主要表现为如下两个方面：首先，在地方试点中的人事"省级统管"改革活动中，各省级法官遴选委员会通常会选择将委员会工作办公室设置在本省高级法院内部。在改革实践中，委员会办公室的人员组成，一般也是由本省高院的内部工作人员兼任，这种人员组成方式将使得本省高院在法官遴选活动中扮演着实质决策人的角色。其次，如前所述，在地方试点中的财物"省级统管"改革活动中，各省高级人民法院实际上扮演着一个"中间桥梁"的角色，即各省高院需要在财物管理过程中审核报表、调整下面法院所编制的预算方

---

① 姚国建：《中央与地方双重视角下的司法权属性》，《法学评论》2016 年第 5 期，第 92 页。

② 王广辉：《司法机关人财物"省级统管"改革的法律反思》，《法商研究》2016 年第 5 期，第 13—14 页。

③ 马长山：《司法改革中可能的"异化"风险》，《法制与社会发展》2014 年第 6 期，第 29—30 页。

案、申请专项经费等。基于前述两大原因，人财物"省级统管"将可能使试点高院对于下面两级法院在人财物管理过程中进一步强化其原有的影响力和控制力，进而形成一个所谓的"超级高院"。同时，也可能会将上下级法院之间的监督关系变为实质性的领导关系，从而进一步地强化省高院的司法行政化、集中化。①

四、人财物管理体制改革的地方试点对立法活动的影响

长期以来，司法地方化一直是困扰我国审判权依法独立行使的一大难题，由于地方法院的人事、财政经费长期受制于同级党政机关，这使得地方法院实际上变成同级党政机关的"下属"。为了有效解决司法地方化这一难题，保障审判权依法独立行使，中共十八大以后中央先后出台了系列政策、规范文件，并将人财物"省级统管"作为本轮地方试点改革的重要内容之一。从本轮地方试点中人财物管理体制改革的司法实践来看，各地方试点取得了相当数量的改革成果，并且这些改革成果对法官法和人民法院组织法的修订活动产生重大影响。同时，从最新修改的人民法院组织法、法官法来看，整体而言，新法对各地方试点中的人事改革实践成果进行了充分吸收，但对财政改革实践成果进行一定程度的保留。基于此，下文将主要围绕法官法、人民法院组织法对人财物管理体制改革成果的吸收情况展开分析。

（一）法官法视域下人财物管理体制改革成果的立法吸收及展望

众所周知，地方试点改革一直担负着为后期中央立法活动服务的任务，本轮人财物管理体制改革地方试点也不例外。从 2017 年、2019 年前后两次法官法的修改内容来看，这两次修正案对本轮地方试点中人财物管理体制改革的相关有益经验进行了立法吸收，这些吸收的内容主要聚焦在普通法官的选任制度上。具体而言，主要包含两个方面：

其一，法官法对法官选任方式的变动进行了立法确认。《中华人民共和国法官法》（2019 年修正）第十五条至第十七条，新增了两种不同的法官选任方式。一是，法官法首次将部分地方试点施行的吸收法院系统外部人才的改革实践进行立法确认。具言之，法官法第十五条规定，法院可以从律师、法学教学人员、法学研究人员等主体中进行公开选拔。将候选主体范围扩大到法院系统之外，可以使更多优秀的法律人才加入法官队伍，加强法官职业化建设。二是，法官法规定上级法院法官的逐级遴选方式，同时强调初任法官

---

① 马长山：《新一轮司法改革的可能与限度》，《政法论坛》2015 年第 5 期，第 3—4 页。

的基层任职要求。具体而言，法官法第十七条明确提出，初任法官通常需要到基层法院任职，以及上级法院的法官通常来自下级法院。对员额法官基层任职经历的强调有利于强化法官队伍的科学性、合理性建设。①

其二，法官法对法官选任主体的变更进行了立法确认。法官法将初任法官的审核主体确立为法官遴选委员会，将各地方试点中有关法官遴选委员会的实践成果进行立法吸收。具体表现为两个方面：一是，法官法将法官遴选委员会确立为初任法官的审核主体。具体而言，法官法第十六条规定，省级法院设立法官遴选委员会负责初任法官的审核工作。二是，法官法吸收了各地方试点有关法官遴选委员会的构成。具体而言，法官法第十六条规定，法官遴选委员会组成包括地方各级法院法官代表、其他从事法律职业的人员和有关代表，且法官代表人数不得低于三分之一。

但前述立法吸收活动也存在着一定的局限性，法官法的许多新设规定因事实上过于简单，在实践过程中几乎缺乏可操作性。具体来讲，这些缺乏可操作性的规定主要表现为两个方面②：

其一，就法官遴选委员会的组成、运行机制的规定过于原则，缺乏实践操作性。比如，法官法对法官遴选委员会的组成仅规定其中法官代表不少于三分之一，而对遴选委员会的委员如何遴选产生、其委员结构如何，其主任委员如何确定，其具体运作机制如何，对于各地方试点中此类改革成果均未能进行有效吸收。在司法实践中，这些内容的缺失将会给法官的遴选工作造成诸多的困扰和难题，进而影响到法官的顺利遴选。

其二，就法官的等级设置、确定等人事管理体制改革的规定缺乏实质性内容。比如，法官法规定，法官的等级编制、评定、晋升办法，需要国家另行作出规定。司法实践中，有关法官的身份等级、晋升办法的具体内容将直接关乎法官的职业前途，这些内容应当由法官法这类基础性法律进行规定。

（二）人民法院组织法视域下人财物管理体制改革成果的立法吸收及展望

《中华人民共和国人民法院组织法》自 1979 年正式施行以来，其前后共经历了四次修正，它是规范我国法院机构设置、组织和职权的重要法律。中共十八大以后，各地方试点围绕人财物"省级统管"积极推进改革活动并取得了相当数量的实践成果，为 2018 年人民法院组织法的立法吸收提供了丰富

---

① 赵静：《新法官法视野下我国法官选任制度研究》，《市场周刊》2020 年第 1 期，第 172 页。

② 刘练军：《新〈法官法〉和〈检察官法〉之规范属性刍议》，《法学评论》2020 年第 3 期，第 172—173 页。

的立法资源。从人民法院组织法（2018 年修正）的相关内容来看，最新人民法院组织法对人财物"省级统管"的立法吸收主要聚焦在普通法官的选任、财政经费制度上。具体情况，主要表现为两点①：

其一，人民法院组织法首次将法官遴选制度纳入进来。从各地方试点的改革实践来看，本轮司法体制改革活动在法官遴选委员会制度的改革活动中取得了丰硕的成果。人民法院组织法第四十七条对法官遴选活动进行了立法规定。具体而言，人民法院组织法第四十七条规定，法官遴选委员会负责审核初任法官的专业能力；同时，确立了法官逐级遴选机制，明确规定上级法院法官从下级法院的法官中选任。从规定的具体内容来看，这些制度性规定同法官法对法官遴选制度的相关规定并无任何实质性差异。

其二，人民法院组织法对法院编制、经费管理制度进行立法规定。人民法院组织法将法院的编制、经费管理制度纳入进来。具体而言，人民法院组织法第五十六条和第五十七条规定，各级法院对法官编制进行专项管理；法院经费按照事权划分原则列入财政预算。

同样，从上述改革实践立法成果的具体内容来看，这些规定的内容都过于简单，特别是对法院编制、经费管理制度的规定只是将这项制度的名称进行立法吸收，并未对如何实施这些制度作出任何规定。具体而言，这些局限性主要表现为两点：

其一，有关法官遴选活动的规定过于简单，缺乏实践操作性。这种局限性在前述法官法中也同样存在。从各地方试点的改革实践来看，各试点改革成果的确存在着一定的差异，也缺乏一个相对统一的标准，这或许是现行立法者无法给出一个统一标准的"充足"理由。

其二，有关法院编制、经费管理制度的规定缺乏相关的实质性内容。从人民法院组织法的具体内容来看，新法仅就该制度的名称作了相关规定，对于如何进行编制管理、经费制度管理并无任何可供操作的规定。司法实践中，有关法官的身份等级、晋升办法的具体内容将直接关乎法官的职业前途，这些内容应当由法官法这类基础性法律进行规定。如果没有这些实质性内容，法院编制、经费管理制度将无法具体实施，只能成为一系列事实上"失效"的规定。对于各地方试点来讲，它们也只能继续沿用本地区所积累的改革经验。

---

① 姜启波、郭峰、袁春湘：《人民法院组织法修改的解读》，《人民司法》2019 年第 1 期，第 32—33 页。

小　　结

　　司法责任制指的是法官依法行使审判权职责和法官在违法行使审判权时应当承担不利后果。长期以来，理论界和实务界对司法责任制概念的理解，主要聚焦在司法问责上，而对保障司法权独立运行是否重要存在不同认识。或许是由于概念层面上的认识不足，导致司法责任制改革在中国经历了一个漫长的过程，回顾这一制度的改革历程，司法责任制改革共经历了问责制、负责制、办案责任制、司法责任制这四个阶段。这种科学化发展历程从最初只强调对裁判结果负责，到逐渐强调权责统一，强调保障司法权独立运行的重要意义，使得我们对司法责任制的认识逐渐清晰、准确。在这个漫长的改革过程中，中央层面围绕保障司法权独立运行先后出台了系列政策文件、规范文本，积极推动了司法责任制改革和地方试点工作。特别是党的十八大以来，在中央政策文件的指引下，各地方试点紧紧围绕员额制改革、审判业务机构改革以及人财物管理改革三个方面全面、深入地推进司法责任制改革工作，并取得了许多有益的经验，这些经验成果不仅为后续的法官法、人民法院组织法修改活动提供科学的立法资源，也为反思新法的内容提供可资借鉴的资料，其意义重大，必须认真对待司法责任制改革的地方试点经验。

第四章

认罪认罚从宽制度的地方试点与立法研究

第一节　认罪认罚从宽制度试点情况

认罪认罚从宽制度的试点改革可以分为两个阶段。第一个阶段是以刑事速裁程序的试点改革为形式进行的，始于 2014 年 6 月 27 日第十二届全国人大常委会第九次会议审议通过的《全国人民代表大会常务委员会关于授权最高人民法院、最高人民检察院在部分地区开展刑事案件速裁程序试点工作的决定》（以下简称《速裁程序决定》），截至 2016 年 9 月 3 日第十二届全国人民代表大会常务委员会第二十二次会议通过的《全国人民代表大会常务委员会关于授权最高人民法院、最高人民检察院在部分地区开展刑事案件认罪认罚从宽制度试点工作的决定》（以下简称《认罪认罚从宽决定》）。第二个阶段始于《认罪认罚从宽决定》的正式颁布，截至 2018 年 10 月 26 日《中华人民共和国刑事诉讼法》（2018 年修正）的颁布，该阶段的认罪认罚从宽制度试点包含了经过调整之后的刑事速裁程序试点。本节将围绕这两个阶段的试点工作进行详细介绍。

一、速裁程序试点：认罪认罚从宽制度的前期试水

（一）速裁程序试点背景

"政治层面与公共政策上对安全问题的高度关注，导致预防成为整个刑法体系首要目的。"① 改革开放 40 余年来，刑法越来越渗透到社会的方方面面，我国的刑法观也愈发向积极主义、功能主义转变，国家试图通过扩大刑法的适用范围来引导和规范个体行为。醉驾入刑、拒不支付劳动报酬罪等相继被纳入刑法修正案。尤其是 2013 年 12 月 28 日，全国人大常委会通过了《全国人民代表大会常务委员会关于废止有关劳动教养法律规定的决定》，这意味着已实施 50 多年的劳教制度被依法废止，同时也意味着许多原来可以由劳动教养制

---

① 劳东燕：《风险社会与变动中的刑法理论》，《中外法学》2014 年第 1 期。

度处理的违法行为逐步被纳入刑法的调整范围，刑事处罚的端口进一步前移。

以上现象造成的结果就是导致刑事案件数量持续增加。据统计，2015 年，全国法院一审共收案 11444950 件，其中，刑事一审案件数为 126748，[①] 1995 年至 2015 年，法院刑事一审收案率增幅 127.9%，但与此同时，法官人数增幅仅约 18%，远远低于刑事案件的增幅。[②] 在案件数量暴涨的情况下，"刑期倒挂"，简易程序"简而不简"，司法机关"案多人少"等矛盾愈发尖锐。与此同时，随着人民生活水平的不断提高，人民群众对社会公平正义的呼声愈发强烈。党的十八届四中全会提出"推进以审判为中心的诉讼制度改革"，在尊重司法规律的前提下力求破解制约刑事司法公正突出问题的路径，不断加强对犯罪嫌疑人、被告人的人权司法保障。而与之相配套的措施是落实庭审实质化，强化庭审辩论、质证及证人出庭等环节。显然，以上措施让本已不堪重负的刑事司法资源更加捉襟见肘。为了解决案多人少矛盾，充分将稀缺的司法资源投入到重案、要案当中，在普通程序、简易程序简化几乎没有推进的余地和必要的情况下，推动更为简化的程序似乎是一条可行之路。

正是在这种背景下，2014 年 6 月 27 日第十二届全国人大常委会第九次会议审议通过了《速裁程序决定》，授权北京、天津等 18 个城市开展刑事速裁程序试点改革工作。《速裁程序决定》指出，对事实清楚，证据充分，被告人自愿认罪，当事人对适用法律没有争议的危险驾驶、交通肇事、盗窃、诈骗、抢夺、伤害、寻衅滋事等情节较轻，依法可能判处一年以下有期徒刑、拘役、管制的案件，或者依法单处罚金的案件，进一步简化刑事诉讼法规定的相关诉讼程序。

刑事速裁程序试点工作的开展是认罪认罚从宽制度试点改革正式揭开序幕的标志。在《速裁程序决定》审议通过以后，2014 年 8 月 22 日最高人民法院、最高人民检察院会同公安部、司法部发布《关于在部分地区开展刑事案件速裁程序试点工作的办法》（以下简称《速裁程序办法》），刑事速裁程序正式在全国 18 个城市展开试点工作。

（二）速裁程序试点情况

《速裁程序决定》指出，"试点办法由最高人民法院、最高人民检察院制定，报全国人民代表大会常务委员会备案。试点期限为二年""最高人民法院、最高人民检察院应当加强对试点工作的组织指导和监督检查。试点进行中，最高人民法院、最高人民检察院应当就试点情况向全国人民代表大会常

---

① 数据来源于《2016 中国法律年鉴》，中国法律年鉴社 2016 年版，第 1297 页。

② 魏晓娜：《完善认罪认罚从宽制度：中国语境下的关键词展开》，《法学研究》2016 年第 4 期。

务委员会作出中期报告。试点期满后，对实践证明可行的，应当修改完善有关法律；对实践证明不宜调整的，恢复施行有关法律规定"。鉴于官方数据的权威性，以及"两高"并没有在 2016 年对速裁程序试点发布相应的总结报告，本文对速裁程序试点期间的相关数据皆以 2015 年发布的《最高人民法院、最高人民检察院关于刑事案件速裁程序试点情况的中期报告》（以下简称《速裁程序中期报告》）为参考。

1. 速裁程序的适用范围

《速裁程序办法》规定，可以对危险驾驶、交通肇事、盗窃、诈骗、抢夺、伤害、寻衅滋事、非法拘禁、毒品犯罪、行贿犯罪以及在公共场所实施的扰乱公共秩序犯罪情节较轻、依法可能判处一年以下有期徒刑、拘役、管制的案件，或者依法单处罚金的案件适用速裁程序。截至 2015 年 8 月，全国参与试点的"各地基层法院、检察院达到了 183 个，共适用刑事速裁程序审结的刑事案件 15606 件 16055 人，占试点法院同期判处一年有期徒刑以下刑罚案件的 30.07%，占同期全部刑事案件的 12.82%。其中检察机关建议适用速裁程序的占 65.36%"。[①] 由此可以看出，仍然有接近 70% 的一年以下有期徒刑的案件未适用速裁程序，速裁案件占同期全部刑事案件的比率较低。其次，有学者对几个试点法院进行实证调查，研究发现，从速裁程序的案件类型结构上看，危险驾驶、毒品类犯罪、盗窃等三类案件共占全部速裁案件的 94.67%，"而行贿罪、在公共场所扰乱公共秩序犯罪等两类案件竟然挂零，诈骗、非法拘禁犯罪案件各仅有一件"。[②] 因此，2014 年至 2016 年的速裁程序试点案件主要集中在依法可能判处一年以下有期徒刑的危险驾驶罪、毒品犯罪以及盗窃罪等案件类型上。

2. 速裁程序的诉讼效率

刑事速裁程序实施以来，诉讼效率明显提高，学界一度有发出速裁程序应当"以效率为导向"的声音。[③] 研究发现，"检察机关审查起诉周期由过去的平均 20 天缩短至 5.7 天；人民法院速裁案件 10 日内审结的占 94.28%，比简易程序高 58.40 个百分点；当庭宣判率达到 95.16%，比简易程序高 19.97 个百分点"。[④] 有学者作过一项问卷调查，办理速裁程序案件的司法办案人员

---

① 《最高人民法院、最高人民检察院关于刑事案件速裁程序试点情况的中期报告》，《中华人民共和国全国人民代表大会常务委员会公报》2015 年第 6 期。

② 刘方权：《刑事速裁程序试点效果实证研究》，《国家检察官学院学报》2018 年第 2 期。

③ 汪建成：《以效率为价值导向的刑事速裁程序论纲》，《政法论坛》2016 年第 1 期。

④ 《最高人民法院、最高人民检察院关于刑事案件速裁程序试点情况的中期报告》，《中华人民共和国全国人民代表大会常务委员会公报》2015 年第 6 期。

普遍对速裁程序较为满意，"97.8％的检察官、98％的法官认为刑事速裁程序对于提高办案效率、缓解'案多人少'的矛盾起到了积极作用"，并对速裁程序的试点推行感到满意。① 当然，速裁程序的效率提升也是有限的。根据《速裁程序办法》的规定，公安机关在侦查终结移送审查起诉时，认为案件符合速裁程序适用条件的，可以依法建议人民检察院按速裁程序办理，人民检察院受理案件以后，应当在 8 个工作日内作出是否提起公诉的决定。人民检察院在决定提起公诉以后并建议适用速裁程序的，人民法院适用速裁程序审理案件一般应当在 7 个工作日内审结。由此，如果法院认为案件无法在《速裁程序办法》规定的时限内审结，法院会倾向于拒绝适用速裁程序。因此，适用速裁程序的案件往往能在非常短的时限内审结，这并不完全是因为速裁程序本身带来的效果，而是案件繁简程度的差异。事实上，有学者已经发现，速裁程序从开庭审理时间来看，并不比简易程序快多少，速裁程序有大量的时间耗费在"准备取保候审手续、委托社区对被告人进行社会危险性调查评估、审批各类程序性法律文书、送达起诉书副本、开庭及宣判时提押换押被告人、送达开庭通知书、审判人员阅卷、书记员的庭前准备工作、撰写裁判文书、文印及装订案卷材料、送达裁判文书等事务性工作当中"。② 因此，速裁程序在庭审环节节省的时间颇有一种"台上十分钟，台下十年功"的观感，速裁程序除了在庭审环节较为"速裁"以外，实际节约的时间十分有限。

3. 速裁程序中的上诉情况

速裁程序强调犯罪嫌疑人、被告人和被害人的有效参与，司法机关积极促成调解和解，通过对犯罪嫌疑人、被告人进行量刑激励、法庭教育，积极促成犯罪嫌疑人、被告人退赃退赔、赔礼道歉，有效地保护了被害人的合法权益。同时，犯罪嫌疑人、被告人也得到了实体从宽、程序从简的利好，这直接反映在服判息诉上就是"检察机关抗诉率、附带民事诉讼原告人上诉率为 0，被告人上诉率仅为 2.10％，比简易程序低 2.08％，比全部刑事案件上诉率低 9.44 个百分点"。③ 其中，被告人上诉的原因绝大部分是"留所服刑"，只有少部分危险驾驶罪的被告人由于对判处缓刑抱有期待，而检察机关的量刑建议往往并未提及刑罚的执行方式，一旦法院判处实刑，低于被告人

---

① 陈荣鹏、李永航：《刑事速裁程序试点改革实证研究》，《云南大学学报（法学版）》2016 年第 5 期。

② 刘方权：《刑事速裁程序试点效果实证研究》，《国家检察官学院学报》2018 年第 2 期。

③ 《最高人民法院、最高人民检察院关于刑事案件速裁程序试点情况的中期报告》，《中华人民共和国全国人民代表大会常务委员会公报》2015 年第 6 期。

的心理预期，故而提出上诉。① 因此，速裁程序在服判息诉方面确实表现不俗。

4. 速裁程序中非羁押性强制措施与非监禁刑的适用情况

《速裁程序办法》第三条规定，适用速裁程序的案件，对于符合取保候审、监视居住条件的犯罪嫌疑人、被告人，应当取保候审、监视居住。据统计，截至 2015 年 8 月，"速裁程序被告人被拘留、逮捕的占 52.08%，比简易程序低 13.91 个百分点；适用非监禁刑的占 36.88%，比简易程序高 6.93 个百分点"。② 有学者通过梳理裁判文书，发现样本中"适用取保候审的速裁案件占 37.4%，适用监视居住的占 1.1%，两项比例合计为 38.5%"，另外"在犯罪类别上，替代性羁押措施适用率较高的罪名依次为交通肇事罪、盗窃罪和危险驾驶罪"。③ 通过以上数据可以发现，非羁押性强制措施的适用有了明显的增长，被告人审前阶段的人身权利保护得到了较大程度的提升。速裁程序通过对被告人适用非羁押性强制措施以及非监禁刑，充分体现了认罪认罚从宽的精神，有效避免"刑期倒挂"，有利于保障被告人的合法权益。

5. 速裁程序中的辩护情况

《速裁程序办法》第四条规定了法律援助值班律师制度，法律援助机构在人民法院、看守所派驻法律援助值班律师。犯罪嫌疑人、被告人申请提供法律援助的，应当为其指派法律援助值班律师。该项制度的设立是为了在追求效率的同时兼顾被告人的辩护权。从实践情况来看，律师辩护率不高。据统计，"有律师辩护的速裁案件仅占 8%"，另外，"6014 个危险驾驶罪案件中，只有 6.3% 的案件有律师辩护；3141 个盗窃案件中，7.9% 的案件有律师辩护；1481 个毒品犯罪案件中，只有 8% 的案件有律师辩护"。④ 律师辩护率较低的原因，主要表现为两个方面：一方面，这是因为适用速裁程序的案件都是被追诉人认罪认罚，且事实清楚、证据充分的案件，被告人主动寻求辩护的动力较低。另一方面，根据《速裁程序办法》第四条的规定，我国已经建立了值班律师制度，各试点城市的看守所和法院都应当设置相应的法律援助值班律师来免费为被告人提供法律帮助，因此，被告人更缺乏自费寻求律师

---

① 刘方权：《刑事速裁程序试点效果实证研究》，《国家检察官学院学报》2018 年第 2 期。

② 《最高人民法院、最高人民检察院关于刑事案件速裁程序试点情况的中期报告》，《中华人民共和国全国人民代表大会常务委员会公报》2015 年第 6 期。

③ 李本森：《刑事速裁程序试点实效检验——基于 12666 份速裁案件裁判文书的实证分析》，《法学研究》2017 年第 5 期。

④ 李本森：《刑事速裁程序试点实效检验——基于 12666 份速裁案件裁判文书的实证分析》，《法学研究》2017 年第 5 期。

辩护的动力。但是，在实践中，也有的试点城市没有很好地贯彻值班律师制度。有学者对重庆市的 11 个试点区县进行实证调查研究，结果显示，"11 个试点区县中只有 6 个区县建立了值班律师制度"，"11701 件刑事速裁案件中，只有 1 件刑事案件为被告人指定了辩护律师"。[①] 整体而言，速裁程序试点过程中，律师辩护率较低，值班律师制度没有得到很好的贯彻，这将可能导致速裁程序中控辩严重失衡。

（三）速裁程序试点经验

1. 统筹执行，规范操作

最高人民法院、最高人民检察院分别下发《最高人民法院关于全面深化人民法院改革的意见——人民法院第四个五年改革纲要（2014—2018）》和《最高人民检察院关于深化检察改革的意见（2013—2017 年工作规划）》，将刑事速裁程序列为本轮司法改革的重点项目。刑事速裁程序试点以来，最高人民法院多次下发文件、组织调研，并编写《刑事案件速裁程序试点实务与理解适用》《刑事案件速裁程序试点工作专报》等文献资料，对准确执行速裁程序试点工作办法、依法有序开展试点工作提出许多细化要求。不仅有"两高"、公安部、司法部的统筹执行、制定规范，各试点城市也纷纷出台速裁程序操作指引、量刑规范、庭审规程、速裁程序的证据收集指引以及 11 类常见罪名的详细取证标准等操作性规定。

2. 积极创新，探索试点改革新模式

各试点城市在遵循《速裁程序决定》和《速裁程序办法》的基础之上，结合本地实际情况，不断推陈出新，积极探索更加快捷、高效的工作方式，形成了许多速裁程序的新模式。不少试点法院实行速裁案件专人办理，检察机关集中起诉、人民法院集中开庭。北京市海淀区形成全流程刑事速裁模式，该模式具有一定的代表性和典型性，在不少地区都有类似的做法和名称。其主要特点有：侦诉审各职能部门集中办案，在看守所设立速裁法庭，实现侦诉辩审无缝对接，大大缩减案件在途时间。该种模式在海淀区大大提高了诉讼效率，适用速裁程序的案件从案发到审结的平均用时仅为 35 天，较 2014 年同期同类案件缩短 70%。[②] 除这种全流程速裁模式以外，各试点城市还有不少其他创新之处。如南京、福州等地，在速裁案件进入侦查阶段起就委托

---

① 陈荣鹏、李永航：《刑事速裁程序试点改革实证研究》，《云南大学学报（法学版）》2016 年第 5 期。

② 北京市海淀区人民法院课题组、鲁为、范君、廖钰、李静：《关于北京海淀全流程刑事案件速裁程序试点的调研——以认罪认罚为基础的资源配置模式》，《法律适用》2016 年第 4 期。

司法行政机关进行调查评估，为非监禁刑适用创造条件。广东深圳、浙江杭州等地利用信息技术探索了视频提讯、视频开庭短信快速送达以及诉讼文书和电子证据网上流转等做法。①

3. 积极完善配套措施

为了保障速裁程序的顺利运行，最高人民法院、最高人民检察院除出台《速裁程序办法》以外，也在不断地积极探寻速裁程序配套措施。如制发了格式裁判文书，节约在文书制作上的时间；启动运行了速裁案件专项统计平台，可视化速裁案件的运行状况。另外，最高人民检察院还研究制定了速裁程序案件的证据指引。除"两高"以外，各试点城市也在积极探索配套措施的完善。如天津、济南等地制定了速裁案件的量刑指导原则。广州、长沙等地建立与速裁程序相配套的案件流转和文书签发机制。还有的地方邀请人大代表以及社会各界人士旁听庭审，听取意见，改进工作。②

4. 有效保障犯罪嫌疑人、被告人权利

各地试点法院积极协调司法行政机关按照试点办法的要求，不断推进法律援助机构进驻试点法院，积极推进值班律师工作站进驻看守所。值班律师制度的创设有效保障了被告人在速裁程序当中的合法权利。另外，上文提到，速裁程序的适用大大降低了审前羁押率，非羁押性强制措施和非监禁刑的适用得到了显著提高，这有助于缓解"刑期倒挂"等痼疾，保障了被告人的合法权益。

5. 助力司法改革整体推进

司法责任制的核心要义是"让审理者裁判，让裁判者负责"，速裁程序案件适用独任制，按照谁办案谁负责、谁决定谁负责的工作展开。并且，速裁案件一般都是当庭宣判、当庭送达，这对量刑规范化、庭审实质化以及司法责任制等改革举措都具有推动作用。

（四）速裁程序试点局限

1. 适用率偏低

从"两高"发布的《速裁程序中期报告》数据来看，适用速裁程序的案件，判处一年以下有期徒刑的案件还有约 70% 未适用速裁程序，适用速裁程序的案件仅占全部刑事案件约 10%。另据学者的实证研究发现，适用速裁程序的案件绝大部分为醉驾、毒品类及盗窃类案件，没有完全覆盖《速裁程序

---

① 《最高人民法院、最高人民检察院关于刑事案件速裁程序试点情况的中期报告》，《中华人民共和国全国人民代表大会常务委员会公报》2015 年第 6 期。

② 《最高人民法院、最高人民检察院关于刑事案件速裁程序试点情况的中期报告》，《中华人民共和国全国人民代表大会常务委员会公报》2015 年第 6 期。

办法》所要求的 11 类刑事犯罪，或其余类型的刑事案件适用比率非常低。

2. 效率提升有限

尽管目前从纸面数据来看，适用速裁程序的案件效率得到了明显的提升，但其效率的提升大多局限于庭审环节，在庭审之外效率提升相当有限。由于《速裁程序办法》关于办案时限"8 + 7"的规定，对于检察机关和审判机关而言，办案压力颇大。因此，稍微复杂的案件，检察机关和审判机关可能更会倾向于拒绝适用速裁程序或者在适用速裁程序以后再通过程序转换机制适用简易程序或普通程序。另外，在审判实践中，虽然速裁案件的庭审时间往往十几分钟就结束了，但这同时意味着法官花费了大量的时间在庭审之前。其次，由于速裁程序的设计大多聚焦于简化庭审，对于案件的证明标准以及庭外的在途时间并没有过多的关注，因此速裁案件在侦查、审查起诉以及调查评估、案件流转上并不比简易程序和普通程序高效多少。

3. 被告人量刑优惠权保障不足

适用速裁程序的案件皆为犯罪嫌疑人、被告人认罪认罚的案件。被告人对适用速裁程序、简易程序和普通程序有选择权。刑事速裁程序作为认罪认罚从宽制度的先头兵，适用速裁程序理应体现认罪认罚从宽原则。然而从试点实践来看，适用速裁程序的案件，被告人获得的量刑优惠十分有限。据学者对某市试点法院的统计情况来看，"T 市各试点法院适用速裁程序审结案件中判处非监禁刑（单处罚金、管制、缓刑）与实刑（拘役、有期徒刑）分别占 49% 和 51%，二者所占比例大致相等，部分试点法院非监禁刑适用率甚至不足 40%"，未能明显体现《速裁程序办法》中提出的"可以依法从宽处罚"原则性要求。[1] 在犯罪嫌疑人、被告人放弃自己的诸多程序性权利以后，主动认罪认罚并节省了国家司法资源的前提下，有必要明确被告人的量刑优惠，明显区分于简易程序、普通程序。

4. 辩护率低，值班律师见证人化

上文已经提到，在审判实践中，速裁案件中有律师辩护的仅占 8%，绝大部分速裁案件既没有辩护人，被告人也没有动力寻求辩护人。在这种情况下，值班律师的重要性不言而喻。然而，根据《速裁程序办法》的相关规定，值班律师只是发挥见证犯罪嫌疑人、被告人签署认罪认罚具结书的作用，不能行使辩护权，甚至没有会见权和阅卷权，难以从实质上帮助辩护人，容易造成控辩严重失衡。

---

① 廖大刚、白云飞：《刑事案件速裁程序试点运行现状实证分析——以 T 市八家试点法院为研究样本》，《法律适用》2015 年第 12 期。

5. 庭审过度简化

《速裁程序办法》第十一条规定了人民法院审理速裁程序案件的要求,人民法院在审理速裁案件时,应当当庭询问被告人对被指控的犯罪事实、量刑建议及适用速裁程序的意见,听取公诉人、辩护人、被害人及其诉讼代理人的意见。被告人当庭认罪、同意量刑建议和使用速裁程序的,不再进行法庭调查、法庭辩论。但在判决宣告前应当听取被告人的最后陈述意见。这意味着,速裁案件的庭审往往是起始于独任法官询问被告人认罪认罚情况,然后听取相关诉讼参与人的意见,终于听取被告人最后陈述,法官当庭宣判最后送达格式裁判文书,庭审即宣告结束。有的试点法院甚至突破法律的规定,片面追求效率,采取不开庭的书面审方式,[1] 导致庭审陷入过于简化的境地。

二、认罪认罚从宽制度地方试点的全面展开

2014 年 8 月《速裁程序办法》发布以后,速裁试点正式展开。与此同时,党的十八届四中全会通过了《中共中央关于全面推进依法治国若干重大问题的决定》,其中"推进严格司法"一节提出要"推进以审判为中心的诉讼制度改革","优化司法职权配置"一节提出要"完善刑事诉讼中认罪认罚从宽制度"。这是中央层面首次使用"认罪认罚从宽制度"这一表述。2015年 2 月,最高人民法院发布《人民法院第四个五年改革纲要(2014—2018)》,提出"完善刑事诉讼中认罪认罚从宽制度。明确被告人自愿认罪、自愿接受处罚、积极退赃退赔案件的诉讼程序、处罚标准和处理方式,构建被告人认罪案件和不认罪案件的分流机制,优化配置司法资源"。同月,最高人民检察院发布了《最高人民检察院关于深化检察改革的意见(2013—2017 年工作规划)》,提出"推动完善认罪认罚从宽制度,健全认罪案件和不认罪案件分流机制"。2016 年 3 月,"两高"工作报告分别将"探索刑事诉讼认罪认罚从宽制度""探索检察环节认罪认罚从宽制度"作为 2016 年工作重点之一。[2]

2016 年,刑事速裁程序两年试点,同年 9 月 3 日,第十二届全国人大常委会第二十二次会议通过了《全国人民代表大会常务委员会关于授权最高人民法院、最高人民检察院在部分地区开展刑事案件认罪认罚从宽制度试点工作的决定》。《认罪认罚从宽决定》授权"两高"在 18 个城市开展刑事案件认罪认罚从宽制度试点工作,对犯罪嫌疑人、被告人自愿如实供述自己的罪行,对指控的犯罪事实没有异议,同意人民检察院量刑建议并签署认罪认罚

---

① 汪建成:《以效率为价值导向的刑事速裁程序论纲》,《政法论坛》2016 年第 1 期。

② 魏晓娜:《完善认罪认罚从宽制度:中国语境下的关键词展开》,《法学研究》2016 年第 4 期。

具结书的案件，可以依法从宽处理。11 月 16 日，最高人民法院、最高人民检察院会同公安部、国家安全部、司法部印发《关于在部分地区开展刑事案件认罪认罚从宽制度试点工作的办法》（以下简称《认罪认罚试点办法》），就认罪认罚从宽制度的试点工作作出了较为细致的规定。2018 年，认罪认罚从宽制度为期两年的试点工作结束，同年 10 月 26 日，第十三届全国人民代表大会常务委员会第六次会议通过了《全国人民代表大会常务委员会关于修改〈中华人民共和国刑事诉讼法〉的决定》，新刑事诉讼法将认罪认罚从宽制度写入，标志着认罪认罚从宽正式在全国推行。

（一）认罪认罚从宽制度试点情况

1. 认罪认罚从宽制度的适用范围

2016 年，《速裁程序决定》提出的速裁程序两年试点期限已至，但速裁程序的试点改革工作并没有结束，而是被《认罪认罚试点办法》所吸收，继续在认罪认罚从宽制度试点中不断完善。上文提到，速裁程序在 2014—2016 年试点过程中，最突出的问题是适用率不高的问题。这是因为速裁程序适用的条件较为苛刻，既要满足罪名要求，也要满足刑期的要求，此外，还有诸如未成人案件、共同犯罪案件中有犯罪嫌疑人、被告人不同意适用速裁程序等诸多限制。《认罪认罚试点办法》对实践积极总结，将速裁程序一年以下有期徒刑的刑期限制，改为三年以下有期徒刑，同时取消了关于罪名的限制。截至 2017 年 11 月底，全国 18 个试点城市中共有试点法院、检察院各 281 个，比同时期速裁程序试点期间的法院、检察院多了近百个。适用认罪认罚从宽制度审结刑事案件 91121 件 103496 人，比同时期速裁程序试点期间适用的刑事案件以及人数增加了近 6 倍。适用认罪认罚从宽制度的案件占试点法院同期审结刑事案件的 45%，到 2018 年 9 月底，这一数字达到 53.68%，超过半数，这一数字比同时期速裁程序试点期间高约 4 倍。其中检察机关建议适用的占 98.4%，这一数字比同时期速裁程序试点期间高了 33.04 个百分点。[1] 因此，认罪认罚从宽制度的适用范围更广，有助于将更多的案件纳入认罪认罚程序，充分贯彻宽严相济的刑事政策。

2. 认罪认罚从宽制度的诉讼效率

《认罪认罚试点办法》将《速裁程序办法》中规定的速裁程序的"8 + 7"的办案期限改为"10 + 10"，即检察机关决定适用速裁程序后，一般应当在 8 个工作日决定是否提起公诉改为 10 个工作日；人民法院在决定适用速裁程序

---

[1] 周强：《最高人民法院关于在部分地区开展刑事案件认罪认罚从宽制度试点工作情况的中期报告》，《人民法院报》2017 年 12 月 24 日，第 1 版。

审理案件后，一般应当在 7 个工作日内审结改为 10 个工作日。这是为了防止司法机关工作人员迫于办案压力而拒绝适用速裁程序。认罪认罚从宽制度包含了速裁程序、简易程序以及普通程序，形成了繁简分流的诉讼机制。截至 2017 年 11 月底，对于认罪认罚案件，检察机关审查起诉平均用时 26 天，人民法院 15 日内审结的占 83.5%。适用速裁程序审结的占 68.5%，适用简易程序审结的占 24.9%，适用普通程序审结的占 6.6%，当庭宣判率为 79.8%，其中速裁案件当庭宣判率高达 93.8%。[①]

3. 认罪认罚案件的服判息诉情况

认罚认罚从宽制度试点以来，各试点司法机关坚持公正司法、做到该宽则宽，当严则严，宽严相济，罚当其罪。在办案中，坚持保障被告人的合法权益，认真听取被害人及其代理人的意见，确保办案效果与社会效果相统一，化解社会矛盾。《认罪认罚试点办法》第七条规定了司法机关在办理认罪认罚案件时，应当听取被害人及其代理人意见，并将犯罪嫌疑人、被告人是否与被害人达成和解协议或者赔偿被害人损失、取得被害人谅解，作为量刑的重要考虑因素。因此认罪认罚案件审结以后，被告人服判息诉情况较好。"试点法院审结的侵犯公民人身权利案件中，达成和解谅解的占 39.6%。检察机关抗诉率、附带民事诉讼原告人上诉率均不到 0.1%，被告人上诉率仅为 3.6%。"[②] 上文对刑事速裁程序中被告人上诉原因已经作出分析，认罪认罚案件的上诉情况也多半基于此。

4. 认罪认罚案件的量刑从宽情况

认罪认罚从宽制度的"从宽"，对于该制度的有效运行起着至关重要的作用。试想，如果犯罪嫌疑人、被告人在认罪认罚以后，得到的是一个与自己不认罪认罚相比没有多少从宽量刑的结果，没有多少人愿意认罪认罚。对于"从宽"的把握，不能仅从"程序从简"上理解，还要将"从宽"实实在在地体现在量刑上。截至 2017 年 11 月，检察机关提出的量刑建议中，建议幅度刑的占 70.6%，建议确定刑的占 29.4%；法院对量刑建议的采纳率为 92.1%。认罪认罚案件犯罪嫌疑人、被告人被取保候审、监视居住的占 42.2%，不起诉处理的占 4.5%；免予刑事处罚的占 0.3%，判处三年有期徒刑以下刑罚的占 96.2%，其中判处有期徒刑缓刑、拘役缓刑的占 33.6%，判

---

① 周强：《最高人民法院关于在部分地区开展刑事案件认罪认罚从宽制度试点工作情况的中期报告》，《人民法院报》2017 年 12 月 24 日，第 1 版。

② 周强：《最高人民法院关于在部分地区开展刑事案件认罪认罚从宽制度试点工作情况的中期报告》，《人民法院报》2017 年 12 月 24 日，第 1 版。

处管制、单处附加刑的占 2.7%。① 由以上数字可知，试点期间检察院的量刑建议以幅度刑为绝对主导，实际上这不利于认罪认罚从宽制度的适用。被追诉人能够与检察机关达成量刑协商的很重要一点是信赖检察机关的量刑建议，但是幅度刑的量刑建议具有一定的不确定性，容易导致被告人犹豫。其次，免于刑事处罚的比例只占 0.3%。实际上，对于没有造成严重后果的轻微刑事犯罪，被告人认罪认罚的，可以大胆适用免于刑事处罚。只有充分体现"从宽"，才能更好地贯彻认罪认罚从宽原则和我国宽严相济的刑事政策。

5. 认罪认罚案件的律师参与情况

2017 年 10 月，最高人民法院、司法部联合出台《关于开展刑事案件律师辩护全覆盖试点工作的办法》，要求尽快实现刑事案件律师辩护全覆盖。根据学界的研究发现，全国一审刑事案件律师辩护率只有不到 30%，这是包括委托辩护和法律援助辩护在内的数据，大量的犯罪嫌疑人、被告人是没有律师辩护的。因此剩余的 70% 多的案件必须依靠值班律师。② 截至 2017 年 11 月底，各试点地区法律援助机构在看守所、法院、检察院设立法律援助工作站 630 个，这一数字比速裁程序试点期间高了接近一倍。其中，设在看守所、法院的法律援助工作站覆盖率分别为 97% 和 82%。上文在分析速裁程序试点不足时提到，速裁程序中的值班律师存在见证人化的缺陷，在认罪认罚从宽试点期间，这一问题仍然存在。值班律师没有阅卷权、会见权，更遑论辩护权。被告人的辩护权没有得到很好的保障。③

（二）认罪认罚从宽制度试点经验

1. 注重加快信息流转

第一，利用信息化手段提高司法效率。北京市朝阳区人民法院利用批量文书系统自动生成格式文书；天津市试点法院开发网上签批系统并开发使用了电子签章系统以及速裁案件管理系统等；重庆市试点法院对被告人在押的案件采取远程视频庭审，在交通巡逻警察支队设立专门处理危险驾驶罪的速裁办案中心。

第二，实现专人专案。在上文介绍刑事速裁程序试点经验时，提到有专

---

① 周强：《最高人民法院关于在部分地区开展刑事案件认罪认罚从宽制度试点工作情况的中期报告》，《人民法院报》2017 年 12 月 24 日，第 1 版。

② 胡铭：《律师在认罪认罚从宽制度中的定位及其完善——以 Z 省 H 市为例的实证分析》，《中国刑事法杂志》2018 年第 5 期。

③ 也有部分试点地区赋予了值班律师会见权、阅卷权。顾永忠、肖沛权：《"完善认罪认罚从宽制度"的亲历观察与思考、建议——基于福清市等地刑事速裁程序中认罪认罚从宽制度的调研》，《法治研究》2017 年第 1 期。

门的速裁程序办案人员，在认罪认罚从宽试点中沿袭了这一有益经验。各试点法院专门组建了审理认罪认罚案件的团队。比如，北京市朝阳区人民法院速审组四名法官共审结刑事案件 1472 件，以 1/5 的审判人员办结了 52.8% 的案件。

第三，集中开庭，逐案审理。北京市试点检察院、法院集中安排审查起诉、文书送达、开庭、审判等工作，同类案件尽量由一名法官集中处理，形成了认罪认罚案件集中开庭，逐案审理的模式。

第四，压缩工作环节的流转时间。认罪认罚从宽试点吸取了速裁程序试点有益经验，借鉴北京市海淀区全流程刑事速裁模式，压缩诉讼流程，合并部门职能，以最快的时间走完诉讼流程。另外，有的试点法院探索了"刑拘直诉"模式，即司法机关在拘留期限内完成侦查、起诉、审判，并实行集中移送、集中起诉、集中审理，促进侦查、起诉、审判环节的快速流转、全程简化，促进公安机关、检察机关、审判机关的无缝对接、通力合作。

2. 强调被告人人权保障

第一，实现值班律师全覆盖。根据最高人民法院、司法部联合出台的《关于开展刑事案件律师辩护全覆盖试点工作的办法》，要求各试点地区法院、看守所建立值班律师工作室。截至 2018 年 9 月底，试点地区共指派值班律师提供法律帮助 7.7 万余人，占认罪认罚案件犯罪嫌疑人、被告人总数的 33.15%。[①] 其中，福建福清法院参照法律援助实行一案一补，按诉讼阶段细化补贴标准，侦诉审阶段分别为 300 元、800 元和 200 元，争取调动律师的积极性。[②] 厦门集美法院细化对值班律师的要求，明确定时定点定人，每周到公安机关驻点 5 天，每人每天补贴 300 元。[③] 西安碑林法院自试点开始至 2018 年 4 月审结的 1034 件认罪认罚案件中，除 247 件有委托辩护人或者指派法律援助辩护律师外，其余 787 件全部指派值班律师提供法律帮助。[④]

第二，增建法律援助工作站。上文提到，仅在试点一年以后，各试点地区法律援助机构在看守所、法院、检察院设立法律援助工作站就达到了 630

---

① 杨立新：《认罪认罚从宽制度试点总结报告》，胡云腾主编：《认罪认罚从宽制度的理解与适用》，人民法院出版社 2018 年版，第 272 页。

② 顾永忠、肖沛权：《"完善认罪认罚从宽制度"的亲历观察与思考、建议——基于福清市等地刑事速裁程序中认罪认罚从宽制度的调研》，《法治研究》2017 年第 1 期。

③ 顾永忠、肖沛权：《"完善认罪认罚从宽制度"的亲历观察与思考、建议——基于福清市等地刑事速裁程序中认罪认罚从宽制度的调研》，《法治研究》2017 年第 1 期。

④ 西安市中级人民法院：《碑林法院再次刷新认罪认罚全流程"一站式"审判机制新纪录》，网址：http：//xazy。cchinacourt。gov。cn/article/detail/2017/12/id/3098794。shtml，最后访问日期 2022 年 3 月 11 日。

个，这一数字比速裁程序试点期间高了接近一倍。其中，设在看守所、法院的法律援助工作站覆盖率分别为97%和82%。

第三，增强法律帮助实效。如青岛市即墨区法院遴选30名优秀执业律师组建法律帮助队伍，举办值班律师专题培训。[①] 福建福清法院明确赋予值班律师会见权、阅卷权，完善值班律师的考评机制。[②] 浙江杭州、河南郑州等地尝试摸索值班律师转任辩护人机制。[③] 以上举措都在一定程度上增强了法律帮助的实效，以应对值班律师见证人化的问题。

第四，保障认罪认罚自愿性、真实性和合法性。其中，河南郑州、广州试点法院对被告人认罪认罚的自愿性、具结书的真实性展开重点审查。[④] 青岛试点法院尝试在一些作案手段隐蔽、取证难度较大的案件中，由值班律师给犯罪嫌疑人、被告人释法说理，阐明认罪认罚的相关规定，保障犯罪嫌疑人、被告人认罪认罚的自愿性、真实性、合法性。[⑤]

3. 积极探索从宽机制

各试点法院根据被告人认罪认罚的阶段、对侦破案件的价值以及所犯罪行的危害后果等不同情况分别对被告人予以不同程度的量刑从宽，激励犯罪嫌疑人、被告人及早、自愿如实供述所犯罪行。其中，青岛、郑州试点法院制定了常见罪名的从宽裁量标准。厦门探索建立了"321"阶梯式认罪认罚从宽量刑机制，树立了越早认罪、从宽幅度越大的量刑从宽指导思想，明确了在侦查阶段认罪最多可以减少基准刑的30%，在审查起诉阶段认罪最多可以减少基准刑的20%，在审判阶段认罪认罚的最多可以减少基准刑的10%。深圳试点法院加大量刑从宽的力度，对认罪认罚的被告人最高在法定刑幅度内减少基准刑的60%。

（三）认罪认罚从宽制度试点局限

1. "认罪""认罚""从宽"概念不清晰

对于"认罪"，《认罪认罚试点办法》将其表述为"自愿如实供述自己的

---

① 人民法院报：《即墨法院监区专审速裁案件》，网址：http://rmfyb. chinacourt. org/paper/html/2017-07/17contenT 127828. htm，最后访问日期2022年3月1日。

② 郑敏、陈玉官、方俊民：《刑事速裁程序量刑协商制度若干问题研究——基于福建省福清市人民法院试点观察》，《法律适用》2016年第4期。

③ 沈亮：《最高法院：认罪认罚被告人上诉、检察院就此抗诉，二审加重刑罚是错误的》，网址：https://new. qq. comOmn/20211007A0B4V100. html，最后访问日期2022年3月1日。

④ 沈亮：《最高法院：认罪认罚被告人上诉、检察院就此抗诉，二审加重刑罚是错误的》，网址：https://new. qq. com/Omn/20211007A0B4V100. html，最后访问日期2022年3月1日。

⑤ 人民法院报：《即墨法院监区专审速裁案件》，网址：http://rmfyb. chinacourt. org/paper/html/2017-07/17contenT 127828. htm，最后访问日期2022年3月1日。

罪行，对指控的犯罪事实没有异议"；对于"认罚"的表述为"同意量刑建议，签署具结书"；对"从宽"的表述为"可以依法从宽处理"。认罪认罚从宽制度作为一项新时代的制度设计，理应是面向科学、面向未来的。① 然而作为认罪认罚从宽制度具体实行的第一份规范性文件却没有对认罪认罚从宽作出比较科学的界定。这突出地表现为如下几个方面：第一，认罪认罚的阶段只能是审查起诉阶段，这首先面临认罪认罚从宽制度适用诉讼阶段限缩的问题。第二，"自愿如实供述自己的罪行"，没有明确所供述的罪行是仅包含其中的一部分罪行，还是全部罪行。第三，犯罪嫌疑人、被告人的"如实供述"与检察机关的"指控的犯罪事实"存在出入时，是否能认定为"认罪"存有疑问。第四，犯罪嫌疑人"自愿如实供述"了自己的全部罪行，但是对检察机关指控的犯罪事实有异议的，或者至少对其中的一些犯罪事实存有异议，能否认定为"认罪"同样存有疑问。第五，在没有经过审判机关的审判之前，尚不存在处罚与否的问题，犯罪嫌疑人、被告人如何能认罚？《认罪认罚试点办法》所表述的"认罚"是何种意义上的认罚？是否给人一种未审先定的观感？第六，对于"从宽"的界定，《认罪认罚试点办法》仅将其描述为"可以依法从宽处理"，这是一种较为模糊的表述。何为"从宽"？作为认罪认罚从宽制度的"从宽"与"坦白从宽"以及宽严相济的刑事政策有何不同？在犯罪嫌疑人、被告人坦白、自首同时又认罪认罚的情况下，认罪认罚从宽制度何以体现从宽？犯罪嫌疑人、被告人只要认罪认罚都可以从宽还是当存在一些特定情节时不予从宽？以上问题，《认罪认罚试点办法》都没有将其明确，在实践中难免让司法办案人员以及犯罪嫌疑人、被告人困惑。

2. "从宽"落实不够

对于被追诉人而言，认罪认罚从宽制度最重要的是"从宽"二字，"从宽"的落实直接关系到被追诉人认罪认罚的动力。从《认罪认罚从宽决定》和《认罪认罚试点办法》来看，"从宽"主要涉及两个方面。第一，公安机关的撤案机制和检察机关的认罪认罚不起诉机制；第二，致力于降低审前羁押，改变"关多久判多久""刑期倒挂"的刑罚异化现象。

首先，从认罪认罚试点中期报告来看，公安机关的撤案机制和检察机关认罪认罚不起诉机制鲜有所闻。公安机关作出撤案处理的数字不明，检察机关作出不起诉处理的只占4.5%。从理论上而言，"审前分流"应该是认罪认罚从宽制度试点的关键词，即将构建分流机制、减少进入审判程序案件的总

① 《关于在部分地区开展刑事案件认罪认罚试点办法》第一条。

量为着力点。① 但从试点实践来看，受限于程序的复杂，司法办案人员往往缺乏动力启动撤案和不起诉机制。

其次，试点实践中审前羁押率的降低并没有改变我国审前羁押率高、审前羁押率取决于非监禁刑的适用等现状。从《最高人民法院关于在部分地区开展刑事案件认罪认罚从宽制度试点工作情况的中期报告》的相关数字来看，"被取保候审、监视居住的占42.2%""判处有期徒刑缓刑、拘役缓刑的占36.6%，判处管制、单处罚金的占2.7%"。可见，审前羁押率的比率与非监禁刑的适用率基本相当。在认罪认罚从宽制度试点之前，"够罪即捕"是我国刑事司法的常态，检察机关或者法院一般只有预计被追诉人大概率被判处非监禁刑时，才会作出取保候审、监视居住的决定。从整体而言，虽然本次试点名义上降低了审前羁押率，但对审前羁押的问题而言，并未从根本上解决审前羁押的问题。

3."协商"体现不足

通过试点实践发现，当前的认罪认罚从宽制度存在协商不足的问题。实践中表现为，被追诉人认罪认罚以后，检察机关随即提出量刑建议，被追诉人要么接受，要么不适用认罪认罚从宽，被追诉人和司法机关之间基本不存在协商的空间。在审查起诉阶段，律师往往是以委托律师的身份出现的，但是认罪认罚从宽案件的委托律师比率非常低，即使《认罪认罚试点办法》规定"人民法院、人民检察院、公安机关应当告知犯罪嫌疑人、被告人申请法律援助的权利。符合应当通知辩护条件的，依法通知法律援助机构指派律师为其提供辩护"，但在三年以下有期徒刑的认罪认罚案件试点实践中几乎没有法律援助律师的参与。这就导致认罪认罚案件绝大部分是值班律师的参与，而检察机关往往倾向于先与被追诉人达成认罪认罚意向以后，② 再通知值班律师到场见证被追诉人签署认罪认罚具结书。可想而知，被追诉人的文化素质本来就低——中学及以下文化程度者占98%以上，在与检察机关的协商过程中，几乎没有独立的协商能力可言。③

4. 量刑建议精度不足

试点期间，量刑建议的采纳率保持了较高水平。根据上文提到的认罪认

---

① 魏晓娜：《完善认罪认罚从宽制度：中国语境下的关键词展开》，《法学研究》2016年第4期，第89页。

② 北京市海淀区在认罪认罚实践中，84.3%的认罪认罚协商是犯罪嫌疑人单独面对公诉人进行的。游涛：《认罪认罚从宽制度中量刑规范化的全流程实现——以海淀区全流程刑事案件速裁程序试点为研究视角》，《法律适用》2016年第11期。

③ 郑敏、陈玉官、方俊民：《刑事速裁程序量刑协商制度若干问题研究——基于福建省福清市人民法院试点观察》，《法律适用》2016年第4期。

罚中期报告，全国试点法院对检察机关量刑建议的采纳率达 92.1%，个别地区如深圳试点法院的量刑建议采纳率高达 100%。[①] 全国各试点检察院提出的量刑建议中，建议幅度刑的占 70.6%，建议确定刑的占 29.4%。上文已经归纳，认罪认罚案件建议幅度刑的量刑占据了主导地位。

在量刑建议总体较为宽泛的情况下，法院不采纳量刑建议的主要原因是"量刑建议明显不当"。尽管从 92.1% 这一数字来看，采纳率已经足够高，但是现实情况中，采纳率应该低于这一数字。因为当法院认为量刑建议明显不当时，检察院仍然有机会可以作出调整。实践中的做法通常有以下两种：第一，检察机关当庭调整量刑建议，然后与辩方进行协商。有时候法官可能会介入协商，以尽早促成双方达成一致意见。法院极少会不通知检察院直接作出调整量刑建议的决定。第二，法官转换程序另行安排开庭。试点实践中，不少法院和检察院互相配合，为了减少法院不采纳检察院量刑建议的现象，当法院认为检察机关的量刑建议明显不当时，书面通知检察院，然后检察院再与辩方庭下重新达成量刑协商的意见。在这种情形下，法院一般会将速裁程序转换为简易程序继续审理。在这种做法下，量刑建议的采纳率自然保持在较高水平，检察机关与被追诉人达成量刑建议的效力也得到确认，但量刑建议的精准度并没有提高。

5. 认罪认罚的自愿性、真实性保障不充分

认罪认罚从宽制度的改革初衷的确很大程度上是为了解决"案多人少"的矛盾，但我国刑事司法的价值追求始终没有改变，那就是公平公正，保障被告人司法人权。实现认罪认罚有几个前提：犯罪嫌疑人、被告人清楚知道行为的违法性和认罪之后的后果；司法机关没有故意向犯罪嫌疑人、被告人披露虚假信息以骗取其主动供述；司法机关的信息必须与案件相关。这就要求认罪认罚案件程序设计必须有相应的自愿性保障机制。包括：（1）权利告知机制。《认罪认罚试点办法》第八条、第十条、第十五条分别规定了公安机关、检察机关以及审判机关的权利告知义务。[②] 办案人员应当明确告知犯罪嫌疑人、被告人享有的诉讼权利，如实供述自己的犯罪行为可以获得从宽的法律规定，保障其知悉权。（2）保障犯罪嫌疑人、被告人获得有效的法律辩护或帮助。律师拥有丰富的专业知识和经验以及其特有的辩护权可以有效地弥

---

① 张艳红：《宝安法院刑事案件认罪认罚从宽制度试点工作汇报》，载《2017 年度中国刑事诉讼法治与司法效率高端论坛文集》，西南政法大学诉讼法与司法改革研究中心 2017 年 6 月编印，第 11 页。

② 《关于在部分地区开展刑事案件认罪认罚试点办法》第八条、第十条、第十五条。

补犯罪嫌疑人、被告人能力及精力上的不足，为其选择最佳的辩护策略。在被追诉人与检察机关量刑协商过程中，律师应当提供充分的法律帮助。然而认罪认罚从宽制度的量刑协商被设计为发生在被追诉人与检察机关之间，这往往容易导致检察官在与被告人协商过程中利用其主导地位和掌握的资源压制被告人，而这一过程又往往没有辩护人或律师的有效参与，被告人容易被"唬住"或被诱导认罪认罚，认罪认罚的自愿性和真实性将难以得到有效的保障。

6. 案件证明标准被降低

在认罪认罪案件中，许多适用速裁程序和简易程序的案件庭审只需要十几分钟，甚至几分钟就能完成一次开庭审理。[1] 上文提到，有超过95%的法官、检察官、警察和律师都回答自己在办理案件过程中做到了证据确实、充分。在2018年针对8个试点法院的调研中，只有少数刑庭法官认为案件应达到刑事诉讼法规定的定罪证明标准，而大部分刑庭法官都认为认罪认罚案件只审查认罪认罚的自愿性、真实性和合法性即可。[2] 但事实上，在没有辩护律师介入、法官在庭审中简单对认罪认罚的自愿性、真实性、合法性进行形式审查，草草十几分钟结束庭审的情况下，很难说证明标准达到了确实、充分。

《认罪认罚试点办法》以及刑事诉讼法都要求案件定罪证明标准需达到"确实、充分"，但试点实践中确存在限缩证明对象、简化法庭证据调查程序、降低对证据确实充分的要求等方式减轻控方证明责任，对法官心证的要求即使仍是证据确实、充分，无论是否提及排除合理怀疑，也是在实际上一揽子降低了认罪认罚案件中侦查、起诉、审判的定罪证明标准。例如，上海市认罪认罚试点原则性地限缩了认罪认罚案件证明对象范围，其在上海实施细则中规定："（一）办理认罪认罚案件要做到主要犯罪事实清楚，主要证据确实充分。（二）主要犯罪事实是指与犯罪构成以及重要量刑情节有关的事实，包括：犯罪主体、犯罪的对象、手段、后果，影响量刑的主要情节。对于犯罪的具体时间、地点和作案细节无法查清的，但不影响犯罪事实成立的，可以概括表述。（三）主要证据确实充分是指主要犯罪事实与量刑事实都有相关证据证实……取证程序符合法律规定。"以上可知，部分试点地区确实突破了刑

---

① 廖大刚、白云飞：《刑事案件速裁程序试点运行现状实证分析——以 T 市八家试点法院为研究样本》，《法律适用》2015 年第 12 期。

② 张川、李国华：《我国认罪认罚从宽制度之审视与修正——以 C 市八家试点法院为研究样本》，《湖北工程学院学报》2019 年第 4 期。

事诉讼法和《认罪认罚试点办法》规定的"证据确实、充分"的定罪证明标准，理论与实践出现了较大的分歧。

第二节 认罪认罚从宽制度的立法确认

一、刑事诉讼法的相应修改

2018 年 4 月，全国人大常委会在《关于〈中华人民共和国刑事诉讼法〉（修正草案）的说明》中指出，修法一个重要的任务就是总结认罪认罚从宽制度、速裁程序试点工作经验，将在试点中可复制的、可推广的行之有效的做法上升为法律，并在全国范围内推行。2018 年新刑事诉讼法正是在这种背景下应运而生。将改革成果上升为法律，是法治改革的重要步骤。改革成果能否上升为法律规范是检验改革成果与否的重要判断标准。然而，试点改革中探索出来的新规则能否正式进入法律，以何种方式进入法律，需要进行细致科学的判断。既不能因为改革的成功就不加判断地将所有规则上升为法律，也不能因为改革试点中出现了一些问题就对相应规则全盘否定。对于认罪认罚从宽制度试点而言，有些规则还没有被法律所接纳，还有在试点中发现的问题未来得及形成规则解决方案，因此刑事诉讼法的修改仅仅意味着认罪认罚从宽制度的改革取得了阶段性胜利，对于认罪认罚从宽制度而言，这仅是开端。

在 2018 年的修法中，关于认罪认罚从宽制度的内容是最多的，占据了修正案 26 条中的 17 条，占比 65%。在具体内容上，刑事诉讼原则、辩护、证据、强制措施、侦查、起诉、审判程序均有所涉及，内容较为庞杂，本部分将分类予以陈述。

（一）增设认罪认罚从宽原则

修正后的刑事诉讼法第一编"总则"第一章"任务和基本原则"的第十五条规定："犯罪嫌疑人、被告人自愿如实供述自己的罪行，承认指控的犯罪事实，愿意接受处罚的，可以依法从宽处理。"该条确立了刑事诉讼中认罪认罚从宽原则，相较之《认罪认罚从宽决定》与《认罪认罚试点办法》"犯罪嫌疑人、被告人自愿如实供述自己的罪行，对指控的犯罪事实没有异议，同意量刑建议，签署具结书的，可以依法从宽处理"的表述，刑事诉讼法不再采用"同意量刑建议，签署具结书"这种表述，因为，《认罪认罚试点办法》的表述将认罪认罚从宽的适用局限于审查起诉阶段，不符合认罪认罚从宽适用于刑事诉讼全过程的特点。

需要指出的是，刑事诉讼法只是将认罪认罚从宽上升为刑事诉讼的原则，而没有改变刑事诉讼法的基本原则，这可以从全国人大常委会《关于〈中华人民共和国刑事诉讼法〉（修正草案）的说明》（以下简称《说明》）一探究竟。《说明》指出，"在刑事诉讼法第一编第一章中明确刑事案件认罪认罚可以依法从宽处理的原则"。后文接着指出，"这次修改，指向明确、内容特定、幅度有限，不涉及对刑事诉讼法基本原则的修改，根据宪法和立法法有关规定，拟参照以往修改民事诉讼法、行政诉讼法的做法，由全国人大常委会对刑事诉讼法进行部分补充和修改，不需提请全国人民代表大会审议"。这就明确了全国人大常委会依据 2015 年立法法第七条取得了对增设认罪认罚从宽原则的修法权，全国人大常委会有权"在全国人民代表大会闭会期间，对全国人民代表大会制定的法律进行部分补充和修改，但是不得同该法律的基本原则相抵触"。因此，认罪认罚从宽原则并没有改变刑事诉讼法的基本原则。

另外，刑事诉讼法第十五条规定了认罪认罚从宽的原则，但认罪认罚从宽的基本含义仍然没有明确。其中，对于"认罪"而言，"认罪"是适用认罪认罚从宽的前提条件之一，2012 年刑事诉讼法修改之前，我国并没有对"认罪"作出过明确的规定。即使是在 1996 年刑事诉讼法设置了简易程序的情况之下，其适用条件也没有以被告人认罪为前提。直到 2003 年"两高"、司法部《关于适用普通程序审理"被告人认罪案件"的若干意见（试行）》（以下简称《普通程序简化审意见》）和《关于适用简易程序审理公诉案件的若干意见》（以下简称《简易程序意见》），才逐步明确了被告人认罪的案件可以实行程序从简、实体从宽的处理办法。2012 年刑事诉讼法第二百零八条吸收了以上立法经验，规定了"被告人承认自己所犯罪行，对指控的犯罪事实没有异议的"，使得被告人认罪作为简易程序的适用条件之一。然而，2003 年的两份文件和 2012 年刑事诉讼法对于"认罪"表述并不一致。《普通程序简化审意见》的表述是"被告人对被指控的基本犯罪事实无异议，并自愿认罪"，即被告人"认罪"指的是承认基本犯罪事实，并且自愿"认罪"；《简易程序意见》的表述是"被告人及辩护人对所指控的基本犯罪事实没有异议"，即被告人以及辩护人承认犯罪事实，而不要求自愿"认罪"；2012 年刑事诉讼法的表述是"被告人承认自己所犯罪行，对指控的犯罪事实没有异议的"。对比以上文件，可以认为，"认罪"应当是犯罪嫌疑人、被告人自愿如实供述自己的犯罪行为，并承认指控的犯罪事实。

对于"认罚"而言，《认罪认罚试点办法》，对"认罚"的表述为"同意量刑建议，签署具结书的"，《认罪认罚从宽决定》中对"认罚"的表述为"同意人民检察院量刑建议并签署具结书的案件"，而 2018 年刑事诉讼法将

"认罚"的表述调整为"愿意接受处罚的"。可以看出，2016 年的《认罪认罚从宽决定》以及《认罪认罚试点办法》对"认罚"的表述是较为狭义的，"认罚"仅表现为接受检察机关的量刑建议并签署认罪认罚具结书。应当说，2018 年刑事诉讼法将"认罚"表述为"愿意接受处罚"更符合认罪认罚从宽制度适用刑事诉讼全过程这一特点，而《认罪认罚从宽决定》以及《认罪认罚试点办法》将其仅仅限缩在审查起诉阶段，不符合认罪认罚从宽的制度设计，但考虑到其为试点阶段的规范性文件，出现疏漏也在所难免，但通过后来出台的刑事诉讼法修正案将其及时调整，这也正是试点改革的重要价值所在。刑事诉讼法所采纳的广义的"认罚"在刑事诉讼的不同阶段有不同的体现，这正打消了当时理论界和实务界的一些困惑。如果采纳《认罪认罚从宽决定》和《认罪认罚试点办法》对"认罚"的狭义内涵，就会产生侦查阶段和审判阶段能否适用认罪认罚从宽制度的疑惑。[①] 此外，如果"认罚"仅限于审查起诉阶段对量刑建议的采纳和认罪认罚具结书的签署，那么这将导致认罪认罚从宽制度仿佛只是审查起诉阶段的特殊原则，而不是作为我国刑事诉讼的一项原则。

对于"从宽"而言，2016 年《认罪认罚从宽决定》《认罪认罚试点办法》以及 2018 年刑事诉讼法，对"从宽"的表述较为一致，都将其规定为"可以依法从宽处理"。我们认为，"从宽"的内涵应该同时包括实体从宽以及程序从简两个部分。所谓实体从宽即包括人民法院依法从轻处罚、人民检察院依法作出不起诉处分决定以及公安机关撤销案件等。具体而言，人民法院在受理认罪认罚案件以后，对被告人的认罪认罚的自愿性、真实性和合法性进行审查，综合被告人的主观恶性、悔罪态度、是否与被害人达成和解、危害后果等内容，依法从轻、减轻或免除处罚。检察机关根据刑法第三十七条和 2018 年刑事诉讼法第一百七十七条第二款规定依法作出不起诉决定以及人民检察院提出较低的量刑建议。实体从宽在公安机关表现为经最高人民检察院的批准，公安机关可以依法撤销案件。2018 年刑事诉讼法第一百八十二条规定，"犯罪嫌疑人自愿如实供述涉嫌犯罪的事实，有重大立功或者案件涉及国家重大利益的，经最高人民检察院核准，公安机关可以撤销案件，人民检察院可以作出不起诉决定，也可以对涉嫌数罪中的一项或者多项不起诉"。所谓程序从简，首先体现为对认罪认罚案件适用刑事速裁程序。刑事诉讼法第二百二十四条规定，"适用速裁程序审理案件，不受本章第一节规定的送达期限

---

① 顾永忠、张子君：《侦查阶段适用认罪认罚从宽制度之正当性反思》，《江苏行政学院学报》2019 年第 3 期。

的限制，一般不进行法庭调查、法庭辩论，但在判决宣告前应当听取辩护人的意见和被告人的最后陈述意见。适用速裁程序审理案件，应当当庭宣判"。刑事速裁程序的设计就在于从简从快，使简单的刑事案件得到快速的处理，既减轻了办案人员的压力，同时也让犯罪嫌疑人、被告人从纷繁复杂的程序中得到解脱。其次，程序从简当然还体现为对简易程序的适用。最后，程序从简体现为对犯罪嫌疑人、被害人更多地采取非强制性羁押措施。经过学者的实证研究发现，在认罪认罚从宽制度中，"被告人在押案件的全流程办理平均用时较 2014 年同期适用简易程序审理的同类案件审前羁押期间缩减约70%，犯罪嫌疑人在看守所的平均羁押期限由 137 天缩短至 40 天"。[①] 应当说，我国刑事诉讼向来就有羁押性强制措施适用率过高的现实，而认罪认罚从宽制度有助于缓解这一痼疾。

（二）修改审前程序及审判程序

对审前程序及审判程序的修改涉及刑事诉讼法第一编第六章"强制措施"、第二编第二章"侦查"、第二编第三章"提起公诉"以及第三编第二章"第一审程序"等内容的相关规定。《说明》也指出这些内容包括，"侦查机关告知诉讼权利和将认罪情况记录在案；人民检察院在审查起诉阶段就案件处理听取意见，犯罪嫌疑人认罪认罚的，签署认罪认罚具结书；人民检察院提出量刑建议和人民法院如何采纳量刑建议；人民法院审查认罪认罚自愿性和具结书真实性合法性等。并增加规定，犯罪嫌疑人认罪认罚，有重大立功或者案件涉及国家重大利益的，经最高人民检察院核准，可以不起诉或者撤销案件"。以下就修改的具体条文展开陈述。

1. 强制措施的相关规定

刑事诉讼法第八十一条第二款规定："批准或者决定逮捕，应当将犯罪嫌疑人、被告人涉嫌犯罪的性质、情节，认罪认罚等情况，作为是否可能发生社会危险性的考虑因素。"

该条的相关规定体现出立法者倾向于认为认罪认罚的犯罪嫌疑人、被告人社会危险性更小，因此较之不认罪认罚案件的犯罪嫌疑人、被告人更容易获得非羁押性强制措施。这一规定延续了《认罪认罚试点办法》第六条所体现出的精神："人民法院、人民检察院、公安机关应当将犯罪嫌疑人、被告人认罪认罚作为其是否具有社会危害性的重要考虑因素，对于没有社会危险性的犯罪嫌疑人、被告人，应当取保候审、监视居住。"需要指出的是《认罪认

[①] 北京市海淀区人民法院课题组、鲁为、范君、廖钰、李静：《关于北京海淀全流程刑事案件速裁程序试点的调研——以认罪认罚为基础的资源配置模式》，《法律适用》2016 年第 4 期。

罚试点办法》使用了"社会危害性"与"社会危险性"两种不同的表述。"社会危害性"强调的是对罪行的判断，而"社会危险性"强调的是仅就犯罪嫌疑人是否有再犯可能的判断。社会危害性更偏向于实然的危害，而社会危险性是一种可能。应当承认，《认罪认罚试点办法》的表述不甚精确，在同一个法条里运用了两种不同的表述，相比之下，刑事诉讼法的表述则更为精确。

　　羁押性强制措施的主要目的在于保障诉讼的顺利进行。在普通案件中，侦查机关侦破案件、检察机关审查起诉都对犯罪嫌疑人、被告人所提供的案件线索有较大程度的依赖，因此需要随时讯问犯罪嫌疑人、被告人，对其采取羁押性的强制措施具有必要性。况且，不认罪认罚案件的被告人往往具有一定的人身危险性，如果对其不采取一定的束缚人身自由的方式，很有可能再犯。而认罪认罚案件的犯罪嫌疑人、被告人"自愿如实供述自己的犯罪行为，承认指控的犯罪事实"，案件的侦查与审查起诉程序进展相对顺利得多，且在犯罪嫌疑人、被告人已经认罪认罚的情况下，再犯的可能性小，人身危险性不大，对其适用非羁押性的强制措施既符合"从宽"的精神，也不至对社会产生危害。

　　2. 侦查阶段的相关规定

　　刑事诉讼法第一百二十条第二款规定，"侦查人员在讯问犯罪嫌疑人的时候，应当告知犯罪嫌疑人享有的诉讼权利，如实供述自己罪行可以从宽处理和认罪认罚的法律规定"。刑事诉讼法第一百六十二条第二款规定，"犯罪嫌疑人自愿认罪的，应当记录在案，随案移送，并在起诉意见书中写明有关情况"。

　　刑事诉讼法第一百二十条第二款是在原刑事诉讼法的基础上增加的款项，强调公安机关的诉讼权利以及认罪认罚的相关法律规定的告知义务，体现了新刑事诉讼法对犯罪嫌疑人、被告人权利保障的重视。犯罪嫌疑人的诉讼权利在不同的诉讼阶段各有侧重点，在侦查阶段，主要体现为与讯问有关的诉讼权利，如申请律师辩护、法律援助、申请回避、不强迫自证其罪、有权拒绝回答与案件无关的问题的权利以及控告权等。在认罪认罚从宽制度中，体现为公安机关告知犯罪嫌疑人有选择认罪认罚的权利，以及告知认罪认罚从宽的相关法律规定。该款实现了侦查阶段衔接认罪认罚从宽制度，相比《认罪认罚试点办法》是个不小的进步。公安机关办案人员告知犯罪嫌疑人有选择认罪认罚的权利以及认罪认罚从宽的相关法律规定，如可以适用速裁程序，轻微犯罪可以适用非羁押性强制措施等。

　　刑事诉讼法第一百六十二条第一款规定的是公安机关侦查终结需要移送审查起诉的条件和程序，第二款是在第一款的基础上，针对犯罪嫌疑人"自愿认罪"在移送审查起诉时的特别要求。第二款与《认罪认罚试点办法》第八条的规定基本一致。所不同的是，《认罪认罚试点办法》针对的是犯罪嫌疑人"认罪认罚"的情况，而本款规定的只是犯罪嫌疑人"自愿认罪"，而不涉及"认罚"。究其原因是侦查阶段犯罪嫌疑人可以"自愿认罪"，但其尚不知可能判处的刑罚，也不存在司法机关的量刑协商，"认罚"无从谈起。因此，可以说刑事诉讼法的表述相较之《认罪认罚试点办法》是个进步。

3. 审查起诉阶段的相关规定

第一，审查起诉阶段的权利告知义务与听取认罪认罚意见。刑事诉讼法第一百七十三条规定，"人民检察院审查案件，应当讯问犯罪嫌疑人，听取辩护人或者值班律师、被害人及其诉讼代理人的意见，并记录在案。辩护人或者值班律师、被害人及其诉讼代理人提出书面意见的，应当附卷。犯罪嫌疑人认罪认罚的，人民检察院应当告知其享有的诉讼权利和认罪认罚的法律规定，听取犯罪嫌疑人、辩护人或者值班律师、被害人及其诉讼代理人对下列事项的意见，并记录在案：（一）涉嫌的犯罪事实、罪名及适用的法律规定；（二）从轻、减轻或者免除处罚等从宽处罚的建议；（三）认罪认罚后案件审理适用的程序；（四）其他需要听取意见的事项。人民检察院依照前两款规定听取值班律师意见的，应当提前为值班律师了解案件有关情况提供必要的便利"。

本条规定的是检察机关审查起诉的程序，一共三款。第一款是在原刑事诉讼法的基础上进行修改而来，增加了关于听取值班律师意见的规定；第二款是新增设的内容，来源于《认罪认罚试点办法》第十条，该款规定了审查起诉阶段检察机关的诉讼权利和认罪认罚相关法律规定的告知义务，并要求记录认罪认罚意见，这大大提高了认罪认罚在审查起诉阶段的透明度；第三款也是本次修正案新增的内容，是为了衔接值班律师制度，为值班律师提供必要的便利。该条款也是审查起诉阶段首次提到"认罪认罚"的法条。关于对该条文的理解，需要从几个方面进行把握。首先，从认罪认罚试点情况来看，值班律师基本实现全覆盖，随着值班律师制度的全面展开，检察机关在审查案件时，听取辩护人和值班律师的意见并记录在案成为其义务之一。其次，在审查认罪认罚案件时，检察机关必须听取辩护人或值班律师关于犯罪事实、罪名、从宽及程序适用等建议并记录在案。最后，检察机关必须为值班律师了解案件有关情况提供必要的便利，如保障值班律师行使会见权、阅卷权等。

第二，关于量刑建议和认罪认罚具结书。刑事诉讼法第一百七十四条规定，"犯罪嫌疑人自愿认罪，同意量刑建议和程序适用的，应当在辩护人或者值班律师在场的情况下签署认罪认罚具结书。犯罪嫌疑人认罪认罚，有下列情形之一的，不需要签署认罪认罚具结书：（一）犯罪嫌疑人是盲、聋、哑人，或者是尚未完全丧失辨认或者控制自己行为能力的精神病人的；（二）未成年犯罪嫌疑人的法定代理人、辩护人对未成年人认罪认罚有异议的；（三）其他不需要签署认罪认罚具结书的情形"。刑事诉讼法第一百七十六条第二款规定，"犯罪嫌疑人认罪认罚的，人民检察院应当就主刑、附加刑、是否适用缓刑等提出量刑建议，并随案移送认罪认罚具结书等材料"。

刑事诉讼法第一百七十四条第一款来自于《认罪认罚试点办法》第十条，规定的是犯罪嫌疑人以签署认罪认罚具结书的形式对认罪认罚的书面确认。从认罪认罚试点实践来看，具结书主要包含以下四个部分：第一是关于犯罪嫌疑人的基本信息；第二是犯罪嫌疑人权利知悉，形式大致为《认罪认罚从宽制度告知书》，告知犯罪嫌疑人认罪认罚从宽的相关法律后果；第三是认罪认罚的相关内容，主要包括罪名、犯罪事实、量刑建议以及适用程序等几个部分；第四是犯罪嫌疑人自愿签署的声明，包括犯罪嫌疑人的签名以及值班律师或辩护人的签名。第二款规定的是不需要签署具结书的三类情况。结合法律条文来看，犯罪嫌疑人是盲、聋、哑，或者是限制刑事责任能力人的，以及未成年人犯罪嫌疑人的法定代理人、辩护人对未成年人认罪认罚有异议的，不需要签署认罪认罚具结书。需要指出的是，所谓"不需要"，并不能解读为"不适用"。尽管该条与《认罪认罚试点办法》第二条规定的"不适用认罪认罚从宽制度"的规定类似，但是刑事诉讼法将认罪认罚从宽制度上升刑事司法的原则，该制度适用刑事诉讼全过程，刑事诉讼法并没有对不适用认罪认罚从宽制度作出特别规定。此处的"不需要"应当理解为暗含了出现以上情形的案件也可以适用认罪认罚从宽制度，只是不需要签署认罪认罚具结书。从法条中可以归纳出不需要签署具结书的主体具有特殊性，要么系未成年人，要么系残障或精神病人，立法者考虑到以上主体不完全具备相应的能力，特作此规定。

刑事诉讼法第一百七十六条第一款是对起诉条件的相关规定，而第二款是新增的对认罪认罚从宽制度的特别规定，根据本条第二款的规定，犯罪嫌疑人认罪认罚的，人民检察院在起诉时要提出相应的量刑建议并随案移送与认罪认罚从宽有关的证据材料。从实践看，上述证据材料包括辩护人或值班律师的意见，犯罪嫌疑人签署的具结书和律师在场的材料，退赃、退赔、赔偿等相关材料等。

第三，不起诉与撤销案件权。刑事诉讼法第一百八十二条规定："犯罪嫌疑人自愿如实供述涉嫌犯罪的事实，有重大立功或者案件涉及国家重大利益的，经最高人民检察院核准，公安机关可以撤销案件，人民检察院可以作出不起诉决定，也可以对涉嫌数罪中的一项或者多项不起诉。根据前款规定不起诉或者撤销案件的，人民检察院、公安机关应当及时对查封、扣押、冻结的财物及其孳息作出处理。"

本条规定了犯罪嫌疑人在审前阶段自愿如实供述涉嫌犯罪的事实，并有重大立功或案件涉及国家重大利益的，公安机关和人民检察院对案件进行分流的情形。如果上述情况发生在侦查阶段，经最高人民检察院核准，公安机关可以作撤销案件处理。这实际上突破了原刑事诉讼法规定的公安机关撤销案件的范围，按照原刑事诉讼法的规定，公安机关只有对不应追究犯罪嫌疑人刑事责任的情况才能作出撤销案件的处理，反之，则必须要起诉；同时，从理论上讲，这样的规定也有公安机关越权行使追诉权的嫌疑。如果上述情况发生在审查起诉阶段，那么经最高人民检察院核准，人民检察院可以作出不起诉或涉数罪中的一项或多项不起诉的决定。这种情况超越了原刑事诉讼法所规定的酌定不起诉的范围，扩大了检察院的公诉裁量权。因为按照原刑事诉讼法的规定，酌定不起诉只适用于犯罪情节轻微，不需要判处刑罚或免除刑罚的情况。该条的规定来自《认罪认罚试点办法》第九条，系对自愿认罪认罚并有重大立功的犯罪嫌疑人或涉及国家重大利益案件的犯罪嫌疑人的特殊规定。这类案件通常关涉国防、外交等国家重大利益，且无论是撤销案件还是作出不起诉处理决定，公安机关或检察院都不得径直处理，而应当经最高人民检察院核准。因此，该类案件的最终决定权在最高人民检察院，作此规定可以有效防止公安机关与检察机关权力滥用，将此类案件的撤案与不起诉控制在合理范围之内。

4. 审判阶段的相关规定

第一，法庭的权利告知与对认罪认罚自愿性、真实性和合法性的审查义务。刑事诉讼法第一百九十条第二款规定："被告人认罪认罚的，审判长应当告知被告人享有的诉讼权利和认罪认罚的法律规定，审查认罪认罚的自愿性和认罪认罚具结书内容的真实性、合法性。"

该款项是刑事诉讼法修正案新增的规定，来源于《认罪认罚试点办法》第十五条的相关规定。该条第一款规定的是开庭的程序，针对的是所有审判程序的开庭过程，因此第二条规定的是关于认罪认罚案件的开庭程序，适用于所有审判程序，无论是普通程序、简易程序还是增设的速裁程序，亦或是第一审、第二审、再审。从认罪认罚试点实践来看，认罪认罚案件的庭审基本也以审查认罪认罚的自愿性、真实性和合法性为核心。关于"告知诉讼权利和认罪认罚的法律规定"是在刑事诉讼法修正案中出现的第三次，前两次分别是侦查阶段、审查起诉阶段。上文提到，由于诉讼阶段的不同，告知诉讼权利以及认罪认罚的法律规定的侧重点应有所不同。审判作为诉讼的最后阶段，起着最后一条防线的作用，法庭必须对认罪认罚的自愿性、真实性和合法性作出最后的确认。

第二，法庭对认罪认罚案件的裁判。刑事诉讼法第二百零一条规定："对于认罪认罚案件，人民法院依法作出判决时，一般应当采纳人民检察院指控的罪名和量刑建议，但有下列情形的除外：（一）被告人的行为不构成犯罪或者不应当追究其刑事责任的；（二）被告人违背意愿认罪认罚的；（三）被告人否认指控的犯罪事实的；（四）起诉指控的罪名与审理认定的罪名不一致的；（五）其他可能影响公正审判的情形。人民法院经审理认为量刑建议明显不当，或者被告人、辩护人对量刑建议提出异议的，人民检察院可以调整量刑建议。人民检察院不调整量刑建议或者调整量刑建议后仍然明显不当的，人民法院应当依法作出判决。"

该条规定的内容来源于《认罪认罚试点办法》第二十条、第二十一条的相关规定。在刑事诉讼法修订过程中，对于本条曾有两次变动。第一次变动是修正案草案二稿删除了一稿中"量刑建议明显不当的"作为例外情况的规定，并将此种情况作为检察机关调整量刑建议的范围。第二次变动是修正案草案三稿对二稿第二款中的"调整量刑建议后，被告人、辩护人仍有异议的，人民法院应当依法作出判决"，修改为"调整量刑建议后仍然明显不当的，人民法院应当依法作出判决"。立法机关调整此条的目的是减少检察机关量刑建议的例外情况，充分尊重检察机关的量刑建议权。该条第一款采"一般＋例外"的立法模式。需要指出的是，当出现第一款所列情形时，可能出现不适用认罪认罚从宽制度的情形，或不适用速裁程序、简易程序。在这种情况下，程序如何发生转换，认罪认罚具结书的效力如何，还有待相关司法解释的出台予以明确。

（三）增设速裁程序

2018 年刑事诉讼法在第三编"审判"增加一节"速裁程序"作为第四节，共 5 条。刑事诉讼法第二百二十二条规定了速裁程序的案件适用范围及审判组织："基层人民法院管辖的可能判处三年有期徒刑以下刑罚的案件，案件事实清楚，证据确实、充分，被告人认罪认罚并同意适用速裁程序的，可以适用速裁程序，由审判员一人独任审判。人民检察院在提起公诉的时候，可以建议人民法院适用速裁程序。"刑事诉讼法第二百二十三条规定了不适用速裁程序的情形："有下列情形之一的，不适用速裁程序：（一）被告人是盲、聋、哑人，或者是尚未完全丧失辨认或者控制自己行为能力的精神病人的；（二）被告人是未成年人的；（三）案件有重大社会影响的；（四）共同犯罪案件中部分被告人对指控的犯罪事实、罪名、量刑建议或者适用速裁程序有异议的；（五）被告人与被害人或者其法定代理人没有就附带民事诉讼赔偿等事项达成调解或者和解协议的；（六）其他不宜适用速裁程序审理的。"刑事诉讼法第二百二十四条规定了速裁程序简化审："适用速裁程序审理案件，不受本章第一节规定的送达期限的限制，一般不进行法庭调查、法庭辩论，但在判决宣告前应当听取辩护人的意见和被告人的最后陈述意见。适用速裁程序审理案件，应当当庭宣判。"刑事诉讼法第二百二十五条规定了人民法院审理速裁案件的审理期限："适用速裁程序审理案件，人民法院应当在受理后十日以内审结；对可能判处的有期徒刑超过一年的，可以延长至十五日。"刑事诉讼法第二百二十六条规定了速裁案件的程序转换条件："人民法院在审理过程中，发现有被告人的行为不构成犯罪或者不应当追究其刑事责任、被告人违背意愿认罪认罚、被告人否认指控的犯罪事实或者其他不宜适用速裁程序审理的情形的，应当按照本章第一节或者第三节的规定重新审理。"

刑事诉讼法第二百二十三条相比于草案一稿和二稿，三稿将"被告人是未成年人"的情形纳入其中。立法者对于未成年人是否适用速裁程序具有一定的反复性。早在 2014 年《速裁程序办法》中就规定了被告人是未成年人的不适用速裁程序，后在 2016 年《认罪认罚试点办法》中取消了被告人是未成年人不适用速裁程序的限制。刑事诉讼法草案一稿、二稿仍然取消该限制，但在三稿中又将其重新纳入。其主要原因是庭审具有感化和教育作用，速裁程序的简化审不利于发挥庭审对未成年人被告人的帮助、感化和教育作用。

刑事诉讼法第二百二十四条最早来源于《速裁程序办法》第十一条、第十六条，后归纳为《认罪认罚试点办法》第十六条的相关表述。在刑事诉讼法修正过程中，本条作了两次调整。第一稿的原文是："适用速裁程序审理案件，不受本章第一节规定的送达期限的限制，不进行法庭调查、法庭辩论，但在判决宣告前应当听取被告人的最后陈述意见。"相对于草案一稿，二审稿增加了"应当听取辩护人的意见"的规定，其原因如有学者指出的，速裁程序不进行法庭调查和辩论，辩护人也就失去了出庭辩护的机会，如果在判决前不给予辩护人发表意见的机会，那么辩护人就没有出庭的必要。其二，对于草案一稿、二稿中所规定的一律不进行法庭调查与辩论的规定，三审稿增加了"一般"二字，给予法官一定的裁量权。

关于对刑事诉讼法第二百二十六条的理解，应结合第二百二十三条、第二百零一条的规定。第二百二十三条也规定了不适用速裁程序的情形，但是第二百二十三条和本条所规定情形发生的时间段有所不同，第二百二十三条的规定是在开庭之前就已经被法院所知悉的情形，而本条的规定是法院在开庭审理案件过程中发现的情形。在审理过程中发现有不适用速裁程序情形的，法院应变速裁程序为简易程序或普通程序后，重新审理。重新审理后，原人民检察院的量刑建议也失去了效力，人民法院作出判决时，将不再受人民检察院量刑建议的约束。这恰好和刑事诉讼法第二百零一条第一款所规定的人民法院不采纳人民检察院的检察建议的情形相呼应。因此，新刑事诉讼法第二百二十三条、第二百二十六条和第二百零一条之间具有紧密的内在联系。

（四）新设值班律师制度

刑事诉讼法第三十六条规定："法律援助机构可以在人民法院、看守所等场所派驻值班律师。犯罪嫌疑人、被告人没有委托辩护人，法律援助机构没有指派律师为其提供辩护的，由值班律师为犯罪嫌疑人、被告人提供法律咨询、程序选择建议、申请变更强制措施、对案件处理提出意见等法律帮助。人民法院、人民检察院、看守所应当告知犯罪嫌疑人、被告人有权约见值班律师，并为犯罪嫌疑人、被告人约见值班律师提供便利。"

值班律师制度是随着速裁程序试点而来。2014年《速裁程序办法》第四条规定："建立法律援助值班律师制度，法律援助机构在人民法院、看守所派驻法律援助值班律师。犯罪嫌疑人、被告人申请提供法律援助的，应当为其指派法律援助值班律师。"紧接着在2016年《认罪认罚试点办法》第五条对值班律师进行了调整："办理认罪认罚案件，应当保障犯罪嫌疑人、被告人获得有效法律帮助，确保其了解认罪认罚的性质和法律后果，自愿认罪认罚。……犯罪嫌疑人、被告人自愿认罪认罚，没有辩护人的，人民法院、人民检察院、公安机关应当通知值班律师为其提供法律咨询、程序选择、申请变更强制措施等法律帮助。人民法院、人民检察院、公安机关应当告知犯罪嫌疑人、被告人申请法律援助的权利。符合应当通知辩护条件的，依法通知法律援助机构指派律师为其提供辩护。"2017年"两高"、公安部、国家安全部、司法部印发了《关于开展法律援助值班律师工作的意见》，2018年公安部办公厅、司法部办公厅发布了《关于进一步加强和规范看守所法律援助值班律师工作的通知》，继续细化了值班律师的制度安排。经过以上长期的准备，2018年刑事诉讼法才将值班律师制度以立法的形式予以确认。

2018年刑事诉讼法明确了值班律师提供法律帮助的内容：法律咨询、程序选择建议、申请变更强制措施、对案件处理提出意见等。其中，法律咨询是最常见的方式；程序选择建议的内容是帮助犯罪嫌疑人、被告人分析案件适用何种诉讼程序；原刑事诉讼法规定申请变更强制措施的主体是嫌疑人、被告人及法定代理人、近亲属和辩护人，新法又赋予了值班律师的主体资格；对案件处理提出意见一般集中在审查起诉阶段，对检察机关定罪量刑建议提出意见。修正案对值班律师的定位并不是辩护人，没有赋予其辩护权。我国理论界曾对值班律师的"辩护人"身份进行过探讨。① 然而，修正案并没有采纳学界的相关建议，在目前阶段，值班律师只能起到"法律帮助"的作用。法律帮助的对象是没有或来不及委托辩护人，同时也不符合法律援助条件的犯罪嫌疑人、被告人。

二、相关司法解释的进一步规范

2018 年 10 月 26 日颁布新刑事诉讼法后，2019 年 10 月 11 日，最高人民法院、最高人民检察院、公安部、国家安全部、司法部发布了《关于适用认罪认罚从宽制度的指导意见》（以下简称《指导意见》）；2019 年 12 月 30 日最高人民检察院发布实施《人民检察院刑事诉讼规则》（以下简称《高检规则》）；2020 年 5 月 11 日，最高人民检察院印发《人民检察院办理认罪认罚案件监督管理办法》（以下简称《监督管理办法》）；2021 年 1 月 26 日最高人民法院发布《最高人民法院关于适用〈中华人民共和国刑事诉讼法〉的解释》（以下简称《高法解释》），于 2021 年 3 月 1 日正式实施；2021 年 6 月 16 日，"两高"发布《关于常见犯罪的量刑指导意见（试行）》（以下简称《量刑指导意见》），2021 年 7 月 1 日正式实施；2021 年 12 月 2 日，最高人民检察院颁布《人民检察院办理认罪认罚案件听取意见同步录音录像规定》（以下简称《听取意见规定》），于 2022 年 3 月 1 日正式生效；2021 年 12 月 3 日，最高人民检察院印发《人民检察院办理认罪认罚案件开展量刑建议工作的指导意见》（以下简称《量刑建议指导意见》）。②

受篇幅所限，本部分对相关司法解释的论述主要集中在《指导意见》及《高法解释》，二者对刑事诉讼法中新规定的认罪认罚从宽制度进行了多方面的补充和完善。《高检规则》修订的内容绝大部分已经为《指导意见》及《高法解释》所涵盖，不在此赘述。另外，《监督管理办法》《听取意见规定》《量刑指导意见》及《量刑建议指导意见》主要聚焦于认罪认罚从宽制度的某一方面，在此也不展开赘述。

（一）明确认罪认罚的基本含义

自《认罪认罚试点办法》颁布以来，理论界和实务界对认罪认罚的基本

---

① 理论界对值班律师是否应当赋予辩护人身份进行过探讨，姚莉：《认罪认罚程序中值班律师的角色与功能》，《法商研究》2017 年第 6 期；熊秋红：《审判中心视野下的律师有效辩护》，《当代法学》2017 年第 6 期；闵春雷：《认罪认罚案件中的有效辩护》，《当代法学》2017 年第 4 期；胡铭：《律师在认罪认罚从宽制度中的定位及其完善——以 Z 省 H 市为例的实证分析》，《中国刑事法杂志》2018 年第 5 期。

② 本书成书时间为 2022 年上半年，因此，对相关法律及司法解释的列举尽于此。

含义一直争论不断，刑事诉讼法又并未对相关含义作出规定，这在一定程度上对实务界造成了困扰。有鉴于此，《指导意见》与《高法解释》直面该问题，尤其是《指导意见》，在第六条至第九条对此作出了较为细致的规定。

所谓"认罪"须满足"自愿如实供述"以及"承认指控的重要犯罪事实"这两项条件。具体而言，《速裁程序决定》、2018 年刑事诉讼法、《指导意见》与《高法解释》对于"认罪"的表述都为"犯罪嫌疑人、被告人自愿如实供述自己的罪行"。自愿性、真实性和合法性是认罪认罚的三条底线，强调"自愿"即是对自愿性的保障。其次，在保证犯罪嫌疑人、被告人"认罪"的自愿性以后，要考察其是否如实供述所犯罪行。在供述罪行时，存在隐瞒、欺骗公安机关的，不应适用认罪认罚从宽制度，此为"如实"。被告人犯数罪，在供述自己所犯罪行时，只供述其中的一罪或部分数罪时，也不应当认定为"认罪"，此为"供述所犯罪行"。"承认指控的重要犯罪事实"具体包含两层含义：一是犯罪嫌疑人、被告人对司法机关指控的犯罪事实没有异议，但不要求被追诉人的供述与司法机关的指控完全一致，只要承认指控的主要犯罪事实，并表示接受司法机关的认定意见的，即可认定为"认罪"；二是"认罪"不要求犯罪嫌疑人、被告人认同指控的罪名。

所谓"认罚"指的是"在侦查阶段表现为表示愿意接受处罚；在审查起诉阶段表现为接受人民检察院拟作出的起诉或不起诉决定，认可人民检察院的量刑建议，签署认罪认罚具结书；在审判阶段表现为当庭确认自愿签署具结书，愿意接受刑罚处罚"。刑事诉讼法、《指导意见》以及《高法解释》对"认罚"的表述一致，即"真诚悔罪，愿意接受处罚"。具体而言，《指导意见》中对于"认罚"的把握作了较为细致的规定。其中包括考察犯罪嫌疑人、被告人的悔罪态度和悔罪表现，尤其要"结合退赃退赔、赔偿损失、赔礼道歉等因素来考量""犯罪嫌疑人、被告人虽然表示'认罚'，却暗中串供、干扰证人作证、毁灭、伪造证据或者隐匿、转移财产，有赔偿能力而不赔偿损失，则不能适用认罪认罚从宽制度"。这是《指导意见》一项比较亮眼的规定。认罪认罚从宽制度的目的虽然是实现繁简分流，提高刑事诉讼效率，但刑事诉讼仍然旨在实现公平正义，被害人的合法权益同样是刑事诉讼法关注的重点。认罪认罚从宽制度实施以来，民间出现了一些批评的声音，认为认罪认罚从宽制度实则损害了被害人的权益，被追诉人只要假意悔罪认罪，就可以得到实体从宽、程序从简的好处，这将刺激"技术性悔罪"的增加。[1]

---

[1] 闫召华：《虚假的忏悔：技术性认罪认罚的隐忧及其应对》，《法制与社会发展》2020 年第 3 期。

而《指导意见》直面了这一质疑，将犯罪嫌疑人、被告人"悔罪态度"和"悔罪表现"作为"认罚"的重要考察因素，对悔罪态度不好、不积极赔偿被害人损失的被追诉人不予认定为"认罚"。

所谓"从宽"指的是"程序从简""实体从宽"两个方面。所谓实体从宽体现的主要是人民法院在受理认罪认罚案件以后，对被告人的认罪认罚的自愿性、真实性和合法性进行审查，综合被告人的主观恶性、悔罪态度、是否与被害人达成和解、危害后果等内容，依法从轻、减轻或免除处罚。实体从宽在人民检察院表现为检察机关根据刑法第三十七条和刑事诉讼法第一百七十七条第二款规定依法作出不起诉决定，以及人民检察院提出较低的量刑建议。实体从宽在公安机关表现为经最高人民检察院的批准，公安机关可以依法撤销案件。所谓"程序从简"首先体现为对认罪认罚案件适用刑事速裁程序。程序从简当然还体现为对简易程序的适用。最后，程序从简体现为对犯罪嫌疑人、被告人更多的采取非强制性羁押措施。

（二）保障认罪认罚自愿性、真实性和合法性

1. 保障被追诉人辩护权

保障被追诉人的辩护权是保障认罪认罚自愿性、真实性和合法性的关键。《指导意见》第十条规定了"获得法律帮助权"，结合刑事诉讼法第三十六条规定，明确了被追诉人为在不同诉讼阶段获得律师帮助的权利主体，标志着在刑事案件中，无论被追诉人是否认罪，无论案件轻重，无论被追诉人个人情况如何，无论是否适用速裁程序、简易程序还是普通程序，人人都有获得律师为其帮助的权利。《指导意见》第十一条针对值班律师资源不足的问题，规定了"派驻值班律师"。《指导意见》第十二条规定了律师的职责，在其下罗列的 7 项法律帮助内容除了重申刑事诉讼法第三十六条规定的值班律师向公检法机关提出案件处理意见外，还要求其"对检察院认定罪名、量刑建议提出意见""引导、帮助犯罪嫌疑人、被告人及其近亲属申请法律援助"。另外，《指导意见》第十二条还确认了值班律师的会见权、阅卷权。《指导意见》第十三条明确了法律帮助在不同诉讼阶段可由同一值班律师为犯罪嫌疑人、被告人提供服务。《指导意见》第十四条规定了拒绝法律帮助应当允许、记录在案并随案移送，但审查起诉阶段签署具结书必须通知值班律师到场。可以说，《指导意见》进一步完善了值班律师制度，使其更加规范、透明。

《量刑建议指导意见》第二十二条对检察机关保障被追诉人获得法律帮助权，应当为辩护人、法律援助律师、值班律师行使会见权、阅卷权提供便利等作了进一步规范。值得注意的是，《量刑建议指导意见》第二十三条对法律援助机构指派律师的同时，被追诉人的近亲属又代为委托辩护律师的情形作

了相应的规定，要求听取被追诉人的意见，这无疑又进一步保障了被追诉人的辩护权。《量刑建议指导意见》第二十七条第二款、第三款又对被追诉人有辩护人能否由值班律师见证具结书的签署以及被追诉人拒绝值班律师帮助等情形作出了相应规定，规定检察机关不得绕开辩护人安排值班律师代为见证具结，对于被追诉人拒绝值班律师帮助的，应当在具结书上注明等。①

2. 保障被追诉人知悉权

保障被追诉人知悉权，是保障其作出认罪认罚真实意思表示的前提。被追诉人知悉权的保障主要体现为以下两个方面。

第一，明确规定了诉讼权利与认罪认罚相关法律规定的告知义务。《指导意见》第二十二条、第二十六条、第三十九条分别规定了侦查机关、检察机关以及审判机关对犯罪嫌疑人、被告人负有的告知"享有的诉讼权利、如实供述罪行可以从宽处理和认罪认罚的法律规定"的义务。此外，为了保证公检法机关依法履行职责，《高法解释》第三百四十九条规定了人民检察院对侦查机关是否履行告知义务的审查义务，《听取意见规定》第四条规定对同步录音录像中的内容必须包含检察机关履行告知义务的过程，这就从多个方面、多个层次共同保障了被追诉人充分知悉享有的诉讼权利以及对认罪认罚的相关法律规定。

第二，积极探索了证据开示制度。鉴于认罪认罚案件辩护律师的缺位、值班律师的异化，立法机关意识到应当保障被追诉人对案件信息的知悉权，防止检察机关胁迫、诱导被追诉人认罪认罚，保障认罪认罚的自愿性。《指导意见》第二十九条规定，"人民检察院可以针对案件具体情况，探索证据开示制度，保障犯罪嫌疑人的知情权和认罪认罚的真实性及自愿性"；《量刑建议指导意见》第二十六条第一款规定，"人民检察院在听取意见的过程中，必要时可以通过出示、宣读、播放等方式向犯罪嫌疑人开示或部分开示影响定罪量刑的主要证据材料，说明证据证明的内容，促使犯罪嫌疑人认罪认罚"；《听取意见规定》第四条关于同步录音录像的内容应当包含第六项"根据需要，开示证据的情况"。这表明我国已经开始了证据开示制度的相关探索，这将有助于保障认罪认罚的自愿性、真实性和合法性。

3. 明确办案机关对认罪认罚的审查义务

为防止公权力机关对被追诉人的压制性司法，通过在审查起诉阶段、审判阶段对被追诉人认罪认罚的自愿性、真实性和合法性进行审查，可以在一定程度上防止公权力机关的滥权行为。

---

① 《人民检察院办理认罪认罚案件开展量刑建议工作的指导意见》第二十七条第二款、第三款。

《指导意见》第二十八条规定了审查起诉阶段检察机关对认罪认罚自愿性、真实性和合法性的审查义务，审查内容主要围绕被追诉人是否自愿认罪认罚、精神状态如何、是否与被害方达成谅解、和解，侦查机关有无正确履职等。《指导意见》第三十九条规定了审判机关对认罪认罚自愿性、真实性和合法性的审查义务，其中值得关注的是第五项，审判机关对辩护人、值班律师是否"与人民检察院进行沟通，提供了有效法律帮助或者辩护，并在场见证认罪认罚具结书的签署"。此处出现的"有效法律帮助"是《指导意见》针对司法实践中出现的值班律师异化问题作出的回应，这无疑是个进步。另外，第二条第三款规定了审判机关可以"对被告人认罪认罚的自愿性、真实性等进行发问，确认被告人是否实施犯罪，是否真诚悔罪"以及发现违背认罪认罚自愿性、真实性和合法性或被追诉人反悔的，"依法需要转换程序的，应当按照普通程序对案件重新审理"。《高法解释》第三百四十九条对审判机关的审查义务作了进一步补充，尤其值得关注的是审查人民检察院的"材料随案移送"义务，主要包括听取意见记录、调解、和解协议、具结书等材料，未随案移送的，"应当要求人民检察院补充"。该条的规定是对刑事诉讼法第一百七十三条、第一百七十四条的补充，刑事诉讼法规定了以上材料的随案移送机制，但是没有提及不移送的后果，《高法解释》对此进行了补充。

4. 明确办案机关对被追诉方意见的听取义务

被追诉人、辩护人、值班律师对犯罪事实、罪行、罪名及量刑的相关意见可以充分反映被追诉人认罪认罚的主观意愿。因此，听取意见的过程透明化、规范化，有助于保障认罪认罚的自愿性、真实性和合法性。

《指导意见》第二十二条、第二十七条规定了侦查机关、检察机关应当听取犯罪嫌疑人、被告人、辩护人或值班律师的意见，保障辩方在认罪认罚案件中的充分参与权。《指导意见》第五十五条规定了检法机关办理未成年认罪认罚案件应当听取"未成年犯罪嫌疑人、被告人的法定代理人的意见"。《监督管理办法》第三条第二款对检察机关听取意见的方式作了相应规定，"听取意见可以采取当面或者电话、视频等方式进行，听取情况应当记录在案，对提交的书面意见应当附卷。对于有关意见，办案检察官应当认真审查，并将审查意见写入案件审查报告"，其中关于视频听取意见的方式体现了科技对法律实践的影响。值得关注的是《听取意见规定》第三条"认罪认罚案件听取意见同步录音录像适用于所有认罪认罚案件"，这就确立了认罪认罚案件人民检察院听取意见应当进行录音录像的机制。该法对听取意见同步录音录像的内容、参与人员、录制地点和时间、录音录像的完整及连续性、检察机关关于录音录像的提前告知义务、录音录像的中止事项、录音录像的录制与调取、检察官在录音录像时的仪表及着装要求等作了较为细致的规定，可以说，关于检察机关听取意见程序经过《听取意见规定》得到了较大程度的发展与完善。

（三）完善量刑建议制度

《指导意见》第三十三条规定了人民检察院提出量刑建议的相关程序，包括：人民检察院应当对"主刑、附加刑、是否适用缓刑"等提出相应的量刑建议，在提出量刑建议前，应当充分听取意见，"尽量协商一致"；人民检察院应当尽量提出"确定刑量刑建议"；关于没有法定量刑情节的量刑从宽，规定人民检察院可以"在基准刑基础上适当减让提出确定刑量刑建议"；在侦查阶段认罪认罚的，可以获得更大幅度的量刑从宽，体现早认罪优于晚认罪的立法精神。《指导意见》第四十条规定了人民法院采纳量刑建议的相关程序，包括人民法院"一般应当采纳"检察机关提出的量刑建议，除发生认罪认罚的自愿性、真实性、合法性存疑等相关情形的例外。《指导意见》第四十一条规定了量刑建议的调整，其中包含当人民法院"认为量刑建议明显不当"，或辩方对量刑建议的异议合理时，人民法院"可以告知人民检察院，人民检察院可以调整量刑建议"。调整后量刑建议合理的，"应当予以采纳"，不合理的，"人民法院应当依法作出判决"。出于对检察机关量刑建议的监督管理，2020年《监督管理办法》第六条、第七条对检察官提出量刑建议作了进一步细致的规定，"检察官提出量刑建议，应当与审判机关对同一类型、情节相当案件的判罚尺度保持基本均衡"。除此之外，《监督管理办法》第十三条还明确了部门负责人、分管副检察长、检察长对检察官提出量刑建议的监督管理责任，防范检察官的滥权行为。《高法解释》第三百五十三条、第三百五十四条以及第三百五十六条对《指导意见》中关于量刑建议的部分进行了采纳和吸收。

2021年《量刑指导意见》第十四条专门就认罪认罚案件的量刑幅度作了相关规定，对认罪认罚案件，"可以减少基准刑的30%以下"；在认罪认罚的基础上又有重大坦白、自首以及与被害人达成和解、谅解的，"可以减少基准刑的60%以下"；"犯罪较轻的，可以减少基准刑的60%以上或者依法免除处罚"。

2021年发布实施的《量刑建议指导意见》第一条、第二条规定了人民检察院对认罪认罚案件提出量刑建议时应当坚持"宽严相济""依法建议""客观公正""罪责刑相适应""量刑均衡"等原则，并对人民检察院提出量刑建议的"条件""确定刑量刑建议"的要求以及对"听取意见情况进行同步录音录像"的机制等。《量刑建议指导意见》第六条规定"影响量刑的基本事实和各量刑情节均应有相应的证据加以证明"，这就明确了"量刑建议"应当建立在相应证据基础之上，这有助于在一定程度上避免司法实践中实质降低认罪认罚案件证明标准的做法。《量刑建议指导意见》第三十五条回应了实践中被告人认罪认罚、但辩护人作无罪辩护的情形，实质上确立了以被追诉人意愿作为判断被追诉人是否反悔的规则。《量刑建议指导意见》第三十七条、第三十八条、第三十九条对量刑监督作了相应规定：对人民法院违反刑事诉讼法第二百零一条"未告知人民检察院调整量刑而直接作出判决的""人民法院认为量刑建议明显不当建议人民检察院调整，人民检察院不予调整或者调整后人民法院不予采纳，人民检察院认为判决、裁定量刑确有错误的""人民法院采纳人民检察院提出的量刑建议作出判决、裁定，被告人仅以量刑过重为由提出上诉，因被告人反悔不再认罪认罚致从宽量刑明显不当的"，人民检察院应当依法提出抗诉。

（四）保障被害方权益

《指导意见》第十六条至第十八条、第三十八条以及第四十二条第五项，规定了被害方权益保障的相关内容。其一，公安机关和检察机关应当听取被害人及其诉讼代理人的意见，应当记录在案并随案移送。其二，公检法机关促进被害人和被追诉人之间刑事和解、谅解等的自愿达成，被害人出具的谅解意见随案移送。是否达成和解、谅解是被害人能否获得从宽的重要因素。其三，对于被害人符合司法救助条件的，公检法机关应当积极协调办理。其四，被害人不同意对被追诉人从宽处理的，不影响认罪认罚从宽制度的适用，但对于未达成调解或和解协议的，从宽时予以酌减，但由于被害人赔偿请求明显不合理的除外。其五，在社区调查评估时，要充分考虑被害人意见。其六，被追诉人没有与被害人达成刑事和解、谅解的，不可以适用速裁程序，限制被追诉人程序从简的程度。《监督管理办法》第十条规定被害人不谅解、不同意从宽的认罪认罚案件，检察机关拟不批捕、不起诉决定的可以进行公开听证，充分考虑被害人的意见，有效保障被害人对认罪认罚程序的参与。

（五）补充和完善速裁程序

《指导意见》关于速裁程序的相关规定与《速裁程序办法》《认罪认罚试点办法》和刑事诉讼法的规定相一致，在此不再赘述。2021年《高法解释》对速裁程序进行了一定的补充和完善。如《高法解释》第三百七十条规定了不适用速裁程序的7种类型并附一条兜底性条款，其中规定"辩护人做无罪辩护的"不适用速裁程序。从2014年《速裁程序办法》到2019年《指导意见》，这是辩护人做无罪辩护案件首次纳入不适用速裁程序当中的规定。立法机关应该是考虑到辩护人做无罪辩护的案件应当允许辩护人充分行使辩护权，而速裁程序的庭审时间较为简短，无法为辩护人辩护提供充足的时间，因此将辩护人做无罪辩护的案件排除在速裁程序之外。但是，犯罪嫌疑人、被告人认罪认罚的案件，通常也不会聘请辩护律师，即使聘请了辩护律师，辩护律师如果认为速裁程序难以满足自己的辩护要求的，自然会与自己的当事人沟通选择简易或普通程序，如果辩护人和被告人选择了速裁程序，没有理由将该类案件排除在外。应当说，速裁程序作为一种简化审，不仅有利于司法机关节约司法资源，同时也是犯罪嫌疑人、被告人"程序从简"的一项优惠，应当赋予被告人充分的选择权，不适用速裁程序的范围应当限缩，而不是继续扩大。

《高法解释》第三百七十五条对速裁程序的转换条件进行了完善，"案件疑难、复杂或者对适用法律有重大争议的"案件应当转为普通程序或者简易程序审理。该条的规定应是考虑到速裁程序的审理期限较为紧张，如果案件较为复杂或者有较大争议，可能无法在审限内审结，因此规定将该类案件转化为简易程序或普通程序。但是，本条规定似无必要。如果人民法院在审理速裁案件时，发现难以在审限内完成，法官自会转换程序。相反，如果速裁案件疑难、复杂，但法院仍能在审限内完成，强行规定转换程序便是多此一举。

（六）明确被追诉人反悔的应对程序

《指导意见》第五十一条至第五十四条规定了认罪认罚案件的"反悔和撤回"。对于被追诉人在检察机关作出不起诉决定后反悔的，检察机关审查相关事项后，或重新作出不起诉决定，或维持原不起诉决定，再或者撤销原不起诉决定，依法提起公诉；对于在起诉前反悔的，具结书失效，检察机关依法提起公诉；对于在庭审中反悔的，人民法院依法作出裁判。需要转换程序的，依法转换程序。《监督管理办法》第十七条针对被追诉人反悔的认罪认罚案件应当作为"重点评查案件"，规定"经检察长（分管副检察长）批准后进行评查，由案件管理部门或者相关办案部门组织开展"。

（七）其他制度的细化与完善

第一，《指导意见》第十九条至第二十一条规定了强制措施的适用的相关内容，与刑事诉讼法第八十一条相衔接，相关立法体现了降低认罪认罚案件审前羁押率的趋势，其中首次提到检察机关的羁押必要性审查义务，"已经逮捕的犯罪嫌疑人、被告人认罪认罚的，人民法院、人民检察院应当及时审查羁押的必要性，经审查认为没有继续羁押必要的，应当变更为取保候审或者监视居住"。《高法解释》第三百五十条对《指导意见》的相关内容进行了确认。

第二，为了与社区矫正相衔接，《指导意见》第三十五条至第三十八条规定了社会调查评估，对可能判处管制、缓刑的认罪认罚案件，对其侦查、起诉、审判阶段的社会调查由办案机关委托居住地社区矫正机构调查评估，并明确了司法行政机关的职责是对被追诉人的居所情况、家庭和社会关系、一贯表现、犯罪行为的后果和影响、居住地村（居）民委员会和被害人意见、拟禁止的事项等进行调查了解，形成评估意见。

第三，《指导意见》第五十五条至第五十八条规定了未成年人认罪认罚案件的处理办法，其中有几项特殊规定。其一，公检法机关对于受理案件时被追诉人未成年的案件，公检法机关必须听取被追诉人的法定代理人的意见，法定代理人无法到场的，应当听取合适成年人的意见。其二，未成年犯罪嫌疑人签署认罪认罚具结书时，其法定代理人应当到场并签字确认。法定代理人无法到场的，合适成年人应当到场签字确认。法定代理人、辩护人对未成年犯罪嫌疑人认罪认罚有异议的，不需要签署认罪认罚具结书。其三，未成年犯罪嫌疑人认罪认罚案件，不适用速裁程序，但应当贯彻教育、感化、挽救的方针，坚持从快从宽原则，确保案件及时办理，最大限度保护未成年犯罪嫌疑人合法权益。其四，办理未成年犯罪嫌疑人认罪认罚案件，应当做好未成年犯罪嫌疑人、被告人的法治教育工作，帮助其认罪服法、悔过，实现惩教结合的目的。

第三节　认罪认罚从宽制度的立法完善

认罪认罚从宽制度经过刑事速裁程序试点、认罪认罚从宽试点到 2018 年写入刑事诉讼法，不断地走向成熟与完善。这表现为，诉讼效率不断提升、刑罚愈发宽缓化、值班律师全覆盖、服判息诉等各项指标均获得显著提升。但需要承认的是，影响认罪认罚从宽制度实效的问题仍然存在，这突出地表现为，值班律师见证人化、从宽标准体系不统一、认罪认罚证据开示制度的规定缺乏可操作性。有鉴于此，本节旨在于围绕这些问题梳理学界的相关观点，并对其进行理论分析，以期未来通过相关司法解释对其进行完善，待时机成熟，将其上升为法律。

一、强化有效法律帮助

认罪认罚从宽制度作为一种"协商性"司法在我国的高适用率，是我国跨过"第三范式"迈进"第四范式"的标志，这可能会产生一定的风险。[①]

---

① 熊秋红：《比较法视野下的认罪认罚从宽制度——兼论刑事诉讼"第四范式"》，《比较法研究》2019 年第 5 期。

不少学者提出，在我国正当程序尚未完全建立，"以审判为中心"的刑事诉讼制度改革尚未实现之时，实施认罪认罚从宽制度容易导致"控辩失衡"。[①] 协商性司法的核心在于协商二字，协商讲求主体平等、势均力敌。纵观世界范围内，协商性司法的设计或是采用美国模式，即协商发生在检察官与律师之间，或是采用德国模式，协商发生在法官与辩护人或被告人之间。其他国家与地区的相关规定普遍强调了对被追诉人律师的有效法律辩护或帮助。如美国的辩诉交易制度，与检察官进行辩诉交易的只能是辩护律师，在辩护律师介入之前，检察官禁止与被追诉人展开谈判。《法国刑事诉讼法典》第四百九十五条至第四百九十八条第四款规定，在庭前认罪答辩程序中，被追诉人禁止放弃律师帮助权。律师应当在程序的任何阶段现场为被追诉人提供咨询和帮助。[②] 日本刑事诉讼法中引入了"协议、合意制度"，并明确要求"在达成合意的过程中，必须有辩护人出席，而且合意需要获得辩护人的同意"。[③] 我国台湾地区也有协商程序实行强制辩护的相关规定。然而，目前我国的认罪认罚从宽制度被设计为检察官与被追诉人之间的协商，有学者直言，这是项"非常失败的制度设计"。[④] 究其原因，被追诉人由于受制于自身专业、文化程度，甚至其本身就身陷囹圄，难以与公权力机关展开协商，因此，世界范围内普遍设置了辩护制度，由富有经验、专业知识充分的辩护律师维护被告人的合法权益。而协商性司法普遍简化了诉讼程序，弱化了庭审，将对定罪与量刑的决定权交由控辩双方之间的协商。认罪认罚从宽制度通过速裁程序、简易程序，大大提高了诉讼效率，但同时也大大简化了庭审，压缩了辩方发挥作用的空间，难以保证被追诉人认罪认罚的自愿性、真实性和合法性。因此律师提供的法律帮助有效与否直接关涉到认罪认罚从宽制度的正当性和合理性。当前，认罪认罚从宽制度中存在缺乏律师的有效法律帮助的问题。

（一）缺乏有效法律帮助的具体表现

从目前我国认罪认罚从宽制度的实践来看，认罪认罚案件辩护率低，绝大部分犯罪嫌疑人、被告人在审判阶段没有辩护人，更遑论侦查、审查起诉阶段。2017年最高人民法院、司法部联合出台《关于开展刑事案件律师辩护全覆盖试点工作的办法》，要求尽快实现刑事案件律师辩护全覆盖，

---

① 龙宗智：《完善认罪认罚从宽制度的关键是控辩平衡》，《环球法律评论》2020年第2期。

② 施鹏鹏：《法律改革，走向新的程序平衡》，中国政法大学出版社2013年版。

③ ［日］田口守一：《刑事诉讼法》（第七版），张凌、于秀峰译，法律出版社2019年版。

④ 闵春雷：《回归权利：认罪认罚从宽制度的适用困境及理论反思》，《法学杂志》2019年第12期。

但从值班律师的定位来看，值班律师与辩护律师之间存在较大差距，所谓"律师辩护全覆盖"实际上只能实现律师帮助的全覆盖。现阶段的认罪认罚案件运行程序往往是在审查起诉阶段，检察官与被追诉人进行交涉，待犯罪嫌疑人、被告人认罪认罚以后，检察机关再通知值班律师到场见证认罪认罚具结书的签署，因此学界多有批评值班律师"见证人化"，值班律师为公权力机关"背书"的声音。① 值班律师制度是我国为了缓解刑事辩护率低，认罪认罚程序中检察官处于绝对主导地位而导致认罪认罚控辩严重失衡的问题而设立的。但司法实践中，值班律师制度并未有效缓解控辩失衡，保障犯罪嫌疑人、被告人的辩护权。究其原因，主要表现为三个方面：

1. 值班律师基本不行使会见权

尽管刑事诉讼法及《指导意见》已经明确值班律师可以会见被追诉人，但是值班律师没有辩护律师的"三证"，在会见犯罪嫌疑人、被告人时往往需要检察官或侦查人员的陪同，使得被追诉人与律师之间的"秘密交流"难以实现。其次，值班律师的补贴普遍较低，各地平均来看，值班律师每天补助大概 150—200 元，这与辩护律师相对较高的收入存在较大差距，导致律师往往没有动力会见犯罪嫌疑人、被告人；加之认罪认罚案件多，值班律师数量少，不少值班律师一天需要见证好几个甚至十几个以上的认罪认罚案件，其精力也不允许值班律师辗转多地会见不同的犯罪嫌疑人、被告人；此外，有的地区值班律师派驻机构设立在看守所监区以外，值班律师也无法提供及时的法律帮助。这些制度层面上的不足严重影响值班律师会见权的行使，进而对认罪认罚从宽制度的适用造成实质性障碍。

2. 值班律师基本不行使阅卷权

2019 年《指导意见》及 2020 年 8 月 "两高三部" 联合发布的《法律援助值班律师工作办法》（以下简称《值班律师办法》）明确赋予了值班律师阅卷权。值班律师的阅卷权是辩方打破控辩双方信息资源不对称、保障被追诉人认罪认罚自愿性、真实性和合法性的前提。然而，实践中，值班律师鲜有阅卷的。阅卷工作耗时费力，在低补贴水准的情况下，值班律师尚且不愿意会见，更遑论阅卷。无论是动力还是精力都不允许值班律师充分行使阅卷权。因此，在认罪认罚案件中，大部分值班律师连基本案情都不是十分清楚，就草草地在具结书上签字，使得一些值班律师心理负担较重，刑事案件毕竟关

①　胡铭：《刑事辩护全覆盖与值班律师制度的定位及其完善——兼论刑事辩护全覆盖融入监察体制改革》，《法治研究》2020 年第 3 期。

系重大，值班律师也担心办错案，遭到报复，甚至是心理愧疚，这便导致愿意注册值班律师的律师更加稀少。可想而知，值班律师在不清楚指控的罪名及犯罪证据的情况下，如何评估认罪认罚的真实性、合法性？更如何预测犯罪嫌疑人、被告人在接下来的庭审中可能被定罪的概率有多大并制定相应的辩护方案？

3. 值班律师基本不展开量刑协商

上文提到，认罪认罚从宽制度作为一种协商性司法，"协商"是在检察机关与被追诉人之间进行，这一点被学界所诟病。《指导意见》第三十三条第一款首次提出"协商一致"的概念，意味着我国官方承认认罪认罚从宽制度存在"协商"。协商性司法的正当性之一在于通过辩方自愿如实供述相关罪行，承认相关犯罪事实，使得控方节约司法资源快速结案，并还之于一定的量刑优惠。然而，如上文所述，我国刑事案件辩护率较低，认罪认罚案件的辩护率更是低到可以忽略不计。绝大部分的认罪认罚案件都由值班律师参与。从理论上而言，值班律师应该承担起与控方展开量刑协商的重任，然而，受值班律师制度所限，值班律师几乎不可能与控方展开量刑协商。量刑协商的前提是与犯罪嫌疑人、被告人充分沟通，建立信任，对辩护方案达成一致，并对相关案件事实、证据了如指掌。这就要求值班律师充分地行使会见权、阅卷权。然而，现状是，值班律师在介入认罪认罚案件之时，检察官早已与被追诉人达成相关认罪认罚的意见，值班律师可发挥的空间几乎没有，只能充当具结书签署的"见证人"。

（二）完善律师法律帮助的具体路径

有学者认为，为了保障认罪认罚的自愿性、真实性和合法性，有必要强化律师法律帮助，[1] 甚至有的学者提出，要将值班律师"辩护人化"。[2] 有的学者则针锋相对地批评道，值班律师"辩护人化"只是一种"作为理想化的'美好愿景'"，呼吁坚持值班律师属于"特殊的法律援助律师"这一角色定位。[3] 笔者认为，现阶段将值班律师规定为与辩护律师等同地位不具有现实

---

① 龙宗智教授认为应当强化法律"辩护"，随着刑事辩护全覆盖的改革努力，认罪认罚从宽制度的辩护条件也将随之改变。因此，认罪认罚案件也应当纳入刑事辩护全覆盖的范围，并优先安排法律援助。龙宗智：《完善认罪认罚从宽制度的关键是控辩平衡》，《环球法律评论》2020 年第 2 期。

② 陈瑞华：《认罪认罚从宽制度的若干争议问题》，《中国法学》2017 年第 1 期；闵春雷：《认罪认罚案件中的有效辩护》，《当代法学》2017 年第 4 期；韩旭：《辩护律师在认罪认罚从宽制度中的有效参与》，《南都学刊》2016 年第 11 期。

③ 詹建红：《刑事案件律师辩护何以全覆盖——以值班律师角色定位为中心的思考》，《法学论坛》2019 年第 4 期。

性。首先，我国律师总人数有限。据有关数据显示，2017 年我国共有 357193 名律师，其中只有大约 5.2 万的刑事辩护律师，而每年法院审理刑事案件被告人多达 1268985 人。① 我国刑事辩护律师数量无法支撑庞大的认罪认罚案件。其次，值班律师补贴相较之普通辩护律师甚至是法律援助律师，相差甚大，在相同条件下，律师更愿意做辩护律师或法律援助律师，况且实践中还有不少律师不符合值班律师的条件。再次，值班律师制度本身就是为了区别普通辩护制度，以此解决人力、财力不足的问题。因此，现阶段不宜罔顾现实将值班律师与辩护律师等同。完善律师法律帮助的路径应从适当提高值班律师的补贴着手，建立健全侦查讯问律师在场制度、禁止律师不在场的情况下进行认罪认罚协商，明确律师未经与被追诉人会见、阅卷，未经与控方协商，不得在具结书上签字，保障值班律师独立会见权、将监区外的值班律师工作站设立在监区内或建立被追诉人约见值班律师机制等。

1. 提高值班律师制度经费投入

近年来，我国法律援助事业得到一定程度的发展，法律援助经费逐年上升，2017 年全国法律援助经费总额 23.5 亿元②，2018 年该数字已经上升为 26.51 亿元③，同比增长 12.9%。2017 年全国一般公共预算支出总额为 203330 亿元，2018 年这一数字达到 220906 亿元，同比增长 8.7%。④ 由以上数据可见，法律援助经费增长快于全国一般公共预算支出的增长速度。但是，我国法律援助经费只占全国一般公共预算支出的 0.012%，这一数字远远低于法治发达国家和地区的 0.1%—1% 的占比。⑤ 如果按人均算，法治发达国家和地区的投入更是遥遥领先于我国。为此，我国还需加大法律援助的投入力度，将值班律师纳入特殊法律援助制度当中，提高值班律师补贴。在经费方面，不能仅仅依靠中央财政投入，地方政府还可以向社会、企业筹集资金，鼓励社会力量参与法律援助事业。提高值班律师的补贴，将有助于激励更多的律师加入值班律师队伍，促进值班律师积极履行职责，为犯罪嫌疑人、被告人提供高质量、有效的法律帮助。

---

① 詹建红：《刑事案件律师辩护何以全覆盖——以值班律师角色定位为中心的思考》，《法学论坛》2019 年第 4 期。

② 数据来源于 2018 年 3 月 9 日司法部举行的法律援助工作新闻发布会，网址：http：//www.moj. gov. cn/subject/content/2018-03/09344_ 16967. html，最后访问日期 2022 年 2 月 10 日。

③ 数据来源于南平市司法局《法律援助经费保障制度研究报告》，网址：http：//sfj. np. gov. cn/cms/html/npssfj/2021-05-24/133165124. html，最后访问日期 2022 年 2 月 10 日。

④ 数据来源于财政部 "2017 年财政收支情况" "2018 年财政收支情况"，网址：http：//gks. mof. gov. cn/tongjiShuju//201901/t20190123_ 3131221. htm，最后访问日期 200 年 2 月 10 日。

⑤ 陈永生：《刑事法律援助的中国问题与域外经验》，《比较法研究》2014 年第 1 期。

2. 建立健全侦查讯问律师在场制度

前文提到，检察机关在面对被追诉人时具有显而易见的信息、权力优势，被追诉人受限于自己的专业知识、阅历及心态，很容易与检察机关达成认罪认罚意向。况且检察机关总是倾向于先与被追诉人达成认罪认罚意向以后再通知值班律师到场签署认罪认罚具结书，这导致的直接后果便是值班律师提供的法律帮助几乎是无效的。值班律师在最核心的认罪认罚协商环节没有发挥应有的作用。因此，为了防止检察机关避开辩护律师、值班律师径直与被追诉人达成认罪认罚意向的操作，应当确立侦查讯问律师在场制度。在侦查阶段，值班律师就应当介入，借鉴域外经验，禁止控方在被追诉人的律师会见被追诉人前，就认罪认罚事项与犯罪嫌疑人、被告人展开协商。该制度的设立实则确立了将律师参与作为认罪认罚程序实施的必要条件。

3. 保障值班律师充分行使会见权、阅卷权

如上文所述，值班律师没有辩护人地位，无法凭"三证"会见犯罪嫌疑人、被告人，大部分时候律师都由侦查人员或检察官陪同才能行使会见权。况且值班律师派驻机构往往设立在监区之外，值班律师多有不便。另外，在没有会见的前提下，值班律师也鲜有阅卷的。因此，应当充分保障和激励值班律师行使会见权、阅卷权。首先，保障值班律师独立行使会见权，保障"不被监听"法律规定的落实；其次，为便于值班律师行使权利，可以将值班律师工作站设在监区内，或者考虑确立被追诉人约见值班律师的权利，方便值班律师向被羁押人提供法律帮助。在相应提高值班律师补贴，并为值班律师行使权利充分提供便利的前提下，为了解决值班律师惰于行使会见权、阅卷权的现状，有必要确立值班律师惰于履行职责的法律后果，禁止值班律师在未经与被追诉人会见和阅卷前，在认罪认罚具结书上签字的行为。

4. 规范值班律师参与量刑协商的程序

"协商应当是认罪认罚从宽制度的精髓，没有协商的认罪认罚从宽制度是没有生命力的制度，也无法体现该制度的优越性。"[①] 在美国辩诉交易制度以及其他国家的协商性司法制度之中，对量刑的"讨价还价"都是题中应有之义，也是协商性司法的正当性基础。在我国的认罪认罚从宽制度中，检察机关较为强势。在认罪认罚从宽制度中，值班律师行使会见权、阅卷权的根本目的除了保障犯罪嫌疑人、被告人认罪认罚的自愿性、真实性和合法性以外，也是为了与检察机关展开量刑协商。在普通程序中，律师提供法律辩护或帮助的核心诉讼阶段是审判阶段。而根据刑事诉讼法及《指导意见》

---

① 韩旭：《认罪认罚从宽案件中有效法律帮助问题研究》，《法学杂志》2021 年第 3 期。

《高检规则》的相关规定，人民检察院提出的量刑建议，人民法院一般应当采纳，因此值班律师提供法律帮助的诉讼阶段应当前移，审查起诉阶段是值班律师发挥作用的核心环节。2020 年 5 月出台的《监督管理办法》对量刑协商程序予以一定细化，要求检察机关对量刑协商的过程制作笔录并附卷、在起诉书中对量刑建议说明理由和依据、要求检察官充分听取值班律师意见并对相关意见进行充分说理等。但目前仍然存在量刑协商启动程序不明确、协商程序不规范的问题。据此，可以出台相关司法解释明确量刑协商的启动主体、条件、方式，规范量刑协商行为，保障值班律师协商权的实现。

二、构建透明统一的从宽标准体系

回顾认罪认罚从宽制度可以发现，实践中对认罪认罚案件何种情形可以从宽，何种情形不可以从宽，从宽多少以及从宽的依据似乎并不明确。尽管《指导意见》《高法解释》《高检规则》对于"从宽"的概念及"把握"作了较为细致的规定，但终究未能构建起透明统一的从宽标准体系。反映到实践中就是粗放式的从宽，要么根本不从宽，要么从宽幅度不一致，要么一律从宽。究其原因，首先可以反映到立法目的上。2016 年，《认罪认罚从宽决定》将贯彻宽严相济的刑事政策作为首要目的，提升诉讼效率成为第二顺位的立法目的；而在 2018 年刑事诉讼法中，对于认罪认罚从宽制度的立法目的避而不谈；2019 年《指导意见》又将提升诉讼效率作为排在首位的立法目的。这在一定程度上反映了立法机关对于认罪认罚从宽制度的立法目的存在摇摆。笔者认为，认罪认罚从宽制度的立法目的不能脱离其内在逻辑。所谓认罪认罚，首先体现为犯罪嫌疑人、被告人向司法机关自愿如实供述自己的罪行，承认指控的犯罪事实，节约司法资源，提高诉讼效率；其次，犯罪嫌疑人、被告人承认自己的犯罪行为以后，积极恢复被破坏的社会关系，降低犯罪行为的社会危害性，如主动向被害人及其近亲属真诚悔罪、道歉、赔偿，积极主动地寻求被害人及其家人的谅解；最后，犯罪嫌疑人、被告人真诚悔罪，承诺不再犯，降低人身危险性。基于社会危害性的降低，可以减少被追诉人应当承担的刑事责任，即责任刑的减少；基于人身危险性的降低，再犯可能性也随之降低，可以减少对被追诉人的特殊预防，即预防刑的减少。因此，提升诉讼效率是从宽的最直接目的，降低罪行的社会危害性与被追诉人的人身危险性是从宽的正当性基础。若被追诉人假意认罪认罚，没有修复所破坏的社会关系以及降低自己的人身危险性，一方面，这将导致对被害人的二次伤害。被害人在遭受犯罪行为的伤害以后，主观愿望是严惩罪犯，达到修复内心创伤的目的，不能仅仅因为犯罪嫌疑人、被追诉人的认罪认罚行为节约了司法资源，就可以损害被害人的利益，否则，认罪认罚从宽制度就将沦为被追诉人与司法机关的"双赢"制度，而被害人将是其中唯一"受损"的诉讼主体，甚至是"雪上加霜"，认罪认罚从宽制度将失去正当性基础。另一方面，犯罪嫌疑人、被害人的人身危险性没有降低，其再犯可能性较大，若对其从宽处罚，很有可能导致其再犯，损害社会公共利益。因此，从宽标准体系的构建不能脱离认罪认罚从宽制度的内在逻辑。在司法实践中，该逻辑没有得到很好的体现，片面追求认罪认罚的适用率、一律从宽处罚、对认罪认罚的审查重形式轻实质、忽视对人身危险性的评估等问题普遍存在。

（一）缺乏透明统一从宽标准体系的具体表现

1. 效率与公正的分化

理论上的争议与立法规范上的纠结，直接导致了司法实践中认罪认罚整体效率与个案公正的分化。正是因为缺乏统一的从宽标准体系，才使一些不适用认罪认罚从宽制度的案件流入认罪认罚从宽中。这主要体现为两个方面。第一，片面追求认罪认罚的适用率。从认罪认罚试点到正式铺开，其适用率迅猛增长。上文提到，截至 2017 年 11 月，适用认罪认罚从宽制度的案件占试点法院同期审结刑事案件的 45%，到 2018 年 9 月底，这一数字达到 53.68%。2019 年 1 月至 8 月期间，全国检察机关认罪认罚从宽制度适用率为 36.5%,[1] 2019 年 8 月底，最高人民检察院提出适用率要提高至 70% 左右。在此以后，全国各地对适用率提出指标，甚至以专项行动的方式来提高适用率，短短几个月的时间从 26.9% 的适用率提高到 80.8%。[2] 在这一背景下，2021 年全年认罪认罚从宽制度的适用率已经超过 89.4%。[3] 片面追求适用率，甚至采取"拔苗助长"的方式，这种方式是否科学合理尚且不论，如此海量的认罪认罚案件如何保证其从宽的科学性和合理性同样是个疑问。另一方面，法院对认罪认罚的自愿性、真实性和合法性缺乏实质审查，导致个案公正存

---

① 央广网：《最高检：认罪认罚从宽制度适用率逐步提升 宽严相济刑事政策充分体现》，网址：https://baijhao.baidu.com/s? id = 1648267571117850034&wfr = spider&for = pc，最后访问日期 2022 年 2 月 11 日。

② 海南省人民检察院：《甘肃："百日大提升"行动让认罪认罚从宽制度适用率提升至 80.8%》，网址：https:///www.hi.jcy.gov.cn/webSite/module/M101/view/588456/00500008，最后访问日期 2022 年 2 月 11 日。

③ 澎湃新闻网：《〈新京报〉专访最高检第一检察厅厅长：认罪认罚从宽制度成办案"重器"》，网址：https://m.thepaPer.cn/baijiahao_ 17057208，最后访问日期 2022 年 2 月 11 日。

疑。为了保证认罪认罚案件的公正性，法院不仅要审查检察机关量刑建议的合理性、协商过程的合法性，还要对被告人认罪认罚的自愿性，具结书的真实性、合法性进行审查。但是从司法实践来看，许多适用认罪认罚从宽制度的案件庭审时间都大幅减少，庭审逐渐被虚化、弱化，这可能对个案公正造成一定的冲击。

2. 重形式，轻实质

作为认罪认罚从宽制度内在逻辑的第二个层面，犯罪嫌疑人、被告人采取尽可能的手段和方式积极恢复或降低被破坏的社会关系使其减少责任刑或报应刑。有学者提出，认罪认罚从宽制度是"对抗性"司法向"恢复性"司法的转变，通过积极促使犯罪嫌疑人、被告人与国家、被害人及其近亲属之间达成和解，化解矛盾，从而促进社会和谐。① 恢复性司法理念可以简单概括为：犯罪嫌疑人、被告人自愿、真诚悔罪认罪，积极主动地承担修复被破坏的社会关系的责任。其核心要点有二：第一，犯罪嫌疑人、被告人自愿认罪悔罪；第二，犯罪嫌疑人、被告人全面关注被破坏的社会关系，有具体被害人的，需要全面关注被害人，积极与被害人达成和解，修复、整合被破坏的社会关系。因此，对犯罪嫌疑人、被告人的认罪认罚行为应当关注形式与实质两个层面，形式层面是犯罪嫌疑人、被告人自愿如实供述自己的犯罪行为，承认指控的犯罪事实，愿意接受处罚，签署认罪认罚具结书，实质层面则是关注犯罪嫌疑人、被告人是否积极承担修复被破坏的社会关系，是否积极与被害人达成谅解、和解。

司法实践中，许多办案司法人员对被追诉人只进行了认罪认罚的形式性认定，而忽视了犯罪嫌疑人、被告人主观自愿性和积极性的衡量，造成了一些"恶意"或"技术性"认罪案例的出现。② 有些犯罪嫌疑人、被告人内心毫无悔意，但为了减少刑罚，摆脱诉累，在司法机关面前"真诚悔罪"，但面对被害人则完全是另一副面孔。③ 司法实践中更有甚者在认罪认罚，接受完处罚以后，不时去骚扰、恐吓被害人及其近亲属。④ 对这样的犯罪嫌疑人、被告人进行较大幅度的从宽难免有违常识、常情、常理。当然，将认罪认罚从宽制度的适用与否取决于被追诉人是否与被害人达成和解有可能滑向过

---

① 王平：《恢复性司法在中国的发展》，《北京联合大学学报（人文社会科学版）》，2016 年第 4 期。

② 闫召华：《虚假的忏悔：技术性认罪认罚的隐忧及其应对》，《法制与社会发展》2020 年第 3 期。

③ 刘少军：《认罪认罚从宽制度中的被害人权利保护研究》，《中国刑事法杂志》2017 年第 3 期。

④ 王瑞君：《"认罪从宽"实体法视角的解读及司法适用研究》，《政治与法律》2016 年第 5 期。

度关注被害人的境地，同样是对"恢复性司法的扭曲"。[①] 这实际上反映出的是司法机关在办理认罪认罚案件时，对被追诉人认罪认罚的认定重形式，轻实质。

3. 人身危险性评估不足

作为认罪认罚从宽制度内在逻辑的第三个层面，犯罪嫌疑人、被告人认罪认罚的行为表明该犯罪嫌疑人人身危险性的降低，因此可以通过减少预防刑对其从宽处罚。从理论上说，人身危险性反映的是犯罪嫌疑人、被告人的反社会倾向或者犯罪人格，人身危险性的降低意味着再犯可能性较小，对其实行从宽处罚不至于损害社会公共利益。因此，对犯罪嫌疑人、被告人是否应当从宽以及从宽程度应该重点关注犯罪嫌疑人、被告人的人身危险性。然而，现行的法律法规、司法解释就相关规定存在如下三点不足：首先，《指导意见》对评估对象范围的界定过小。《指导意见》在"社会调查评估"中对侦查、审查起诉、审判阶段以及司法行政机关的社会调查评估职责进行了相应规定，但规定仅对"可能判处管制、宣告缓刑"的犯罪嫌疑人、被告人进行评估，存在范围过小的问题。其次，刑事诉讼法以及《指导意见》并没有将人身危险性作为是否从宽以及从宽程度的衡量标准。再次，《指导意见》中规定的皆是"可以委托"而并非"应当委托"，考虑到社会调查评估的耗时费力，这导致司法实践中司法机关要么直接忽视社会调查评估，要么通过经验自行评估，导致社会调查评估缺乏科学性和专业性。另外，人身危险性的评估确有复杂性，一名罪犯是否可能再犯具有不确定性，与罪犯的成长经历、家庭环境、学识背景、心理状态等都具有较大关系。也许犯罪嫌疑人、被告人签署具结书时是真诚认罪悔罪，但后来又心态转变继续从事违法犯罪活动。以上原因共同导致在司法实践中存在"一律从宽"的问题，即司法机关对认罪认罚的犯罪嫌疑人、被告人，忽视人身危险性的评估，一律从宽。如，适用速裁程序较多的毒品犯罪，其中有许多贩卖毒品的人是因为自己本身吸毒，而吸毒人员难以克制自己，因此其人身危险性往往较大，再犯可能性更高，按照罪责刑相适应的精神以及特殊预防的需要，应谨慎对其从宽，但司法实践中对毒品犯罪的从宽幅度又往往较大。

（二）完善从宽标准体系的具体路径

综上所述，根据认罪认罚从宽制度的内在逻辑的三个方面，对犯罪嫌疑人、被告人是否可以从宽以及从宽的程度可以进行一个划分：犯罪嫌疑人、

[①] 闫召华：《"合作司法"中的恢复逻辑：认罪认罚案件被害人参与及其限度》，《法学评论》2021 年第 5 期。

被告人不认罪认罚的，自然不能从宽，这是前提。对于认罪认罚，但不积极主动修复或减少被破坏的社会关系且不能通过人身危险性评估的犯罪嫌疑人、被告人，体现为不积极退赃退赔，不积极向被害人赔礼道歉以争取谅解、和解的，这是种形式上的认罪认罚形态，其罪行的社会危害性、被追诉人的人身危险性并没有降低，报应刑与预防刑也不应当较少，因此，应当严格把握其从宽幅度。对于认罪认罚又积极主动修复被破坏的社会关系，通过人身危险性评估的犯罪嫌疑人、被告人，这是种完全形态的认罪认罚，无论是从报应刑、预防刑还是诉讼效率的角度，其都获得了从宽的理由，可以对其进行较大幅度的从宽。对认罪认罚，同时能够积极主动修复被破坏的社会关系或通过人身危险性评估的犯罪嫌疑人、被告人，这是种不完全认罪认罚形态，在节约诉讼资源的同时，或通过减少报应刑，或通过减少预防刑，其从宽幅度应当介于第一种和第二种形态之间。因此，对以上形态的认罪认罚从宽幅度，从严到宽的顺序为：不认罪认罚形态，形式上认罪认罚形态，不完全认罪认罚形态，完全认罪认罚形态。

三、建立认罪认罚案件证据开示制度

2019 年《指导意见》第二十九条首次对认罪认罚从宽制度规定了证据开示制度，"人民检察院可以针对案件具体情况，探索证据开示制度，保障犯罪嫌疑人的知情权和认罪认罚的真实性及自愿性。"《量刑指导意见》第二十六条规定，人民检察院在听取意见的过程中，"在必要时可以通过出示、宣读、播放等方式向犯罪嫌疑人开示或部分开示影响定罪量刑的主要证据材料，说明证据证明的内容，促使犯罪嫌疑人认罪认罚""言词证据需开示的，应注意合理选择开示内容及方式，避免妨碍诉讼、影响庭审"。《听取意见规定》第四条"关于同步录音录像一般应当包涵如下内容"第六项"根据需要，开示证据的情况"。综合以上规范性文件，对于证据开示制度，立法机关的用词是"可以""探索""根据需要"等，这导致实践中认罪认罚证据开示制度只是浅尝辄止，而没有在真正意义上建立起来。在认罪认罚从宽制度中，控辩双方力量显著不平衡，如上文所述，控方极易利用自己的资源及权力优势对犯罪嫌疑人、被告人进行压制，而被追诉人对控方掌握了哪些关涉定罪量刑的证据却一概不知，在这种背景下，无法有效保障认罪认罚的自愿性、真实性和合法性。

（一）建立认罪认罚证据开示制度的必要性

证据开示制度在逻辑层面而言主要有两种形式：一是在职权主义国家与案卷移送制度相呼应的阅卷制度；二是在当事人主义国家与"起诉书一本主

义"相呼应的证据开示制度。一般认为，我国的阅卷制度是证据开示的一种。刑事诉讼法第一百二十二条、第一百四十八条对阅卷制度作出了相应规定。尽管我国已经建立了阅卷制度，但在认罪认罚从宽制度中建立相应的证据开示制度也同样有必要。

在普通案件中，犯罪嫌疑人、被告人通过辩护律师、法律援助律师行使阅卷权获得案件的相应信息，辩方通过所获得的信息开展辩护方案的制定。但在认罪认罚案件中，阅卷制度发挥的作用十分有限。这体现在三个方面：一是，尽管《指导意见》《高检规则》规定了值班律师可以自案件移送审查起诉之日起"查阅案卷、了解案情"，但对值班律师能否摘抄、复制案卷材料则语焉不详，值班律师的阅卷权存在权利不完整的风险。二是，值班律师往往没有精力行使阅卷权。值班律师一天可能参与好几个甚至十几个认罪认罚案件，而适用认罪认罚的案件往往比较追求诉讼效率，留给值班律师的时间所剩无几。三是，值班律师津贴较低，其没有动力认真履行职责。因此，值班律师往往由一个保障被追诉人权利的角色异化为见证被追诉人认罪认罚的角色。

有学者提出，对于没有辩护人的认罪认罚案件的被追诉人，在值班律师提供法律帮助的同时赋予被追诉人有限阅卷权。[1]该提法有一定合理性。在认罪认罚案件中，被追诉人寻求与司法机关合作的动力较大，社会危险性通常较小，其在接触案卷材料以后故意毁坏证据、虚假供述、报复证人的风险较低。但是，毕竟被追诉人受自己专业知识以及人身自由的限制，被追诉人对案卷材料中证据的真实性、关联性、合法性判断的能力不足，在值班律师尚且不阅卷的情况下，无法与值班律师发生"同频共振"。[2]

因此，已存在的阅卷制度无法充分保障被追诉人的知悉权，从而无法保障认罪认罚的自愿性、真实性。而"将证据信息交换的另一种形态——证据开示"作为认罪认罚从宽制度中保障被追诉人知悉权的一种制度保障具有相当的现实必要性。

（二）认罪认罚证据开示制度的功能

1. 促进被追诉人尽早认罪、稳定认罪，提高司法效率

《指导意见》第十四条中明确规定："在从宽幅度上，主动认罪认罚优于被动认罪认罚，早认罪认罚优于晚认罪认罚，彻底认罪认罚优于不彻底认罪认罚，稳定认罪认罚优于不稳定认罪认罚。"全面的证据展示制度，使得律师

---

① 朱孝清：《再论辩护律师向犯罪嫌疑人、被告人核实证据》，《中国法学》2018年第4期。
② 鲍文强：《认罪认罚案件中的证据开示制度》，《国家检察官学院学报》2020年第6期。

与被追诉人对认罪认罚案件的信息有充分的认知，保障了被追诉人的知悉权，从而能够使心存侥幸的犯罪嫌疑人、被告人在"铁证"面前尽早认罪认罚，使摇摆不定、心存疑惑的犯罪嫌疑人、被告人彻底认罪认罚。

在司法实践中，已经有部分司法机关展开了证据开示制度的探索工作。在某开设赌场罪案件中，被追诉人在侦查阶段七次讯问笔录均对开设赌场的犯罪事实予以否认，后检察机关主动向其展示案卷材料，相关证据皆指向被追诉人。在了解了案件证据情况后，被追诉人最终认罪认罚。① 该案通过证据开示促使被追诉人从拒不认罪向自愿认罪认罚转向，促进被追诉人尽早认罪认罚，充分说明了证据开示制度对提高司法效率的重要价值。在另一个涉嫌掩饰隐瞒犯罪所得罪案例中，被追诉人虽然表示愿意认罪认罚，但对部分犯罪事实还心存侥幸，拒不交代或辩解。在检察机关证据开示以后，被追诉人只好表示"我错了，我愿意认罪认罚"。② 在这个案例中，证据开示制度强化了被追诉人认罪认罚的自愿性，使其放弃侥幸、摇摆心理，实现彻底认罪、稳定认罪的效果，这就有效防止了在审判阶段因被追诉人翻供反悔导致的程序回流，从而达到提高司法效率的作用。

2. 保障认罪认罚的自愿性

上文提到，在认罪认罚从宽制度中，控辩双方信息严重不对称，控方极易利用资源优势对被追诉人进行诱导、强迫甚至威胁，"名为协商，实为压制"。③ 证据信息的不对称也极易引发冤假错案。在一项美国的实证研究中显示，有近20%的无辜被追诉人进行有罪答辩，证据信息的不对称是其作出有罪答辩的重要原因。④ 对于有罪的被追诉人而言，大多对自己的行为性质、犯罪事实、证据有一个概括性的了解，并对案件的走向有个大致评估。而无辜被追诉人对案件的证据情况的了解几乎没有，在这种状况下，如果没有律师提供的有效辩护，又不进行证据开示，无辜被追诉人很有可能出于摆脱诉累的目的认罪认罚。刑事诉讼法与《指导意见》在各个阶段都规定了司法机关保障被追诉人的知悉权的义务，但其内容仅限于"享有的诉讼权利和认罪认罚的法律规定"。日后应当出台相关司法解释，将证据开示作为检察机关的义务之一，从而有效保障认罪认罚的自愿性。

---

① 鲍文强：《认罪认罚案件中的证据开示制度》，《国家检察官学院学报》2020年第6期。
② 鲍文强：《认罪认罚案件中的证据开示制度》，《国家检察官学院学报》2020年第6期。
③ 龙宗智：《完善认罪认罚从宽制度的关键是控辩平衡》，《环球法律评论》2020年第2期。
④ ［美］萨缪尔·格罗斯等：《美国的无罪判决——从1989到2003年》，刘静坤译，《中国刑事法杂志》2006年第6期。

3. 促进协商的实质化，构建控辩平衡的认罪认罚从宽制度

认罪认罚从宽制度作为一种"第四范式"① 的协商性司法制度，协商是其关键要素。刑事诉讼法第一百七十三条关于"听取意见"的部分对协商一词避而不谈，有学者将其归纳为"确认核准模式"② 或"听取意见模式"③。《指导意见》第三十三条"量刑建议的提出"对人民检察院听取犯罪嫌疑人、被告人或者值班律师意见时，表述为"尽量协商一致"，这意味着立法机关并不完全排斥"协商"一词。况且，为了达成"协商一致"的目的，有必要提升辩方的协商能力，促进控辩平等。在认罪认罚从宽制度中构建证据开示制度，正是为了保障辩方对案件信息的知悉权，提升辩方的协商能力，主要体现为两个方面。第一，协商的基本前提是双方平等的地位。上文提到，目前司法机关对认罪认罚作为自己的权力看待，对被追诉人而言，认罪认罚更像是"恩赐"，这实际上反映了控辩双方地位的不平等。推行证据开示制度，正是为了打破这种不平等，使得辩方有能力对量刑问题进行协商。第二，协商的关键在于双方对案件信息的知悉。推行证据开示制度，确保控辩双方掌握基本对称的证据信息，才能促使双方有权衡与妥协的空间，否则辩方面对控方的强大力量将毫无还手之力。

（三）认罪认罚证据开示制度的构建

综上所述，在认罪认罚从宽制度中构建证据开示制度，既是现实的要求，也有助于构建控辩平衡的认罪认罚从宽制度，从而有效保障犯罪嫌疑人、被告人认罪认罚的自愿性、真实性和合法性。构建认罪认罚证据开示制度，主要应从以下几个方面着手：

第一，明确证据开示的启动方式。有学者认为证据开示应当强制启动，④ 还有学者认为应当依申请启动。⑤ 笔者认为，认罪认罚证据开示，既可以依职权启动，也可依申请启动。具体而言，当被追诉人对认罪认罚心存侥幸或摇摆不定，检察机关在查阅案卷材料以后，为了使被追诉人尽早认罪认罚、稳定认罪认罚，可依职权主动进行证据开示。另外，当被追诉人、法定代理人、

---

① 熊秋红教授认为，弹劾式诉讼作为第一范式，纠问式诉讼为第二范式，审问式与对抗式诉讼为第三范式，"放弃审判"的协商性司法为第四范式。熊秋红：《比较法视野下的认罪认罚从宽制度——兼论刑事诉讼"第四范式"》，《比较法研究》2019 年第 5 期。

② 吴思远：《我国控辩协商的困境及转型——由"确认核准模式"转向"商谈审查模式"》，《中国刑事法杂志》2020 年第 1 期。

③ 闫召华：《听取意见式司法的理性建构——以认罪认罚从宽制度为中心》，《法制与社会发展》2019 年第 4 期。

④ 鲍文强：《认罪认罚案件中的证据开示制度》，《国家检察官学院学报》2020 年第 6 期。

⑤ 刘甜甜：《认罪认罚从宽案件中的证据开示制度研究》，《中国政法大学学报》2021 年第 5 期。

辩护律师、值班律师认为有必要进行证据开示时，可以向检察机关申请启动证据开示，检察机关应当启动，并对证据开示的相关情况附卷移送人民法院，以供人民法院在审判阶段进行审查。证据开示的启动不应自动强制启动，这是因为不少认罪认罚案件的被追诉人并不一定要求证据开示，其只想尽快结束诉讼程序、摆脱诉累，强制证据开示可能影响诉讼进程。

第二，明确证据开示的主体和对象。笔者认为主体应当限定为检察机关。检察机关作为我国的法律监督机关，对公安机关搜集的相关案件材料具有审查、监督义务，由检察机关向辩方开示相关证据是其职责所在。关于证据开示的对象，既可以是辩护人或值班律师，也可以是被追诉人。向律师证据开示自毋庸讳言，但需区别对待向被追诉人的证据开示。考虑到被追诉人可能存在的人身危险性，为了防止被追诉人打击报复证人、毁灭证据，对于涉及证人安全、个人信息的材料应当有选择性地进行开示。

第三，明确证据开示的诉讼阶段。应适用于审查起诉以及审判阶段。侦查阶段作为公安机关搜集犯罪证据的阶段，为了防止犯罪嫌疑人隐匿、毁坏证据或替人顶罪，侦查阶段不应向被追诉人开示相关证据。审查起诉阶段是认罪认罚从宽制度的核心阶段，也是被追诉人与检察官展开协商，并签署认罪认罚具结书的关键阶段，因此，证据开示的时间应当在具结书签署之前。

第四，明确证据开示的范围。应当坚持全面开示原则。除涉及国家安全、秘密，个人隐私，恐怖活动犯罪等以外，应当向值班律师、被追诉人开示相关物证、书证、被告人供述和辩解、勘验、检查、侦查等笔录，视听资料、电子数据等。需要注意的是，对于共同犯罪的同案犯的相关笔录、证人证言、被害人陈述等证据，出于保护证人或保证诉讼顺利进行的需要，检察机关有必要慎重评估再决定是否向被追诉人开示以上证据。

第五，明确证据开示的法律后果与救济措施。没有救济就没有权利。在审查起诉阶段，辩方可向检察机关申请证据开示，检察机关应当进行证据开示并附卷随案移送至人民法院。庭审阶段，辩方可向人民法院申请司法救济，就控方证据展示的范围，以及控方是否进行了证据展示等进行司法审查。若法院审查后认为存在应开示而未开示的证据，且该证据足以影响被追诉人认罪认罚自愿性、明智性和真实性，法院应当提供相应的司法救济，[①] 如拒绝检察机关的量刑建议，以衔接"一般应当采纳检察机关的量刑建议"，或要求控方重新向辩方开示证据，宣告具结书无效，或排除未开示的证据等。

---

① 李昌盛、李艳飞：《比较法视野下认罪认罚案件证据开示制度之构建》，《河北法学》2021年第9期。

第五章

人民陪审员制度改革的地方试点与法律完善

　　陪审是公民直接参与司法活动的民主形式，也是公民参与审判的权利保障制度。陪审制度兼具政治和司法的双重属性。因法律传统、人文环境和社会结构的不同，英美法系国家实行陪审团制，大陆法系国家实行参审制，①　而我国实行的人民陪审员制度，其模式脱胎于苏联，类似于大陆法系的参审制度。人民陪审员制度是中国特色社会主义司法制度的重要组成部分，是人民群众有序参与司法的直接形式，是社会主义民主在司法领域的重要体现。②　长期以来，我国人民陪审员制度在促进司法公开、司法民主方面发挥了积极作用，但在运行中也面临一些问题。比如，一些人民陪审员庭审时不发问、合议时不发言，存在"陪而不审""审而不议"的现象。③　为此，党的十八届三中全会、党的十八届四中全会都对人民陪审员制度改革进行了顶层设计。2018 年 4 月，第十三届全国人大常委会第二次会议审议通过了《中华人民共和国人民陪审员法》。作为我国第一部关于陪审制度的专门法律，它总结了人民陪审员制度改革试点的成功经验，对人民陪审员制度的发展具有重大意义。

　　考虑到人民陪审员制度改革对推进司法民主、促进司法公正、提高司法公信力意义重大，有学者认为这既是人民陪审员制度改革的目标，也是对人民陪审员制度功能的期待。④　有鉴于此，本章将主要围绕以下三个方面对人民陪审员制度改革问题展开讨论：第一节旨在讨论人民陪审员制度为什么需要改革？对于这个问题主要从人民陪审员制度改革的历史背景、制度背景和理论背景三个方面阐述其原因；第二节主要是对地方试点中的人民陪审员制度改革的实践现状、地方经验以及对立法活动的影响进行解读；第三节主要是

---

　　①　王敏远：《刑事诉讼法学》，知识产权出版社 2013 年版，第 623 页。

　　②　刘方勇、廖永安：《人民日报新知新觉：在实践中发展完善人民陪审员制度》，人民网，http://opinion.people.com.cn/n1/2018/0926/c1003-30312976.html，最后访问日期2022 年 3 月 2 日。

　　③　参见《最高人民法院关于人民陪审员制度改革试点情况的中期报告》，中国人大网，http://www.npc.gov.cn/zgrdw/npc/xinwen/2016-07/01/content_1992685.htm，最后访问日期2022 年 3 月 2 日。

　　④　魏晓娜：《人民陪审员制度改革：框架内外的思考》，《内蒙古社会科学》2020 年第 3 期，第 119 页。

通过梳理人民陪审员法及相关配套规范性文件等，对立法后的人民陪审员制度现状、问题进行总结分析，并试图就相关问题提出对策。

第一节　人民陪审员制度改革背景

我国的人民陪审员制度发轫于革命根据地时期，历经了长期的发展形成了颇具中国特色的人民陪审员制度。然而，该制度在运行了多年之后，生存空间越来越小，几乎成了"木偶"。"陪而不审""审而不议"一度成为人民陪审员制度面临的普遍困境，这也是为什么人民陪审员制度要改革的原因之一。因此，为更好地探求改革的必要性和重要性，本节主要通过人民陪审员制度本身的历史沿革来说明人民陪审员制度自身改革的迫切性，与此同时，新时代司法改革也需要人民陪审员制度用改革来呼应。最后对人民陪审员制度在发展过程中遇到的理论与实践问题进行重点梳理。

一、人民陪审员制度改革的历史背景

通过参考相关文献，我们发现人民陪审员制度的发展至今共经历了两个重要的时间节点：一个是1949年中华人民共和国成立——将新民主主义革命时期的人民陪审员制度逐步转变为社会主义需要的人民陪审员制度；另一个是2013年党的十八届三中全会的召开——对实践中存在不足的人民陪审员制度进行试点改革，并努力完善制度及相关内容，使其更符合新时代中国特色社会主义法治的需求。

（一）人民陪审员制度的产生及早期发展

1949年中华人民共和国成立后，对新民主主义革命时期的人民陪审员制度去芜存菁，于1951年颁布了《中华人民共和国人民法院暂行组织条例》，其中第六条"为便于人民参与审判，人民法院应视案件性质，实行人民陪审制"的表达确立了人民陪审员制度，并划定了陪审员有"协助调查、参与审理和提出意见"的权利。人民陪审员制度的正式确立是在1954年颁布的《中华人民共和国宪法》，第七十五条规定："人民法院审判案件依照法律实行人民陪审员制度。"此外，还有同年颁布的《中华人民共和国人民法院组织法》也对人民陪审员制度进行了规定，第八条将人民陪审员制度的适用规定在第一审案件中，"但是简单的民事案件、轻微的刑事案件和法律另有规定的案件除外"。然而，20世纪50年代末期，由于人民陪审员的产生、培训、补助等实际困难，加之频繁的政治运动、公检法联合办案等原因，人民陪审员制度逐步萎缩。尤其在"文化大革命"期间，国家民主法制遭到破坏，人民陪审员制度名存实亡，1975 年的宪法取消了人民陪审员制度的规定。①

　　直至 1978 年，我国开始恢复和重建司法制度。在 1978 年宪法第四十一条中再次规定了人民陪审员制度："人民法院审判案件，依照法律的规定实行群众代表陪审的制度。对于重大的反革命案件和刑事案件，要发动群众讨论和提出处理意见。"此后，在其他法律中也再次明确了人民陪审员制度：1979 年人民法院组织法第十条第二款规定"人民法院审判第一审案件，由审判员和人民陪审员组成合议庭进行"是对 1954 年人民法院组织法第八条中"人民法院审判第一审案件，实行人民陪审员制度"的具体表述。而 1979 年刑事诉讼法第一百零五条第一款至第二款规定则更加详细地将人民陪审员制度的适用分为：基层人民法院和中级人民法院审判的第一审案件，除自诉案件和其他轻微的刑事案件可以独任审判以外，"应当由审判员一人、人民陪审员二人组成合议庭进行"。而高级人民法院、最高人民法院审判的第一审案件，"应当由审判员一人至三人、人民陪审员二人至四人组成合议庭进行"。② 但是，1982 年宪法再次取消了关于人民陪审员制度的规定。此后几度修宪均未规定人民陪审员制度。至此，在没有宪法作为直接依据的情况下，人民陪审员制度通过三大诉讼法及相关司法解释重新得以确立，只是不再把实行陪审制度作为硬性要求，而是作为选择性规定。尤其是 1983 年"严打"开始后，人民法院组织法第十条第二款在此前的基础上修改为"由审判员组成合议庭或者由审判员和人民陪审员组成合议庭进行"。而后，1996 年修正的刑事诉讼法第一百四十七条第一款至第二款也修改了相关合议庭组成人员的规定，基层人民法院和中级人民法院审判第一审案件的，应由审判员三人或者由审判员和人民陪审员共三人组成合议庭进行，但是适用简易程序的案件可以独任审判。高级人民法院、最高人民法院审判第一审案件的，则应由审判员三人至七人或者由审判员和人民陪审员共三人至七人组成合议庭进行。至此，陪审不再作为第一审法庭的必要构成形式。③

　　然而，20 世纪末以来，由于社会关系变化，利益格局调整，社会矛盾交织，人民法院审判工作面临前所未有的复杂局面，人民法院的管理体制和审判工作机制，受到了严峻的挑战。人民群众对少数司法人员腐败现象和裁判不公反映强烈，直接损害了党和国家的威信。④ 在这一背景下，为提高社会公

---

① 魏晓娜：《人民陪审员制度改革研究》，中国政法大学出版社 2022 年版，第 25—30 页。

② 魏晓娜：《陪审制的功能、机制与风险》，《贵州民族大学学报（哲学社会科学版）》2015 年第 1 期，第 169 页。

③ 陈海光：《我国人民陪审员制度的前世今生》，《法律与生活》2018 年第 16 期，第 19 页。

④ 陈光中等著：《司法改革问题研究》，法律出版社 2018 年版，第 49—54 页。

众对司法的信心，提高司法的公信力，人民陪审员制度又重新受到重视，并随着司法改革的启动和深入而逐渐升温，成为司法改革不可或缺的组成部分。①

1997 年，中国共产党第十五次全国代表大会确定了依法治国的基本方略，明确提出了推进司法改革的任务。1999 年，第九届全国人民代表大会第二次会议又将依法治国的基本方略载入宪法。以此为契机，最高人民法院于 1999 年印发了第一个《人民法院五年改革纲要（1999—2003）》，其中第二十三条提出完善人民陪审员制度，"对担任人民陪审员的条件、产生程序、参加审判案件的范围、权利义务、经费保障等问题，在总结经验、充分论证的基础上，向全国人大常委会提出完善我国人民陪审员制度的建议，使人民陪审员制度真正得到落实和加强"。② 2000 年 9 月，最高人民法院曾向全国人大常委会报送《关于完善人民陪审员制度的决定（草案）》。后经全国人大常委会审议认为，鉴于对人民陪审员的职责定位、任职条件等问题尚需进一步深入研讨，该草案的审议工作被搁置。③

2004 年 8 月 28 日，第十届全国人大常委会第十一次会议最终通过《全国人民代表大会常务委员会关于完善人民陪审员制度的决定》（以下简称《决定》），对人民陪审员的任职条件、产生程序、参加审理案件的范围、权利义务和经费保障作出明确规定，并于 2005 年 5 月 1 日施行。此后，《人民法院第二个五年改革纲要（2004—2008）》和《人民法院第三个五年改革纲要（2009—2013）》相继提出"健全人民陪审员管理制度""充分发挥人民陪审员制度的功能"以及"进一步完善人民陪审员制度，扩大人民陪审员的选任范围和参与审判活动的范围，规范人民陪审员参与审理案件的活动，健全相关管理制度，落实保障措施"。④

2010 年 6 月 29 日，最高人民法院印发《关于进一步加强和推进人民陪审工作的若干意见》（以下简称《意见》）的通知，要求"进一步加强和推进人民陪审工作，不断完善人民陪审员制度，充分发挥人民法院在深入推进社会矛盾化解、社会管理创新、公正廉洁执法三项重点工作中的重要作用"，并分

---

① 叶青：《以审判为中心的诉讼制度改革之若干思考》，《法学》2015 年第 7 期，第 3—10 页。

② 王世杰、刘文鹏：《论我国人民陪审员制度的进一步完善》，《理论月刊》2006 年第 5 期，第115—117 页。

③ 参见最高人民法院《强化司法民主促进司法公正——人民陪审员制度改革述评》，中华人民共和国最高人民法院网站，https://www.court.gov.cn/shenpan-xiangqing-16339.html，最后访问日期2022 年 3 月 2 日。

④ 陈光中等著：《司法改革问题研究》，法律出版社 2018 年版，第 124—143 页。

别就"拓宽选任范围，严格任免程序"以及保证人民陪审员"依法履行职责，切实保障权利"等提出具体意见。

2013年5月23日，最高人民法院召开全国法院人民陪审员工作电视电话会议，提出各级人民法院两年内实现人民陪审员数量翻一番的"倍增计划"，要求各级人民法院结合本地实际按照适当高于基层法院法官人数的比例，进一步扩大人民陪审员规模；审判任务重、地域面积广、辖区人口多的基层法院，可根据条件按照本院法官人数2倍的比例增补，力争将全国法院人民陪审员数量增至20万人左右。各级人民法院要不断提高人民陪审员的代表性和广泛性，注意提高基层群众特别是工人、农民、进城务工人员、退伍军人、社区居民等群体的比例，确保基层群众所占比例不低于新增人民陪审员的三分之二。[1]

在中央和有关方面的积极推动下，人民陪审员制度取得了长足进展。据统计，《决定》实施8年来，全国各地人民陪审员参加审理案件共计803.4万人次，其中2012年参加审理案件人次是2006年的3.8倍。全国各地人民陪审员参加审理案件总数共计628.9万件，其中刑事案件176.4万件、民事案件429.8万件、行政案件22.7万件。全国各地人民陪审员参加审理的案件比例逐年提高，2013年上半年全国法院审理的一审普通程序案件陪审率已达71.7%，比2006年提高52%。全国各地现有人民陪审员8.7万人，比2006年增加3.1万人，增长幅度为55%，人民陪审员总数已超过基层人民法院法官的二分之一。各地法院坚持组织推荐和个人申请相结合，规范选任程序，丰富选任方式，既广泛邀请人大代表、政协委员、专家学者以及社区工作者参加陪审工作，也注重提高普通群众代表所占比例，不断优化人民陪审员队伍结构。各地普遍规定了选任普通群众担任人民陪审员的最低比例，注重推荐来自基层的群众代表参加陪审工作，确保人民陪审员的来源有效涵盖不同社会群体，更具有广泛性和代表性。2012年全国各地人民陪审员参审案件总数达到148.7万件。[2]

总的来说，这一时期人民陪审员制度发展的成就主要体现在"量"上，即陪审员数量的增加和参审率的提高，而在"质"的方面，如陪审员的社会代表性和参加审判的实质性，人民陪审员制度仍有较大的提升空间，也存在

---

① 参见《全国法院人民陪审工作电视电话会议在京召开》，绥化市中级人民法院网站，http://shzy.hljcourt.gov.cn/public/detail.php? id=153，最后访问日期2022年3月2日。

② 参见《最高法关于人民陪审员决定执行和人民陪审员工作情况的报告》，中国人大网，http://www.npc.gov.cn/zgrdw/npc/xinwen/2013-10/22/content_1810630.htm，最后访问日期2022年3月2日。

一些较为严重的问题。① 这些问题的存在，有些是立法规定本身不合理所致，有的则是在实践中走了样儿，偏离了人民陪审员制度设立的初衷。因此，这些问题是人民陪审员制度在下一步的改革发展中需要着力解决的。

（二）人民陪审员制度的逐步成熟及改革试点

2013 年 11 月，党的十八届三中全会通过的《中共中央关于全面深化改革若干重大问题的决定》（以下简称党的十八届三中全会《决定》）提出，"广泛实行人民陪审员、人民监督员制度，拓宽人民群众有序参与司法渠道"。2014 年 10 月 23 日，党的十八届四中全会通过的《中共中央关于全面推进依法治国若干重大问题的决定》（以下简称党的十八届四中全会《决定》），对保障人民群众参与司法作了更为具体的部署。党的十八届四中全会《决定》提出，"完善人民陪审员制度，保障公民陪审权利，扩大参审范围，完善随机抽选方式，提高人民陪审员制度公信度。逐步实行人民陪审员不再审理法律适用问题，只参与审理事实认定问题"。

2015 年 4 月 1 日，《人民陪审员制度改革试点方案》（以下简称《试点方案》）在中央全面深化改革领导小组第十一次会议上审议通过。同年 4 月 20 日，在第十二届全国人大常委会第十四次会议上，最高人民法院院长周强作《关于授权在部分地区开展人民陪审员制度改革试点工作的决定（草案）的说明》时表示，拟选择北京、河北、黑龙江、江苏、福建、山东、河南、广西、重庆、陕西 10 个省（区、市），每个省（区、市）选择 5 个法院开展人民陪审员制度改革试点工作，试点期限为两年。为了保证改革于法有据，会议还作出了《全国人民代表大会常务委员会关于授权在部分地区开展人民陪审员制度改革试点工作的决定》（以下简称《授权决定》），授权最高人民法院和司法部在全国 10 个省（区、市）50 家法院开展为期两年的人民陪审员制度改革试点工作。4 月 24 日，最高人民法院、司法部联合向开展人民陪审员制度试点工作的北京、河北、黑龙江、江苏、福建、山东、河南、广西、重庆、陕西 10 个省（区、市）的高级人民法院、司法厅（局）印发了试点方案。

2015 年 5 月起改革试点工作正式启动，试点期限原则上两年，最低不少于一年。试点期满后，实践证明可行的，应当修改完善有关法律；实践证明不宜调整的，及时恢复施行有关法律规定。为了确保人民陪审员制度改革试点工作稳妥有序推进，最高人民法院、司法部于 2015 年 5 月 20 日印发了《人民陪审员制度改革试点工作实施办法》（以下简称《实施办法》），对试点

---

① 叶青：《人民陪审员制度的完善》，《上海法治报》2015 年 5 月 13 日，第 6 版。

工作作出了具体部署。试点一年之后，在 2016 年 6 月 30 日召开的第十二届全国人大常委会第二十一次会议上，最高人民法院院长周强代表最高人民法院向全国人大常委会作了《最高人民法院关于人民陪审员制度改革试点情况的中期报告》（以下简称《中期报告》）。①《中期报告》介绍了试点工作开展情况和初步成效，同时也总结了试点工作面临的问题和困难，例如全面实行随机抽选难度较大、缺乏区分事实审和法律审的有效机制等，特别是事实审和法律审的区分在审判实践中如何具体操作仍未形成一致意见，有些问题还没有充分显现，也还需要一段时间进一步研究总结。因此，2017 年 4 月 24 日，第十二届全国人大常委会第二十七次会议决定，人民陪审员制度改革试点工作延期一年至 2018 年 5 月。

2018 年 4 月 27 日，经过三年改革试点，在总结试点经验的基础上，第十三届全国人大常委会第二次会议审议通过了《中华人民共和国人民陪审员法》，并于同日公布施行。同年 10 月 26 日，第十三届全国人大常委会第六次会议通过关于修改刑事诉讼法的决定，其中第十九条涉及对人民陪审员制度的修改，即将原刑事诉讼法第一百七十八条（改为第一百八十三条）修改为：“基层人民法院、中级人民法院审判第一审案件，应当由审判员三人或者由审判员和人民陪审员共三人或者七人组成合议庭进行，但是基层人民法院适用简易程序、速裁程序的案件可以由审判员一人独任审判。高级人民法院审判第一审案件，应当由审判员三人至七人或者由审判员和人民陪审员共三人或者七人组成合议庭进行。最高人民法院审判第一审案件，应当由审判员三人至七人组成合议庭进行。人民法院审判上诉和抗诉案件，由审判员三人或者五人组成合议庭进行。合议庭的成员人数应当是单数。”

截至 2020 年 10 月，人民陪审员法实施两年有余，全国各级法院和司法行政机关落实党中央关于人民陪审员制度的各项决策部署，狠抓法律的贯彻落实，出台配套规范，完善工作机制，加强宣传培训，提升保障水平，人民陪审员工作平稳推进，进展顺利。②

二、人民陪审员制度改革的制度背景

党的十八届三中全会《决定》明确提出“让人民群众在每一个司法案件

---

① 参见《最高人民法院关于人民陪审员制度改革试点情况的中期报告》，中国人大网，http：//www. npc. gov. cn/zgrdw/npc/xinwen/2016-07/01/content_ 1992685. htm，最后访问日期 2022 年 3 月 2 日。

② 参见最高人民法院、司法部相关负责人就人民陪审员制度实施两周年工作情况及《〈中华人民共和国人民陪审员法〉实施中若干问题的答复》重点内容答记者问，https：//baijiahao. baidu. com/s？id＝1680982764573620073&wfr＝spider&for＝pc，最后访问日期 2022 年 3 月 2 日。

中都感受到公平正义"的目标，并从维护宪法法律权威、深化行政执法体制改革、确保依法独立公正行使审判权检察权、健全司法权力运行机制和完善人权司法保障制度等多个方面推动司法体制改革。毋庸置疑，人民陪审员制度改革是司法体制改革的组成部分，因此，它也需要和其他相关司法制度进行联动。该部分内容主要是将"以审判为中心"的刑事诉讼制度、认罪认罚从宽制度、司法责任制和人民陪审员制度改革相结合起来，讨论这些制度对人民陪审员制度产生的影响。

（一）"以审判为中心"的刑事诉讼制度改革与人民陪审员制度

党的十八届四中全会《决定》指出："推进以审判为中心的诉讼制度改革，确保侦查、审查起诉的案件事实证据经得起法律的检验。"由此，我国开始了针对以侦查为中心所产生的各种问题的、具有基础意义的诉讼制度改革。① 此后，最高人民法院、最高人民检察院、公安部、国家安全部、司法部于 2016 年 10 月 11 日发布并实施《关于推进以审判为中心的刑事诉讼制度改革的意见》，对这项改革的具体内容，作了进一步的规定。可以说，"以审判为中心"的诉讼制度改革不仅与人民陪审员制度试点同步启动，而且构成了人民陪审员制度改革大的制度背景。只有在"以审判为中心"的诉讼制度改革这个大的坐标系上，才能更好地理解人民陪审员制度的基本定位和功能。

所谓"以审判为中心"，是指刑事审判在整个刑事诉讼中具有核心的地位。首先，只有经过符合正当程序的审判，才能最终确定被告人的刑事责任；其次，审前程序应当围绕公正审判的需要、服从公正审判的需要；最后，为实现刑事诉讼的公正，审判机关不仅应在刑事诉讼进入审判阶段发挥其主导刑事诉讼的作用，而且应当对审前程序发挥积极作用，以使审判在刑事诉讼中真正具有决定性的作用。② 现代刑事诉讼制度之所以强调"以审判为中心"主要基于两个方面的原因：一是，"以审判为中心"的司法体制更有利于实现刑事司法公正的目标。"以审判为中心"强调法庭审判在刑事诉讼中具有决定性的作用，这比之审前程序能够更全面地体现现代刑事司法公正的各项基本要求。二是，"以审判为中心"的司法体制可以对审前程序形成有效制约。审前程序在刑事诉讼中虽然具有极为重要的基础意义，但审前程序由检察机关主导。因此，如果不能受到司法的有效制约，易偏离现代刑事司法公正的要

---

① 顾永忠、肖沛权：《〈以审判为中心〉与刑事辩护研究》，法律出版社 2021 年版，第 1—15 页。

② 王敏远：《以审判为中心的诉讼制度改革问题初步研究》，《法律适用》2015 年第 6 期，第 2—3 页。

求，且对刑事审判的公正产生难以弥补的不利影响。① 正是基于这两个方面的原因，通过实现法庭审判的重要作用和司法对审前程序的有效制约，以保障刑事司法公正的需要，我国新一轮的司法改革提出了推进"以审判为中心"的诉讼制度改革的要求。②

同样，人民陪审员制度在法庭审判和审前程序阶段也需要进行改革。一方面，"以审判为中心"的精髓在于庭审实质化，可以说庭审实质化的推进对人民陪审员参审职权的改革提出了更高的要求。尤其是一系列现代的庭审原则，集中审理原则、言辞原则和对席审判原则等的确立是确保裁判者准确、及时、客观形成心证的重要保障。③ 人民陪审员作为合议庭成员，在参加审判时也同样需要对这些庭审原则进行掌握，但他们在庭审过程中，是否能秉承直接言词原则，直面所有证据和待证事实并形成内心确信？能够肯定的是，在整个庭审过程中，法官一定是控制诉讼进程、决定程序性事项及实体事项的主导者，而人民陪审员往往对案件信息的掌握没有法官来得全面、专业，这对其判断事实和形成内心确信势必会有影响，而且时间的有限性不能排除为了赶时间走过场的情况存在。另一方面，"以审判为中心"势必要求裁判权的主体回归，让法庭成为事实判断及定罪量刑的最终决定者，而人民陪审员在庭审前对案件信息的掌握与否会对最终判决产生怎样的影响？如前所述，若人民陪审员在一无所知的情况下参加庭审，显然会让庭审质量大打折扣；而当人民陪审员在庭前就掌握了案件信息，尽管确实容易形成内心确信，但会存在先入为主的看法，尤其在没有接受过专业的法学训练下，会出现对案件信息的错误解读。

（二）认罪认罚从宽制度与人民陪审员制度

2016 年 7 月，中央全面深化改革领导小组第二十六次会议审议通过了《关于认罪认罚从宽制度改革试点方案》，同年 9 月第十二届全国人民代表大会常务委员会决定授权最高人民法院、最高人民检察院在北京等 18 个城市开展为期两年的试点工作。到 2018 年 10 月，第十三届全国人民代表大会常务

---

① 王敏远：《刑事诉讼法学》，知识产权出版社 2022 年版，第 1—5 页。

② 陈光中：《司法改革问题研究》，法律出版社 2018 年版，第 153—168 页。

③ 集中审理原则的主要目的是为了实现迅速审判，保证裁判人员进行准确心证，以避免裁判人员因时间拖延而记忆模糊，从而加大心证难度。言辞原则指法庭审理应通过诉讼参与人员的言辞进行，而不应以书面陈述代替出庭陈述和质辩。裁判者通过对各诉讼参与人的"现实状况"进行亲身的体验，并通过双方的质证获得全面的认识和评价，唯有如此方可准确形成心证。对席审判原则是指控辩双方地位平等，可以对案件中的所有证据材料进行质证；双方当事人权利平等，尤其是平等地享有对证人进行提问的权利。参见施鹏鹏：《刑事裁判中的自由心证——论中国刑事证明体系的变革》，《政法论丛》2018 年第 7 期，第 16—20 页。

委员会通过了关于修改《中华人民共和国刑事诉讼法》的决定，自此"认罪认罚从宽"被确立为刑事诉讼的一项重要制度。

当然，认罪认罚从宽制度不是一项单一的法律制度，而是由一系列具体法律制度、诉讼程序组成的集合性的法律制度。[①] 除了刑事诉讼法规定的法条和相关司法解释外，还有由最高人民检察院、最高人民法院、公安部、国家安全部、司法部发布的《关于适用认罪认罚从宽制度的指导意见》对法官的审判实践也具有重要的指导意义。其中，第三十九条规定法官的作用之一是"审判阶段认罪认罚自愿性、合法性审查"，[②] 第四十一条则规定了对量刑建议的调整，其中包括"法院认为量刑建议明显不当，或者被告人、辩护人对量刑建议有异议且有理有据的，法院应当告知检察院，检察院可以调整量刑建议"，如果检察院不调整量刑建议或者调整后仍然明显不当的，法院应当依法作出判决。如果法院不采纳量刑建议的，需要说明理由和依据。

可以看出在认罪认罚从宽中，量刑建议十分重要。而上述的这些规定对于法官的审判确实起到了规范作用，但是对于人民陪审员而言是否同样适用呢？按照人民陪审员法规定的三人合议庭"同职同权"和七人合议庭"分职分权"的双轨并行机制，在三人合议庭中，人民陪审员可对事实认定、法律适用，独立发表意见，行使表决权。也就是说可以和法官一样对量刑建议提出意见，当然检察院是否认可是另一个问题。而在七人合议庭中，人民陪审员仅可以对事实认定部分发表意见，行使表决权，在法律适用问题上仅可以发表意见，那么此时人民陪审员如果对量刑建议有不同意见，尤其人民陪审员作为普通民众，可能受情绪影响，难免会有处罚冲动。[③] 假如案件性质恶劣，辩护人已经认罪认罚，按照相关法律法规，检方在量刑建议上也体现了从宽，但在部分人看来，"太便宜他了"。因此，当在民众参与认罪认罚案件审判，程序已经有所简化时，检方的量刑建议更应该让人民陪审员看得懂，法官也应该就案件相关法条进行解释，让人民陪审员听得懂。

（三）司法责任制与人民陪审员制度

党的十八届四中全会《决定》通过以后，为实现让社会公众在司法案件中感受到公平正义的价值目标，司法责任制便作为重点规划被不断推进。司法责任，从字面意义上看，是指司法工作人员因没有适当履行法定职责而应

---

① 陈卫东：《认罪认罚从宽制度研究》，《中国法学》2016 年第 2 期，第 48—64 页；顾永忠：《关于"完善认罪认罚从宽制度"的几个理论问题》，《当代法学》2016 年第 11 期，第 129—137 页。

② 《关于适用认罪认罚从宽制度的指导意见》第三十九条。

③ 周光权：《面向司法改革的刑法学发展》，《师大法学》2019 年第 1 期，第 169—186 页。

承担的法律上的不利后果。① 从司法权运行规律来看，司法责任是对司法审判的监督，保证司法工作人员正当行使权力、忠实履行义务。在此基础上，如果司法人员有法定的不当行为，将启动追责程序，由专门的追责机构决定是否予以惩戒，以此来矫正审判结果的不公。司法工作人员依据法律的授权，行使国家司法权，在权责相统一的原则下，理应承担起相应的责任。

我国法官责任制度建构体现的基本理念是"让审理者裁判，由裁判者负责"。② 独任法官、合议庭等审理者必须亲自参与案件的裁判过程，明确行使审判权力的主体、最终作出判决的裁判者要对自己的职业行为负责。这其中，"第一层次的含义强调司法权的独立行使，第二层次的含义强调的是司法责任，司法权的独立行使是实现司法责任的重要前提"。③

从人民陪审员的角度来看，虽然人民陪审员不同于法官，但其在特定参与的案件中也承担着重要的审判内容，立法将人民陪审员主要作为事实认定者后，要最大化发挥人民陪审员参审身份特征和内在知识构成优势，得有适于人民陪审员参审的程序保障机制。④ 因此在人民陪审员制度下，法官对人民陪审员在一定程度上有指引和提示的义务。当然法官指引机制的目的是为了解决人民陪审员法律知识不足，并非过多干涉影响案件的公正判决。因此比照法官责任制的第一层次，人民陪审员需要在事实认定中形成自己的判断，并在最后表决意见时进行说明。但是，比照第二层次，陪审员责任应当在何种条件下，以何种方式进行追究？我国法官责任制的追责是采取了双轨制，即审判业务责任和职业规范责任。陪审员责任是否需要与之相当？如果出现了错案责任或者审判质量瑕疵责任，陪审员是否需要受到一定的限制？而且在合议庭中出现的审判结果并不一定是该陪审员的意见，而且本身陪审员是被临时召集和随案解散、不受职位纪律管束的平民裁判者，很难用适合于职业法官、具有一定科层式色彩的追责机制来约束他们。基于上述特殊性，陪审员参审的案件尽管也应遵循"让审理者裁判，由裁判者负责"的一般要求，但是其具体的审判责任规则必然与普通的案件有所差别。⑤

---

① 周赟：《错案责任追究机制之反思——兼议我国司法责任制度的完善进路》，《法商研究》2017 年第 3 期，第 3—14 页。

② 钟垂林：《司法责任制下放权与监管的平衡》，《人民法院报》2019 年 11 月 26 日，第 2 版。

③ 董治良：《司法责任制的建立与实践》，《人民法院报》2015 年 5 月 6 日，第 8 版。

④ 樊传明：《陪审员是好的事实认定者吗？——对〈人民陪审员法〉中职能设定的反思与推进》，《华东政法大学学报》2018 年第 5 期，第 118—131 页。

⑤ 樊传明：《陪审案件中的审判责任制——以保障和管控人民陪审员裁判权为核心》，《法学家》2019 年第 5 期，第 128—140 页。

三、人民陪审员制度改革的理论背景

人民陪审员制度是我国法律制度的重要组成部分，是人民群众直接参与国家管理、审判机关接受人民群众监督的具体体现，也是保证司法公正的一项有力措施。对于我国的人民陪审员制度，有论者从其存在的宪法和法律依据出发认为，作为司法民主的重要内容和标志的人民陪审员制度，无论是作为公民的基本权利，还是作为国家司法制度的一个基本原则，就其地位和重要作用而言，都应在宪法中加以规定。[①] 因此，尽管全国人大常委会通过了人民陪审员法，但我国实行人民陪审员制度没有宪法依据，[②] 人民陪审员制度仍因缺少宪法基础而存在合法性方面的缺陷。也有学者认为，人民陪审员制度的有无不取决于宪法上的存废，宪法中没有规定的制度在现实中仍可执行，我国的陪审制立法不存在"违宪"问题。[③] 除却"合宪"问题外，人民陪审员制度在发展过程中还存在许多学术和实践的争论，这里就人民陪审员制度的存废问题、价值问题以及人民陪审员的构成问题、参审范围作一个简单的理论梳理。

（一）人民陪审员制度的去留选择：废除与重构

关于人民陪审员制度存在必要性的理论探讨，在理论界中存在废除论和重构论等不同的观点。

支持废除论的学者认为，人民陪审员制度在中国已丧失其存在意义，应当将其废止。但各学者所提供的具体论据并不完全相同，概括起来主要包括如下几个：其一，人民陪审员不精通法律业务，影响了人民法院的办案质量；其二，人民陪审员制度费时耗财，给原本就不宽裕的司法资源造成更为沉重的负担；其三，在司法实践中，人民陪审员制度形同虚设，并没有真正起到群众监督审判的作用；其四，我国人民代表大会制度已经能够对司法审判工作进行有效的监督，因此，把人民陪审员制度作为监督法院审判的方

---

① 许徽：《我国现行人民陪审员制度之缺陷及其完善》，《法律适用》2002年第11期，第79页。
② 《中华人民共和国宪法》（1954）第七十五条规定："人民法院审判案件依照法律实行人民陪审员制度"，将人民陪审员参与审判案件规定为一项宪法原则。而这一规定在《中华人民共和国宪法》（1975）中被取消，后又被《中华人民共和国宪法》（1978）恢复。《中华人民共和国宪法》（1978）第四十一条规定："人民法院审判案件，依照法律的规定实行群众代表陪审的制度。"但《中华人民共和国宪法》（1982）又重新将这一制度废除。之后，我国宪法的历次修改中均未提及人民陪审员制度。
③ 王敏远：《刑事诉讼法学》，知识产权出版社2013年版，第644—647页。

式纯属多余。①

　　支持重构论的学者则认为，尽管人民陪审员制度的实施状况不甚令人满意，但其依然具有许多重要价值，因此，宜改而不宜废：第一，人民陪审员制度有利于司法公正，人民陪审员的不同社会阅历可防止法官惯性思维。第二，人民陪审员制度可避免司法专权，加强法官的办案责任感，以减少法官在认定案件事实时因疏忽而造成的失误。第三，人民陪审员制度有利于司法民主。人民陪审员制度一直是吸收人民群众参与国家审判活动的重要形式，也是人民法院在审判工作中依靠群众、联系群众的有效方法。第四，人民陪审员制度有利于司法公开。人民陪审员来自各行各业，他们参与审判活动本身就扩大了司法决策的知情范围，也增加了广大公民了解司法决策活动的渠道。第五，人民陪审员制度有利于司法廉洁。在人民陪审员制度中，人民陪审员参与审判之后，无疑对法官的审判工作产生监督作用。第六，人民陪审员制度有利于普法教育。公民作为人民陪审员参与刑事审判，可以直接了解具体案件的审理裁决过程，从而可以增加公民的法律知识、提高公民的法律意识。②

　　（二）人民陪审员制度的价值定位：政治与司法

　　如前所述，我国人民陪审员制度虽经几度补充和完善，但仍然保持了"人民司法"的理念。结合人民陪审员制度的历史发展、当前制度规则本身的表达以及前人的研究成果，我们可以发现，对人民陪审员制度价值的概括不能脱离两个层面，即政治层面和司法层面。对此托克维尔早有说明，"将陪审团仅仅看成是一种司法机构，乃是看待事物的相当狭隘的观点，因为它虽然对诉讼的结局产生巨大的影响，但它对社会命运本身却产生大得多的影响。陪审团因而首先是一种政治制度，而且应当始终从这种观点对它作出评价"。③可见，人民陪审员制度兼具政治制度属性和司法制度属性。该制度性质的双

---

　　①　陈桂明：《诉讼公正与程序保障》，中国法制出版社 1996 年版，第 28—40 页；郑贤君：《陪审制：司法民主的制度保障》，《首都师范大学学报》1998 年第 4 期，第 73—78 页；魏敏：《"陪审"宜缓行：陪审制度发展方向之探讨》，《甘肃社会科学》2001 年第 4 期，第 31—33 页；龙宗智：《中国陪审制出路何在》，《南方周末》，2001 年 2 月 9 日，第 3 版。

　　②　何家弘：《陪审制度纵横论》，《法学家》1999 年第 3 期，第 40—50 页；季卫东：《法治与选择》，《中外法学》1993 年第 4 期，第 13—21 页；王敏远：《中国陪审制度及其完善》，《法学研究》1999 年第 4 期，第 25—48 页；王利明：《我国陪审制度研究》，《浙江社会科学》2000 年第 1 期，第 55—64 页；何兵：《人民陪审员制度的实践：扬州地区法院调查》，《人民法院报》2006 年 4 月 24 日，第 1 版。

　　③　肖建国、肖建光：《陪审制度的考察及思考——论参审制在中国的命运》，《河南省政法管理干部学院学报》2003 年第 1 期，第 121—127 页。

重性决定了其价值也具有双重性。

1. 人民陪审员制度的政治价值

首先，陪审制度是指公民直接参与到司法的过程，它经常与选举制度相提并论，被列为人民主权原则的直接体现以及民主政治参与的主要方式。[①] "实行陪审制度，就可把人民本身，或至少把一部分公民提高到法官地位，这实质上就是陪审制度把领导社会的权力置于人民或一部分人民手中。"[②] 有了这种参与和介入，国家和社会有了直接沟通的渠道，公民有了表达自己意愿的桥梁和途径，更有学者将它形象地解释成一种"民主程序的装置"。[③] 从这个意义上看，人民陪审员制度的内在价值在于它是民主过程的具体展现和说明。就法院与公民关系而言，人民陪审员制度吸收普通公民参与审判，增加了司法决策的透明度，扩大了司法决策的知情范围。可以说，人民陪审员制度是让人民参与司法活动的一种手段，是一种"民治"的体现，有利于调动和发挥公民的监督积极性，确保审判的公正。[④]

其次，在政治架构上，我国是人民民主专政的社会主义国家，人民群众是国家的主人，而人民陪审员制度正体现和回应了这样的政治基础和要求。正如科恩所言："民主是一种社会管理体制，在该体制中社会成员大体上能直接或间接地参与或可以参与影响全体成员的决策。"[⑤] 我国的人民陪审员制度就是一种最直接的参与管理国家事务的形式，人民陪审员来自社会各界，广泛的来源保证了他们熟悉社会生活的方方面面，他们参与审判能够集思广益，更有效地防止司法决策过程中的主观片面和独断专行，也更容易使裁决得到社会民众的广泛认同。[⑥] 人民陪审员制度的意义不仅仅是某种象征性的民主，更重要的是通过这种民主形式达到对司法公正的维护和追求。通过与案件没有直接关系的普通民众直接参与审判，处理纠纷，其作为中立第三方受到的各种干扰比职业法官小，因此有助于维护审判公正性和中立性。

最后，人民陪审员制度最主要的政治价值体现在权力制衡上。这种权力

---

① 卞建林、孙卫华：《通向司法民主：人民陪审员法的功能定位及其优化路径》，《浙江工商大学学报》2019 年第 7 期，第 43—53 页。

② ［法］托克维尔：《论美国的民主》（上卷），董果良译，商务印书馆 1991 年版，第 313—316 页。

③ 汤维建：《英美陪审团制度的价值论争——简议我国人民陪审员制度的改造》，《人大法律评论》2000 年卷第二辑，人民大学出版社 2000 年版，第 235—280 页。

④ 钟莉：《价值·规则·实践：人民陪审员制度研究》，中山大学 2008 年博士研究生学位论文，第 43—47 页。

⑤ ［美］科恩：《论民主》，商务印书馆 1988 年版，第 80 页。

⑥ 杜应尧：《论人民陪审制的价值》，山西大学 2005 年硕士研究生学位论文，第 24—26 页。

制衡表现为两个方面。① 一方面，人民陪审员制度体现了民主与法制的相互制衡。民主是基于对权力的惧怕与不信任。当"司法失灵"的种种表现导致人民对司法产生不信任时，民主的手段无疑是最佳的选择。② 另一方面，人民陪审员制度也体现了社会权力对国家权力的制衡。以国家机关之间的监督制衡为例，它是一种公权力对公权力的制约，属于"以权制权"的模式，在我国议行合一的政治体制下，这种制衡模式可能存在"同流合污"的制度缺陷。由于国家公权力的干预本身是导致"司法失灵"的因素之一，所以行政、立法或其他国家机构不能成为制衡"司法失灵"的有力武器。因此，我们应当把目光投向民间，把权力制衡放入国家与社会的二元结构中来看，唯有在与国家对应的公民社会领域才能找到担此重任的制约力量，并且在权力制衡关系中跳出来监督监督者的怪圈。用民间的社会权力对国家权力进行制衡，属于"以民制权"的模式，这也开辟了权力制约的社会渠道，进一步完善了我国权力制衡的体系。③

2. 人民陪审员制度的司法价值

首先，就司法与社会的关系而言，人民陪审员制度在司法和社会的良性互动过程中起到了"媒介作用"。从司法与社会关系的视角来看，一方面，司法应反映社会意志。季卫东教授在《司法与民意》一文中曾指出，"在目前的中国，更有碍司法独立和司法威信的与其说是'民间舆论对程序正义'，毋宁说是'任意裁量对程序正义'的构图。法律人要扭转民意直接干预审判的局面，首先还是要使审判本身具有很高的学识水准，富于睿智，并经得起合法性检验"。民意可能直接干预司法，但"刑法与其所保护之社会应保持观点一致。如果公众不赞同适用其一法律，则该法律便不再获得遵守"。④ 因此，司法应善待民意、反映社会意志。而司法是否可合乎民众期待、民众是否可以理解司法判决？问题的解决有待于国家是否在司法和社会这两个实体之间建立某种实质的交流关系。从这个意义上讲，人民陪审员制度可对社会与司法的良性互动产生重要作用。另一方面，社会也应了解司法。人民陪审员制度

---

① 钟莉：《价值·规则·实践：人民陪审员制度研究》，中山大学 2008 年博士研究生学位论文，第 43—47 页。

② 当然，民主也有其局限性和可能带来的危机，我们也要防止"从一个陷阱跳入另一个陷阱"的失误，在看穿"民主迷信"的同时走进了"法治迷信"的泥潭。参见潘维：《法治与"民主迷信"》，香港社会科学出版社有限公司，2003 年版。

③ 汪进元、张艳：《论社会制约权力——权力制约的再思考》，《法商研究》2004 年第 4 期，第 84—90 页。

④ 季卫东：《司法与民意》，中国民商法律网，http：//old. civillaw. com. cn/article/default. asp？id = 24700，最后访问日期 2022 年 3 月 2 日。

是社会大众了解中国司法制度尤其是刑事司法制度运作的一种重要方式，也是一种有效方式。① 与媒体传播、普法教育等方式相比，普通公民作为陪审员亲身参与刑事审判可更直观地了解案件的审理裁决过程，增加公民的法律知识、提高公民的法律意识。

其次，就司法活动而言，人民陪审员制度有助于司法活动中的案件事实的认定。从制度本身来看，人民陪审员制度作为一种诉讼制度，其对审判结果产生影响是必然的。从这一角度出发，人民陪审员制度有利于事实认定。与适用法律需要更多的专业化训练不同，对案件事实的认定更多地依赖于生活经验和普通常识。在这一点上，人民陪审员具有法官所不具备的优势，即拥有"地方性知识"。② 人民陪审员来自民间，是生活在社会各阶层的普通公民，他们都深深地嵌入在当地的普通生活中，拥有丰富的个人经验和生活智慧，对"地方性知识"的识别和掌握可谓"如鱼饮水，冷暖自知"。因此，他们同被告和证人所处的社会环境更为相似，对普通人的情理更加熟悉。"根据感情作出判断的无知，较之根据见解作出判断的学识要更可靠一些"，③ 人民陪审员对案件事实的认定也许比法官、律师更具优势，他们对审判案件的实际情形也许能作出比法官更为准确的判断，从而更有利于实现司法的实体公正。"由于人民陪审员制度将非法律职业者纳入审判程序，使民众得以参与审判，职业法官的审判权之任意性不仅受到制约，而且使审判因此具有透明度。同样，公众的情绪通过人民陪审员制度不仅可以因此得到表现，还可以得到有效的控制。"④ 人民陪审员的参与可以消除或中和一些对于裁决的批评意见，赋予裁判结果以权威性，从而有助于提高公众对法律判决的接受程度。

此外，人民陪审员制度还是调和"精英正义观"和"平民正义观"的有效方式。随着社会的专业化程度越来越高、分工越来越细，客观上扩大了人与人之间的距离。在一个法治社会中，法官的高度职业化使其与普通群众在思想观念和思维方式上存在一定的差异。囿于专业所限，法官也可能存在地方性知识上的不足。而人民陪审员来自民间，可以把民间的智慧和非职业的技巧带到审判中来，以弥补法官知识和智慧的不足。而且，人民陪审员自身对案件性质、法律意义、社会影响和判决效果的看法和期望，所依据的是普

---

① 靳海城、陈俊清：《人民陪审员履职保障制度研究》，《行政与法》2018 年第 1 期，第 48—56 页。

② ［美］克利福德·吉尔兹：《地方性知识》，王海龙、张家瑄译，中央编译出版社 2000 年版，第 16—23 页。

③ ［意］贝卡里亚：《犯罪与刑法》，黄风译，中国大百科全书出版社 1993 年版，第 20 页。

④ 王敏远：《中国陪审制度及其完善》，《法学研究》1999 年第 4 期，第 39 页。

通人和社会大众的立场、价值观和生活逻辑。同时，其参与法庭审判的新鲜感与职业法官相比，更能从已知事实本身出发去考虑问题。因此，人民陪审员参与案件审理和评议，使法理、人情均得兼顾，能够起到调和法官职业化思维与大众理念的差异，缩小两者距离，融洽法院与民众关系的作用。

（三）人民陪审员的构成取向：精英与平民

在人民陪审员的构成问题上，学界的争论主要是：人民陪审员是精英化还是平民化？

有论者建议实行"专家陪审制"。因为专家对案件涉及的专业问题较为了解，也能够较好地协助法官进行案件的审理和裁判。这样，既体现了司法民主，又使陪审员"陪而且审，合而且议"，真正发挥陪审作用，使审判权落到实处。[①] 因此，在一些特殊类型的案件中可以吸纳具有专门技能的人员参与裁判，也可以用"专家陪审制度"取代人民陪审员制度。但也有论者认为，我国的"人民陪审员"毫无疑问应该是平民性的，人民陪审员精英化不符合其设置的初衷，会剥夺许多人受"同类人审判"的权利。[②] 但改革前的人民陪审员制度无论从人民陪审员的选任资格、选任方式上看，还是从人民陪审员的培训、任期、工作方式等方面来看，都可以说是精英性与专业性的。他并没有保障更广泛的公民参与审判，反而在人民陪审员的精英化与专业化上误入歧途。[③]

正如前述，人民陪审员制度的主要功能是导向和实现司法民主，改革和完善人民陪审员制度是保障和实现司法民主的主要任务。而司法民主的本质是国民有序、有效地参与司法。人民陪审员制度要实现司法民主，必须在国民有序、有效地参与司法上下功夫。而要保障国民有序、有效地参与司法，不能让人民陪审员"精英化"，而是要让人民陪审员"平民化"。[④] 以西方国家的陪审或参审制度为例，各个国家都认为其采取的是明显的"平民化"的标准，尽管各国的标准并不一样。例如，法国只需要具有法语读写能力的人即可，美国要求能用英语完成陪审任务即可，而日本则要求完成初中教育。

在我国，为了能够落实司法民主的要求，人民陪审员法禁止绝大部分国家机关工作人员和法律专业人士担任人民陪审员，防止陪审成为少数专业人

---

① 徐静村、潘金贵：《我国刑事审判制度改革前瞻》，《中国刑事法杂志》2003 年第 5 期，第 3—6 页。

② 周永坤：《人民陪审员不宜精英化》，《法学》2005 年第 10 期，第 9—13 页。

③ 吴丹红：《中国式陪审制度的省察——主要以〈关于完善人民陪审员制度的决定〉为对象》，《法商研究》2007 年第 3 期，第 181—196 页。

④ 卞建林、孙卫华：《通向司法民主：人民陪审员法的功能定位及其优化路径》，《浙江工商大学学报》2019 年第 7 期，第 43—53 页。

士的权利。值得一提的是，人大代表是否能担任人民陪审员？理论界对司法实践中人大代表担任人民陪审员存在不同观点。[①] 其中，有观点认为，人大代表是由民众选举产生，更了解民情、代表民意；人大代表担任人民陪审员全程参与审判活动，也就等于人民群众直接监督人民法院的审判，可增强裁判过程的权威性；而且我国现行法律并没有禁止人大代表担任人民陪审员。也有观点认为，人大代表担任人民陪审员有违人民陪审员制度的价值取向，与我国政治体制不符，异化了人大对法院的监督。同时，考虑到人大代表担任人民陪审员可能和法院的关系密切起来，这就有可能在述职评议、行风评议等监督工作中出现先入为主的倾向，难以确保对司法审判工作作出客观的评价。因此，我们需要结合实践，对相关人员是否有资格担任人民陪审员进行综合考量。

（四）人民陪审员的参审范围：事实与法律

英美法系和大陆法系主要将事实问题和法律问题的区分用于划分法官和陪审团的权限、确定对行政行为进行司法审查的范围以及划分初审法院和上诉法院的职权三大领域。尽管如此，域外理论界对事实问题和法律问题的区分标准仍尚未形成较为一致的看法，具有代表性的有"概念说""分配说"和"功能说"等观点。[②] 我国没有严格区分"事实"问题与"法律"问题的传统，因此对于人民陪审员的参审范围主要整理了以下几个问题：

1. 事实问题与法律问题的界分与评议

所谓事实问题，指向的是在事实层面上发生了什么的问题；法律问题是指，对于已经发生的事件，以法律规范作为衡量依据，具有什么样的法律意义。从法理来看，案件中的事实与法律往往是相互交融的，即便是将两者分开审理的英美法系，事实和法律也并未分割。从程序角度看，事实审与法律审都要结合事实与法律，同时推进；从实体角度看，事实与法律更是无法分割，案件事实的认定，不仅是证据证明，更是法律对事实的评价。[③] "法官不回答事实问题，陪审团不回答法律问题"，这句谚语式的表述阐明了判例法国家关于法官和陪审团权限划分的理论基础，但即便是严格遵循此种区分原则的国家，也没有制定明确的规则以实现区别事实认定和法律结论的零误差。有学者认为在陪审制度下，事实和法律的区分虽然十分重要，但此种区分

---

① 李珊：《人大代表为什么不能担任人民陪审员》，《西南政法大学学报》2008 年第 5 期，第62—64 页。

② 聂秋琳：《论刑事诉讼中事实问题与法律问题的区分》，西南政法大学 2018 年硕士论文，第8—17 页。

③ 王昊：《我国七人陪审合议庭制度的问题与对策：以日本裁判员制度为镜鉴》，《阜阳师范大学学报（社会科学版）》2020 年第 3 期，第 106—116 页。

"不过是个虚空，很少能够规制实际民决团的行为"。① 大陆法系国家也存在类似的状况。比起美国的规定，德国法就事实问题和法律问题所作的划分显然过于粗疏；法国、意大利立法为此划定的界线也不够明确，法律从业者们面对这些模糊概念时通常会进行扩大解释，让本就模糊的限制变得几乎没有意义。因此本章认为，人民陪审员制度的关键问题在于法官与陪审员职责的立法划分，而非区分清楚法律问题和事实问题。

尽管人民陪审员法对人民陪审员制度作了相关规定，但对参审案件种类、事实审和法律审的分离，仍有诸多讨论。例如，法官如何判断个案中哪些属于事实问题，很大程度上取决于判断时他考虑了哪些情况；而最后选择应予考量的情况，又取决于他判断时所认定的重要性。而且在最终审判时，由于合议庭评议案件采取少数服从多数的原则，即便适用七人陪审合议庭的案件，判决也是完全遵循少数服从多数的原则来决定的。在七人陪审合议庭中，陪审员的人数是多于法官的，从理论上来说，案件事实问题的评议可能出现陪审员全部同意，法官全部反对，从而完全根据陪审员的意见进行事实认定进而作出判决的情况。更不用说三人合议庭，人民陪审员与法官同职同权，理论上是可能出现陪审员与法官意见不一致且占多数的情况，如果遇到这种问题就提交审委会，明显是法院对陪审员决断不信任的体现，有可能损害陪审员参与陪审的积极性。

2. 一审陪审制度和两审终审制度的关系问题

我国自 1979 年以来实行的都是两审终审制，上诉审即为第二审。上诉审就上诉部分进行审理，法院在事实认定和法律适用方面不受一审判决的拘束，可在全面调查已有证据和新证据的基础上，形成新的心证和事实认定，在全面审查原则下，二审法院不区分有无争议的问题，一律予以重复审理。② 如果说一直以来二审法院对于一审判决的审查是将三人合议庭中的人民陪审员与法官等同视之，那么七人合议庭制度的设立，改变了合议庭的权力结构。对这两种不同的合议庭陪审模式，二审法院对于一审判决的态度是否需要区别？而且，在"以审判为中心"和人民陪审员制度的双重语境下，人民陪审员参与的案件基本属于疑难复杂或者可能判重刑且具有重大社会影响的案件，法官在二审程序中否定民众参与所作的一审判决，既不利于实现司法公信、司

① 余彦：《人民陪审员"事实审"的困境透视与司法选择——以〈人民陪审员法〉第 21、22 条为分析重点》，《湘潭大学学报（哲学社会科学版）》2018 年第 4 期，第 47—51 页。

② 按照最高人民法院的相关解释，依照二审或再审程序发回一审法院重新审理的案件不适用人民陪审制，因为重审案件是原审程序的补充，并不必然导致原审当事人或原审合议庭的一切诉讼活动失去效力。为了合理利用有限的陪审资源，发回重审不是完整意义上的第一审程序。

法民主，更会使得程序重心有向二审上移的风险。尤其是在七人合议庭案件中，本身四名人民陪审员就只具有事实认定的功能，若用二审法官的判断来取代一审中的事实认定，本身就有"第二审自始处于比第一审更不利的位置……时间拖得愈久，不实陈述和证据伪造、灭失的危险也就愈加提高，重构事实的工作因而愈加困难"的风险。再者，若一审法院的事实认定可能出错，为何二审法院就不会出错？

　　针对这个疑问，本章试图在充分参考其他国家的审级制度设计理念，并结合我国的实际国情情况下，对其作出回应。下面将以英美两国为例。（1）以英国为例。英国充分贯彻"一审中心"的理念，立法者和法院都不鼓励上诉，甚至采取严格限制的态度，尤其是对陪审团的判决，上诉法院向来保持最大程度的尊重。英国治安法院和刑事法院分别对轻罪、重罪案件行使一审管辖权，相应的上诉审查采行不同模式。被告人不服治安法院的判决，享有向刑事法院上诉的绝对权利。刑事法院遵循复审制对案件进行第二次对抗式的听审，同时贯彻"一部上诉"制度，① 被告人在刑事法院由陪审团定罪后，有权就定罪或量刑问题向上诉法院提起上诉。此时，被告人只能申请上诉，上诉法院批准申请后，审查对象不是陪审团的定罪是否有误，而是定罪是否是不安全的。这种上诉审原则上是法律审的事后审，主要关注"法律的结构、解释和适用问题"。② （2）以美国为例。美国陪审团作出有罪判决后，上诉法院的审查受到严格限制，联邦司法系统原则上采行法律审的事后审查。但是，这种事后审查的前提是充分尊重陪审团的证据评价和事实认定，上诉法院只能依据原审判决和审判记录，审查一审所作的法律裁决。因此，法院针对"证据不充分"展开的不是事实审，而是"两步式"的法律审：第一，判断是否存在实质性证据来支持陪审团的事实认定；第二，判断陪审团裁决中所含法律结论的正确性。

第二节　人民陪审员制度改革试点情况

　　自 2004 年《决定》出台以来，我国人民陪审员制度取得了长足的发展，越来越多的人民群众直接参与到审判活动中，依法行使他们的民主权利，对

---

　　① 　若被告人仅提起量刑上诉，审查范围仅限于量刑问题。

　　② 　被告人申请上诉时可以提出新证据来主张陪审团的事实认定有误，错误的事实认定意味着原审定罪是不安全的。若想以新证据说服上诉法院批准上诉或撤销定罪，是非常困难的。参见牟绿叶：《人民陪审员参与刑事审判的上诉审构造》，《当代法学》2021 年第 4 期，第 125—136 页。

人民法院的审判工作给予了有力支持，充分体现了审判权来源于人民、服务于人民、受人民监督的根本属性。

但是不可否认，实践中还是存在许多问题，具体如下：（1）人民陪审员不足。很多人民陪审员感到陪审工作花费时间较多，对本职工作影响较大。（2）由于人民陪审员一般需要具有大学专科以上学历，导致普通群众所占比例不高，在一定程度上影响了人民陪审员工作的代表性和广泛性。各地普遍反映，农村地区一般群众较难达到《决定》规定的学历条件，西部地区的难度更大。（3）人民陪审员参审机制还不完善。近年来各地人民陪审员的作用虽日益显著，但仍存在不少薄弱环节，主要表现为一些人民陪审员参加审判活动不够主动，"陪而不审、审而不议"现象在一些地方比较突出，参加审理案件数量不均衡现象普遍存在。不少受理案件较多的法院，安排少数人民陪审员常年参加陪审工作，使人民陪审员成为"编外法官"。（4）一些人民陪审员在陪审工作中不愿、不会、不敢发表意见的现象还较为常见。这些现象的出现既有人民陪审员不熟悉法律规定、不方便请假、有畏难情绪等方面的原因，也与各地法院不够重视发挥人民陪审员作用，指导人民陪审员参加陪审工作不到位、不规范有关。（5）人民陪审员经费保障有待加强。虽然在各级政府的大力支持下，近年来基层人民法院陪审工作经费保障水平有了大幅提高，全国已有1549个基层人民法院实现了陪审工作经费完全由同级财政专项拨款予以保障（占基层人民法院总数的52%），[1] 但仍有很多基层法院的相关经费保障存在不健全、不规范、不充分问题，没有全面落实财政部关于人民陪审员工作的经费保障要求，没有对人民陪审员的交通、误工等费用建立统一的补助标准，更没有根据经济社会的发展要求建立相关经费正常增长的机制。

为解决实践中出现的诸多问题，党的十八届三中、四中全会对深入推进人民陪审员制度改革作出了重要部署。此后，2015年4月对人民陪审员制度改革作出了一系列动作：中央全面深化改革领导小组第十一次会议审议通过《试点方案》；第十二届全国人大常委会第十四次会议通过《授权决定》；最高人民法院、司法部联合召开人民陪审员制度改革试点工作部署动员会，正式启动人民陪审员制度改革试点工作。同年7月，在全国人大内务司法委员会的指导下，最高人民法院会同司法部，对改革试点地区实施方案逐一研究

---

① 参见《最高法关于人民陪审员决定执行和人民陪审员工作情况的报告》，中国人大网，http：//www. npc. gov. cn/zgrdw/npc/xinwen/2013-10/22/content_ 1810630. htm，最后访问日期2022年3月2日。

批复，有力推动了改革试点各项措施的落地落实。为进一步研究解决改革试点中的难点问题，2017 年 4 月，全国人大常委会决定将试点期限延长一年。

就改革试点的整体情况而言，根据最高人民法院 2016 年 6 月 30 日在第十二届全国人大常委会第二十一次会议上所作的《最高人民法院关于人民陪审员制度改革试点情况的中期报告》（以下简称《中期报告》）和最高人民法院 2018 年 4 月 25 日在第十三届全国人大常委会第二次会议上所作的《最高人民法院关于人民陪审员制度改革试点情况的报告》（以下简称《报告》），从整体情况来看，试点工作呈现"四个转变"，即：人民陪审员选任方式主要由组织推荐产生向随机抽选转变，人民陪审员参审职权由全面参审向只参与审理事实问题转变，人民陪审员参审方式由 3 人合议庭模式向 5 人以上大合议庭陪审机制转变，人民陪审员审理案件由注重陪审案件"数量"向关注陪审案件"质量"转变。三年来，根据中央统一部署，在全国人大及其常委会有力监督下，最高人民法院会同司法部出台了《人民陪审员制度改革试点工作实施办法》（以下简称《实施办法》）《关于进一步加强和改进人民陪审员制度改革试点工作的通知》《人民陪审员宣誓规定（试行）》等文件，指导各试点法院认真落实《授权决定》和《试点方案》，加强对试点工作的组织协调、监督指导和政策研究。最高人民法院成立人民陪审员制度改革研究小组，全面加强对改革重大理论和实践问题的研究；组织编写《人民陪审员履职读本》，举办人民陪审员培训示范班，着力提升人民陪审员的素质和水平；研发全国统一的人民陪审员信息管理系统，推进人民陪审员管理网络化规范化；加强工作管理，建立试点工作信息月报制度，分赴试点地区开展改革专项督察。截至 2018 年 4 月，50 个试点地区人民陪审员总数达到 13740 人，比改革前新增 9220 人。其中，基层群众 7953 人，占 57.88%；高中学历 4894 人，占 35.62%，高中以下学历 653 人，占 4.75%。试点以来，人民陪审员共参审刑事案件 30659 件，民事案件 178749 件，行政案件 11846 件，占一审普通程序案件的 77.4%。由人民陪审员参与组成五人以上大合议庭审结涉及群体利益、社会公共利益等社会影响较大的案件 3658 件，取得了良好法律效果和社会效果。①

本节主要介绍人民陪审员制度改革试点的选任机制、参审机制等方面的

---

① 参见《最高人民法院关于人民陪审员制度改革试点情况的报告》，中国人大网，http：//www. npc. gov. cn/npc/c30834/201804/a2e1fe420e24495a8caf393f09a1a898. shtml，最后访问日期 2022 年 3 月 2 日；参见《最高人民法院关于人民陪审员制度改革试点情况的中期报告》，中国人大网，http：//www. npc. gov. cn/zgrdw/npc/xinwen/2016-07/01/content_ 1992685. htm，最后访问日期 2022 年 3 月 2 日。

主要内容，并对在改革试点三年中所取得的成效及存在的问题进行总结和分析。

一、人民陪审员选任机制的改革试点

（一）改革试点的主要内容

1. 人民陪审员的选任条件：建构"一升一降"的选任模式

此次人民陪审员选任条件的改革主要体现在一"升"一"降"两个方面。其中，一"升"指的是担任人民陪审员的公民的年龄条件有所提高。《实施办法》第一条第一款规定，"公民担任人民陪审员，应当具备下列条件：（一）拥护中华人民共和国宪法；（二）具有选举权和被选举权；（三）年满二十八周岁；（四）品行良好、公道正派；（五）身体健康"。比较引人注意的是担任人民陪审员的公民的年龄，相比于 2004 年《决定》中规定的二十三周岁明显提高。年龄要求的提高，体现出改革者对人民陪审员生活阅历和社会经验的重视。同时，在消极条件上，《实施办法》在《决定》规定的"因犯罪受过刑事处罚的"和"被开除公职的"两种情形的基础上，在第四条第三项、第四项又增加了"被人民法院纳入失信被执行人名单的"和"因受惩戒被免除人民陪审员职务的"两种情形。

一"降"指的是对于担任人民陪审员的文化程度的要求有所降低。《实施办法》第一条第二款规定，"担任人民陪审员，一般应当具有高中以上文化学历，但农村地区和贫困偏远地区德高望重者不受此限"。相比于《决定》所要求的"担任人民陪审员，一般应当具有大学专科以上文化程度"，学历要求有所降低。但是，即便如此，对担任人民陪审员的公民设置学历门槛，在实行陪审制度的各国仍属特例，也影响陪审制度所体现的民主性和人民陪审员的广泛代表性。

在选任条件的设置上，《试点方案》提出，"人民陪审员的选任应当注意吸收普通群众，兼顾社会各阶层人员的结构比例，注意吸收社会不同行业、不同职业、不同年龄、不同性别的人员，实现人民陪审员的广泛性和代表性"。这应该成为人民陪审员选任的一般原则。

2. 人民陪审员的选任程序：创设"三级随机抽选"的选任机制

人民陪审员选任程序的改革目标是"增加选任的广泛性和随机性，建立和完善人民陪审员随机抽选机制，提高选任工作透明度和公信度"。为此，《试点方案》和《实施办法》构建了三级随机抽选机制。

第一级，抽选人民陪审员候选人。根据《实施办法》第六条，人民法院每五年从符合条件的选民或者常住居民名单中，随机抽选本院法官员额数 5

倍以上的人员作为人民陪审员候选人，建立人民陪审员候选人信息库。

第二级，确定人民陪审员人选。根据《实施办法》第八条、第九条，人民法院会同同级司法行政机关，从通过资格审查的候选人名单中以随机抽选的方式确定人民陪审员人选，由院长提请人民代表大会常务委员会任命。同时人民法院建立人民陪审员信息库，制作人民陪审员名册，也可以根据人民陪审员专业背景情况，结合本院审理案件的主要类型，建立专业人民陪审员信息库。

第三级，确定参与具体案件审理的人民陪审员。根据《实施办法》第十六条，参与合议庭审理案件的人民陪审员，应当在开庭前通过随机抽选的方式确定。人民法院可以根据案件审理需要，从人民陪审员名册中随机抽选一定数量的候补人民陪审员，并确定递补顺序。

此外，根据《实施办法》第十七条，当事人有权申请人民陪审员回避。人民陪审员回避事由经审查成立的，人民法院应当从候补人员中确定递补人员。

（二）改革试点的主要成效

总体来说，人民陪审员制度的试点改革扩大了人民陪审员的选任范围，并探索了不同的选任机制，为进一步完善选任机制提出了多元化的解决方案。具体如下：

一是，落实了人民陪审员选任条件改革的"一升一降"，完善了人民陪审员选任条件。试点法院落实《试点方案》中提高人民陪审员任职年龄、降低对人民陪审员文化程度的要求，在农村地区和贫困偏远地区适当放宽学历要求，让一些学历不高但公道正派、德高望重的群众进入到人民陪审员队伍。通过提高任职年龄、降低学历条件，让更多的普通群众加入人民陪审员队伍，人民陪审员社会阅历丰富、熟悉社情民意的优势得到充分发挥。

二是，实行随机抽选，提高了选任工作的透明度和公信度。落实随机抽选，严把选任入口关，实现选任理念由"方便""好用"向"广泛""随机"转变。试点法院从辖区内常住居民或选民名单中随机抽选当地法院法官员额数 5 倍以上的人员作为人民陪审员候选人，再从审核通过的名单中随机抽选不低于法官员额数 3—5 倍的人员作为人民陪审员。① 同时，加大与公安、司法行政机关等部门的沟通协调力度，抓好海选、初选、审核、任命等关键环节，加强人民陪审员资格审查。北京、福建、广西、陕西等地试点法院组成

---

① 许聪：《推进司法民主促进司法公正——人民陪审员制度改革试点一年工作回顾》，《人民法院报》2016 年 7 月 1 日，第 4 版。

督察组，邀请人大代表、政协委员、专家学者以及新闻媒体等全程见证抽选过程，确保选任程序公开公正。

三是，探索分类抽选，提升了人民陪审员的广泛性和代表性。试点法院根据人口数量、性别比例、地区特点、行业分布、民族结构、案件类型等因素，积极探索建立分类随机抽选机制，妥善解决人民陪审员分布不均、结构失衡、参审不便等问题。黑龙江绥棱县人民法院、江苏苏州吴中区人民法院根据不同社区、乡镇的具体情况，分别确定相应的选任人员比例。黑龙江鸡西中院和江苏苏州吴中区法院等探索实行司法行政机关抽选、人大任命、法院使用的人民陪审员选任新机制，人民陪审员来源更加广泛，结构更加合理。陕西省高级人民法院联合省妇联出台意见，加强女性人民陪审员选任工作。河南西峡县人民法院在偏远山区乡镇根据基层党组织推荐，吸收10名高中以下学历、公道正派、德高望重的人员担任人民陪审员。为提升人民陪审员在疑难复杂案件中的事实认定能力，部分试点法院还结合知识背景和从业经历，对具有建筑、会计、医疗、金融等专业知识的人民陪审员选任机制进行了积极探索。[1]

（三）改革试点的主要问题

当然，除了成效外，在实践中也暴露出不少问题。

首先，《试点方案》的原则性与规则性有一定冲突。《试点方案》提出了改革人民陪审员选任条件和完善选任程序的要求，"拥护中华人民共和国宪法、品行良好、公道正派、身体健康、具有选举权和被选举权的年满28周岁的公民"，原则上都具备担任人民陪审员的资格，但又规定"一般应当具有高中以上文化学历，除非是农村地区和贫困偏远地区公道正派、德高望重者"。

其次，选任机制的随机性和广泛性还需要加强。例如，在案件数量持续攀升、"案多人少"矛盾日益突出的情况下，有的法院认为随机抽选人民陪审员费时、费力，有的法官则对推行大合议庭陪审机制存在疑虑，试点工作发展不平衡，个别试点法院在选任、参审、保障等方面仍有不小差距。候选人信息缺失、滞后情况严重，候选人信息来源不畅。[2]试点法院需要动用大量人力物力采集人口信息、征求候选人意见、审核候选人资格条件，选任工作成本过高。群众参审热情有待提升，候选人不愿担任人民陪审员的比例较高。

---

① 参见《最高人民法院关于人民陪审员制度改革试点情况的中期报告》，中国人大网，http://www.npc.gov.cn/zgrdw/npc/xinwen/2016-07/01/content_1992685.htm，最后访问日期2022年3月2日。
② 魏晓娜：《人民陪审员制度改革：框架内外的思考》，《内蒙古社会科学》2020年第3期，第119—126页。

部分地区由于地域面积较大、交通不便等因素，通过随机抽选产生的人民陪审员参审困难。

二、人民陪审员参审机制的改革试点

（一）改革试点的主要内容

1. 参审范围

《实施办法》采用两种方式对人民陪审员的参审范围作出规定。一种是指导性，明确列举原则上应当由人民陪审员参与审理的案件范围。《实施办法》将其细化为三种情形：涉及群体利益、社会公共利益、人民群众广泛关注或者其他社会影响较大的刑事、行政、民事案件；可能判处十年以上有期徒刑、无期徒刑的刑事案件；涉及征地拆迁、环境保护、食品药品安全的重大案件。另一种是赋予当事人申请人民陪审员参与审判的权利。具言之，第一审刑事案件被告人、民事案件当事人和行政案件原告有权申请人民陪审员参加合议庭审判。人民法院接到申请后，经审查决定适用人民陪审员制度审理案件的，应当组成有人民陪审员参加的合议庭进行审判。

2. 参审数量

为改变以往人民陪审员陪而不审、审而不议等现象，防止人民陪审员演变成"驻庭陪审""编外法官"，《实施办法》第十四条要求人民法院结合本辖区实际情况，合理确定人民陪审员每人每年参与审理案件的数量上限，并向社会公告。

关于参与庭审的人民陪审员的人数，《试点方案》与《实施办法》出现了分歧：《试点方案》第二条第四款提出，"探索重大案件由 3 名以上人民陪审员参加合议庭机制"，而《实施办法》第十五条规定"适用人民陪审制审理第一审重大刑事、行政、民事案件的，人民陪审员在合议庭中的人数原则上应当在 2 人以上"。前者可能是为提高人民陪审员在合议庭中的权重而采取的积极举措，后者更可能是对现实的妥协。

3. 参审形式

《试点方案》提出要"健全人民陪审员提前阅卷机制，人民法院应当在开庭前安排人民陪审员阅卷，为人民陪审员查阅案卷，参加审判活动提供便利"。此举显然是为了强化人民陪审员对案件判决的实质性影响以及在评议过程中的发言权。然而，人民陪审员阅卷的机制设计，仍要面对两个质疑：第一，无论是英美等国的陪审团，还是法德等国的参审制均没有陪审员提前阅卷的规定。以德国为例，德国虽然采用案卷移送制度，但案卷的内容原则上不得用为裁判之根据。而在其阅览案卷的主体方面，立法更是有严格的限制，由于担心陪审员不自觉地受到影响，因此陪审员原则上不得接触案卷。[①] 第二，党的十八届四中全会《决定》提出要"推进以审判为中心的诉讼制度改革"，人民陪审员提前阅卷的做法明显与目前正在着力推进的"以审判为中心"的改革背道而驰。

4. 参审职权

为充分发挥人民陪审员参加审判工作的优势，《试点方案》提出要开展试点，积累经验，逐步探索实行人民陪审员不再审理法律适用问题，只参与审判事实认定问题，充分发挥人民陪审员富有社会阅历、了解社情民意的优势，提高法院裁判的社会认可度。

据此，《实施办法》第二十一条至第二十四条作了较为细化的规定：合议庭评议案件前，审判长应当归纳并介绍需要通过评议讨论决定的案件事实问题，必要时可以以书面形式列出案件事实问题清单；合议庭评议时，审判长应当提请人民陪审员围绕案件事实认定问题发表意见，并对与事实认定有关的证据资格、证据规则、诉讼程序等问题及注意事项进行必要的说明，但不得妨碍人民陪审员对案件事实的独立判断；合议庭评议案件时，一般先由人民陪审员发表意见；人民陪审员应当就案件事实认定问题发表意见并进行表决，可以对案件的法律适用问题发表意见，但不参与表决；人民陪审员和法官共同对案件事实认定负责，如果意见分歧，应当按多数人意见对案件事实作出认定，但是少数人意见应当写入笔录；如果法官与人民陪审员多数意见存在重大分歧，且认为人民陪审员多数意见对事实的认定违反证据规则，可能导致适用法律错误或者造成错案的，可以将案件提交院长决定是否由审判委员会讨论；人民陪审员应当审核裁判文书文稿中的事实认定结论部分并签名。

（二）改革试点的主要成效

一是合理确定并适当扩大了参审案件范围，发扬了司法民主。江苏等地试点法院将争议较大、事实认定难度大的案件确定为适宜人民陪审员参审的案件类型，在审理涉及公共安全、医患纠纷、邻里纠纷等可能引起当事人较大争议的案件，以及土地、房屋行政管理等关系广大群众切身利益的行政诉讼案件时，由人民陪审员和法官组成合议庭进行审理。[②]

[①] 魏晓娜：《审判中心视角下的有效辩护问题》，《当代法学》2017 年第 3 期，第 101—110 页。

[②] 曹也汝、杨鸣：《人民陪审员制度改革的江苏经验》，《法制日报》2017 年 1 月 11 日，转引自齐齐哈尔市龙沙区法院网，http：//qqherls. hljcourt. gov. cn/public/detail. php? id = 9156，最后访问日期 2022 年 5 月 7 日。

二是改革参审职权，积极探索了事实审与法律审的相分离。认真贯彻党的十八届四中全会精神，探索逐步实行人民陪审员不再审理法律适用问题，只参与审理事实认定问题。试点法院要求法官制作事实清单，对于一些事实审和法律审区分不清的问题，先纳入事实审范畴，由人民陪审员发表意见并参与表决。50 家试点法院采用事实清单方式审理案件 3374 件。北京、河北、河南等地试点法院还制定了关于事实审与法律审分离的陪审操作规程。[①]

三是实现了陪审模式的创新，探索了大合议庭陪审机制。对于涉及征地拆迁、环境保护、食品药品、公共利益、公共安全等与社会公众关系较为密切、影响较为直接的案件，以及涉及伦理、风俗、行业惯例等社会关注度较高的案件，试点法院探索由 3 名以上人民陪审员和法官组成 5 人以上大合议庭的审理机制。例如，北京二中院在审理一起涉及 221 名职工的劳动争议案件、福建厦门海沧区法院在审理社会高度关注的"1·27"海沧区天湖城小区抢劫案中，引入 4 名陪审员和 3 名法官组成大合议庭，提升了审判结果的社会公信力。[②]

四是合理确定参审案件比例，实现了人民陪审员均衡参审。试点法院根据本地区案件数量、案件类型、人民陪审员数量等，在随机抽选系统中设置 10—30 件不等的人民陪审员参审案件上限。在抽选时，将超过参审案件上限的人民陪审员自动屏蔽，优先抽选参审案件少的人民陪审员，实现人民陪审员均衡参审，防止出现"驻庭陪审""编外法官"等问题。

五是保障了实质参审权利，着力提升人民陪审员参审质量和效果。充分保障人民陪审员的阅卷、调查、发问、评议、表决等权利，细化参审工作流程，建立健全人民陪审员提前阅卷机制，在开庭前安排人民陪审员阅卷，为人民陪审员查阅案卷、参加审判活动提供便利。完善人民陪审员参加合议庭评议程序，建立人民陪审员就案件事实认定问题率先、独立发表意见的合议庭评议规则，将人民陪审员意见记入合议笔录，严格落实合议笔录和裁判文书签名确认制度，切实发挥人民陪审员作用。通过规范参审机制，从原有的

---

① 罗书臻：《司法民主的新实践——人民陪审员制度改革试点情况综述》，中国长安网，http://www.chinapeace.gov.cn/chinapeace/c53760/2016-06/29/content_11721321.shtml，最后访问日期 2022 年 5 月 6 日。

② 参见《最高人民法院关于人民陪审员制度改革试点情况的报告》，中国人大网，http://www.npc.gov.cn/npc/c30834/201804/a2e1fe420e24495a8caf393f09a1a898.shtml，最后访问日期 2022 年 3 月 2 日；参见《最高人民法院关于人民陪审员制度改革试点情况的中期报告》，中国人大网，http://www.npc.gov.cn/zgrdw/npc/xinwen/2016-07/01/content_1992685.htm，最后访问日期 2022 年 3 月 2 日。

注重陪审案件"数量"转变为关注陪审案件"质量",人民陪审员"陪而不审""审而不议"的问题得到有效解决。

（三）改革试点的主要问题

第一,参审范围的扩大在实践中容易被滥用和误读。2015年的《试点方案》相较2004年的《决定》而言,扩大了人民陪审员的参审范围。从《实施办法》规定来看,"人民法院受理的第一审案件,除法律规定由法官独任审理或者由法官组成合议庭审理的以外,均可以适用人民陪审制审理"。同时又规定三类案件"原则上"适用人民陪审员制度。[①] 尤其明确对可能判处十年以上有期徒刑、无期徒刑的刑事案件,"原则上"实行陪审制审理。但上述的"均可以"实际上是赋予法院启动人民陪审员制度的自由裁量权,而"原则上"的规定,司法实务中也很容易被误读或滥用,可能使"原则上适用"沦为"原则上不适用"。另外,这种只规定了对于哪些案件原则适用人民陪审员制度,却没有具体规定哪些案件不适用人民陪审员制度,实质上会使得法院将人民陪审员制度适用在大量事实清楚、证据确凿的案件中。正如司法实践中,有的法院一般会不加区分地适用人民陪审员制度,使得适用人民陪审员制度审理的案件数量过大。

第二,相关规范性文件对人民陪审员与法官的构成比例并没有规定。《试点方案》及《实施办法》的规定,仅仅提到探索重大案件中由3人以上人民陪审员参加合议庭以及有人民陪审员参审的案件中其人数一般原则上在2人以上,但均未有陪审员与法官的构成比例的规定。[②] 在司法实务中,大多是承办法官根据具体的案件情况和其他法官的工作量来决定人民陪审员的人数。实际判决书中,一般都是"1名法官+2名陪审员"或"2名法官+1名陪审员"模式,也就是说审判组织中最多的是有两名人民陪审员参加。新型人民陪审员制度的实施,试点法院开始探索适用"3名法官+4名陪审员"或"3名法官+6名陪审员"等合议庭组成模式审理案件,但采用何种模式,各个试点法院均不统一。此外,《实施办法》规定的适用人民陪审员制度审理的第一审案件中,人民陪审员原则上应当在2人以上。那么,从理论上看,有人民陪审员参加的合议庭组成模式就可以有多种,例如"1名法官+2名陪审员""2名法官+3名陪审员""3名法官+2名陪审员""4名法官+3名陪审

---

① 宋海萍、韩守贤等:《人民陪审员制度事实审机制构建》,《人民司法（应用）》2017年第16期,第26—31页。

② 苏益铮、黄衍青:《人民陪审员绩效管理模式探析——以KPI绩效管理职级的嵌入为视角》,《海峡法学》2021年第2期,第104—110页。

员""3 名法官 +6 名陪审员""1 名法官 +4 名陪审员"等。由于《试点方案》中，大合议庭模式下人民陪审员不再对案件的法律适用问题参与表决，因此，上述多种组成模式会存在以下问题：一是如果合议庭成员组成中只有 1 名法官，在对法律适用问题上就仅能由其一人决定；二是在第一审重大案件中，如果合议庭成员中法官数是双数，且又不能对法律适用问题形成多数意见的，庭审结论将很难达成。

第三，改革试点过程中遇到的另一个比较复杂的难题是如何区分事实审和法律审。本轮人民陪审员制度改革的一项重要内容，就是改革人民陪审员的审判职权，"逐步探索实行人民陪审员不再审理法律适用问题，只参与审理事实认定问题"。① 在试点改革的实践中，针对具体案件审理过程中如何实现人民陪审员事实审，并没有可供参考的操作模式，大多是按照传统的审判模式和合议形式来进行，目前有所改革进步的地方是庭前会议和阅卷。人民陪审员在庭审过程中可针对事实问题向当事人询问，以及在合议时先由人民陪审员发表意见。但这些还不能充分保障人民陪审员参与事实审的效果。首先，庭前详细阅卷和证据出示会使人民陪审员先入为主，容易在庭审之前形成结论，导致庭审成了走过场，与"庭审实质化"的改革目标相悖。其次，司法实践中，何为"法律适用问题"，何为"事实认定问题"在很多地方是难以区分和明确的。② 再次，在具体个案中，法官在向陪审员作出指示时，可能会带有个人的倾向性意见从而误导陪审员的独立判断，理论与实务中均未对此提出解决办法。另外，事实审在合议阶段的表决程序实践中并未规范化。

当然在试点过程中遇到的这些重点难点问题，实践中各地法院已经探索出不少可复制、可推广的经验做法。试点法院不断摸索，总结经验，调整政策，为立法工作积累了有益经验。总的来说，人民陪审员制度改革试点工作的顺利完成为人民陪审员制度发展奠定了良好的基础，以法律形式将试点工作中的经验做法固定下来的条件已经成熟。

第三节　人民陪审员制度的法律完善

人民陪审员制度是社会主义民主政治在司法领域的具体体现，也是中国

---

① 贺小荣、胡夏冰、马渊杰：《我国人民陪审员制度的功能定位和改革路径》，《人民法院报》2015 年 4 月 29 日，第 6—7 版。

② 王昊：《我国七人陪审合议庭制度的问题与对策：以日本裁判员制度为镜鉴》，《阜阳师范大学学报（社会科学版）》2020 年第 3 期，第 106—116 页。

特色社会主义司法制度的重要内容。长期以来，人民陪审员制度在推进司法民主、促进司法公正、提高司法公信等方面一直发挥着重要作用，但仍存在一些需要改进和完善的地方。如人民陪审员的广泛性和代表性不足，"陪而不审、审而不议"现象仍然存在，一定程度上影响了人民陪审员制度的功能发挥。党的十八届三中全会《决定》指出，要广泛实行人民陪审员制度，拓宽人民群众有序参与司法的渠道。党的十八届四中全会《决定》进一步提出，完善人民陪审员制度，保障公民陪审权利，提高人民陪审员制度公信度，逐步实行人民陪审员不再审理法律适用问题，只参与审理事实认定问题。这些都为人民陪审员制度改革指明了发展方向。而人民陪审员制度改革三年试点工作的顺利完成，意味着以法律形式将试点工作中的经验做法固定下来的条件已经成熟。2018年4月，第十三届全国人民代表大会常务委员会第二次会议通过了《中华人民共和国人民陪审员法》。制定人民陪审员法是中国特色社会主义法治建设的一件大事，也是保障公民民主权利、推进司法民主建设的一个新的里程碑。

本节主要是对人民陪审员法及其配套规范性文件的解读，并对立法后这几年人民陪审员制度所取得的成效及实践中的问题进行总结和分析。

一、人民陪审员法：试点经验的立法化

2015年5月，最高人民法院会同司法部在全国50个中级、基层人民法院开展人民陪审员制度改革试点工作。在试点过程中，不少人大代表、政协委员、专家学者提出，应在总结改革试点经验的基础上，制定一部专门的人民陪审员法。特别是经过三年试点，各地法院已经探索出不少可复制、可推广的经验做法，其中所涉重点难点问题也基本形成共识，立法条件已经具备。因此，2018年人民陪审员法的颁布及实施有其重要性，它既是完善中国特色社会主义法律体系的必然要求，也是充分发挥人民陪审员制度功能作用的客观需要，对于扩大司法领域的人民民主，切实保障人民群众对审判工作的知情权、参与权、监督权，实现司法专业化判断与老百姓朴素认知的有机统一，让人民群众在每一个司法案件中感受到公平正义具有重要意义。[1]

总体看来，人民陪审员法坚持以下几项基本原则：[2]一是充分保障人民群

① 熊秋红等著：《公民参与和监督司法研究》，中国社会科学出版社2019年版，第225—233页。
② 参见最高人民法院、司法部相关负责人就人民陪审员制度实施两周年工作情况及《〈中华人民共和国人民陪审员法〉实施中若干问题的答复》重点内容答记者问，https://baijiahao.baidu.com/s? id = 1680982764573620073&wfr = spider&for = pc，最后访问日期2022年3月2日。

众参与司法的民主权利。担任人民陪审员参与案件审判是公民的一项重要民主权利，人民陪审员法规定，公民有依法担任人民陪审员的权利和义务。人民陪审员依法参加审判活动，除法律另有规定外，同法官有同等权利。人民陪审员依法享有参加审判活动、独立发表意见、获得履职保障等权利，同时也作出了无正当理由不得拒绝参加审判活动的义务性规定。二是坚持人民陪审员选任的广泛性和代表性。人民陪审员法沿用了《试点方案》的要求，推行人民陪审员选任的"一升一降"，也就是提升年龄和降低学历，以及"两个随机"，包括随机抽选人民陪审员候选人、随机抽选确定人民陪审员人选，目的就是为了实现人民陪审员选任的广泛性和代表性。三是充分发挥人民陪审员的参审作用。人民陪审员法合理界定并适当扩大人民陪审员参审范围，明确人民陪审员参与案件审理的程序和要求；在七人合议庭中妥善区分事实审和法律审，由陪审员四人与法官三人共同审理社会影响重大的案件，有利于增强人民陪审员的心理优势，充分发挥人民陪审员的实质参审作用。

随着人民陪审员法的实施，针对人民陪审员制度在实际中出现的问题和困难等，相应的配套性规范文件也相继出台。2018 年 8 月，司法部、最高人民法院、公安部发布了《人民陪审员选任办法》（以下简称《选任办法》）。2019 年 4 月，最高人民法院公布了《〈中华人民共和国人民陪审员法〉若干问题的解释》（以下简称《人民陪审员法解释》）。同年 4 月，为进一步规范人民陪审员培训、考核、奖惩等工作，最高人民法院、司法部研究制定了《人民陪审员培训、考核、奖惩工作办法》（以下简称《工作办法》）。这些司法解释及文件对人民陪审员法的完善有着重要作用，在本部分中所提及的内容，具体涉及人民陪审员的选任条件、选任方式、参审范围、合议庭模式、事实审与法律审区分和管理保障机制各方面。①

（一）人民陪审员法对试点经验的立法吸收

从 2015 年起为期三年的人民陪审员制度改革试点，各地试点法院都在《试点方案》和《实施办法》的指导下，结合当地司法实践进行了创新和改革。2018 年出台的人民陪审员法对其中的经验进行了吸收，也对实践中遇到的困难进行了方案调整。

---

① 胡云红：《论我国人民陪审员选任机制的完善》，《政治与法律》2017 年第 11 期，第 152—169 页；党振兴：《人民陪审员制度的现实困境与完善路径》，《西南石油大学学报（社会科学版）》2020 年第 4 期，第 71—77 页；卞建林、孙卫华：《通向司法民主：人民陪审员法的功能定位及其优化路径》，《浙江工商大学学报》2019 年第 7 期，第 43—53 页。

1. 人民陪审员的选任机制

第一，人民陪审员法第五条对改革试点期间的遴选机制进行吸收，并发生了"一高一低"两个变化。"一高"是指担任人民陪审员的年龄要求从之前的 23 周岁提高到 28 周岁；① "一低"是指降低担任人民陪审员的学历要求，从原来的"一般应当具有大学专科以上文化程度"降到"一般应当具有高中以上文化程度"。② 从"一高一低"两个变化可以看出，我国人民陪审员制度重视人民陪审员来源的广泛性和代表性。国民参与司法的广泛性是司法民主的标准之一，即国民越是有机会参与司法，司法的民主程度就越高。我国人民陪审员法降低了学历要求，限制了人民陪审员的任期（5 年），且一般不得连任，这可以让更多的公民获得担任人民陪审员的机会。代表性作为司法民主的基础，对实现司法民主起到了重要的作用，陪审员的数量应当与其所代表的阶层、行业的人口数量成正比。

第二，人民陪审员法对随机抽选来源的确定也是采用了试点法院的做法。在试点过程中，由于选民名单 5 年才更新一次，信息滞后严重。因此在实践中，人民陪审员选任大多是从当地公安机关提供的常住居民名单中随机抽取候选人。故人民陪审员法第九条规定，"人民陪审员从符合条件的当地常住居民名单中随机抽选"，而不是从选民名单中随机抽选产生。并根据其掌握的犯罪记录信息对有无犯罪记录进行审核。陪审员随机抽取的意义在于保障所有有资格担任陪审员的人都有同等的机会被选中，可以说，参审的随机性是确保人民陪审员广泛性和代表性的保障。在美国陪审团制度中，采取随机挑选陪审员的方法，陪审员一案一选，案件审理完毕后即解散。但采取此种方法，将耗费很多司法资源。我国的人民陪审员不是一案一选，但要确保选任陪审员的"随机性"。人民陪审员法规定了人民陪审员选任的"三个随机"，即随机抽取人民陪审员候选人、随机抽取确定人民陪审员人选、随机抽取人民陪审员审理具体案件，这一规定能保障更多的人有机会担任人民陪审员。③

---

① 法官员额制改革后，实践中担任员额法官的年龄一般需要 28 周岁以上（本科毕业 23 岁左右，从事法律工作 5 年以上），并考虑到提高年龄要求有利于更好地发挥陪审员富有社会阅历、了解社情民意的优势，将担任人民陪审员的年龄从 23 周岁提高到 28 周岁。

② 这与普遍代表性仍有一定差距。但是此处的疑问是是否将门槛降低就能代表普遍，要降到什么程度，义务教育？人民陪审员要警惕精英化的同时，也要保证一定的门槛。

③ 在第十二届全国人民代表大会常务委员会第三十一次会议上对《中华人民共和国人民陪审员法（草案）》的说明，中国人大网，http://www.npc.gov.cn/zgrdw/npc/lfzt/rlyw/2018-04/27/content_2054199.htm，最后访问日期 2022 年 3 月 2 日。

然而，在选任方式上，由于《试点方案》和《实施办法》要求人民陪审员全部随机抽选产生，在实践中产生了不少争议。部分全国人大代表和不少地方法院都主张保留个人申请和组织推荐方式。因此人民陪审员法没有对改革试点中的选任方式进行吸收，而是在第九条中规定，陪审员应当是随机抽选产生的前提下，因审判活动需要，一定比例的人民陪审员可以通过个人申请和组织推荐的方式产生。具体办法由最高人民法院制定。

2. 参审机制

人民陪审员法第十四条至第二十三条对人民陪审员参与审判的法庭组成形式、适用人民陪审的案件范围、人民陪审员参审职权、陪审法庭的表决规则等问题作出了规定，这些规定对解决"陪而不审、审而不议、议而不决"等陪审作用虚置化的现象起到了积极的作用。

第一，人民陪审员法第十五条在界定参审案件的范围时，"涉及群体利益、公共利益、人民群众广泛关注的以及其他社会影响较大的第一审刑事、民事、行政案件，均可以适用陪审制，法律规定由法官独任审理或者由法官组成合议庭审理的除外"，这一表述是对 2004 年《决定》第二条中"社会影响较大的刑事、民事、行政案件"的具体化。

第二，人民陪审员法在人民陪审员参审模式上规定了三人合议庭和七人合议庭两种形式。其中，三人合议庭延续了人民陪审员与法官同职同权的传统模式，而七人合议庭实行事实审、法律审"两审分离"，对于事实问题仍由人民陪审员与法官共同认定。这一规定事实上确立了人民陪审员与法官"同职同权"和"分职分权"双轨并行机制。[①] 从 2004 年《决定》中人民陪审员与法官"同职同权"，演变到试点改革期间人民陪审员与法官的分职分权，《实施办法》第二十二条规定，"人民陪审员应当全程参与合议庭评议，并就案件事实认定问题独立发表意见并进行表决。人民陪审员可以对案件的法律适用问题发表意见，但不参与表决"，到人民陪审员法规定的人民陪审员与法官在三人合议庭"同职同权"，在七人合议庭"分职分权"，可以说是对之前试点经验的吸收和发展。具体可参见《表 1：有关人民陪审员与法官职权规定的比较》。此外，在试点期间，各地法官对人民陪审员的指引机制都有创新，人民陪审员法第二十条还专门作出规定，特别强调了审判长对人民陪审员的指引、提示等义务，但不得妨碍人民陪审员对案件的独立判断。[②]

---

① 参见《中华人民共和国人民陪审员法》第二十一条、第二十二条。

② 参见《中华人民共和国人民陪审员法》第二十条。

表1：有关人民陪审员与法官职权规定的比较

	事实认定		法律适用	与法官职权对比
《决定》	独立行使表决权		独立行使表决权	同职同权
《试点办法》	应当独立发表意见并进行表决		可以发表意见但不参与表决	分职分权
《人民陪审员法》	三人合议庭	独立发表意见并进行表决	独立发表意见并进行表决	除法律另有规定外，同职同权
	七人合议庭	独立发表意见并与法官共同表决	可以发表意见但不参加表决	

3. 履职保障机制

人民陪审员法在倡导公民积极履行职责的同时，着力提升人民陪审员的履职保障水平。

第一，明确了人民陪审员所在单位保障人民陪审员参审的责任。人民陪审员法第二十七条第一款、第三款保留了《决定》第二十八条第二款、第三款的规定，同时参考2005年《最高人民法院关于人民陪审员管理办法（试行）》（以下简称《管理办法》）第四十条，增加了一款规定，即"人民陪审员所在单位违反前款规定的，基层人民法院应当及时向人民陪审员所在单位，或所在单位的主管部门，或所在单位的上级部门提出纠正意见"。该款规定主要是为了明确人民陪审员所在单位的保障责任。

第二，规范了人民陪审员的参审补助。2004年的《决定》规定，仅对无固定收入的人民陪审员给予补助。而人民陪审员法第三十条规定的"人民陪审员参加审判活动期间，由人民法院依照有关规定按实际工作日给予补助"，不再区分有无固定工作均给予一定补助，对于调动广大人民陪审员的积极性，具有重要意义。

第三，加强了人民陪审员的人身和住所安全保护。《试点方案》和《实施办法》都有明确的规定。人民陪审员法第二十八条也吸收了相应内容，并对此专门作出规定，明确提出人民陪审员的人身和住所安全受法律保护，任何单位和个人不得对人民陪审员及其近亲属打击报复。

第四，明确了人民陪审员退出和惩戒机制。人民陪审员法第二十七条保留了《决定》第十七条的规定，同时参考了《实施办法》第二十七条的规定。对人民陪审员有"无正当理由，拒绝参加审判活动，影响审判工作正常进行的"和"违反与审判工作有关的法律及相关规定，徇私舞弊，造成错误裁判或者其他严重后果的"行为，由院长提请同级人民代表大会常务委员会免除其人民陪审员职务，同时还可以采取通知所在单位、户籍所在地或者经常居住地的基层组织，在辖区范围内公开通报等措施进行惩戒。

（二）人民陪审员法相关解释性文件的出台

人民陪审员法的宗旨是保障公民依法参加审判活动，充分发挥人民陪审员实质参审作用。可见，建设一支素质优良、代表广泛、群众基础扎实的人民陪审员队伍并发挥人民陪审员的参审作用对实现人民陪审员制度价值有重要意义。2018 年人民陪审员法正式颁布施行，随后，最高人民法院单独或联合其他部门出台了《人民陪审员法解释》《选任办法》《工作办法》等配套规范性文件。从广义上来讲，这些配套规范性文件对人民陪审员制度的规定也是吸收了试点中的经验，供有关机关在工作中具体适用。从广义上讲，也属于地方试点经验的立法化。因此，在本部分中将对这些配套规范性文件作一个初步解读。

1.《人民陪审员法解释》的相关规定

2004 年最高人民法院以 2004 年《决定》为依据制定了《关于人民陪审员参加审判活动若干问题的规定》（以下简称《参审规定》），该规定对于人民陪审员依法有序参审有着规范和促进作用。但随着人民陪审员法的颁布，《参审规定》与其有很多不一致或冲突的地方。为进一步保障和规范人民陪审员参加审判活动，有必要以司法解释的形式对人民陪审员参加审判活动的相关方面作出明确规定。2019 年 4 月 25 日《人民陪审员法解释》正式公布，并自 2019 年 5 月 1 日起施行。《人民陪审员法解释》主要坚持了三个原则：其一，以人民陪审员法为依据；其二，以便利人民陪审员参审为原则；其三，以充分保障人民陪审员参审权利为目的。[①] 具体包括以下几个方面：

（1）规范对当事人的告知义务

首先，人民陪审员法就人民法院对当事人的告知义务没有明确规定，《人民陪审员法解释》根据三大诉讼法的规定，结合审判实践需要，规定了一系列对当事人的告知程序和义务。其中，第一条和第二条第二款规定了人民法院决定适用人民陪审员制度审理时对当事人的告知义务。其次，人民法院对当事人有权申请人民陪审员参加合议庭审判案件的告知义务。既然当事人享有这项权利，人民法院就有义务告知当事人，《人民陪审员法解释》沿用了 2010 年《参审规定》的规定，当事人应当在接到人民法院通知五日内提出适用人民陪审员制度的申请。再次，人民法院告知人民陪审员参审案件情况的

---

① 姚宝华、陈龙业、鄂海珊：《〈关于适用《中华人民共和国人民陪审员法》若干问题的解释〉的理解与适用》，《法律适用》2020 年第 5 期，第 65—73 页。

义务，《人民陪审员法解释》第四条对"需要开庭的案件相关情况"进行了具体介绍，包括"参审案件案由、当事人姓名或名称、开庭地点、开庭时间等事项"。最后，《人民陪审员法解释》第八条专门作出规定，人民法院在开庭前对人民陪审员相关权利和义务的告知。这里的"相关权利和义务"主要是与参加案件审判相关的权利义务。

（2）明确人民陪审员不参审范围

关于案件参审范围，人民陪审员法第十五条、第十六条较为笼统，且仅有正面规定，没有反向排除。《人民陪审员法解释》在第五条中对排除适用陪审制的案件范围作出规定，主要包括依照民事诉讼法适用特别程序、督促程序、公示催告程序审理的案件，申请承认外国法院离婚判决的案件以及裁定不予受理或者不需要开庭审理的案件。此外，有些人民陪审员同时具有人民调解员身份，为了避免身份冲突和防止先入为主，这些兼具人民调解员身份的人民陪审员，不宜参加由其先行进行调解的案件的审理，故《人民陪审员法解释》第六条对此予以明确，这也属于对人民陪审员参审范围的细化范畴。

（3）规范参加庭审活动规则

首先，人民陪审员法仅对人民陪审员每年的参审数上限作出原则规定，因此，《人民陪审员法解释》第十七条提出明确要求，一是参审数上限一般不超30件；二是参审数上限确定后要报高级人民法院备案。其次，在个案随机抽取中，结合三年试点中的做法，《人民陪审员法解释》第三条第二款规定，人民法院可以根据案件审判需要，从人民陪审员名单中随机抽取一定数量的候补人民陪审员，并确定递补顺序，一并告知当事人。再次，在庭前准备工作中，为了保证庭审的顺利进行，合议庭成员都应在庭前调阅卷宗，人民陪审员也不例外。因此，《人民陪审员法解释》第八条要求人民法院为人民陪审员庭前阅卷提供便利。最后，在开庭时，法官的指引对充分发挥人民陪审员的作用十分重要。考虑到七人合议庭要区分事实问题和法律问题，因此，《人民陪审员法解释》第九条规定："七人合议庭开庭前，应当制作事实认定问题清单，根据案件具体情况，区分事实认定问题与法律适用问题，对争议事实问题逐项列举，供人民陪审员在庭审时参考。事实认定问题和法律适用问题难以区分的，视为事实认定问题。"

（4）完善合议庭评议规则

在原来的司法实践中，存在承办法官先发表意见，陪审员附和法官意见的情况。因此《人民陪审员法解释》第十二条明确指出，合议庭评议案件时，先由承办法官介绍案件涉及的相关法律、证据规则，然后由人民陪审员和法官依次发表意见，审判长最后发表意见并总结合议庭意见。

2.《选任办法》的相关规定

2018 年 8 月，由司法部、最高人民法院、公安部联合研究制定的《选任办法》发布。《选任办法》旨在规范人民陪审员选任工作，并坚持依法民主、公开公正、协同高效的原则。《选任办法》进一步明确了人民陪审员选任工作由司法行政机关会同基层人民法院、公安机关组织开展。司法行政机关、基层人民法院、公安机关应当加强沟通联系，建立协调配合机制。人民陪审员在选任过程中，要自觉接受人大监督和社会监督。

第一，就人民陪审员的选任方式来看，《选任办法》明确了以随机抽选为主、以个人申请和组织推荐为辅的人民陪审员选任方式。一方面，通过随机抽选方式，可吸收社会不同行业、不同职业、不同年龄、不同民族人员参与，最大程度地实现人民陪审员的广泛性和代表性。另一方面，考虑到在实际审判中有时需要具备特定专业知识和素养的人民陪审员，办法明确，可以由组织推荐和个人申请方式产生一定比例的陪审员，这是对随机抽选选任方式的有益补充。通过这种方式产生的陪审员不得超过陪审员名额数的五分之一，既满足审判工作实际需要，又保证人民陪审员的广泛性。

第二，就人民陪审员候选人的资格审查来看，根据《选任办法》，一是准确把握人民陪审员选任的禁止性条件。受过刑事处罚，被开除公职，被吊销律师、公证员执业证书，被纳入失信被执行人名单等不得担任人民陪审员。二是人民法院、公安、司法行政部门按照各自职权进行审查。公安机关主要是提供掌握的犯罪记录；基层人民法院主要提供候选人是否被纳入失信被执行人名单等审查结果。三是司法行政机关对人民陪审员进行全面资格审查。在公安机关、人民法院定向审查的基础上，联合法庭、派出所，通过多种渠道，查询了解人民陪审员候选人在遵纪守法、诚实守信等方面的情况，确保不符合条件的人员不被纳入选任范围。

3.《工作办法》的相关规定

2019 年 4 月 25 日，最高人民法院正式发布了《工作办法》，并自 2019 年 5 月 1 日起施行。《工作办法》是人民陪审员法的重要配套规范性文件，根据人民陪审员法的规定和陪审工作实践，充分保留原有的有益经验和做法，对人民陪审员的培训、考核、奖惩等相关规定进行全面梳理完善，形成一个全面、科学、简便的工作办法。① 人民陪审员制度改革试点期间总结出不少有益

---

① 最高人民法院政治部法官管理部：《人民陪审员培训、考核、奖惩工作办法》，《人民司法（应用）》2020 年第 4 期，第 27—31 页。

经验,《工作办法》对此予以吸收,转化为成果。《工作办法》坚持了以人民陪审员法为依据、明确人民法院和司法行政机关职责以及吸收试点经验并紧密结合工作实际的指导思想和原则,对人民陪审员的培训、考核与奖励、免除职务与惩戒作出日常管理工作的规制。具体有以下几个方面:

(1)人民陪审员的培训

人民陪审员是以公民的身份参与案件审理的,因此,人民陪审员的培训目标不在于培养一个职业法官,培训工作的方向和内容也应当有别于职业法官群体。2005年《管理办法》和2010年《若干意见》对培训内容作出了较为详细的规定,考虑到列举式难以全面涵盖,且培训内容应根据审判工作需要与时俱进,不宜限定固定内容,具体培训内容可以在培训大纲或者教材中提出,也便于根据实际灵活调整,因此,《工作办法》第九条作出原则规定,将培训内容概括为政治理论、陪审职责、审判纪律和法律基础知识等,并规定可以结合本地区案件特点与类型安排培训内容。此外,《工作办法》第十四条取消了任职期间培训和合格证书的规定,并对2005年《管理办法》的"一般不少于24学时"岗前培训时间修改为"一般不少于40学时"。

(2)人民陪审员的考核与奖励

第一,《工作办法》结合了法官法和公务员法的相关规定,增加了对考核结果异议的申请复核,并明确审前复核时限为5日,人民法院处理异议时间为15日。第二,人民陪审员表彰奖励的规定,在保留2005年《管理办法》表述基础上增加"依照有关规定"的内容,并增加遵循的原则规定作为第二款。第三,《工作办法》根据司法实践,参照法官法相关规定以及部分试点法院总结的几种情形,在第二十四条对"显著成绩或者其他突出事迹"进行列举。

(3)人民陪审员的免除职务与惩戒

第一,《工作办法》第二十六条明确规定任期届满的无须提请免职,但应予以公告。第二,人民陪审员出现人民陪审员法第二十七条规定情形的,应当先予免职,在此基础上,针对严重怠于履行陪审职责和违法违规造成错误裁判或者其他严重后果的,要予以惩处。而对因第二十七条第一款第三项、第四项所列行为而免职的,在《工作办法》第二十八条中保留了"人民陪审员被免除职务的,基层人民法院应当书面通知人民陪审员所在单位"的规定。

二、人民陪审员制度有待法律完善的问题

本轮人民陪审员制度改革自中共十八届三中、四中全会提出总体目标,

2015 年启动为期三年的试点，以 2018 年正式出台人民陪审员法为标志，及至今日，仍处于不断发展完善中。自人民陪审员法实施以来，全国共新选任人民陪审员 22 万余人，现有人民陪审员总数达到 33.6 万余人，与人民陪审员法实施前相比上升了 58.1%。一大批通民情、知民意、接地气的普通群众被选任为人民陪审员，截至 2020 年 10 月，人民陪审员队伍中男性占 54.6%、女性占 45.4%，平均年龄 45 岁；研究生以上学历 3.2%，高中以上研究生以下学历 87.4%，高中以下文化程度 9.4%，人民陪审员队伍进一步壮大，来源更加广泛，人民群众参与司法、监督司法的积极性进一步提升。人民陪审员的男女比例更加均衡，年龄结构更加合理，职业分布更加广泛，人民陪审员广泛性和代表性的目标初步实现。①

总体来看，人民陪审员法对人民陪审员的选任条件、遴选程序、参审范围、人民陪审员的职权等核心问题作出很多突破性改革，有助于解决人民陪审员制度原有的问题，也有利于人民陪审员制度功能的发挥。具体来看，一是合理细化参审案件范围。各地准确把握人民陪审员法及相关司法解释规定的参审案件范围，不再片面追求陪审率，避免陪审制度混用和司法资源的浪费。二是组成七人合议庭审理社会影响重大案件。各地准确把握精神，对刑事重罪、公益诉讼等社会影响重大的案件，适用三名法官和四名人民陪审员组成的七人合议庭审理，充分发挥人民陪审员熟悉社情民意、长于事实认定的优势。三是探索建立问题清单制度，引导人民陪审员深度参审。各地建立健全庭前阅卷、法官指引、独立发表意见等保障机制，着力保障人民陪审员参审职权。根据《人民陪审员法解释》规定，在七人合议庭中探索制作事实认定问题清单，② 引导人民陪审员有针对性进行调查、发问、评议，切实发挥人民陪审员实质参审作用。四是健全随机抽取机制，确保人民陪审员均衡参审。各地通过开发随机抽取软件、建立错时参审机制等，积极落实个案随机抽取，着力解决"陪审专业户"现象。各地在落实随机抽取的同时兼顾案件特殊需求，开展有针对性的随机抽取，既保证了参审的均衡性，又充分发挥了人民陪审员优势特长。人民陪审员法实施两年来，全国各地法院人民陪审

---

① 参见最高人民法院、司法部相关负责人就人民陪审员制度实施两周年工作情况及《〈中华人民共和国人民陪审员法〉实施中若干问题的答复》重点内容答记者问，https://baijiahao.baidu.com/s? id = 1680982764573620073&wfr = spider&for = pc，最后访问日期 2022 年 3 月 2 日。

② 事实认定问题清单应当立足全部案件事实，重点针对案件难点和争议的焦点内容。刑事案件中，可以犯罪构成要件事实为基础，主要包括构成犯罪的事实、不构成犯罪的事实，以及有关量刑情节的事实等。民事案件中，可以根据不同类型纠纷的请求权规范基础，归纳出当事人争议的要件事实。行政案件中，主要包括审查行政行为合法性所必须具备的事实。

员共参审各类案件659.4万余件，包括参审民事案件514.2万余件，刑事案件102.4万余件，行政案件42.8万余件，由人民陪审员参与组成七人合议庭审结社会影响重大的案件1.2万余件，取得了良好法律效果和社会效果，得到人民群众的广泛认可。①

　　然而，考察人民陪审员制度改革之得失，不仅要着眼于制度框架本身，考量其设计是否有助于制度功能与制度目的之实现，也需要跳出人民陪审员制度的框架，在一个更大的背景下审视其与整个诉讼环境是否契合，以及契合之程度。一旦放眼于更为开阔的视角，则会发现目前的人民陪审员制度仍有一些值得进一步思考和完善的地方。②

　　（一）人民陪审员参审的案件范围

　　人民陪审员参审的案件范围直接决定了有多少案件需要由人民陪审员参与审判、人民法院需要配备多少人民陪审员、一名人民陪审员每个年度可能审理的案件数量等，因而这是人民陪审员制度应当合理解决的问题。《人民陪审员法解释》明确了人民陪审员年度参审上限一般不超过30件，这是破除"驻庭陪审"现象的有力抓手，有利于法院把有限的资源用到真正能发挥陪审员作用的案件上，这也明确传达了一种认识——人民陪审员不是解决"人案矛盾"的手段。那么，在已设定参审数量上限的前提下，要如何确定参审案件的范围？

　　参审案件的范围是一个价值判断问题，即在司法的民主性和诉讼的经济性之间进行抉择。③ 如果设置不合理，将过多的案件交给人民陪审员进行审判或者将人民陪审员无力把握的案件交由人民陪审员审判，人民陪审员或疲于应付、敷衍塞责或无所适从，其审判的独立性和参审的实质性也将大打折扣。按照人民陪审员法规定，我国刑事诉讼适用人民陪审员制度的案件有四类，分别是：社会影响较大的案件（涉及群众利益、公共利益、人民群众广泛关注的案件均属此类），案情复杂的案件，社会影响重大的可能判处十年以上有期徒刑、无期徒刑、死刑的案件，一审被告申请人民陪审员参与合议庭审判的案件。立法规定的人民陪审员参审的案件范围比较宽泛，实现了《试点方案》确立的"扩大人民陪审员参审范围"的改革目标。但是，仔细分析立法

---

　　① 参见最高人民法院、司法部相关负责人就人民陪审员制度实施两周年工作情况及《〈中华人民共和国人民陪审员法〉实施中若干问题的答复》重点内容答记者问，https://baijiahao.baidu.com/s? id=1680982764573620073&wfr=spider&for=pc，最后访问日期2022年3月2日。

　　② 熊秋红：《公民参与和监督司法研究》，中国社会科学出版社2019年版，第225—233页。

　　③ 谢满根：《人民陪审员独立性和参审实质性的若干问题探讨——以刑事诉讼为视角》，《韶关学院学报》2020年第10期，第22—25页。

规定的参审案件的结构，也可发现其存在如下不合理之处：首先，因法律没有明确规定哪些属于"社会影响较大""社会影响重大"的案件，实际上是由人民法院自行判定。加之，一审被告申请人民陪审员参与合议庭审判并不必然导致适用人民陪审员制度，被告的申请也需要人民法院审查决定。这就意味着一审人民法院对于是否适用人民陪审员制度享有绝对的自由裁量权。对这种自由裁量权，如果不加以制度性约束，一审人民法院很可能不会基于案件本身的原因，而是基于案外的其他因素，如人手不够、完成陪审率等决定吸收人民陪审员参与案件的审判。其次，案情复杂的案件本身法律关系复杂、证据体系庞杂、争议焦点多且难以把握，审判经验丰富的专职法官都会对其感觉很棘手，交给人民陪审员参与审判更是强人所难。在此类案件的参审过程中，人民陪审员知识的局限性会被放大，可能无法厘清争议的焦点或者无法就案件事实形成内心确信，很可能更加依赖法官的专业判断。

对此，应当合理限缩参审案件的范围。首先，要抑制扩大参审案件范围的冲动。扩大人民陪审员制度的影响不是靠人民陪审员参审案件的多寡，而是靠人民陪审员参审的实效性实现的。参审的案件范围过大，人民陪审员疲于应付或敷衍塞责，效果可能会适得其反。从诉讼经济性出发，我国可以借鉴各国的普遍做法，将刑事诉讼参审的案件限定为比较严重的犯罪案件。其次，针对主观性很强的条件"社会影响较大""社会影响重大"等尽量明晰化、可操作化。对此，李昌林先生提出采用"内在按价值判断，外在按控辩双方对定罪量刑存在较大争议"[①] 来确定参审案件范围的思路值得借鉴。最后，在保持赋予被告申请适用人民陪审员制度的同时，赋予被告在刑事案件简易程序（合议审）中拒绝适用人民陪审员制度的权利。究其原因有两方面：其一，刑事案件简易程序适用的前提条件是被告人对案件事实没有争议。"认罪认罚"后适用简易程序案件的控辩双方不仅对事实没有争议，对量刑也没有争议。对于控辩双方无争议或争议不大（被告认罪或认罪认罚）的简易程序案件，人民陪审员的价值判断优势无从发挥。其二，刑事案件简易程序对庭审证据调查和辩论环节的简化实际上进一步增加了人民陪审员获取全面案情的难度。

（二）人民陪审员的阅卷权

本轮人民陪审员制度改革亟须解决的一个问题就是提高人民陪审员参与庭审的实质性，避免人民陪审员"陪而不审"，成为摆设。为了提高人民陪审

---

① 李昌林：《从制度上保障人民陪审员真正享有刑事裁判权——论人民陪审员制度的完善》，《现代法学》2007 年第 1 期，第 148—153 页。

员在审判过程中的实质性参与，弥合职业法官审前阅卷、人民陪审员不阅卷造成的信息劣势，推动人民陪审员庭前阅卷成为应对方案之一。[①]2015 年《试点方案》第四条提出，"健全人民陪审员提前阅卷机制，人民法院应当在开庭前安排人民陪审员阅卷，为人民陪审员查阅案卷、参加审判活动提供便利"。随后印发的《实施办法》第十八条也规定，"人民法院应当在开庭前，将相关权利和义务告知人民陪审员，并为其阅卷提供便利条件"。而后在 2016 年的《中期报告》中，"建立健全人民陪审员提前阅卷机制，在开庭前安排人民陪审员阅卷，为人民陪审员查阅案卷提供便利"，被作为开展试点的成功经验向全国人大常委会汇报。人民陪审员法虽没有出现类似内容，但是，《人民陪审员法解释》第八条明确规定："人民法院应当在开庭前，将相关权利和义务告知人民陪审员，并为其阅卷提供便利条件。"

　　但是，任何改革都不能脱离大的制度环境。这个大的制度环境就是党的十八届四中全会《决定》部署的"以审判为中心的诉讼制度改革"。实际上，人民陪审员参审的实质化，与"以审判为中心"的诉讼制度改革并不矛盾，只有一个实质化的庭审，才可能实现人民陪审员参审的实质化，一个书面案卷发挥巨大作用的庭审，无论人民陪审员如何阅卷，都不可能实现对庭审实质化的参与。虽然我国目前立法仍采取"案卷移送主义"，[②]但从改革的大方向来看是要逐步对案卷的使用施加限制，而人民陪审员阅卷的制度化，无疑与这一大方向背道而驰。

　　从比较法的角度来看，德国虽然采取案卷移送制度，但案卷之内容原则上不得作为裁判之根据。在阅览案卷的主体方面，立法也有严格的限制：由于担心陪审员不自觉地受到影响，因此陪审员原则上不得接触案卷；审判长和制作裁判文书的法官也不得阅览案卷。[③]相对的，英美法系所采用的起诉书一本主义，旨在防止法官因阅卷带来的先入为主，避免在审前根据侦查卷宗形成预断，丧失法官的客观、中立地位。[④]在英美法系的对抗式审判模式中，案件事实裁判和法律适用是分开进行的，一般由陪审团进行事实审理，并最

[①]　唐力：《"法官释法"：陪审员认定事实的制度保障》，《比较法研究》，2017 年第 6 期，第 1—12 页。
[②]　当然，在当前现有的司法环境下，建立完全的起诉书一本主义并改变以往法官根据案卷断案的审理模式将会困难重重，采取起诉书一本主义会无形中增加法官的办案压力，短期内恐难取得成效。因此，暂时坚持案卷移送主义并合理改革有利于加强庭审实质化的配套措施，比如贯彻落实直接言词原则、增加庭审的对抗性因素等。
[③]　施鹏鹏：《陪审制研究》，中国人民大学出版社 2008 年版，第 172—176 页。
[④]　卫婷：《审判中心背景下的卷宗移送方式省思——基于一种比较法的视野》，《汕头大学学报（人文社会科学版）》2018 年第 7 期，第 68—73 页。

终投票决定被告有罪还是无罪，此时控辩双方往往通过出示各自掌握的证据进行举证、质证、辩论来说服陪审团，采行起诉状一本主义可以防止证据泄露影响控辩双方的诉讼策略和诉讼计划，并使证人出庭陈述，直接面对控辩双方的质询和陪审团的直接感知，有利于进一步促进案件真实的再现。而法官是庭审程序的引导者和法律适用者。因此，从这一价值意义来讲，在英美法系的司法体制下适用起诉书一本主义可以最大限度地维护司法公正，实现对犯罪嫌疑人基本权利的保障。所以，在避免庭前阅卷造成法官先入为主方面，起诉书一本主义可以发挥最大的优势。

我国人民陪审员制度的改革与英美法系的陪审团制度有相似的地方，改革的最终目标是"逐步实行人民陪审员不再审理法律适用问题，只参与审理事实认定问题"，即旨在由人民陪审员进行独立的事实认定，法官虽然也要对事实问题负责，但只是发挥明确案件争点的指引作用（是职权主义吸收当事人主义因素的结果）。有学者认为，"人民陪审员主导的合议庭将成为证据审查、事实判断以及定罪量刑的唯一权威机构"。[①] 因此，强调由陪审员对事实进行审查判断必然要求控辩双方在法庭上将案件的证据、事实予以充分展现，在此情形下审前的卷宗移送将没有必要。

（三）人民陪审员与审判委员会的关系

人民陪审员法第二十三条第二款规定："合议庭组成人员意见有重大分歧的，人民陪审员或者法官可以要求合议庭将案件提请院长决定是否提交审判委员会讨论决定。"从表面上看，该款似乎是现行刑事诉讼法第一百八十五条"合议庭开庭审理并且评议后，应当作出判决。对于疑难、复杂重大的案件，合议庭认为难以作出决定的，由合议庭提请院长决定提交审判委员会讨论决定。审判委员会的决定，合议庭应当执行"之规定顺理成章的产物。然而，如果结合司法改革的大背景，则会发现这种处理存在一定的问题。

如上所述，人民陪审员法第二十二条将七人合议庭中人民陪审员的职能基本上限定于认定事实。而根据最高人民法院 2015 年发布的《最高人民法院关于完善人民法院司法责任制的若干意见》，审判委员会只讨论特定案件中的法律适用问题。因此，在七人合议庭审理案件的情况下，对于事实认定方面的疑难、复杂、重大问题，提交审判委员会讨论决定，与审判委员会的职能界定明显不符。更何况审判委员会的职能未来会被逐步限定，即"只讨论涉及国家外交、安全和社会稳定的重大复杂案件的法律适用问题"，而人民陪审

---

① 卫婷：《审判中心背景下的卷宗移送方式省思——基于一种比较法的视野》，《汕头大学学报（人文社会科学版）》2018 年第 7 期，第 68—73 页。

员的未来职能基本上也将限定于认定事实，因此对人民陪审员法第二十三条第二款规定的"合议庭组成人员意见有重大分歧的，人民陪审员或者法官可以要求合议庭将案件提请院长决定是否提交审判委员会讨论决定"这种处理方式是存在一定问题的。①

本章认为，审判委员会的出场需要慎之又慎，还是应当构建以审判团队为单元的相对独立的司法体系，真正做到"让审理者裁判，由裁判者负责"。如果意见有重大分歧的，需要进行不同情况区分：如果是由于事实认定出现意见重大分歧的，需要重新认定至案件事实有一个明确指向（无罪、存疑、有罪），然后再进行审判。例如认罪认罚中的自愿供述，事实认定过程是将供述进一步转化为裁判事实，由裁判者论证真实性、合法性，获得逻辑上的客观性。因此在认罪认罚事实发现与事实认定之间，只有事实认定者认为自愿供述的情况与事实认定的前提条件相吻合且真实，才能支持适用认罪认罚从宽的请求，反之则不应当支持。② 而相对的，如果是由于法律适用出现意见重大分歧的，应当根据三人庭和七人庭的配置，在表决规则中作一定比例的要求，最后由裁判法官发表意见并进行交付表决，从而使结果更合理。

（四）人民陪审员事实认定的效力

我国的人民陪审员参审制度，限于第一审程序，人民陪审员法第十五条、第十六条重申了这一立场。而我国的第二审程序实行全面审查原则，第二审法院可以对第一审判决认定事实、适用法律、诉讼程序等各个方面进行审查，并有权对各方面可能出现的错误进行纠正。这隐含了一种可能：人民陪审员在第一审程序中参与认定的事实，有可能被第二审法院推翻。③

如前所述，西方法治国家的应对大概有两种方案：一是，以英美为代表的不接受对陪审法庭认定事实的反驳，即通过"陪审团裁决不受挑战原则"阻止任何人对陪审团裁决的案件事实提出异议，其效果是陪审团一旦就案件事实作出裁决，尤其是无罪裁决，一审之后的上诉只能针对法律问题而提起。二是，允许对陪审法庭认定的事实提起上诉，但需要由另一个陪审法庭来审理上诉，该上诉陪审法庭的陪审员人数至少要等于原一审法庭的陪审员人数。例如，德国区法院在可能判处四年监禁以下刑罚的不太严重的案件中可以使用一名职业法官和两名陪审员组成的陪审法庭（俗称"舍芬庭"），对于这种

① 陈雪珍：《论审判权的独立行使——"让审理者裁判、由裁判者负责"的制约因素与完善》，《政法学刊》2014年第6期，第23—30页。
② 齐昌聪：《论认罪认罚的事实认定进路》，《法律科学》2021年第3期，第131—141页。
③ 兰跃军：《严格排除非法证据若干问题》，《湖南社会科学》2018年第4期，第62—68页。

陪审法庭认定的事实，可以向州法院提起上诉，由州地区法院一名职业法官和两名陪审员组成的小陪审法庭来审理，这样的上诉审属于事实审。又如，法国也允许对陪审法庭参与认定的案件事实提起上诉，但需要由一个陪审员人数更多的法庭来审理上诉案件。[①] 当然，上述规律并非没有例外。比如，在英美，如果法官认为陪审团认定有罪的结论缺少证据支持，可以决定将有罪的认定"搁置"一旁径行宣布被告人无罪。再如，日本在 2009 年正式施行裁判员制度后，并没有同步对上诉审（日本称为"控诉审"）进行改革，而日本的控诉审也是重新审理，因此，陪审法庭认定的事实仍有可能被控诉审推翻。

我国的第二审程序一向贯彻全面审查原则，也不实行判决理由制度，因此，第二审法院推翻第一审陪审法庭认定事实的可能性是客观存在的。问题是，人民陪审法庭认定的案件事实，如果被职业法官组成的第二审法庭推翻，人民参与审判的意义何在？司法民主如何体现？这些都是人民陪审员制度在改革完善过程中需要进一步思考的问题。

本章认为，目前看来，减少二审推翻案件事实是现实可行的"笨"办法。而目前我国要做到陪审员的实质性参审，很重要的一步就是让人民陪审员围绕双方当事人争议的事实问题展开调查并发表建议，而这需要强化法官的指引作用并且完善人民陪审员的责任机制。

一方面，要强化法官的指引作用。第一，在以强化争点和证据整理为主要内容的庭前程序中，对于法官而言，其主要任务就是通过庭前程序总结出案件的争议焦点，厘清裁判思路，同时为人民陪审员参审提供必要的便利。为了使人民陪审员在开庭审理前能够对案情形成基本清晰的认识，并充分了解案件的争议焦点和自己应当裁判的内容，法官在庭前程序中至少应当完成以下三项工作：一是，对双方当事人提交的证据材料进行过滤；二是，对案件争议焦点的整理；三是，排除不宜由人民陪审员裁判的事项。

第二，人民法院应当围绕证据类型、常见形式、举证期间和其他常见问题开展培训，并要重点讲解对于证据是否采信具有极其重要意义的真实性、合法性和关联性问题。这样在案件合议时，人民陪审员才能更好地进行判断。对于刑事案件，人民陪审员需要判断被告人被控犯罪事实是否实际发生、情节轻重、是否有可以认定从轻、减轻处罚等内容即可，至于构成何种罪行，以及应当如何量刑则由法官进行判断。对于民事和行政案件，审判长应当就

---

① 魏晓娜：《人民陪审员制度改革研究》，中国政法大学出版社 2022 年版，第 127—132 页。

裁判文书中"本院查明"部分需要认定的事实引导人民陪审员进行评议，包括哪些证据可以采信、认定事实的理由、结果等。

第三，《实施办法》和《人民陪审员法解释》都对制作事实问题清单作出了相应规定。事实问题清单应当包括两个部分，一是，案件事实梗概和当事人诉辩意见，让人民陪审员对于此后将要讨论的事实问题所处的背景形成初步认识；二是，存在争议的事实，审判长应当逐个列举当事人存在争议的问题，列举双方当事人针对存疑事实所举证据以及对对方所提证据发表的质证意见，或者指明在质证、庭审笔录的何处，以便人民陪审员知晓。对于案件事实类型化较为清晰的案件，比如交通事故、劳动争议、离婚等案件，可以探索制作该类案件事实问题的统一清单样式。事实问题清单可以初步解决讨论对象方面的问题，使陪审员厘清争议事实、明晰推理思路，专注于发挥自身所长，对证据的证明内容、证明力大小进行判断，并最终形成事实认定意见。尽管改革后七人合议庭的人民陪审员只对事实部分进行认定，但法官还是应当向人民陪审员说明与在审案件相关的法条。通常情况下，法官无须说明程序性法律规则，但由于证据规则与案件事实判断紧密相关，故法官应当予以说明。特别是证据规则中有关证据资格、证据采信规则、证明责任以及证明标准的规定，都是对案件事实的评判具有至关重要意义的规则。

另一方面，要构建人民陪审员的责任机制。合理的制度设计能使人民陪审员保持理性的视角判断，实现人民陪审员与法官的权责划分，避免出现法官表决正确，但基于少数服从多数原则却没有认定而被追究办案责任的不公现象。关于错案的责任追究，在按照法律程序产生的结果下，倘若法官已履行指引义务且将不同意见记入庭审笔录，可以酌情减免责任。反之，未进行职责内的指引释明或改变原本事实认定导致人民陪审员错判事实，则需为此承担责任。考虑到人民陪审员的非专业性以及鼓励普通公民参与司法的宗旨，其不宜对案件审理结果担负责任，但并不说明无须对自己的审判行为负责，法官应向人民陪审员严肃强调审判的意义和后果，否则取消陪审资格以增强其责任感。由于许多案件的专业性很强，可以考虑将相关领域的人民陪审员纳入参审，保持一定的专家陪审员比例。

（五）人民陪审员参审合议庭的表决规则

我国表决规则为"简单多数决"，即"合议庭评议案件，实行少数服从多数的原则。人民陪审员同合议庭其他组成人员意见分歧的，应当将其意见写入笔录"。而根据人民陪审员法第十四条，人民陪审员与职业法官可组建成两种形式的合议庭，即三人合议庭与七人合议庭。其中，七人合议庭由职业法官三人与人民陪审员四人组成。而对于三人合议庭的人员组成，法律未作明确规定。按照逻辑推论，具体又可分为两种形式，即由职业法官一人与人民陪审员两人组成，或由职业法官两人与人民陪审员一人组成。根据前文所作表1可以看出，当合议庭组织形式适用三人合议庭时，人民陪审员独立享有事实认定权与法律适用权，并且与职业法官权利平等；当适用七人合议庭时，人民陪审员仅享有事实认定权，而对法律适用部分，可以发表意见，但不参与表决。显而易见，在三人合议庭中，裁判权界分采用的是"共享的逻辑"；但在七人合议庭的情况下，裁判权界分就呈现出一定复杂性。[1] 首先，七人合议庭中的人民陪审员不享有法律适用权，[2] 其次，这并不意味着人民陪审员可以独享事实认定权。在这种情况下进行简单的"多数民主"表决，意味着若三名法官意见一致，只需要四名人民陪审员中的一名与他们意见一致即可。在这里的少数服从多数原则其实使人民陪审员的裁判权受到了很大的削弱，无形中增加了法官的裁决重量。这也有违人民陪审员制度建立的初衷之一——实现司法精英化和民主化之间的平衡，这种表决权分量分配无法为实现这一平衡创造有利条件。

而且，若我们将视角放到"可能判处十年以上有期徒刑、无期徒刑、死刑，社会影响重大的刑事第一审案件"中，仅仅是4∶3的简单多数就能决定这个案件的走向吗？根据正常的刑事证明标准，尤其对于这类严重刑事犯罪，审判主体必须要能够排除合理怀疑，相信用以确定被告人有罪的事实清楚且证据确实、充分。尤其是对可能判处死刑的案件，如果4∶3就能轻易地判处一个被告人死刑，那么"排除合理怀疑"标准的保障性价值如何彰显呢？

当然，针对陪审制度中裁决权和表决权的分配，不同国家有不一样的规则。在法国，可能判处10年以上监禁的案件属于重罪，由重罪法庭审理。重罪法庭的构成传统上是3名职业法官加9名陪审员，根据法国刑事诉讼法的规定，法庭评议时，凡是对被告人不利的决定，如认定被告人有罪或适用法定最高刑，最少需要8票的多数。这个8票的判决规则相当值得推敲：如果3名职业法官想要按照他们自己的意见作出判决，那么他们必须争取到至少5名陪审员的支持，而5名陪审员已经构成了9名陪审员的多数派。换言之，最终的判决结果只能由陪审员中的多数派决定，而不是由3名职业法官所决

---

[1] 陆华清：《论裁判权的配置方式——评人民陪审员制度设计》，《重庆理工大学学报（社会科学）》2021年第1期，第92—101页。

[2] 部分学者认为，人民陪审员实际上在法律适用问题上享有建议权，而建议权也是一种裁判权。参见陈学权：《刑事裁判权在法官与陪审员之间的配置》，《现代法学》2018年第1期，第132—144页。

定，以此确保司法民主真正得以贯彻。① 由此可见，法国重罪法庭中陪审员与职业法官的人数配比，结合硬性的表决数量规则，使得陪审员的参与具有实质性，保证了司法民主真正得以贯彻。② 在德国，可能判处 4 年以上监禁的案件由地区法院作为初审法院，由 3 名职业法官和 2 名陪审员构成所谓的"大刑事法庭"。根据德国的判决规则，要作出对被告人不利的判决，必须要有 2/3 以上的多数票。这样，仅有 3 位职业法官同意认定被告人有罪是不够的（此种情况下仅构成 3/5 的多数票），必须还要争取到至少 1 位陪审员的支持。反过来，两位陪审员也必须得到至少两位职业法官的支持，才能够按照自己的意愿作出判决。③ 在日本，需要由裁判员参加审理的案件一般包括以下三类：（1）相当于判处死刑、无期徒刑之罪的案件；（2）《日本法院法》第 26 条第 2 款第 2 项规定的因故意犯罪行为致被害人死亡的法定合议案件；（3）需要与上述案件合并审理的案件。正式的合议庭由 3 名法官和 6 名裁判员组成。但是对公诉事实没有争议的案件，案件的内容及其他情况认为适当的，可以经法官裁量后由 1 名法官和 4 名裁判员组成合议庭进行审理。根据《日本裁判员法》的规定，与案件有关的所有实体裁判，包括案件的事实认定、法律适用及量刑，都应根据合议庭过半数的成员的意见作出，且必须有职业法官 1 人和陪审员 1 人以上发表赞成意见，判决才能成立。有关法律的解释及诉讼程序的判断，应根据合议庭中法官的合议而作出。④ 当然，也有国家不采用多数决，像英美传统上的一致裁决原则，要对被告人作出有罪或者无罪的判决，必须说服每一位陪审员，每一位陪审员的意见都不能受到忽视。一致裁决原则，在某种程度上可以看作是司法领域防范"多数暴政"的有效机制，同时也为事实认定的准确性提供了最大限度的保证。即便是一致裁决原则有所松动的今天，根据美国联邦最高法院的判例，12 人陪审团的审判最多能接受以 9∶3 定罪的判决。

　　各种不同规定其实目的就是为了科学合理行使裁量权和表决权。对人民陪审员和法官意见冲突的协调既是对司法裁判自洽性与合理性之间的协调，

---

　　① 2011 年 8 月 10 日第 2011—939 号法律减少了陪审员人数，规定自 2012 年 1 月 1 日起，一审陪审员减少为 6 人，上诉审减少为 9 人。职业法官的人数不变，一审、二审均为 3 人。第一审重罪法庭要对受审人定罪需要得到 9 名法庭成员中的 6 票，第二审重罪法庭要作出对被告人不利的判决，需要 12 位法庭成员中的 8 票。即便 3 位职业法官事先达成一致，都认定有罪，仍然需要陪审员中至少半数成员（第一审 3 票，第二审 5 票）的支持，才能定罪。刘林呐：《法国重罪陪审制度的启示与借鉴》，《政法论丛》2012 年第 2 期，第 93—100 页。

　　② 刘林呐：《法国重罪陪审制度的启示与借鉴》，《政法论丛》2012 年第 2 期，第 93—100 页。

　　③ 江溯：《德国刑事程序法原理》，中国法制出版社 2021 年版，第 130—146 页。

　　④ 宋英辉：《日本刑事诉讼制度最新改革评析》，《河北法学》2007 年第 1 期，第 31—37 页。

也是对广泛的司法参与和精深的司法专业化之间的协调。如何达至二者的平衡，不仅关乎人民陪审员制度的实施效果和社会评价，也直接影响司法裁判的公信力。

将视线再转回国内，我国人民陪审员法第十四条明确规定，七人合议庭法定的组成形式为"四陪三审"。立法者在法条释义中强调，强调陪审员的多数主要在于保障心理优势，从而确保参审的实效。按照统一逻辑，很难解释为何三人合议庭中不需要考虑陪审员的心理优势。因此，从法律统一的角度出发，也应该将"两陪一审"作为三人合议庭的唯一法定合议庭组成形式。"两陪一审"的形式在同样参审率的情况下可以使得参审陪审员的人数翻番，有利于强化陪审制最核心的司法民主价值，从而实现立法者"让更多的人民陪审员有机会参与案件审理"的目标。①

此外，针对表决规则，理论界和实务界大致提出了以下三种方案，一是，在三人合议庭中完全实行少数服从多数的原则，在七人合议庭中，就事实问题作出的多数意见，应当至少有一名法官同意。二是，增加人民陪审员表决的权重，合议庭就事实认定作出的表决，应当至少包括一名人民陪审员的意见，如果是重大案件，那么表决意见还应当包括多数人民陪审员的意见。三是，废除将案件提交审委会讨论的决定，贯彻让审理者裁判，让裁判者负责的改革理念。本章认为，可以采取多数决方式表决，但需要人民陪审员一半及以上的票数同意，而不是简单多数决。这样才可以保证在事实认定部分人民陪审员真正发挥其作用。

小　　结

一项制度的实际功用并不一定同它所设立的初始目的相一致，制度作用的发挥同它所处的社会环境和文化传统有着莫大的关联。因此，研究人民陪审员制度，不仅应当对法律规定的文本进行分析与探讨，更重要的是面向人民陪审员制度实施的现实，尤其应当关注实践中存在的问题。② 我国人民陪审员制度的功能与价值问题有其独特性，需要研究的问题很多，既有人民陪审员"职能异化"的现实问题，也有其发展所带来的新问题。例如，人民陪审员制度如何贯彻直接言词原则、不间断原则、当庭确认原则以及庭审后如何

---

① 王禄生：《人民陪审改革成效的非均衡困境及其对策——基于刑事判决书的大数据挖掘》，《中国刑事法杂志》2020 年第 4 期，第 137—154 页。

② 王敏远：《刑事诉讼法学》，知识产权出版社 2013 年版，第 649—652 页。

处理其与审判委员会的关系；专家作为人民陪审员参与审判疑难案件，是将其作为民众监督、制约审判还是扮演司法的专业辅助者的角色；既不同于参审制，也与陪审团制相异的七人合议庭，特别是司法实践中的案件事实认定问题与法律适用问题往往相互交织、难以完全区分开来，如何区分事实认定问题和法律适用问题；等等。这些仍然有待实践探索和理论论证。

第六章

司法体制综合配套改革之检视与完善

第一节　司法体制综合配套改革的
　　　　内涵与主要任务

　　司法体制综合配套改革建立在司法体制改革基础之上。当前，我国司法体制改革已正式进入司法体制综合配套改革阶段，厘清司法体制改革、司法体制综合配套改革的内涵将是推动司法体制综合配套改革的前奏，其意义重大。同时，由于司法体制综合配套改革是一项综合性、配套性和深入性改革，这就决定了司法体制综合配套改革的任务繁重，其不能在短期内顾及改革的方方面面。因而，本轮司法改革当务之急便是明确司法体制综合配套改革的主要任务，为下一步的司法体制综合配套改革指明方向，将主要的人力、物力优先集中到这些主要任务上。有鉴于此，本节将试图从三个方面来完成前述两项任务：一是，厘清司法体制的内涵；二是，通过阐释司法体制和司法体制综合配套改革的关系来厘清司法体制综合配套改革的内涵；三是，明确当前司法体制综合配套改革的主要任务。

一、司法体制的内涵

（一）司法体制内涵之争

　　顾名思义，司法体制综合配套改革是围绕司法体制所展开的改革。若要探讨司法体制综合配套改革，就必须明确司法体制概念的内涵。梳理学界既有的研究成果，学者之间对司法体制概念的内涵争议较大。概括而言，这些争议主要表现为以下三个方面：

　　第一，围绕司法体制的主体范围产生分歧。其中，持狭义说观点的人认为，司法体制是指国家司法机关的结构及其权限，这些主体具体包括侦查机关、检察机关、审判机关、司法行政机关等。而持广义说观点的人则认为，除国家机关主体外，还包括经由法律授权的专门组织，即律师协会、公证处、仲裁机构、调解委员会等组织。①

　　第二，围绕司法体制的类型产生分歧。司法体制具体包含审判体制、检察体制、警察体制、司法行政体制和执行体制五大类。而有学者则明确反对将警察体制、司法行政体制纳入司法体制中。究其原因主要包含两点：第一，公安机关同司法机关的职能属性不同，公安机关兼具一定的行政职能。在我国，公安机关既是行政机关又是刑事司法机关。值得注意的是，公安机关司法职能的哪一面才关涉司法体制；第二，独立司法要求司法机关尽可能地去行政化，即司法权与司法行政事务管理权应当分离。②

　　第三，围绕司法体制的具体内容产生分歧。司法体制指的是司法机关的设置、领导或监督体制、职权划分和管理制度，其具体包括审判体制、检察体制、侦查体制、执行体制和司法行政事务管理体制。③ 这种概念界定方式的一大特点是，研究者反对将司法行政体制纳入司法体制，主张将司法行政事务管理体制纳入司法体制中。而有学者则坚持主张，司法体制是指国家设置哪些司法主体以及它们之间的职权划分和相互关系，其具体包括人民法院、人民检察院、侦查机关、司法行政机关以及公证、律师协会和仲裁委员会等专门组织及它们之间的职权划分、相互关系。④

　　综上所述，我国学界关于司法体制内涵的争议主要表现为司法体制的主体范围、类型和具体内容三个方面。具体而言，主要表现为以下三点：其一，专门组织是否要纳入司法体制的主体范围内；其二，警察体制和司法行政体制是否属于司法体制；其三，司法行政体制、司法行政事务管理体制何者应当被纳入司法体制中。同时，从部分学者的相关介绍来看，域外相关国家对司法体制内涵的界定也主要集中在司法体制的主体范围和类型两个方面。其中，以俄罗斯为例，俄罗斯现行的司法体制改革借鉴于欧洲，俄罗斯的司法体制主体包含司法机关、律师团体、司法行政机关。⑤ 而美国的司法体制主体和类型的界定则更为宽泛，除包含上述司法主体外，美国的司法体制也将警察机关纳入司法体制主体中。同时，美国的司法体制也将司法权运行体制、

---

　　① 徐益初：《论司法公正与司法体制改革》，《诉讼法论丛》1998 年第 1 期，第 61—84 页。

　　② 徐汉明：《论司法权和司法行政事务管理权的分离》，《中国法学》2015 年第 4 期，第 84—103 页。

　　③ 谭世贵：《中国司法体制若干问题研究》，《法治研究》2011 年第 3 期，第 3—11 页。

　　④ 熊先觉：《司法学》，法律出版社 2008 年，第 2 页。

　　⑤ 范纯：《论俄罗斯的司法改革》，《俄罗斯中亚东欧研究》2007 年第 2 期，第 19—24 页。

警察体制包含进来。① 前述这些理解从不同层面揭示了"司法体制"一词丰富的内涵，但考虑到各国司法体制既具有一定的本土特色，也具有高度的现实依赖性，必须结合自身的政治语境对其展开讨论。

（二）司法体制内涵的合理界定

从中国历次司法体制改革的实际情况来看，中国的司法体制改革高度地依赖来自中央层面的力量。为了有效推动司法体制改革，中央层面往往会出台大量的政策文件、规范文本对改革活动进行路径指引。有鉴于此，为了更为准确地把握"司法体制""司法体制综合配套"两词的含义，我们有必要结合党的十八大以后出台的相关政策文件、规范文本对其展开分析。通过梳理中央层面出台的相关政策文件、规范文本，我们发现司法体制改革活动最早可以追溯至1997年。在中共十五大报告中，中共中央明确提出，推进司法改革，从制度上保证司法机关依法独立公正地行使审判权和检察权。②

此后，在1999年至2009年这十年内，最高人民法院先后出台了《人民法院五年改革纲要》《人民法院第二个五年改革纲要（2004—2008）》和《人民法院第三个五年改革纲要（2009—2013）》三个规范性文件，最高人民检察院先后出台了《检察改革三年实施意见》等多个规范性文件。在这些规范性文件中，最高人民法院、最高人民检察院多次提及"司法体制""司法体制改革"，并对司法体制的具体内容作出相关表述。具体而言，最高人民法院、最高人民检察院明确地将业务工作机制、办案机制、监督机制、财务管理机制、司法机关内设机构设置、司法人事管理体制等内容确立为司法体制的重要组成部分。此外，在《中央司法体制改革领导小组关于司法体制和工作机制改革的初步意见》《司法部关于司法体制和工作机制改革分工方案具体组织实施意见的通知》《关于贯彻实施〈关于深化人民法院司法体制综合配套改革的意见——人民法院第五个五年改革纲要（2019—2023）〉的分工方案》等相关规范文件中，进一步丰富了司法体制主体的范围，将监狱部门、社区矫正机构、司法鉴定部门、律师组织等主体纳入司法体制的主体范围之内。③

通过前述分析可以得知，有关司法体制概念内涵的学理界定和政策文本界定的争议主要聚焦在司法体制的主体范围、具体内容。其中，人民法院、

① 周道鸾：《增强司法的民主性和公开性落实公开审理的宪法原则以二审发回重审的裁定为视角》，《法律适用》2012年第2期，第50—55页。
② 参见《高举邓小平理论伟大旗帜，把建设有中国特色社会主义事业全面推向二十一世纪》，理论网，http://www.cntheory.com/tbzt/sjjlzqh/ljddhgb/202110/t20211029_37375.html，最后访问日期2022年4月22日。
③ 黄宣植：《日本司法制度改革研究》，吉林大学2020年博士学位论文。

人民检察院等国家机关被认为是司法体制的核心主体。考虑到相关规范性文件的实质约束力，司法体制主体应包括前述规范性文件中列举的所有司法机关及专门组织。司法体制的内容也应当包含前述规范性文件中列举的相关职权划分、管理体制及权力运行机制。有鉴于此，我们可以对"司法体制"作出如下定义：司法体制指的是司法机关及相关专门组织的组织方式、职权划分、管理体制及权力运行机制。

　　需要指出的是，就"司法体制"概念的具体使用而言，需要特别强调如下两点：第一，司法体制不同于司法制度。虽然二者存在一定的交叉，但二者侧重点有所差异。其中，司法体制关乎的是一国基本的司法制度，这些制度关乎着司法主体的组成、司法权力的配置、运行等内容。而司法制度的内容则显得更为一般、具体，其范围也比司法体制宽泛。[①] 第二，司法体制不同于行政体制。虽然司法体制的具体内容中包含一定司法行政事项，但二者仍然存在着相当大的差异。首先，两者改革目的不同，司法体制改革的主要目的在于保障司法权独立运行，而行政体制改革的主要目的在于提高行政效率。其次，两者改革的方式不同，司法体制改革的主要方式是"顶层设计"与"摸着石头过河"相结合的混合改革方式，而行政体制改革则更强调"顶层设计"这一单一改革方式。

二、司法体制综合配套改革的内涵

　　在明确司法体制的内涵之后，一个关键性问题仍待解决，即何为司法体制综合配套改革。根据最高人民法院发布的《最高人民法院关于深化人民法院司法体制综合配套改革的意见》（以下简称《司法体制综合配套改革的意见》），本轮法院司法体制综合配套改革总计65项主要任务，配套改革内容极为庞杂。此外，从现行检察机关公布的相关规范性文件的内容来看，检察系统未对检察院司法体制综合配套改革工作作出系统性规定，这进一步增添了司法体制综合配套改革内涵界定工作的难度。为了清晰地界定司法体制综合配套改革的内涵，下文首先通过梳理相关政策文件、规范文本，揭示司法体制综合配套改革的缘由，之后通过对比司法体制改革和司法体制综合配套改革二者之间的关系完成司法体制综合配套改革概念的定义工作。

　　（一）司法体制综合配套改革的缘起

　　"综合配套改革"是一个被众多领域共同使用的概念，其最早被应用于经

济体制改革领域。随着中国经济体制改革的深入发展，各方面、各领域联动性越来越强，各方面改革的协同配套推进越来越决定着改革成败，对改革的系统性、综合性、配套性提出了更高要求。然而，司法体制综合配套改革启动的时间相对较晚。2017年7月，习近平总书记在贵阳召开的全国司法体制改革推进会作出重要指示，要求推动司法体制综合配套改革试点，提升司法的整体效能。这是"司法体制综合配套改革"一词在全国正式会议上被首次提出。此后，为了全面深化司法体制改革，中共十九大报告明确指出，深化司法体制综合配套改革，全面落实司法责任制，努力让人民群众在每一个司法案件中感受到公平正义。① 至此，司法体制综合配套改革正式被纳入中央政策文件中。

（二）司法体制改革与司法体制综合配套改革的关系

多数学者认为，司法体制综合配套改革是司法体制改革的精细化阶段，其功能在于加快司法体制改革目标的实现。② 有的学者对于这个"精细化阶段"的理解主要包含两种观点：一是，"精细化阶段"指的是前一阶段的"夯实阶段"。"夯实阶段"说认为，司法体制综合配套改革是对司法体制改革阶段工作的夯实，其通过制度化的方式，将司法体制改革阶段的成果进行固定，进而形成一种稳定有效的机制。二是，"精细化阶段"指的是前一阶段的"填空阶段"。"填空阶段"说则主张，司法体制综合配套改革是对司法体制改革阶段工作的填补，其通过制度化方式将司法体制改革阶段的各项成果关联起来，进而形成一个更为完整的司法体系。③ 这两种观点都从不同的观察视角揭示了司法体制改革和司法体制综合配套改革二者之间的关系。具体来讲，二者之间的紧密关系主要表现为四个方面：

首先，司法体制综合配套改革是对深化司法体制改革目标的贯彻与落实。④ 众所周知，司法体制改革的目的在于维护司法公正。为了实现司法公正这一改革目标，本轮司法体制改革紧紧围绕司法人员分类管理、司法责任制、司法人员职业保障、省以下地方法院人财物统一管理等四个方面推进改革活动。从这四个方面的内容来看，其牵涉的内容主要涉及司法机关的设置、职

① 参见《决胜全面建成小康社会 夺取新时代中国特色社会主义伟大胜利》，中央政府门户网站，http：//www.gov.cn/zhuanti/2017-10/27/content_ 5234876.htm，最后访问日期2022年4月22日。
② 我们一般认为，精细化就是对先前事物的一个再加工、再处理，对于这层意思，汉语中有很多相近的表述，如精装修、再装修等。所以，本章在同一意义上使用精细化、精装修、再装修等语词。
③ 周斌：《司改迈入"精细化"阶段》，《浙江人大》2017年第12期，第30—33页。
④ 卓泽渊、何勤华、张永和、张生、支振锋、张万洪：《新时代法治国家建设笔谈》，《现代法学》2018年第1期，第3—27页。

能、地位、人员及内外关系等方面，这些内容纷繁复杂不能一蹴而就。对此，加快实现司法公正的改革目标，司法体制综合配套改革开始对司法体制改革的内容进行精细化、协同化处理。比如，本轮司法体制综合配套改革对司法体制改革中很多原则性规定进行细化，提供司法体制改革措施落地的具体方案。同时，本轮司法体制综合配套改革也充分地吸收行政机关、监察机关、社会组织等多元主体的参与，并在配套改革过程中提供了很多人性化的方案来确保各方主体的广泛接受度。

其次，司法体制综合配套改革是对司法体制改革方式的系统性升级。从本轮司法体制改革的内容来看，本轮司法体制改革所涉及的都是针对司法机关自身内设机构等相关内容的改革，以便使得司法机关之间实现制约和协作的权力运行模式，保障司法权力的正确行使。而本轮司法体制综合配套改革则针对司法机关同其他司法主体之间的衔接和配套进行的改革，并强调司法体制改革的整体性、联动性和系统性。[①] 其中，在整体性方面，本轮司法体制综合配套改革强调司法机关、公安机关与司法事务有关的机构改革应更注重统一性与协调性，改革应当具备整体、宏观性的设计，必须改变过去"头痛医头、脚痛医脚"的思维模式。在联动性方面，本轮司法体制综合配套改革试图通过司法外部的权限明确和信息共享来加强司法机关和其他司法主体之间的衔接性和配合性，这有别于司法体制改革单线推进的改革方式。在系统性方面，司法体制综合配套改革更强调司法改革是一项系统工程。[②] 该观点抓住了司法体制综合配套改革的根本属性，对司法体制综合配套改革与旧司法改革的差异作出了深刻的阐释，旨在确保本轮改革达到预期的目标。

再次，司法体制综合配套改革是对司法体制改革内容的延伸。中共十九大后，中央全面深化改革领导小组先后审议通过一系列关于司法改革的政策文件，诸如《关于加强知识产权审判领域改革创新若干问题的意见》《关于建立"一带一路"争端解决机制和机构的意见》《关于设立上海金融法院的方案》《关于增设北京互联网法院、广州互联网法院的方案》等，前述规范性文件通过深化司法体制改革，积极服务和保障国家创新驱动战略、优化"一带一路"争端解决机构的职能、优化金融法院、互联网法院等特定司法机关的

---

① 张鸣起、袁曙宏、姜伟、张苏军、江必新：《学习十九大报告重要法治论述笔谈》，《中国法学》2017 年第 6 期，第 29—55 页。

② 陈卫东：《改革开放四十年中国司法改革的回顾与展望》，《中外法学》2018 年第 6 期，第1405—1422 页。

职能配置、司法权运行、司法人员的职能保障等。司法体制综合配套改革不仅是司法体制改革的重要组成部分，更在服务国家工作大局、扩展司法体制改革内容方面发挥积极作用。

最后，司法体制综合配套改革是对司法体制改革既有成果的巩固。司法体制综合配套改革是对司法体制改革的进一步深化，是本轮司法改革的必然延伸。因此，中共十九大后，本轮司法改革的首要任务便是解决改革面临的新情况新问题，完善配套制度机制，推动已有改革措施的全面落地见效，防止改革走回头路或半途而废。① 另外，值得注意的是，深化司法体制综合配套改革标志着司法体制改革进入一个新阶段，意味着司法体制改革走向精细化，更加强调司法体制改革的整体性、联动性和系统性，但不代表司法体制已经建设完成。司法体制改革是一项宏伟、复杂的工程，短时间之内根本无法完成。

综上所述，司法体制改革和司法体制综合配套改革二者之间紧密关系主要表现为，司法体制综合配套改革是对深化司法体制改革目标的贯彻与落实、是对司法体制改革方式的系统性升级、是对司法体制改革内容的延伸、是对司法体制改革既有成果的巩固。这表明司法体制综合配套改革同司法体制改革不是两个相互独立的阶段，司法体制综合配套改革是司法体制改革的新阶段，这一阶段更加强调司法体制改革的整体性、联动性和系统性。

（三）司法体制综合配套改革内涵的界定

1. 司法体制综合配套改革内涵的学理界定

如前所述，司法体制综合配套改革和司法体制改革二者之间存在紧密关系，而学界有关司法体制综合配套改革概念定义的既有研究成果也主要围绕二者之间关系开展工作。具体来讲，学界有关司法体制综合配套改革内涵的认识主要包含两方面：

一是，司法体制综合配套改革指的是，司法机关及相关专门组织在司法改革主体工程即将完成之际，在注重整体的协调性基础上，为完善司法体制改革所采取的一系列配套性措施。② 司法体制综合配套改革突出地强调司法体制改革的整体性、联动性和系统性。具体来讲，对司法体制综合配套改革内涵的理解应当强调三点：首先，司法体制综合配套改革的提出就是要变更旧

---

① 胡仕浩：《关于全面落实司法责任制综合配套改革的若干思考》，《中国应用法学》2019 年第 4 期，第 18—37 页。

② 范明志：《深化司法体制综合配套改革的时代意义》，《人民法治》2018 年第 1 期，第 7—8 页。

司法改革"头痛医头、脚痛医脚"的做法，既要有针对性地解决问题，又要实现真正地解决问题，不能推行前后矛盾的举措。例如，有的地方人民法院推行法官减负改革，又安排法官参加如一线抗疫类似的行政活动。本来法官减负就是要去行政化，可是给法官安排扶贫、抗疫等任务则反过来强化了法官的行政化色彩、增加了法官的办案压力。[①] 其次，司法体制综合配套改革的综合性要求改变"粗放式"改革模式，促使我国司法体制改革的"精细化"。改革措施不在多而在精，过去频频出台的改革措施无法落到实处的情况应得到改变。诚如法律的生命在于实施，制度的生命力也在于实施。动辄百来项改革措施被推出之后就没有后话的情况不应发生，改革举措在出台之前应得到多方论证和评估，在实施之后的情况与效果也应当得到监管、考察。再次，司法体制综合配套改革应强调把握相关改革措施耦合性高的特点，开展系统性改革。例如，司法责任制度与司法职业保障制度关系密切。若只是一味强调司法从业者责任，不改善司法从业者执业环境，司法责任制最终也难以落实。

二是，司法体制综合配套改革的配套性强调该项改革并不是司法体制改革本身，而是一种辅助司法体制改革的手段。多年的司法改革实践表明，对于制度背后的运行环境如果不加以改革的话，改革举措的实施效果往往就会大打折扣。司法改革牵一发而动全身已是共识。若没有辅助性配套措施的帮助，主体制度也难以施行。例如，经过近年来的发展，"一带一路"建设已逐步从理念转化为实践。我国企业、投资者与沿线国家和地区在开展紧密、频繁的商贸投资活动时，不可避免地会产生争端。为平等保护中外当事人的合法权益，营造稳定、公平、透明的法治化营商环境，有必要建立起一套互信、高效的国际商事争端解决机制。[②] 对于这样一套国际商事争端解决机制的建构工作而言，既要构建起一个争议解决的平台，也要推行建立外国法查明机制、域外文书送达网络平台等相关配套措施。国际商事争端解决的主体、方式、内容与程序是国际商事争端解决机制改革的主要内容。而平台的建立、文书的送达、法律适用的便捷性提升等内容则是国家商事争端解决机制的配套措施。虽然司法体制改革已经比较深入，各项措施也已基本建立，但是缺乏相

---

① 袁超一、吴涛、曹硕、涂寒：《我省法院抗疫办案两不误》，《湖北日报》2021 年 8 月 14 日，第 4 版。

② 石春雷：《国际商事仲裁在"一带一路"争端解决机制中的定位与发展》，《法学杂志》2018年第 8 期，第 24—31 页。

应的配套措施与保障措施，改革的生命力将会降低。① 此外，值得一提的是，司法体制配套措施虽然内涵丰富、覆盖面广，但仍具有一定的边界，并非所有与司法体制相关的措施都可以归为司法体制配套措施，司法体制综合配套措施的含义也必须有规范性文本的明确规定。

2. 司法体制综合配套改革内涵的规范性文本界定

如前所述，中国司法改革高度地依赖来自中央层面的推动力量，为了科学地界定"司法体制综合配套改革"一词的含义，我们有必要结合党的十八大以后出台的相关政策文件、规范文本对其展开分析。通过梳理中央层面出台的相关政策文件、规范文本，我们发现《关于深化人民法院司法体制综合配套改革的意见》《关于贯彻实施〈关于深化人民法院司法体制综合配套改革的意见〉的分工方案》等相关规范性文件对司法体制综合配套改革的相关内容作出了明确的规定。概括而言，这些规定的内容主要包括以下两点：

第一，明确界定了司法体制综合配套改革的具体改革举措、体系建构任务。通过梳理最高人民法院发布的《最高人民法院关于深化人民法院司法体制综合配套改革的意见——人民法院第五个五年改革纲要（2019—2023）》这一纲领性文件，我们发现本轮司法体制综合配套改革共提出了65项改革举措、十大体系建构，其主要涉及的领域包括三个方面：一是健全以司法责任制为核心的审判权力运行机制改革；二是健全多元化矛盾纠纷解决机制；三是积极推动审判方式、诉讼模式和互联网技术深度融合。

第二，《关于贯彻实施〈关于深化人民法院司法体制综合配套改革的意见〉的分工方案》（以下简称《分工方案》）对司法人员选任机制、多元纠纷解决机制以及技术法律融合等内容作出相关规定。具言之，《分工方案》第八项规定，建立干部素质培养、知事识人、选拔任用、从严管理、正向激励体系，健全发现培养选拔优秀年轻干部工作机制，健全激励干部担当作为工作机制；《分工方案》第十五项、第十八项、第十九项、第二十项规定，建立域外送达网络平台、港澳特区民商事司法协助体系、"一带一路"国际商事争端解决机制等相关规定。

通过前述分析可以得知，有关司法体制综合配套改革概念内涵的学理界定和规范性文本界定主要聚焦在司法体制配套改革同司法体制改革二者之间的关系上。对此，我们可以对司法体制综合配套改革概念的内涵作如下界定：司法体制综合配套改革是指，司法体制改革的新阶段，这一阶段更加强调司

① 《人民法治》编辑部：《上海市率先开展司制综合配套改革试点》，《人民法治》2018年第1期，第14—15页。

法主体之间的组织方式、职权划分、管理体制及权力运行机制相互之间的整体性、联动性和系统性。

三、司法体制综合配套改革的主要任务

（一）司法体制综合配套改革全面推进方式之不足

作为引领人民法院司法体制综合配套改革的纲领性文件，《最高人民法院关于深化人民法院司法体制综合配套改革的意见》提出了 65 项主要任务，列举了 140 项需贯彻落实的改革任务。虽然最高检没有颁发纲领性文件，但是各地检察院在实践之中采取了积极行动。在推进司法体制综合配套改革进程之中，上海市检察院自改革正式启动以来提出了 126 项改革任务。[①] 司法体制综合配套改革基本含义范围较广，任务较多实属正常，但是，人民法院、人民检察院司法体制综合配套改革措施的具体执行主要是由地方人民法院和人民检察院负责。在案多人少、司法资源紧张以及司法机关基础设施不完善的情形下，不得不承认，地方司法机关开展司法体制综合配套改革具有局限性，地方司法机关无法在有限的时间内全面完成前述庞杂的综合配套改革工作。

本轮司法体制综合配套改革实践中，相关司法部门主要采取全面推进的办法，以期落实综合配套改革的各项要求。例如，较早开展改革试点的上海司法部门制定了"司法体制综合配套改革试点相关任务推进落实情况统计表"，表内包含了改革内容、改革进度以及责任部门。为此，上海市检察院专门制定了《上海市检察机关落实司法体制综合配套改革试点任务的实施方案》，建立了 94 项改革任务，自主确立了 32 项改革任务，共计 126 项具体任务。总结起来就是聚焦于"四个方面"，即改革中的难点痛点问题、改革中的新问题新情况、上海检察特色和亮点工作现代科技在司法改革中的运用，上海市检察院在充分结合四个大主题之下发布了 126 项任务。

全面推进的做法并未取得最佳效果，其局限性主要表现为两点：首先，全面推进实则是"相对全面"。从上海市司法体制综合配套改革的实际情况来看，全面推进只能达成"相对全面"，无法实现"绝对全面"。这四个方面只是庞大司法体制综合配套改革的一小部分，甚至都没有涉及诉讼服务制度体系改革、审判权力运行体系改革、阳光司法制度体系改革以及执行难制度改革。其次，全面推进倒逼司法体制综合配套改革退回"粗放式"改革模式，让基层司法工作者面临更大压力。在时间紧、任务重的情况下，可想而知，

---

① 施坚轩：《126 项"精装修"任务已基本完成 41 项 本市检察机关积极推进司法体制综合配套改革试点》，《上海人大》2018 年第 6 期，第 44—45 页。

改革的设计与落实的精细化难以实现。若是司法体制综合配套改革自设计之时起就呈现粗放特征，则改革的整体性、联动性和系统性将更难以实现。

（二）司法体制综合配套改革整体推进方式之选择

有鉴于此，地方司法组织特别是地方司法机关有必要厘清这项繁重工作中的主要任务，集中有限精力将可能影响改革全局、必须尽快落实的改革任务先落到实处，在保证关键性改革顺利完成后，再将有限精力投入其余改革措施的建立与落实之中。对此，地方司法机关必须明确当前司法体制综合配套改革的重中之重，分清主要任务与次要任务。不同于全面推进，整体推进允许先推进主要改革任务，再推进次要改革任务。全面推进更加强调改革过程中全部改革措施的同步性，更难以实现。2019 年 7 月 28 日，习近平总书记在主持召开的中央全面深化改革领导小组第三十八次会议上指出，在上海市率先开展司法体制综合配套改革试点要"在综合配套、整体推进上下功夫"。① 各项司法体制综合配套改革文件之中也是强调整体推进，而非全面推进。有必要关注全面推进与整体推进的差异，防止在司法体制综合配套改革中落入全面推进、一道推进的误区。在坚持整体推进方式基础之上，确立司法体制综合配套改革工作中的主要任务便成了关键，其意义重大。然而，不同学者基于不同的原因对司法体制综合配套改革的主要任务给出了不同的答案。具体来讲，主要包括以下两种观点：

其一，有学者将司法体制综合配套改革的主要任务确立为司法权运行机制配套改革方面。该学者认为，当前司法体制改革的"四梁八柱"已基本形成，一些重要改革已完成，但由于司法改革在国家法治建设之中"牵一发而动全身"，随着法治国家的深化，司法体制改革仍需深入推进，需要深入进行司法体制综合配套改革。比如，全面落实司法责任制，真正做到"让审理者裁判，让裁判者负责"。进一步深化行政审判体制改革，通过开展行政案件相对集中管辖，进一步促进行政审判的专业化，来减少外部不当压力，有效回应行政管理专业化的趋势。②

其二，有学者将司法体制综合配套改革的主要任务确立为六大板块。具体来讲，这六大板块主要包含以下内容：第一，深化司法权运行新机制配套改革，将司法责任制与纠纷解决机制变革结合起来。第二，深化多元社会纠

---

① 高一飞：《习近平政法领域改革话语中关联概念辨析》，《湖湘论坛》2021 年第 6 期，第 12—23 页。

② 王峰：《中国政法大学法治政府研究院院长王敬波：司法体制综合配套改革正当时》，《21 世纪经济报道》2017 年 10 月 19 日，第 4 版。

纷解决机制的司法功能配套改革。有别于完善多元化纠纷解决机制，司法体制综合配套改革更强调实现司法调解、行政调解与人民调解机制的衔接，更注重运用现代科技手段实现行政机关与司法机关的高效联动，保证信息传递的及时性。第三，以输入人才为关键，深化建设高素质司法队伍配套改革。司法人员的分类管理制度已基本建立，其行政属性得以削弱，但对于司法工作者的使用、考核、监督、保障、交流等配套措施仍需完善。第四，深化维护司法权威体制配套改革。具体而言，需要切实维护裁判终局性，完善信访制度与第三方参与机制。第五，应当健全司法人员人身安全保障制度，建立"阳光司法"机制。第六，要防止舆论审判，明确媒体介入司法领域的界限。[①]

通过梳理学界的既有研究成果，我们发现不少研究都是从宏观角度出发，在深化司法体制综合配套改革多项任务之中筛选了部分作为重点关注对象，这种做法对于肩负多重改革任务的司法机关而言的确发挥了一定的指引作用。然而，这种筛选缺乏相对客观的标准。此外，既有研究成果对于将前述内容确立为司法体制配套改革主要任务的理由未作合理论证，这就使得主要任务的确立缺乏说理性。有鉴于此，为了科学地确立司法体制综合配套改革的主要任务，我们需要结合司法体制综合配套改革的背景，进而为司法体制综合配套改革活动指明改革活动的方向。

（三）司法体制综合配套改革主要任务之确立

中国历次改革实践都证明，所有改革的动因和任务，都是在特定的时代背景下进行的。正确认识当下中国的时代背景，从当下中国的时代背景出发推动司法体制综合配套改革，才能真正地确立本轮司法体制综合配套改革的主要任务。有鉴于此，下文将结合当下时代背景确立本轮司法体制综合配套改革的主要任务。

随着我国社会主义市场经济改革的不断深入，市场经济就是法治经济的主张逐渐成为社会的主流认识，司法活动在国家和社会生活中的重要作用也日益凸显，建构完善的司法体制为经济体制健康发展保驾护航的呼声越来越高。然而，当前我国市场经济体制已经基本建立，但司法体制的整体情况仍不尽如人意。虽然前期的司法体制改革已经进行了两轮，但是先前两轮司法体制改革依然暴露出许多问题，这主要表现为两个方面：一是，司法责任制配套改革措施的缺失。具体来讲，由于员额制配套改革措施、审判业务机构

---

① 张鸣起、袁曙宏、姜伟、张苏军、江必新：《学习十九大报告重要法治论述笔谈》，《中国法学》2017 年第 6 期，第 29—55 页。

配套改革措施、人财物管理体制配套改革措施的缺失，导致司法责任制的相关改革措施无法真正落地。二是，大数据技术未能成功融入传统司法体制。近年来，我国互联网通讯技术获得了高速发展，大数据技术也取得了显著的进步。然而，前期的两轮司法体制改革却未能充分吸收大数据技术所带来的科技"红利"，导致"智慧司法"无法真正落地。① 基于此，我们可以主张本轮司法体制综合配套改革的主要任务具体包括司法责任制综合配套改革和智慧司法的系统化建构两大方面。

首先，就司法责任制配套改革而言，其成功与否将最终影响司法人员能否依法办案。司法责任制是司法体制改革的重心，本轮司法责任制改革的首要任务在于保障司法人员依法办案。为了实现此目标，一方面，需要保障司法人员依法独立行使司法权；另一方面，需要建构合理的司法责任问责机制，对司法人员的司法活动进行合理的规制。根据"责任原理"，司法人员承担司法责任的前提是司法人员能够独立行使司法权，而本轮司法责任制配套改革正是为了进一步贯彻落实司法人员独立行使司法权的目的开展，因而，司法责任制配套改革的成败与否将最终影响司法人员能否依法办案。从各个地方试点反馈的相关情况来看，本轮司法责任制配套改革主要涉及的内容包括司法权运行体系改革、司法权监管机制改革以及司法人员履职保障机制改革三大板块，具体涉及员额法官或检察官的遴选标准和程序、退出标准和程序，优化司法机关内外关系，司法机关人财物管理等相关内容。

其次，就智慧司法的系统化建构而言，其成败与否将严重影响司法效率的提升。近年来，随着互联网通讯技术的高速发展和信息技术的海量增长，数据挖掘、数据分析、图文声像识别等大数据技术的显著进步，大数据技术已经在金融、医疗、交通、城市管理等领域得到成熟应用。对此，将大数据技术应用于司法领域，促进司法信息化建设的迭代升级也成为当下司法体制改革的重要任务之一，现代科技的应用为司法改革提供了极大的便利。当前司法与技术融合程度的高低已成为各国司法实力角逐的新场域，大数据技术已经成为推动司法体制现代化的重要力量，深度融入大数据技术也已经成为各国司法体制改革的大趋势。同时，在本轮司法改革中，最高人民法院、最高人民检察院也积极探索"智慧法院""智慧检务"的建设，目前已经在"一张网"办公办案、智能辅助办案系统、推进案件繁简分流和便民化诉讼上取得了相当可观的成绩。

---

① 罗玮、王禄生：《论大数据驱动的司法体制综合配套改革》，《中国应用法学》2021 年第 2 期，第 31—32 页。

综上，本轮司法体制综合配套改革应当集中优势力量将改革的重心聚焦于司法责任制综合配套改革、智慧司法的系统化建构两大任务上。司法体制综合配套改革是在以落实司法责任制为中心的前提下面向未来，按照整体化、联动化和系统化的原则落实与贯彻"进一步深化司法体制改革"的重任。有鉴于此，本章余下两节将主要围绕这两项主要任务审视当前司法体制综合配套改革的实践情况，认真指出司法体制综合配套改革实践中的不足之处，并就不足之处提出相应的完善措施，以期未来立法活动能够对这些完善措施进行充分吸收。

第二节　司法责任制综合配套改革的反思与完善

积极推动司法体制综合配套改革，应当围绕全面落实司法责任制展开。首先，建立和完善司法责任制是司法体制改革的关键任务。[①] 其次，建立和完善司法责任制综合配套改革措施是司法体制综合配套改革的关键任务。2015年司法责任制改革在全国范围内普遍推进，至今司法责任制已全面建立起来。若缺乏健全的配套措施，主体制度将无法正常地"落地"。因此，本轮司法体制综合配套改革应积极推动司法责任制综合配套改革，并将其作为本轮司法体制综合配套改革活动的主要任务之一进行认真对待。

司法责任制改革主要包括司法权独立运行与司法责任追究机制可操作性增强两个方面。具体而言，司法责任制就是要让审理者裁判、让裁判者负责，改革包括以下内容：员额制改革、业务机构改革、职务序列改革、工资制度改革、人财物管理改革等。[②] 而司法责任制综合配套改革主要任务则是健全以司法责任制为核心的权力运行机制。在司法责任制配套改革的既有研究中，研究者通常根据司法责任主体的不同，将其分为法院司法责任制综合配套改革和检察院司法责任制综合配套改革。其中，法院司法责任制综合配套改革的主要任务是保障法官能够依法行使审判权，包括健全审判权力运行机制、健全院长、庭长办案常态化机制、完善审判委员会制度、完善审判监督管理机制、加强审判流程标准化建设、完善统一法律适用机制、强化法官履职保障机制、健全完善法官惩戒制度等。[③] 而检察院司法责任制综合配套改革的主

---

① 张文显：《论司法责任制》，《中州学刊》2017年第1期，第39—49页。

② 陈光中、王迎龙：《司法责任制若干问题之探讨》，《中国政法大学学报》2016年第2期，第31—41页。

③ 《最高人民法院关于深化人民法院司法体制综合配套改革的意见》，《人民法院报》2019年2月28日，第2版。

要任务则是充分保障检察官能够依法行使检察权，包括完善执法司法制约监督机制、完善员额检察官动态调整机制、健全检察官业绩考评机制、完善检察官权力清单、加强案件流程智能化监控、严格落实监督管理责任等。在司法体制改革实践中，由于相关配套措施的缺失，前述司法体制改革措施一直无法真正落地。为了能够激活司法体制改革的生命力，司法机关必须认真落实司法责任制配套改革措施。① 有鉴于此，本节将从司法责任制综合配套改革的现状出发，对其综合配套机制改革进行检视并试图提出相应完善方案。

一、司法责任制综合配套改革的现状

（一）司法责任制综合配套改革的整体设计

司法责任制应当是关于司法机关工作者谁担责、担责条件以及怎样担责的规定。而司法责任制综合配套措施则需要创设有助于实施司法责任制的内、外部环境。过去司法机关并没有将司法责任制综合配套改革作为一项单独的改革看待，司法责任制综合配套措施相关规则包含在司法体制改革及司法责任制改革的规范性文件内。司法责任制改革的目标经历了三个阶段的转变：从消除司法腐败到完善司法机关的机构设置、职权划分和管理制度，再变为构建完善的司法责任追究体系。

2005 年最高人民检察院、最高人民法院相继提出了《最高人民检察院关于进一步深化检察改革的三年实施意见》和第二个《人民法院五年改革纲要》，分别表示要"继续深化主诉检察官办案责任制""建立法官依法独立判案责任制"。然而，司法腐败、裁判文书不规范以及冤错案件频发的现象时有发生，司法责任制虽然在第一阶段引起了重视但效果不佳。

2015 年是中央提出全面推进依法治国的开局之年。这一轮司法改革更重视改革的综合性，主要任务仍是全面建设司法改革制度的主要方面。② 在第二阶段里，最高人民法院、最高人民检察院陆续出台了《最高人民法院关于完善人民法院司法责任制的若干意见》《最高人民检察院关于完善人民检察院司法责任制的若干意见》。上述两份文件开始确定司法工作者的职责范围，并加强了司法工作者的履职保障。在本轮司法改革中，一方面，尽管加强了对司法权的监督，但由于追责的基本逻辑是责任导向，而非从根源上解决问题，因而试图通过司法责任制约束司法行为、倒逼司法公正，未必良好；另一方

---

① 张智辉：《论司法责任制综合配套改革》，《中国法学》2018 年第 2 期，第 56—74 页。
② 徐昕、黄艳好、汪小棠：《中国司法改革年度报告（2015）》，《政法论坛》2016 年第 3 期，第 104—119 页。

面，在司法官难以依法独立行使职权、履职保障不足且职业尊荣感不高的前提下，要求司法官承担终身责任，增加其危机感和负面情绪，更甚者催生出了离职潮。因此，应当认识到仅强化司法责任而不彻底改变司法体制是徒劳无功的。

可以看到，无论是第一阶段还是第二阶段的司法责任制改革，司法责任制综合配套措施几乎都没得到重视。这导致司法责任制度虽已建立起来，却落实不到位。而在第三阶段的司法责任制改革中，司法行为规范化、司法人员责任心、案件办理质量等，都有了明显的提升。[①] 究其原因，是其不仅意识到了司法体制改革的综合性，也注意到了司法体制改革配套措施的重要性。在这一阶段司法责任制改革的相关文件中，可以看到司法责任制综合配套改革措施的身影。2018 年 12 月，最高人民法院印发《最高人民法院关于进一步全面落实司法责任制的实施意见》提出了相应的司法责任制综合配套改革措施，只有着力破解司法责任制之中存在的配套机制不完善等突出问题，才能牢牢把握全面落实司法责任制的目标导向和问题导向。与此同时，一岗双责、权责一致的新型审判权力运行机制、专业化的基层人民法院审判团队、岗位职责清单、办案平台、案件分配机制、信息化全流程审判监督管理机制等司法责任制综合配套措施逐渐建立起来。因此我们认为，司法责任制改革的第三阶段是司法责任制综合配套措施改革的第一阶段。

随着改革推进，司法改革对体系性、协调性与完整性的要求日趋提升，司法体制综合配套改革逐渐走进司法实践，司法体制综合配套改革也进入了第二阶段。最高人民法院在《最高人民法院关于深化人民法院司法体制综合配套改革的意见》中，将"健全以司法责任制为核心的审判权力运行体系"作为主要任务。在主要任务项下划定了八项任务，分别是：健全审判权力运行机制，健全院长、庭长办案常态化机制，完善审判委员会制度，完善审判监督管理机制，加强审判流程标准化建设，完善统一法律适用机制，强化司法履职保障机制，健全完善法官惩戒制度。

2020 年 2 月，中央全面依法治国委员会通过了《关于深化司法责任制综合配套改革的意见》，就进一步深化司法责任制综合配套改革作出了部署。同年 7 月，最高人民法院发布了《最高人民法院关于深化司法责任制综合配套改革的实施意见》。该意见指出司法责任制综合配套改革应当围绕加强政治建设、完善审判权力运行体系、审判监督管理机制、防止司法干预、完善人员

---

① 王颖：《中国司法的"政法模式"与"法政模式"》，《法学论坛》2017 年第 5 期，第 60—68 页。

分类管理制度、优化司法资源配置这六个主题出发，落实二十八项要求。这些要求包括，加强人民法院政治建设、完善审判权力运行体系、落实防止干预司法"三个规定"、完善人员分类管理制度以及优化司法资源配置机制等。该实施意见对过去相关规定不完备之处作出优化调整，对落实不到位的注重指引督促，对实践探索可行的推动巩固定形。令人遗憾的是，在司法体制综合配套改革第二阶段，尽管检察院也如火如荼地开展着司法责任制综合配套改革，但是统一的规范性、纲领性的文件并未形成。

总之，深化司法责任制综合配套改革，就是要在司法责任制改革已取得阶段性成效的基础上，以综合配套的思路不断优化调整政策、完善配套措施、强化制约监督。

（二）法院司法责任制综合配套制度改革的进程

法院司法责任制综合配套改革是司法责任制综合配套改革的核心。在规范层面上，最高人民法院针对司法责任制综合配套改革发布了专门性与针对性极强的文件。在实践层面上，各地人民法院围绕全面落实司法责任制加强综合配套改革采取了一系列举措。上海是首先开展司法体制综合配套改革试点地区。上海的司法体制综合配套改革共 117 项具体任务，涉及上海法院主体责任就有 97 项。这一部分，主要将围绕完善审判权力运行机制、审判监督管理机制、强化司法履职保障机制三方面展开对法院司法责任制综合配套改革进程的考察。

1. 审判权力运行机制改革进程

为推进审判权力运行机制改革，进一步落实司法责任制，中央机构编制委员会办公室、最高人民法院联合下发了《关于积极推进省以下法院内设机构改革工作的通知》等文件，力求通过内设机构改革推动建立以审判工作为中心的机构设置模式和人员配置方式。[①] 司法责任制改革全面开展后，各地法院审判权力运行机制改革也在有序推进，主要表现在：

一是，全国法院普遍建立"谁审理、谁裁判、谁负责"的办案机制，案件审批制基本取消，审判委员会讨论案件数量明显下降，法官办案主体地位得到了确立。这其中最关键的是要完善审判人员权责清单，明确院庭长和审判人员行使审判权力的职责和边界。[②] 2020 年，最高人民法院要求全国法院严格落实 2019 年印发的《最高人民法院关于完善人民法院审判权力和责任清

① 上海市闵行区人民法院课题组、席建林、王伟：《构建新型审判监督管理制度的路径分析——以法院内设机构改革的典型实践为样本》，《上海法学研究》（集刊）2020 年第 3 卷。

② 崔杨：《审判独立与制约研究》，武汉大学 2019 年博士学位论文。

单的指导意见》，全国各高级法院均已制定本院审判权责清单并报最高人民法院备案，上海、吉林等地法院还将权责清单嵌入办案系统。

二是，灵活组建各类审判团队，实现人员配置优化、"同案同判"效能提升。2020 年，最高人民法院先后印发《关于完善统一法律适用标准工作机制的意见》《最高人民法院关于统一法律适用加强类案检索的指导意见（试行）》和《关于完善人民法院专业法官会议工作机制的指导意见》，"类案检索初步过滤、专业法官会议研究咨询、审判委员会讨论决定"的制度框架初步确立。①

三是，院长、庭长普遍回归审判一线，领导干部办案数量明显提高。领导带头抓改革，扑下身子去办案，"既挂帅，又出征"，在各地法院深化改革、落实责任中已经成为普遍现象，很多法院院长、庭长积极参与庭审活动，带头办理案件。据统计，2017 年，全国法院院长、庭长办理案件 780.3 万件，同比增长 77.2%，占全国法院结案总数的 33.9%，院长、庭长人均办案数 177.89 件，同比增长 77.28%，案件办理数量、比例均创历史新高。特别是，在推行司法责任制配套改革后，领导干部办案数量再次获得提高。以杭州为例，仅 2021 年上半年，全市法院院长、庭长办案就高达 35767 件。②

四是，信息化审判监督管理机制逐步健全。③ 31 个省（自治区、直辖市）均在省一级设立法官惩戒委员会。2020 年，最高人民法院还对全国法院开展落实防止干预司法"三个规定"情况专项整治活动，为法院工作人员依法公正履职架设了"高压线"。此外，最高人民法院印发的《最高人民法院关于对配偶父母子女从事律师职业的法院领导干部和审判执行人员实行任职回避的规定》，还被称为史上最严司法人员从业限制和任职回避制度。

2. 审判监督管理机制改革进程

从 20 世纪 90 年代院长、庭长有权对案件裁判文书中的所有细节作出改变的"高度收权模式"，到 2000 年前后的将大部分案件的裁判权全部交由合议庭和审判长独立行使的"高度放权模式"，再到 2004 年后形成的院长、庭长保留案件审批权的"相对收权模式"，审判监督管理机制改革整体呈现出"否定之否定"的发展趋势。④

---

① 孙航：《勇立潮头，踏浪前行》，《人民法院报》2022 年 3 月 5 日，第 7 版。

② 《"期中答卷"请审阅！斯金锦院长向人大报告法院半年工作》，澎湃网，https://m. thepa-per. cn/baijiahao_ 14068489，最后访问时间 2022 年 4 月 26 日。

③ 胡仕浩：《关于全面落实司法责任制综合配套改革的若干思考》，《中国应用法学》2019 年第 4 期，第 18—37 页。

④ 李生龙、贾科：《反思与重塑：法院系统内部审判管理机制研究》，《西南政法大学学报》2010 年第 4 期，第 84—90 页。

为此，最高人民法院于 2017 年 4 月颁布了《最高人民法院关于落实司法责任制完善审判监督管理机制的意见（试行）》（以下简称《审判监督管理意见》），试图在现代法院制度和法治本土资源的交锋与碰撞中建立一套合理的审判监督管理机制。《审判监督管理意见》废除了院长、庭长的案件审批权，但同时赋予其个案监督权、程序性事务审批权以及整体业务监管权，并通过权力清单的形式构建起监管者责任体系。具体来说：首先，院长、庭长可以通过提示、督促、提出整改措施等方式开展监督。其次，院长、庭长可以对包括案件移送管辖、指定管辖、审判人员回避以及审批是否将案件提交审判委员会开启审判监督程序等程序性事项行使审批权。最后，在义务之上设置责任，院长、庭长要对整体的办案质量、纪律的贯彻情况承担责任。[①]

3. 法官履职保障机制改革进程

据不完全统计，从 2002 年至今，法官因履职被追诉的案件有几十件，未暴露出的隐案暂无法统计。虽然法官因履职被追溯案件的数量与法院每年的案件数量相比，占比非常少，但是，这几年此类案件发生的频率有所增加，社会和学界对此争议很大，法官群体反应更加强烈，严重影响法官依法公正、独立行使审判权，也引起了中国法官协会和中国女法官协会的高度关注。[②] 由此可见，加强对法官的履职保障是必要的，也是顺应司法规律的。

党的十八届三中、四中全会之后，保障法官依法履行职责成为一项重点改革项目。另外，《审判监督管理意见》关于增强法院履职保障机制主要提出了三个方面的要求：第一，进一步健全审判执行人员履行法定职责保障机制；第二，进一步健全法院干警履行法定职责保护机制；第三，研究制定科学合理、简便易行的审判绩效考核办法。

故此，为保障法官依法履行职责，保障司法公正，新修订的法官法确立了法官办案主体地位，增加了维护法官合法权益基本原则，规定了保障法官履职相关待遇、被追责事由、程序和对法官追责专门机构，并专章规定了法官的职业保障问题，将中央文件和部门规定中对法官追责事由上升为法律。[③]而在最高人民法院内部，2021 年印发的《法官惩戒工作程序规定（试行）》旨在完善法官惩戒制度，确保法官免受不当追责。

至此，我国对法官依法履职的保护已经有了一定的政策及制度上的依据，

---

① 孔祥承：《德国法官职务监督制度及其对我国的启示——兼评〈关于落实司法责任制完善审判监督管理机制的意见〉》，《河南财经政法大学学报》2018 年第 2 期，第 152—159 页。

② 黄尔梅：《保障法官依法履职问题研究》，《中国应用法学》2019 年第 6 期，第 1 页。

③ 黄尔梅：《保障法官依法履职问题研究》，《中国应用法学》2019 年第 6 期，第 4 页。

今后可在现有基础上向前推进。

（三）检察院司法责任制综合配套制度改革的进程

2021 年 7 月 19 日，最高人民检察院发布了《关于印发检察机关推进司法责任体系建设典型案例》，其中记录了各地检察院司法责任制改革与司法责任制综合配套措施改革的最新进展，是一份反映检察院司法责任制综合配套改革发展现状的司法性文件。

文件中，各地推进司法责任制综合配套措施改革的方式、方法与侧重点各不相同。例如，江苏省人民检察院自主研发了案管大数据应用平台，事先梳理检察机关司法办案规则写入平台，平台实时抽取、自动比对检察业务应用系统中的办案数据；而黑龙江省人民检察院致力于建设好市（分）院检察长差异化考评制度；天津市人民检察院则着力于重构原有的层级化评价体系，取而代之的是综合性评价体系；甘肃省天水市人民检察院则制定了办案瑕疵累计积分处置规则；等等。

各地的实践经验之中都有一定的可取之处，也存在一些不足。提炼优势，找准不足，是推进各地检察院司法责任制与司法责任制综合配套措施改革更上一层楼的重要手段。因此，本部分将结合实践，从检察权运行机制、检察权监督管理机制与检察官职业保障三方面考察检察院司法责任制综合配套改革的发展情况。

1. 检察权运行机制改革进程

2000 年 2 月 1 日，最高人民检察院办公厅发布了《最高人民法院办公厅关于在审查起诉部门全面推行主诉检察官办案责任制的工作方案》。该文件明确了"主诉检察官办案责任制的目标是在法律规定范围之内，改革与完善检察机关审查起诉部门办案机制，建立责任明确、高效廉洁、符合诉讼规律的办案责任制"。此时，司法机关主管部门已经意识到了规范检察权运行的重要性，并就此开启了"主诉检察官办案责任制"改革。这一改革旨在强化一线基层检察机关的能力，提高办案质量与效率。该改革具体实行主诉检察官责任制，确定部分骨干检察官为办案的主要责任人，赋予相对独立的办案权限。但由于配套措施未跟进，权责利未统一，加之检察体制高度行政化等问题，这一改革受诸多掣肘，达不到应有力度，检察官责任制实未普遍建立。[1]

为真正实现权、责、利相统一，2013 年 12 月，最高人民检察院发布了《检察官办案责任制改革试点方案》，主任检察官制度改革的试点工作正式在

---

[1]　龙宗智：《检察官办案责任制相关问题研究》，《中国法学》2015 年第 1 期，第 84—100 页。

全国范围内推开。① 据媒体报道，当时有 7 个省份 17 个检察院参与了改革试点工作。与主诉检察官制度不同的是，主任检察官制度以保障检察机关依法独立公正行使检察权为目标，以突出检察官办案主体地位为核心，以建立权责明确、协作紧密、制约有力、运行高效的办案组织模式为基础，以落实和强化检察官执法责任为重点。具体而言，存在以下不同：第一，将责任与职务挂钩。对于主诉检察官而言，所承担的责任方式与内容与普通检察官并无差异。但是，主任检察官制度同时界定为职务制度，提升职级待遇。第二，联合公诉部门与其他部门，全面改进检察机关责任机制。除法律规定必须由检察长或检委会行使的职权外，其他案件处理决定可以由主任检察官负责的办案组织独立作出。第三，明确了办案的责任主体，有利于增强检察官的办案责任心，促使其更尽职审慎，从而保障办案质量。第四，有利于检察官队伍的建设，改革再一次提升了检察官的办案主体地位，进一步保障检察官办案的独立性，赋予其更大的权力。

2. 检察权监督管理机制改革进程

健全和完善检察权的监督管理机制是构建司法责任制的重要配套措施之一，一般分为外部监督制约和内部监督管理两个部分。

检察权的外部监督制约机制内容主要包括外部的权力监督和权利监督两个方面。前者是指在法律层面上完善国家权力机关（人大）对检察权的监督以及公安机关和人民法院对检察权的制约。后者则要增强和完善犯罪嫌疑人、被告人、被害人、辩护人的防御性权利和救济性权利，建立和完善人民监督员的社会权利监督制度，形成对检察权有效监督制约。②

相较于外部监督，检察院的内部监督制约机制也发挥着重要作用。我国宪法及人民检察院组织法都将上下级检察院之间的关系设定为领导关系，因此检察院内部监督制约机制不仅包括具体的一级检察院针对直接立案、侦查的案件和非直接立案、侦查的案件建立的内部监督制约机制，而且还包括上下级检察院之间形成的领导监督机制。③ 具体来看：其一，上级检察机关的制约方式主要有不起诉案件复议制度、审批制度和请示汇报制度。其二，部门负责人、检务督察部门全面掌握检察官的履职情况、廉洁自律情况，有无违

---

① 徐盈雁、许一航：《最高检在 7 个省份 17 个检察院试点检察官办案责任制》，《检察日报》2013 年 12 月 27 日。

② 郭立新、张红梅：《检察权的外部监督制约机制研究》，《河北法学》2007 年第 2 期，第 129—136 页。

③ 马家福、季美君：《检察院内部监督制约机制框架设计》，《国家检察官学院学报》2003 年第 6 期，第 97—100 页、第 105 页。

反党纪、政纪及办案纪律的情况。其三，针对检察人员个人的考核评价机制决定了检察人员的薪资待遇、评优评奖、等级升降、交流任职等职业发展相关的事项。

2020年5月，最高人民检察院发布了《最高人民检察院关于开展检察官业绩考评工作的若干规定》。这份文件点明了检察人员业绩考评与权力清单的关系，即权力清单是检察人员业绩考评的主要依据之一。该文件还明确了考评主体、考评内容以及考评方法。根据这份文件，检察官业绩考评的结果，作为确定检察官参加公务员年度考核等次的重要依据。《最高人民检察院关于开展检察官业绩考评工作的若干规定》第二十九条的规定足以证明检察人员业绩考评的重要性，再次印证了检察人员业绩考评是检察权监督制约机制的重要手段。针对检察人员个人的考核评价机制是效力最强的监督管理方式之一。2021年10月，最高人民检察院印发了《检察人员考核工作指引》，特别强调了检察人员开展业绩考核应当防止盲目攀比排名。

总的来说，我国检察权的监督管理制度建立早，却不够完善。无论是人民监督员制度，还是逐渐走入研究视野中心的检察人员业绩考评制度，都存在某些形式化、机械化以及不科学的问题。

3. 检察官履职保障机制改革进程

检察官的职业保障体系是评估一国法治发展水平的重要指标之一。而检察官的职业保障体系的健全不仅需要检察机关本身的努力，还需要"外部力量"自上而下的全面支持。2015年，中共中央办公厅、国务院办公厅发布了《领导干部干预司法活动、插手具体案件处理的记录、通报和责任追究规定》，其中与检察官履职保障相关的内容包括：第一，将党政领导干部干预司法活动的记录、责任追究制度扩大适用于任何单位或个人；第二，保障那些秉公执法、不听"招呼"的检察官不被随意调离、处分；第三，首次在中央文件中明确"任何单位或者个人不得要求法官、检察官从事超出法定职责范围的事务。人民法院、人民检察院有权拒绝任何单位或者个人安排法官、检察官从事超出法定职责范围事务的要求"。2016年，中共中央办公厅、国务院办公厅发布了《保护司法人员依法履行法定职责规定》，其内容涵盖了防止干预司法活动、规范司法人员责任追究和考核考评、加强履职安全保护等多个层面。2019年4月，新修订的检察官法第七章专门规定检察官职业保障问题。

而为了健全检察院本身的检察官惩戒制度，规范检察官惩戒工作，增强检察官职业身份保障，2022年，最高人民检察院印发了《检察官惩戒工作程序规定（试行）》，专门就检察官在司法履职中实施违反检察职责的行为，经检察官惩戒委员会审议程序，追究司法责任予以惩戒的程序性事项作出规定，为人民检察院依规依纪依法追究检察官司法责任提供了制度依据。与过去对检察官的惩处主要依据纪检监察部门调查得出的结论不同，现在检察官惩戒委员会必须用听证会的方式来进行公开的咨询听证，当事检察官可以进行答辩。[①] 另外，该文件还明确了最高人民检察院和省、自治区、直辖市应当设立检察官惩戒委员会。并且，该文件还对检察官惩戒工作展开分工，明确人民检察院与检察官惩戒委员会在检察官涉嫌违反检察职责的情况下应尽的职责。

总之，从检察官法的制定、修改，到党的十八大以来相关中央文件、最高人民检察院相关内部文件的出台，我国检察官司法责任制综合配套措施经历了从无到有、由粗到细、由软到硬、由宏观抽象到微观具体的演变，为深化检察官司法责任制综合配套改革奠定了较好的基础。

二、司法责任制综合配套改革的检视

深化司法责任制综合配套改革关键要把握三大核心要求：整体性、联动性和系统性。但就实践情况而言，司法责任制综合配套改革已入深水区，其推进深度、落实力度、见效程度在不同地区之间仍存在明显差异，改革的整体性仍显不足，关联度高、耦合性强的改革举措衔接尚需加强。故此，该部分立足三大核心需求，结合问题急迫性，对司法责任制综合配套改革主要存在的权力运行机制不完善、监督管理体制不健全以及司法人员履职保障不到位三大问题进行检视。

（一）权力运行机制不完善

司法责任制以科学的审判权力运行为前提，故权力运行机制是司法责任制的关键配套措施之一。本部分将立足于法院的审判权运行机制和检察院的检察权运行机制的现状，探索该制度存在的问题。

1. 审判权运行机制不完善

总的来说，部分地方法院审判团队机制空转。究其原因，有的是由于司法辅助人员不足，亦或是法官助理、书记员职责不清，也有的是由于没有与内设机构改革、繁简分流等统筹协调等。这些问题，一方面固然是对改革的理解、把握和落实不到位；另一方面也与相关配套制度机制没有跟进有关。具体来说有以下三点：

第一，参与审判权运行的主体众多且实际地位不平等。与法官独立模式下仅有法官或合议庭参与并主导审判权运行不同，我国参与审判活动的主体

---

① 李璐君：《司法职业保障改革在路上——司法职业保障研讨会述评》，《法制与社会发展》2017 年第 1 期，第 179—192 页。

众多。法院内部多个主体都可以介入审判权运行，包括承办法官、庭长、副院长、院长、审委会等。更为重要的是，这些主体在很多时候并非形式参与，而是可以依据正式制度对案件审理程序与实体结果产生不同程度的影响。①

第二，审判权的运行规则不明确。为了规范审判权运行，并弥补既有法律规定不足，各级法院都制定了大量有关审判权运行的制度规则，乍看似乎形成了一套有关审判权运行的严密规则体系。但与想象中建立在公开、可预期与明确性规则基础上的审判规则不同，很多内容在表述上较为模糊、原则化，尤其是还设置了较多弹性条款或"兜底条款"。例如，根据《最高人民法院关于落实司法责任制完善审判监督管理机制的意见（试行）》相关规定，院、庭长有权要求独任法官或合议庭报告"四类案件"的审理进展与评议结果。但在实践中，院、庭长要求报告案件情况存在强势主动与谨小慎微并存的状况，具体操作缺乏统一标准，在不同案件中有不同选择，随意性较强。②规则边界模糊，难以为相关主体的行为选择提供明确指引，其规范意义与实际作用势必大打折扣。

第三，审判权与行政权的边界模糊，两者的作用领域与界限在我国法院内部并未严格划定这一状况并没有因为所谓的"去行政化"改革而得到彻底改观，因此，审判权运行可能既受司法逻辑的支配，也受行政逻辑的影响。例如，对于"四类案件"，院长、副院长、庭长"有权要求"独任法官或者合议庭报告案件进展和评议结果。这意味着，法官在一定条件下向院长、副院长、庭长报告是基于行政逻辑的义务。③

由此看来，如何建立健全与司法责任制要求相适应、与新型审判权力运行体系相配套的制度机制，是摆在各级法院面前一项重大而紧迫的课题。

2. 检察权运行机制不完善

检察权运行体系主要强调对检察机关自身权力运行的规范化建设，在目前的主任检察官制度体系下，包括运行主体、范围、方式以及相关的监督等。其中，运行主体是检察权运行机制的核心要素，办案组织与团队建设也是检察权运行机制改革的重要内容。

按照目前的改革试点方案，主任检察官及其所属检察官、检察官助理，

---

① 吴英姿：《论保障型审判管理机制——以"四类案件"的审判管理为焦点》，《法律适用》2019 年第 19 期，第 110—119 页。

② 肖瑶：《中基层法院院庭长监督指导重大案件的实践运行与机制完善》，《法律适用》2019 年第 13 期，第 88—95 页。

③ 高欧、郭松：《审判权与审判管理权、审判监督权的关系重塑》，《交大法学》2022 年第 1 期，第 126—143 页。

将被"打造"为一个相对独立的办案组织，业务上不再受内设机构科、处、厅（局）长的领导；经检察长授权，主任检察官将享有一般案件的定案权，疑难、重大（包括上级交办、督办及专案等）、复杂的案件，则由主管副检察长、检察长、检委会行使定案权，主任检察官享有建议权。① 如前所述，主任检察官制度改革厘清了主任检察官与科、处、厅（局）等内设机构的关系，并理顺了主任检察官与主管副检察长、检察长、检委会的关系。② 相较于过去主诉检察官层级审批制，主任检察官制度在一定程度上保证了主任检察官办案的独立性，促进司法去行政化。

实践中，主任检察官办案组一般由主任检察官、检察官、检察官助理与书记员组成。在主任检察官制度体系之下，主任检察官与多名检察官等组成的办案组在检察长及检委会的领导之下，对授权范围之内的案件依法行使决定权并承担相应的办案责任的制度。换言之，谁作出的决定，谁负责——主任检察官对于案件的事实问题承担责任，检察长及检委会对案件的法律问题承担责任。③ 可以说，在主任检察官制度中权责一致原则和决定者负责原则得到了遵循。

然而依据改革文件与实践情况，有几个问题较为突出。首先是除了主任检察官与检察长及检委会以外无人承担司法责任。换句话说，除主任检察官以外，其他检察官承担责任的条件、方式以及责任的大小并不明确。其次，主任检察官的行政化色彩浓厚，似乎成为整个办案组的一级行政领导。从各地实践来看，"一人双职"（既担任主任检察官，又是部门负责人），行政管理的思维向司法办案渗透的影响难以避免，还有一些地方主任检察官均为部门副职，正职负责人依旧保留行政官性质，报告、请示仍难避免，主任检察官的独立决定权受到掣肘。④ 主任检察官应当如何定性，主任检察官是否是检察院科室负责人的替代，这些问题也值得思考。最后，主任检察官办案责任制度与检察委员会制度关系密切，但当前检察委员会制度理论研究和法律规定相对滞后。要深化主任检察官办案责任制改革，就必然要厘清主任检察官、检察长以及检察委员会之间的职责、权力界限。

---

① 潘祖全：《主任检察官制度的实践探索》，《人民检察》2013 年第 10 期。

② 万毅：《主任检察官制度改革质评》，《甘肃社会科学》2014 年第 4 期，第 164—168 页。

③ 王守安：《完善主任检察官办案责任制》，《检察日报》2014 年 12 月 19 日，第 3 版。

④ 钟勇、章俊程：《深化检察人员分类管理 完善主任检察官办案责任制——基于重庆市渝北区人民检察院的实证研究》，《主任检察官办案责任制——第十届国家高级检察官论坛论文集》，2014 年 9 月 18 日。

（二）监督管理机制不健全

健全的监督管理机制不仅能减少法官、检察官及其他司法工作者失职行为，防止他们实施不负责举措，还能通过监管保证司法责任制的落实，防止司法责任制度流于形式。本部分将对审判权和检察权两个监督管理体制的现状进行分析。

1. 审判权监督管理体制不健全

第一，约束型放权的科层化模式产生了诸多问题。学界大部分学者对我国法院科层化的组织结构都持否定态度，并指出审判权运行之中的行政化问题在很大程度上都根源于此。① 该模式的主要特征是多主体、多层级、复合式，即合议庭成员、参与专业法官会议（庭务会）讨论的法官、庭长、审管办、审委会组成人员、院长等诸多主体按照层级架构对案件的审判产生不同的作用。比如说，院、庭长行使的是审批权，专业法官会议（庭务会）行使的是建议权，审管办行使的是对案件审判质效的管控等。审判权监督管理机制的不健全，导致该领域时常成为法官与庭长、院长争执的战场。

第二，内设机构改革导致部门负责人数量大幅减少、管理幅度大幅增加。审判权监督管理机制一直涉及审判管理和审判监督两个概念及相关制度。② 随着业务量增加，业务庭也在不断增加，业务审判在分工上越发精细，审判机构数量也持续增多，这使得部门负责人的审判管理幅度增加。与此同时，业务量的增加和审判业务分工的细化要求审判监督管理能力进一步加强。

第三，科层化审判管理的管理成本急剧上升。随着部门负责人数量的大幅减少以及部门内部人员的增加，传统审判管理方式的时间成本和程序成本明显上升，效果明显下降。特别是在信息化、大数据、人工智能与审判执行工作深度融合的背景下，法院内部、法院之间的信息交换速度大大加快，加之指导性案例、类案强制检索等制度的逐步建立完善，法官对外部审判监督管理的依赖大大降低，科层化已经明显不适应审判实践需要。③

2. 检察权监督管理体制不健全

1979 年，人民检察院组织法首次规定了检察机关的法律监督职权。1982 年，宪法明确了检察机关是国家法律监督机关的宪法地位。自此，检察机关

---

① 刘练军：《法院科层化的多米诺效应》，《法律科学》2015 年第 3 期，第 20—34 页。

② 叶振传、陈玲玲、谢婉卿：《内设机构改革后基层法院审判业务部门优化管理之探究——以保障审判权有效运行与管理幅度相匹配为视角》，《审判体系和审判能力现代化与行政法律适用问题研究——全国法院第 32 届学术讨论会获奖论文集（上）》，2021 年 7 月 1 日。

③ 刘峥、金晓丹、马骁：《2018—2019 年度司法体制综合配套改革专项调研课题观点综述》，《人民司法》2020 年第 7 期，第 51—58 页。

的法律监督职能就成为了检察职能的核心。然而，监督机关也需要受到监管，为了保障检察院正确行使权力，检察权监督管理体制应运而生。过去对检察权监督管理体制研究的重心主要落在检察权的性质、构成、存在的合理性、检察权运行机制以及完善检察机关法律监督等方面，而对检察权监督管理体制的主要手段没有作太多的探讨。

由于检察官的行政属性更强，检察院内部对于绩效考评的重视高于法院。因此在检察权监督管理体制内，绩效考评机制可谓是制约检察官的主要方式。新一轮司法体制改革的推进，带动了检察官考核评级工作机制的变革和重构。在这一过程中，检察官考核评价主体和对象逐渐明细，检察官考核评价内容也越来越明确，检察官考核评价结果的运用得到了优化。总之，与当前司法体制改革相配套、与检察官职业特点相适应的现代检察官考核评价工作机制基本建立起来。

但是，检察官绩效考评机制仍然存在评价机制不合理的问题。具体表现如下：第一，各地检察官业绩考核评价机制虽然设立，但是如何科学核定不同岗位的工作量、如何客观评价办案效果、人员换岗后以何种标准核算办案量、案件难易程度在办案数量上的折算等具体操作规则，都需要进一步完善探索。第二，从业绩考评到全面考评有一定的合理性，拓展了考核内容的全面性。但是，《检察人员考核工作指引》中提出的 312 个项目的考评指标可能增加检察官的办案压力。第三，唯数据论、唯绩效论不应当成为检察官绩效考评机制的主流价值。无论是唯数据论、唯绩效论，还是对检察人员的考评成绩排序的做法，都有可能引发一种功利化的竞争。检察工作不同于企业销售岗位，以绩效论高低。只要检察人员尽职尽责，就可以在业绩考评之中获得合格的评级。

（三）司法人员履职保障不到位

若对司法水平要求特别高，但司法职业保障又很弱，那么司法功能的全面实现几乎是不可能的。司法人员的履职保障可以说是一个老生常谈的话题。然而，网络社会的建成、人均收入水平提高等情况的产生，导致司法人员的一言一行都被放大于公众眼前，冲击着本就不够完善的司法人员履职保障体系。司法人员的履职保障机制缘何无法落实，深层次的原因值得探究。

1. 法官履职保障不到位

实践中，法官履行法定职责主要受多方面的困扰。第一，现行法律对法官的职业保障不足，不仅立法层级不高，而且法条内容单薄。我国宪法虽然也有"人民法院和人民检察院"一节，但是其中体现的核心内容是组织和运行，并未直接涉及法官的地位、权利、保障，以及义务和责任等内容。① 关于法官职业保障的立法有些粗疏和简单，规定缺乏可操作性。例如，《保护司法人员依法履行法定职责规定》第九条第二款规定了法官可以复议、复核和申诉权，但是没有明确法官提出复议、复核或申诉的程序、受理机构。又如，法官法第六十二条规定，法官的退休制度，根据审判工作特点，由国家另行规定。立法者已经在制定法律时考虑到法官职业具有特殊性，认为应当对法官工资待遇、退休制度予以特殊考虑和特别照顾。然而，相关配套制度一直未见出台，法官的特殊工资待遇和退休制度仍然无从着落。

第二，"案多人少"的矛盾突出，法官办案压力逐年增加。近几年，人民法庭受理案件数量急剧增多，案件难度也不断加大。雪上加霜的是法院、检察院人员流失快，新人难招。以 S 中院辖区人民法庭为例，多数年轻人流出审判庭。而且 S 中院辖区人民法庭法官工资仅比院机关审判庭法官多 260 元的下乡补贴，但从办案数量及事务性工作来看，人民法庭法官（C 市 S 中院辖区人民法庭只有一名法官的法庭数量较多，一般兼任人民法庭庭长）的工作量普遍大于院机关庭室法官。故从实践来看，人民法庭法官福利待遇倾斜性明显不够，法院、检察院都一定程度上面临人员吃紧问题。②

第三，人民法庭法官一直身挑重担，除从事审判工作外，其他的事务性工作也十分繁杂，无疑透支了他们的时间、精力。一方面，法官面临着来自社会各方面包括内部，类似"批条子""打招呼"等形形色色的干扰。另一方面，一些地方摊派招商引资、征地拆迁、环境卫生、挂职下乡、行风评议等政治任务，影响法官依法履职。人民法庭法官在履行审判职责之外，还需参与人民法庭全体人员衣食住行等的日常管理。人民法庭法官担任的角色远不止这些，他们还需参加各种会议。③

2. 检察官履职保障不到位

检察官是检察权的行使主体，而检察官的职业保障水平也关系着检察权行使的充分性与有效性。目前，我国检察机关的员额制改革已到位，内设机构改革亦基本完成，检察官法也已经修订完成。与这些变动密切相关的检察官职业保障无疑是当前各地检察机关面临的重要问题之一。检察官职业保障

---

① 胡昌明：《健全法官职业保障制度的价值与路径——以新修订的〈法官法〉为视角》，《法律适用》2019 年第 9 期，第 12—19 页。

② 朱晋云：《人民法庭法官职业保障问题研究——以 C 市 S 中院辖区人民法庭为样本》，《人民司法》2019 年第 34 期，第 99—102 页、第 107 页。

③ 朱晋云：《人民法庭法官职业保障问题研究——以 C 市 S 中院辖区人民法庭为样本》，《人民司法》2019 年第 34 期，第 99—102 页、第 107 页。

与法官职业保障都是司法职业保障的重要组成部分，但相较于法官，检察官的等级色彩更明显，强调上下级之间的主次关系、领导关系，两者之间也存在不小差异。

正如前面所提到的，法官履职保障不到位的问题中存在法律保障不足、"案多人少"矛盾、事务性工作繁杂等问题，在检察官履职保障中也存在类似的问题。例如，纳入员额制的普通检察官也有大量事务性工作。因其人事档案、工资晋升审核等依然由同级党委组织部、政府人力资源社会保障部门代管，甚至还有些地方把检察院作为当地的执法部门，要求检察机关及其检察官从事联合行政执法、创建文明城市及脱贫扶贫等一系列非直接检察业务工作。

除上述问题以外，不同于法官、检察官履职保障的问题还有以下几点：

第一，职权保障较弱，检察官独立性不强。检察官的身份保障主要强调检察官办案的独立性和职业的终身性。我国虽然明文规定检察院办案具有独立性，但是检察院的独立不等于检察官的独立。以德国为例，在德国检察官的独立性与法官的审判独立性几乎没有区别，检察机关被认为是与法官一样独立的机关。[①] 另外，虽然有些试点省份出台了检察官权力清单，赋予检察官、主任检察官等未担任业务部门行政职务的员额制检察官与其承担的责任相一致的权力，但是依然存在"理论、实践两层皮"现象。

第二，检察官的具体职权范围并不明确。鉴于我国检察官法的规定及检察官制度改革的需要，有必要根据检察官履行检察职责的需要，确定不同职务检察官的职责分工，赋予普通检察官与其地位、能力相适应的职权。不过，考虑到检察一体，以及检察官专业化、职业化建设的现状，普通检察官的职权不宜过大，在履行职责中应当接受检察长统一领导。

第三，检察官开展检察工作受限。法官一般不参与调查案件事实、收集案件证据等活动。但是，立案监督、侦查、调取证据都是检察工作的重要组成部分。随着公车改革的推行，部分检察官到辖区偏远乡镇开展检察工作的交通需求难以满足。基础设施的不健全使得检察官开展侦查活动或者调查取证活动受到限制。

三、司法责任制综合配套改革的完善

司法责任制综合配套改革措施使司法责任制度改革确立的各项制度联系

---

① 胡淑萍：《检察官办案责任制度比较研究——以法国、德国检察官办案责任制为视点》，《主任检察官办案责任制——第十届国家高级检察官论坛论文集》，2014 年 9 月 18 日。

起来，形成了一个系统、协调的整体改革。可以说，它是本轮司法体制综合配套改革能否取得成效的关键。司法责任制综合配套改革措施的推出，表明进一步深化司法责任制改革到了精细化配套和保障的第二阶段。在此阶段，需要从微观视角出发，在细节上考虑巩固改革成果，增强改革的整体性、协调性的方法。该部分将结合司法责任制综合配套改革现状以及主要问题，围绕司法权运行机制、司法监督管理体制、职业保障机制等方面，对司法责任制综合配套改革措施提出相关的建议。

（一）完善权力运行机制

审判权与检察权运行机制完善的侧重点完全不同，前者需要处理好与审判权监督管理机制的关系，后者则重视权力清单制度、检察官联席会议制度以及检委会会议制度的完善，因此有必要分开进行讨论。

1. 完善审判权运行机制

要形成合理、有序的审判权运行机制，关键须处理好审判权与审判管理权、审判监督权的关系。换言之，完善审判权运行机制，就是要防止审判监督管理制度干扰审判权的运行。第一步要坚持防止行政越界，作为审判机关，审判属性才是本质，法院不应当承担过多的政治治理职能。因此法院权力的运行应当以审判模式为主导。第二步，在微观层面上，需要严格区分法院内部的审判实务与司法行政事务。

而在改善传统科层化结构模式的基础上，审判权运行机制还需要解决运行权责不清、秩序紊乱的问题。为此，审判权运行机制改革应该围绕"让审理者裁判，由裁判者负责"的总目标继续深化。经过"四五改革"，各地法院提交审判委员会讨论的案件数量大幅度下降，由独任法官、合议庭直接签发裁判文书的案件已占案件总数的98%以上，"让审理者裁判"的目标已经基本实现。但是，取消案件审批不意味着"让审理者裁判，由裁判者负责"的目标全面实现。第一，要厘清审判监督管理与审判权独立运行的关系，除了强制裁判者履行报告义务外，还可以采用多种途径监管审判权，包括从"单一部门监管"向"全院联动监管"转型、完善人员权责分明、构建法官绩效科学化考核标准、运用科技实现案件全流程监管。第二，要厘清法院与审判辅助人员的权责关系，避免"事在助手、责在法官"。[①] 自司法责任制实施以来，人民法院推行新型办案团队模式，即组成以法官为中心，配备法官助理、书记员和其他审判辅助人员的办案单元。但是，在实践中，法官助理数量不

---

① 郭顺强：《审判权运行机制"去行政化"改革的再思考》，《司法改革论评》，2019年第2期，第255—267页。

足、水平参差不齐，极大地制约了法官的办案能力，限制了审判权的良好运行。第三，审判权运行机制的不足不完全是行政化、科层式组织结构的问题，还可能是审判权运行与审判权监督、管理机制相互冲突的问题。只有把握住问题的关键，施加针对性对策，才能构建起以法官裁判为中心，以职业保障为基础，以审判监督管理为保障的审判权力运行机制。

2. 完善检察权运行机制

为了更好地完善检察权运行机制，就要弄清楚主任检察官、其他检察官、检察长以及检察委员会之间的职责、权力界限。但是出于维护自身权利的强烈渴望，人们总是天然地对权力与权利的边界更感兴趣。而公权力与私权利的界限决定了权利保障的效果，确定权力边界固然重要，但明确权力划分的程度也具有同等重要性。因为权力的划分在很大程度上影响着权力的发挥，甚至真正意义上影响权力的边界线。因此，权力的划分程度应当保持适中。

而回归到检察权权力分配的实际运行过程之中，制作检察官权力清单，作为司法责任制综合配套措施，无疑是一个厘清权力边界的良法。数据显示，截至 2017 年 3 月，已有 32 个省级人民检察院将检察官权力清单报送最高人民检察院备案。权力清单制度已基本建立完成，一定程度上提升了人民检察院内部司法办案权限划分的科学性。然而，权力清单制度仍需进一步完善。

第一，权力清单之中检察官职权不宜进行过细的划定，职权内容不用太多，只需要把握住核心的、关键的权力内容即可。检察官权力清单是判断检察官权力具体内容的重要依据，需要权力主体对于这些内容至少产生基本印象。这份清单不宜过长或过细，尽管在检察院实际制作的权力清单上，几百项职权内容已不罕见，但这份权力清单的长度仍在不断增加。2016 年，贵州省检察院给予检察长 12 个业务类别 127 项权力；而到了 2021 年，江苏省检察院明晰检察官具有 169 项职责权限。另外，检察机关统一业务应用系统甚至配置了千余项权限。几百几千项的权力内容，无疑增加了检察官的记忆难度，可操作性也大打折扣。权力的划分应以简单、必要为基本原则，不应本末倒置，将简单问题复杂化。此外，检察院在进行工作总结之时，也需要意识到职权划分细致与权力得到规范并不总是呈现正相关关系。

第二，重视权力与责任的衔接。一般的规律来说，权力越大，责任越大。建立阶梯式责任承担制度，保证责任承担的公平性，督促检察院内部办案领头人在办案时更加谨慎，被动推动执权者重视办案质量。制定检察官权力清单应服从司法责任制改革目标，即构建公正高效的检察权运行机制和公平合理的司法责任认定、追究机制。一方面，检察官权力清单应当区分不同主体之间的职责与权力界限，包括主任检察官、其他检察官、检察长以及检察委员会在内。另一方面，多地检察院的权力清单目前只是阐述了检察院各个部门检察官的职权内容，并未涉及责任认定以及追究机制，应对此进一步完善。例如，《江苏省人民检察院检察官职权清单》依据各个部门职能划分职权具有一定的科学性，该做法值得其他地区检察院借鉴。但是，该清单对于具体责任的内容一笔带过。只在每一小节开头稍微提及司法责任，用一段总括性质的语句：检察院 xxx 部门检察官在职权范围内对办案事项依法作出决定，对履行检察职责的行为承担司法责任。至于职权与职责的关系是什么？不履行职责将要承担何种责任？该清单并没有解决上述问题。

第三，建议将"权力清单"更名为"责任清单"或"职责清单"，否则就会产生"不行使权力就要承担责任"的悖论，更会使人陷入"职务权力必须被行使"的错误理念之中。另外，职责应当与责任的种类、多少相对应，应当与检察官的考评联系起来。

第四，职责清单应当作强制性、应当型规定，特别是对于一些检察官必须履行的义务。职责清单与《指导意见》并不同，前者需要具体到个人个案，而后者本身是框架性、指引性的，主要是指导各省级人民检察院逐步完善辖区内各级人民检察院检察官权力清单，最终使不同层级人民检察院检察官权力清单趋向统一。

第五，有必要完善检委会会议制度，将检察院司法责任体系与检察院检察委员会联系起来，明确检察委员会对检察权有监督管理权，将检察官联席会议制度确立为检委会会议制度的前置程序。检委会会议制度主要是为了审查检察工作中的新情况、新问题，也是为了审议、决定重大疑难复杂案件及与案件相关的问题。首先，检委会应以重大疑难复杂案件为审议重点，发挥案件决策、指导和监督功能，避免仅从诉讼程序决定议案范围，确保真正的重大疑难复杂案件进入检委会议案范围，避免检委会成为检察官办案责任的"避风港"。[1] 其次，应当提高检委会议事程序的规范性，检委会讨论过程应当全程录音录像，坚持秘密评议、独立评议、充分评议、及时评议原则。再次，打破评议过程形式化僵局。检委会委员们不能只是听取承办检察官的简要报告，必须对案件有全面的了解。最后，应防止形成"一边倒"评议结果，保障少数不同意见检察官的发言权。完善评议表决的方式，用口头与书面相结合的方式进行表决，对评议结论的表决应当采取书面无记名投票的方式展开。

---

① 王晓菲、丁洪亮、王晓鲲：《踔厉奋发踏新程 推动省会检察工作"优上更优"》，《济南日报》2022 年 3 月 18 日，第 4 版。

（二）健全监督管理机制

若缺乏健全的监督管理机制，司法责任制的落实将无从谈起。司法责任制是关于司法工作者责任的内容，而审判权、检察权监督管理机制则是关于发现担责、督促追责的程序。谁来监督法官、检察官？监督的内容是什么？审判权、检察权监督管理机制主要回答以上两个问题。审判权、检察权监督管理机制既监管法官、检察官不负责的行为，也会监管一些与法官审判权、检察官检察权运行关系不大的职务行为。例如，法官、检察官的教育与培训，法官、检察官的不正当人际关系等。因此，审判权、检察权监督管理机制与司法责任制是交叉关系，其内容外延不完全一致。甚至，更广义上的审判权、检察权监督管理机制还会监督司法责任的落实情况。

本节中所叙述审判权、检察权监督管理机制并不建立在完全广义的概念之上，只讨论与司法责任贯彻落实有关的监管制度。作为司法责任制的配套措施之一，审判权、检察权监督管理机制的健全实则不易。究其根本，诉讼过程之中，独立与监督的调和始终是一个难题。其难点在于既要保证监管不妨碍独立，又要保障监管措施的有效性，还要保证监督不能使审判权、检察权受不应受之禁锢。

1. 健全审判权监督管理机制

具体而言，审判权监督管理机制依据监管的内容可以分为监管司法工作者的履职情况与监管负监管职责之人的履职情况。审判权监督管理机制的健全并不应完全以监管内容为导向，在明确监管者与被监管者范围、权力与义务之余，还需致力于提高监管者的积极性。换言之，健全审判权监督管理机制还需要考虑如何调动监管的积极性。过去，在完善审判权监督管理机制上，对于前者的思考总是重于后者。理论界与实务界多将注意力放在明确监管内容上，而常常采用义务捆绑的方式强制监管者履职。

应当进一步明确审判监督管理权的行使限度、属性，同时处理好信息化监管中的精细化作业与诉权保障、审判监管需求与司法规律结构这两组关系之间的平衡。在此基础上，探索构建以法院审判权、审判管理权科学一体化的审判监督管理机制。具体来说：第一，院、庭长的综合性监督管理既是权力也是义务，应制定院、庭长审判管理和审判监督管理的"权力清单"。第二，充分发挥院、庭长的监督管理职责。明确"四类案件"的启动和监管程序，制定院、庭长审判监督管理的禁止性规定。第三，完善对信访申诉、长期未结、二审改判、发回重审、指令再审、抗诉再审案件的审判监督机制。第四，增强监督信息化，建立信息化办案平台自动提示失职风险、自动察觉不受控情况。第五，采取集约化管理模式，通过繁简分流、审判辅助事务的集中管理、诉讼服务事项的集中办理等来破解案多人少、管理难度提升的难题。

对于审判监管者而言，若强制性监管规则缺乏后果性内容，强制力会大打折扣。例如，排除其他可能的因素，在刑事程序性法律后果被提出之前，违反刑事诉讼程序的情况并不罕见。监管者包括院长、庭长在内不仅要对整体办案质量、办案纪律承担责任，还要对监管不到位承担责任。监管者责任清单应当与权力清单一一对应，保证法院内部监管者能对法官不负责的现象及时采取监管措施。相应的，也要给予严格履行监管职责的院长、庭长一定的奖励，充分调动监管者参与监管的积极性。诚然，此类激励不宜设置指标，否则容易操作变形，无疑加剧了法官办案压力，将有损审判独立性。因此不以查处的数量和程度为激励的标准，只要认真地履行监管职责，监管者即可获取奖励。而对于监管者而言，是否认真履职则与是否认真完成列明的义务相关。

有研究指出，可以借鉴德国的有益经验，建立以惩戒委员会为基础的中国特色职务法庭制度，借助个案判断为法官建立起保卫其基本权利的壁垒，为审判监督管理权的行使划出较为清晰的边界。① 以德国为例，德国将职务监督定位为一种迥异于惩戒制度的内部监督机制，在协调独立与监督二者关系的过程中形成了一套以保障法官独立为目标、核心区域为禁区、轻缓化职务监督措施为辅助、职务法庭为保障的开放式监督管理体系。德国的职务监督制度严格区分审判工作与非审判工作、核心区域与外部纪律区域。只对法官的非审判工作、外部纪律区域进行职务监督，另外职务监督的措施并不严厉，不至于影响法官的独立性。运用比较法的研究方法，借鉴大陆法系代表国家的司法制度构建经验存在可取之处。

2. 健全检察权监督管理机制

权力必须关进制度的笼子里。若是在检察权实际运行过程中缺失到位的监督制约机制，就容易造成权力滥用。因而在赋予检察官一定范围的权力之余，需要构建完善的监督检察官用权体系。这就要求检察院在司法责任制度综合配套改革措施中坚持系统性与协调性，不只是在检察官权力、义务与责任上大刀阔斧地进行改革，还要保证检察院内部各个部门衔接有序、配合流畅。既要充分发挥机关纪委警示教育的作用，又要促使案件管理部门、控告申诉部门实时将履职过程之中发现的问题线索移送检务监督部门，还要保证

---

① 孔祥承：《德国法官职务监督制度及其对我国的启示——兼评〈关于落实司法责任制完善审判监督管理机制的意见〉》，《河南财经政法大学学报》2018 年第 2 期，第 152—159 页。

检务监督部门加强对信访举报、类案线索、案件评查等情况分析研判。具体到管理层面上，引导检察官业绩考评导向正确，是实现有效管理、正确追责的关键。当前检察官业绩考评体系存在诸多需要完善之处。

首先，业务工作应当是检察官考评的重点内容。最高检对检察官业绩考评设定质量、效率、效果三类指标模式，以质量为重心，并适当增设一定的加分项。例如成功办理重大疑难复杂案件、获得表彰等。

其次，检察官工作涉及业务面广、内容繁杂，考评工作细则要删繁就简。考评细则不能本末倒置，不宜在检察官考评实践之中过多地设置指标内容。实践中，天津市人民检察院已将580项指标精简到138项，一定程度上减少了指标。

再次，建立检察官考评制度的目的是要保证检察官办案质量达标。例如，过去检察院考核认罪认罚适用率，并要求适用率越高越好。问题的关键是，认罪认罚从宽制度必须要在犯罪嫌疑人、被告人事实上存在犯罪行为的基础上适用。若是无罪案件，检察官为了追求高适用率，不断促使犯罪嫌疑人、被告人认罪认罚，必然酿成冤假错案。事实上，打分制与排名制都不应存在，这与考核制设立的初衷背道而驰。

（三）增强司法人员履职保障

司法责任制存在两个方面的要求，一是保证不负责的司法工作者受到追究；二是保证负责的司法工作者不受到追究。第二个方面内容就与司法人员履职保障相关，增强司法人员履职保障是增强司法责任制的公平性、建立更健全的司法责任制体系必不可少的措施。因此，要追求司法公正与独立司法，就要确保司法工作者在办案时远离其他任何因素的不正当干扰。除了立法保障外，身份保障、安全保障、经济保障等也是司法人员履职保障的重要内容。只有尽力为司法工作人员营造优良司法环境，才能使他们更好地做好工作。

1. 强化司法履职保障的立法保障

将司法履职保障写入最高层级法律文件之中，突显司法人员职业保障的重要地位。司法履职保障条款既要保持规则稳固性、明确性的特征，又要建立起假定条件、行为模式与行为后果的框架。换言之，要在原则性规则之下建立起具体性规则，防止司法履职保障制度仅仅由最基本的正当性理由构建起来。

首先，司法履职保障相关规定要保证规则的完整性，严格遵循规则的构造与基本要求。若制度本身不够完善，不具有很强的明确性、可操作性与强制力，那么司法人员职业保障也就无从谈起。

其次，就内容而言，要制定司法工作人员身份保障、经济保障、退休制度等这些具有可操作性的具体规范。最后，要注意这些具有可操作性具体规范的合理性。例如，员额制改革与基层司法职业人员延迟退休的问题就存在冲突。此前，基层法院、检察院退休制度要求法官、检察官按照行政级别确定退休年龄，副科 45 岁退休，正科 50 岁退休。[①] 然而，这个年龄段的法官、检察官正处在事业的黄金期，如果强行要求他们退休，对审判工作、检察工作都是很大的损失。有些地方就采取了延迟退休的措施，这样一来，受员额的限制就形成了"出口出不去，入口进不去"的局面，这又会影响年轻的法官助理和检察官助理的积极性。因此，在司法责任制综合配套措施中，要加强相关规则、制度之间的衔接，妥善处理员额制、司法责任制关于司法职业保障的问题。

2. 增强司法人员身份保障

在对法官、检察官追究司法责任之前，要经过法律规定的严格程序，不能无端使法官、检察官失去身份。司法实践中，法官、检察官受到非法干扰，甚至撤职、调动的事例屡见不鲜，因此有必要在现行法官法、检察官法的基础上，进一步完善法官、检察官的身份保障制度。进一步明确法官、检察官承担司法责任的法定事由，同时，应要求法官、检察官承担司法责任必须经过法定程序。例如，对法官的惩戒必须经过法官惩戒委员会。另外，还要赋予法官、检察官申诉、抗辩的权利。最后，明确非经法官、检察官本人同意，不得对法官、检察官调动、调岗。

此外可以适当借鉴域外经验，结合我国法官、检察官的职业特点，在相关法律中赋予法官、检察官一定的司法豁免权。像一些国家规定了法官、检察官司法豁免制度，法官、检察官在履行职责过程中所实施的行为和发表的言论有不受指控或法律追究的权利，同时在有关事务方面享有某些免除义务的特权。[②] 实行法官、检察官责任豁免制，能使法官、检察官解除后顾之忧，增强职业尊荣，对案件进行独立思考，从而公平、公正地行使权力，树立司法权威。

另外考虑到检察官职业的特殊性，若建立检察官责任豁免制度，还应当实施以下措施：

第一，明确检察官履职的免责事项和限度。明确界定什么是错案，准确界分司法过错和司法瑕疵，横向区分不同检察业务类型，细化不同检察主体

---

① 李璐君：《司法职业保障改革在路上——司法职业保障研讨会述评》，《法制与社会发展》2017 年第 1 期，第 179—192 页。

② 梁经顺：《检察官履职保障机制有待完善》，《检察日报》2015 年 6 月 15 日，第 3 版。

责任豁免的规定。区分检察官所履职能的属性，赋予其不同程度的豁免权。具体来说，当检察官履行检察职责时，在其职责范围内享有绝对豁免权；而当检察官开展案件信息管理等行政属性强的工作时，可以享有相对豁免权。

第二，因不当履职导致错案发生的，应考虑其在执法时的主观动机，只要其正常履职行为符合法定标准，没有明显的渎职违法，就应该确定其主观上不存在重大错误，也应当予以豁免。

第三，借鉴有关国家对检察官区分绝对豁免和相对豁免的制度设计，在我国检察官司法责任豁免规则中设置合理履职、举证责任分配制度。

第四，明确检察官责任豁免的程序。检察官惩戒委员会对处理检察官违纪行为享有最终决定权。当检察官对纪检监察机构的追责意见不服时，有权向检察官惩戒委员会提出复议，由检察官惩戒委员会作出最终是否予以免职的处理决定。

3. 增强司法人员安全保障

法官、检察官等司法人员的安全保障是司法人员履职保障的重要内容。在法院和检察院中，要确保公共区域与办公区域的相对隔离，配备一键报警装置，完善应急预案，及时处置突发事件。要确保法官、审判辅助人员、检察官依法履职具备基本物质条件，特别要注重向基层和一线倾斜，优先为基层法院、基层检察院、派出法庭和窗口单位配足硬件设施，配齐安全保障人员，确保司法人员有安全的履职环境。[①] 例如，要为法官、审判辅助人员、检察官提供配备录音录像设施的专门会见、接待场所，配备具有录音功能的办公电话和具有录像功能的记录设备。

4. 推进法院去行政化改革

为了增强法官履职保障，有必要推进法院去行政化改革。具体来说，去行政化要求改革法院人事管理制度和审判制度，保证法官依法独立审判。特别是要明确规定院、庭长在日常工作中的行政管理职权，制定权利清单，依法依规行使权利，杜绝用行政职权干扰法官的正常审判权，保障法官在判断案件时的自主权和独立性。还可以尝试建立法官提级任免制度，在坚持党管干部的原则下，积极探索建立基层人民法院法官由上一层级党的组织部门考察、相对应的人大及其常委会任免的制度，减少当地权力部门的干扰。另外，一般应当禁止办案法官参与政治活动，不能在政府担任职务，防止将法官置

---

① 李少平：《健全司法人员依法履职保障机制 推动形成尊重司法裁判、维护司法权威的良好氛围》，《人民法院报》2017年2月8日，第5版。

身于更大的压力之下。①

5. 增强司法人员经济保障

经济保障是身份保障之外最有助于维护独立司法的手段。在西方国家，法官普遍实行高薪制，检察官薪酬略微低于法官。在我国，对于健全司法人员职业保障是否要提高法官、检察官的薪资待遇这一问题存在较大争议。一方面，有观点认为高薪养廉，高水平收入也可以激励法官更好地开展审判工作。② 并且，现在由行政级别决定法官、检察官的薪资水平，使得一些一线办案司法工作人员收入远不如参与审查的行政政工干部，导致收入分配不公。③ 另一方面，有观点强调法官相对于其他的劳动者而言没有任何本质上的差异。④ 甚至，基层法院行政后勤人员是高技术含量的工作，需要付出多、强度高的工作，具备较高职称的司法行政人员可以在薪资待遇上超过员额法官。⑤

不可否认，按劳分配是一个基本的收入分配思路，法官、检察官薪资设置也无法脱离这一规律。但是，仍需注意到法官、检察官职业的特殊性与高风险性。对于法官、检察官而言，在按劳分配的前提下，设置较高的收入基准线无可厚非。当然，在完善司法履职保障机制过程之中，也应当关注法官助理、检察官助理、书记员、法警等司法辅助人员的履职保障。一方面，要明确司法辅助人员的职责范围，避免法官、检察官因从事大量辅助性、事务性工作而导致无心开展本职工作，影响司法效率；另一方面，也要重视司法辅助人员的经济保障，提升他们工作的积极性，对于这些发挥了重要作用的司法辅助人员也可以按照贡献度适当提高收入，甚至超越法官、检察官收入。

第三节 "智慧司法"的系统化建构

2013 年 11 月 12 日，党的十八届三中全会通过的《中共中央关于全面深

① 陈瑞华：《司法权的性质——以刑事司法为范例的分析》，《法学研究》2000 年第 5 期，第 30—58 页。

② 胡昌明：《中国法官职业满意度考察——以 2660 份问卷为样本的分析》，《中国法律评论》2015 年第 4 期，第 194—206 页。

③ 秦前红、苏绍龙：《深化司法体制改革需要正确处理的多重关系——以十八届四中全会〈决定〉为框架》，《法律科学》2015 年第 1 期，第 36—47 页。

④ 周文章、聂友伦：《刑事诉讼证人出庭——基于 80,351 份判决书的分析》，《清华法学》2021 年第 5 期，第 177—191 页。

⑤ 张太洲、孙伟峰：《基层法院青年行政人员职业发展方向重塑——以 F、Z、B 三省市 220 份问卷调查统计分析为样本》，《应用法学评论》2021 年第 1 期，第 221—235 页。

化改革若干重大问题的决定》（以下简称《全面深化改革的决定》）明确提出，"推进国家治理体系和治理能力现代化是全面深化改革的目标"。①《全面深化改革的决定》首次以中央正式文件的形式强调全面深化改革的意义。司法体制改革是全面深化改革的重要一环，推动司法信息化建设、建构"智慧司法"对加快实现国家治理体系和治理能力现代化的目标意义重大。一方面，"智慧司法"为司法体制改革提供了技术基础。大数据、人工智能等高新技术为本轮的司法责任制改革、案件登记制度改革、文书送达、以审判为中心的刑事诉讼制度改革、审判公开等工作提供了强大的信息技术支撑。另一方面，"智慧司法"促进了司法体制改革目标的实现。大数据、人工智能等高新技术提高了司法人员的办案能力，减少了行政力量的干预，这在很大程度上确保司法人员能够依法履行其职责。同时，越来越多的法院、检察院也在积极探索将大数据、人工智能等高新技术和司法活动的深度融合。利用大数据、人工智能等高新技术推动司法体制改革，将大数据、人工智能等高新技术融入司法实践并致力于打造"智慧司法"已经成为本轮司法体制综合配套改革的重大课题之一。有鉴于此，本节将分三个部分对"智慧司法"的系统化建构问题展开讨论：第一个部分旨在界定智慧司法的内涵及回顾智慧司法的发展历程；第二个部分旨在介绍"智慧司法"对传统司法活动的影响；第三部分则旨在提供相关完善"智慧司法"系统化建构的建议。

一、"智慧司法"的含义与发展进程

探索"智慧司法"体系的建构，需要明确"智慧司法"这一新提法的具体含义。只有把握住"智慧司法"的发展历程、发展现状以及本质特征，才能更好地展望"智慧司法"发展之方向。

（一）"智慧司法"含义之界定

1. "智慧司法"的含义

从国内既有的研究成果来看，目前国内并未对"智慧司法"一词给出一个权威的定义。梳理学界和司法实务部门的既有研究，有关"智慧司法"内涵的界定主要聚焦于"智慧法院"。在学界和司法实务部门看来，"智慧法院"指的是，依托互联网、云计算、大数据技术、现代人工智能等信息技术，围绕司法公正高效、提升司法公信力的目标，实现人民法院工作的高度智能

---

① 《中共中央关于全面深化改革若干重大问题的决定》，中央政府门户网站，http://www.gov.cn/jrzg/2013-11/15/content_ 2528179. htm，最后访问日期2022 年4 月26 日。

化运行和管理。^① 据此，有学者指出"智慧司法"同"智慧法院"并无本质上的区别，二者是具有相同内涵的概念。^② 从我国司法实践来看，虽然"智慧司法"和"智慧法院"所追求的价值目标、采用的技术手段具有高度的一致性，但在司法主体范围上，"智慧司法"的主体显然更广。基于此，多数学者结合我国司法实践将"智慧司法"的主体确立为审判机关、检察机关、侦查机关、司法行政机关等主体。^③

同时，通过考察官方出台的相关规范性文件，不难发现司法部 2018 年公布的《"数字法治、智慧司法"信息化体系建设指导意见》（以下简称《"智慧司法"建设指导意见》）中的建设目标和主要任务条款对"智慧司法"的相关内容进行了大致的描述。其中，《"智慧司法"建设指导意见》所确立的建设目标明确指出，"智慧司法"建设的目标就是实现司法的数据化和智能化。围绕前述建设目标，《"智慧司法"建设指导意见》将"智慧司法"建构的主要任务确立为，立足大数据技术改革司法业务的现有格局，加快推进司法活动业务数据建设，以数据改造司法工作模式，优化各方面的流程。建构全新的司法网络布局，在新的架构中强调大数据技术的重要地位，既要保证涉及的信息能够在网络环境中安全、独立地运行，也要保证不使司法网络孤立，使得外部互联网同司法网互为补充，建构一种能够使得各种系统都能够利用的服务平台，实现我国司法系统的协同合作与资源共享。从《"智慧司法"建设指导意见》的大致描述中，我们可以归纳出有关"智慧司法"的两个核心要点：一是，"智慧司法"强调对互联网、云计算、大数据、人工智能等高新技术的应用；二是，"智慧司法"强调将司法的数据化、智能化作为建设目标，主张以高新技术改造传统的司法工作模式。

综上所述，在充分借鉴学界和司法实务部门对"智慧司法"的相关研究成果之后，本节将"智慧司法"定义为，人民法院、人民检察院等司法主体依托互联网、云计算、大数据技术、现代人工智能等技术手段，支持透明便民的公众服务、公正高效的审判执行、全面科学的司法管理的新型现代化司法系统。智能化贯彻于始终，成为司法自里而外的全部表达形态。需要说明

---

① 冯娇、胡铭：《智慧司法：实现司法公正的新路径及其局限》，《浙江社会科学》2018 年第 6 期，第 67—68 页；蔡立东：《智慧法院建设：实施原则与制度支撑》，《中国应用法学》2017 年第 2 期，第 19—28 页；《最高人民法院关于加快建设智慧法院的意见》等。

② 汤维建：《"智慧法院"让司法更公正、更高效》，《人民论坛》2017 年第 4 期。

③ 冯娇、胡铭：《智慧司法：实现司法公正的新路径及其局限》，《浙江社会科学》2018 年第 6 期，第 68 页；魏斌：《智慧司法的法理反思与应对》，《政治与法律》2021 年第 8 期，第 112 页；刘贵祥：《总结经验 理清思路 加快推进智慧法院建设》，《人民法院报》2017 年 6 月 21 日，第 5 版。

的是，本节对"智慧司法"主体的定义采用"狭义说"的理由主要有两点：一是从本轮司法体制综合配套改革的目标来看，配套改革的目的在于深入推进人民法院和人民检察院系统的体制改革；二是从各地"智慧司法"的建设实践来看，各地"智慧司法"建设的重心也主要聚焦在人民法院和人民检察院系统的智能化建设上。

2. "智慧司法"的主要特征

如前所述，"智慧司法"是大数据技术时代的产物，它利用高新技术积极扩展面向公众的移动运用服务。这使得"智慧司法"有别于传统意义上的司法系统，"智慧司法"呈现出其自身重要的特征。概括而言，这些重要特征主要表现为以下三点：

首先，"智慧司法"打破了时空阻隔，实现了"全业务在线办理"。众所周知，传统意义上的司法活动都是在现实、固定的场所进行的，而"智慧司法"利用大数据技术积极扩展面向公众的移动运用服务，这使得传统"剧场化"司法工作模式发生重大的转变。以"智慧法院"为例，案件当事人无论身在何处，只要有在线电脑、摄像头、麦克风和可上传的诉讼文书，即可参加诉讼庭审，甚至允许当事人利用"碎片化"时间，灵活选择场所，以非同步的方式完成诉讼，实现超时空的"错时审理"。[①] 这就突破了司法过程的物理场域限制，跨越了"虚拟/现实"的两重空间和人的"生物/数字"的双重属性，实现数字身份及行为的远程临场。

其次，"智慧司法"减少了外部因素的干扰，做到了"全过程依法公开"。"智慧司法"利用大数据技术，通过网络从事侦查、起诉、立案、审理、判决等活动，司法过程全程留痕。以"智慧法院"为例，公众可以通过中国裁判文书网在线查看法院公布的生效裁判文书，通过中国审判流程信息公开网站在线查看案件进展各环节信息，通过中国执行信息公开网站在线查询失信被执行人信息等。"智慧司法"通过全程留痕，全程监督，极大提高了司法活动的透明度，使公平正义能够让公众切实感受。一方面，这种全过程依法公开为公众参与司法活动提供了便利的渠道，极大方便了公众对司法过程的监督；另一方面，这种全过程依法公开也促使司法官员依法履行职责，限制司法腐败的活动空间。

再次，"智慧司法"实现了空间拓展、权力增能，提供了"全方位智能服

---

① 《法治蓝皮书：2019年全国高级法院支持网上立案率首次达到100%》，中国长安网，http：//www.chinapeace.gov.cn/chinapeace/c100007/2020-06/03/content_12356666.shtml，最后访问日期2022年4月26日。

务"。智能平台走出了法院的固定场域，实现了在"现实/虚拟"双重空间中的拓展。智能平台带动智能联动，使得司法权力穿透了现实屏障，延伸至所有涉案领域，并在控制力上获得了增能扩张。另外，司法人工智能也能够带来"关联限制"效应。比如，采取"弹屏"电子送达方式时，法院发送到受送达人手机上的送达内容，不受杀毒软件、手机终端设备的屏蔽拦截，无论受送达人的手机处于操作过程还是待机状态，都能即刻将受送达人的手机进行锁屏，只待受送达人查阅受送达的内容后，其手机方可解锁。

（二）"智慧司法"的发展进程

早在 20 世纪 70 年代，美国学者就率先在全球开启了"智慧司法"的研究，早期"智慧司法"的研究主要聚焦在法律推理的智能化应用问题上。这一期间，W. G. 珀普和 B. 施林克共同开发出了一套致力于提高法律服务绩效的 JUDITH 律师推理系统。英国学者司各特、萨德里等人则借助 PROLOG 逻辑编程语言的推理功能实现了国际法实务的人机对话。[1] 1987 年，加德纳则以合同法研究为基础出版了关于人工智能用于法律推理的专著。[2] 在欧洲，"智慧司法"一直被纳入"法律 + 科技"（"Legal Technology""Legal Tech"）的研究领域，它被界定为法律工作或程序中可能使用的各种技术和软件。[3] 此后，随着大数据技术的日益成熟，"智慧司法"在全球范围内的发展呈现为快速增长的趋势。

中国"智慧司法"的发展相较于欧美国家，起步得比较晚。一般认为，20 世纪 90 年代中期最高人民法院组织召开的"全国法院通信及计算机工作会议"是中国"智慧司法"发展的开端。此后，"智慧司法"在我国先后经历了基础设施建构、司法机关自动化办公、司法大数据运用三大阶段。[4] 下文将主要围绕这三大阶段展开讨论。

其一，基础设施建构阶段。一般认为，这一阶段起源于 20 世纪 90 年代中期而终止于 2013 年。这一时期，司法机关虽然有计算机使用，但并不具有规模效应；虽然有 OFFICE 等通用型办公软件的投入使用，却也只是在强调通

---

① M. J. Sergot, F. Sadri, R. A. Kowalski, F. Kriwaczek, P. Hammond and H. T. Cory, The British Nationality Act as a Logic Program, 29 Communications of the ACM 370 (1986).

② Anne Von Der Lieth Gardner, An Artificial Intelligence Approach to Legal Reasoning, Cambridge, MA: MIT Press, 1987.

③ See MM. Bues & E. Matthaei, Legal Tech on the Rise: Technology Changes Legal Work Behaviours, But Does Not Replace Its Profession, in K. Jacob, D. Schindler &R. Strathausen eds., Liquid Legal Management for Professionals, Springer, 2017, p. 90.

④ 芦露:《中国法院的信息化：数据、技术与管理》,《法律和社会科学》2016 年第 15 卷第 2 辑，第 25—37 页。

用型数据处理能力，其并未深入干预司法活动的流程。这一时期，司法机关的工作任务比较简单，主要包括建设自动化设备、办公网络、机房等基础设施，建设司法信息公开平台以及建立司法信息化系统等。整体而言，计算机技术在司法活动中的应用程度很低，也并未真正触及司法审判管理。究其原因主要有两点：一是，这一阶段计算机技术的应用水平较低。计算机技术的实际运用需要严重依赖外在人力，而人工录入和计算耗时耗力，这就导致数据的实效性不强；二是，这一阶段计算机技术的应用功能定位上的偏差。这一时期计算机技术应用的主要目的在于通过最简洁的方式向上级汇报司法权运行的总体情况，其次要目的才定位于司法决策。

其二，司法机关自动化办公阶段。值得一提的是，在基础设施建构阶段，司法机关也同步开展自动化办公建构活动。以"智慧法院"的建设为例，1996年最高人民法院发布了《全国法院计算机信息网络建设规划》，首次描绘了司法系统信息化建设的全景。之后，随着一系列有关"智慧法院"建设的规范性文件的相继出台，各级法院在最高人民法院的整体规划下，陆续开展法院自动化办公建设活动。这期间，司法机关自动化办公建设主要围绕如下两个方向开展：一是积极推进司法信息管理与统计系统的应用。以"智慧法院"的建设为例，最高人民法院于2000年起，开始在全国法院系统推广"法院案件信息管理与司法统计系统"的应用，法院办理的案件从立案到结案的全程信息的录入、流转和管理，都由该信息系统进行记录；同时，司法统计系统则将数据的收集、汇总、整理、传送等人工统计步骤进行自动化设置。二是打通地方内部的信息孤岛，争取区域内部司法机关"上下级"之间的信息联网。通过信息联网，省级司法机关开始对本区域内的司法数据进行集中存储，这不仅在相当大程度上打消关于数据真实性的疑惑，也将司法信息化管理变成现实，很大程度上推动了司法机关内部的智能化管理。

其三，司法大数据运用阶段。2013年8月，第四次司法统计工作会议首次提出"大数据、大格局、大服务"的司法统计理念。之后，2014年最高人民法院公布的《人民法院第四个五年改革纲要（2014—2018年)》将大数据理念列为一个指导方向，并强调要求建立全国法院裁判文书库和全国法院司法信息大数据中心。2015年，中共十八届五中全会提出，实施网络强国战略、互联网行动计划、国家大数据战略、维护信息安全等重大部署，将信息化与社会治理紧密结合起来。根据全国首部《中国法院信息化第三方评估报告》，截至2015年底，最高法院建立了10套远程提讯系统，地方法院建立了2154套远程提讯系统。此外，各地方法院还利用手机APP、微博、微信、微视等新媒体，与当事人及其诉讼代理人实现了即时互动、随时参与的沟通模式。① 2018 年，最高人民检察院发布了《最高人民检察院关于深化智慧检务建设的意见》，指出深化智慧检务的建设目标是加强智慧检务理论体系、规划体系、应用体系"三大体系"建设，形成"全业务智慧办案、全要素智慧管理、全方位智慧服务、全领域智慧支撑"的智慧检务总体架构。司法大数据运用阶段最大的特点在于，这一阶段"智慧司法"发展的根本逻辑与人工智能的技术发展逻辑高度的契合。② 至此，"智慧司法"的建设正式地步入高速发展的快轨道。

总之，在这将近二十多年间，"智慧司法"建设不断地将计算机技术植入司法活动中，这一过程中，一个贯穿始终的趋势就是计算机技术不断深入司法权运行和管理活动中，"智慧司法"建设已经逐渐成为人民法院工作发展的主要驱动力，并对完善司法体制具有重要意义。

二、"智慧司法"对传统司法活动的影响

随着信息时代的到来，科技发展所带来的技术红利也为司法体制改革提供了强有力的技术支撑。"智慧司法"建设不仅为多项司法改革方案的出台提供了数据支撑，也为本轮司法体制改革的进一步深化提供了改革方向。作为本轮司法体制改革的纲领性文件，最高人民法院公布的《人民法院第四个五年改革纲要（2014—2018 年）》所提及的多项司法体制改革内容都涉及"智慧司法"的建构。具体来讲，"智慧司法"的建构对司法责任制改革、审判权运行机制改革、人财物管理体制改革等相关司法体制改革活动产生一定的冲击。有鉴于此，下文将主要围绕"智慧司法"建构活动中的区块链技术和人工智能技术揭示"智慧司法"对传统司法活动的影响。

（一）区块链技术对传统司法活动的影响

2016 年 10 月《国务院关于印发"十三五"国家信息化规划的通知》中首次将区块链列为重点前沿技术，明确提出需加强区块链等新技术的创新、试验和应用，以实现抢占新一代信息技术主导权。区块链技术最早出现在中本聪所发表的一篇名为《比特币：一种点对点的电子现金系统》的论文中。一般认为，区块链是一种按照时间顺序将数据区块以链条的方式组合而成的特定数据结构，并以密码学方式保证的不可篡改和不可伪造的去中心化的共

① 汤维建：《"智慧法院"让司法更公正、更高效》，《人民论坛》2017 年第 4 期，第 89—91 页。
② 李鑫：《智慧法院建设的理论基础与中国实践》，《政法论丛》2021 年第 5 期，第 128—138 页。

享总账，其能够安全存储简单的、有先后关系的、能在系统内进行验证的数据。① 这项技术通常具有以下特点：第一，去中心化是区块链最突出的本质特征。区块链没有中心管制，通过分布式核算和存储，各个节点实现了信息自我验证、传递和管理。第二，开放性，促使整个信息系统具有高度透明性。第三，独立性，整个区块链系统不依赖其他第三方，所有节点能够在系统内自动安全地验证、交换数据。第四，安全性，不能掌控超过 51% 以上的数据节点，就无法修改网络数据，这使区块链本身变得相对安全。基于此，区块链技术对传统司法权运行机制可能产生三点影响：

第一，区块链技术改变传统的司法审判制度，突破传统审判制度框架。以"智慧法院"为例，区块链技术对传统司法庭审制度的改变主要表现为如下两个方面：一是，突破传统的证据制度。区块链技术的分布式账本、数据可溯源和不可变性、信息透明和信息对称，加上其自有的时间戳功能，可以有效防止证据收集阶段篡改证据或隐匿证据的现象，从而从证据源上确保事实认定的可靠性。这种功能上的优点极大地改变了传统电子证据的易复制性、易更改性，这就大大提高电子证据的证明能力，突破传统证据规则对电子证据证明力的认定。区块链技术存储的证据效力得到规范性司法文件认可。《最高人民法院关于互联网法院审理案件若干问题的规定》第十一条规定指出："当事人提交的电子数据，通过电子签名、可信时间戳、哈希值校验、区块链等证据收集、固定和防篡改的技术手段或者通过电子取证存证平台认证，能够证明其真实性的，互联网法院应当确认。"二是，对法官的专业知识提出了更高的要求。因为区块链技术涉及大量的计算机专业知识，这就使得法官在认定基于区块链技术所形成的电子证据时，对法官的专业知识提出了更高的要求，这就使得员额法官选任过程中要对助理法官的相关专业知识进行必要的考察。②

第二，区块链技术改变传统公检法司办案协同机制，有效缓解了司法机关之间的协同难问题。2018 年 5 月，中央政法委在政法跨部门大数据办案平台建设工作会议上，提出加快探索建设跨部门大数据办案平台要求。为了积极响应中央政法委的号召，地方司法机关积极探索创建区块链协作平台。以山西省为例，山西省公检法司利用区块链技术在各部门之间共同打造了一套联盟链，这条联盟链全面覆盖了山西省公安厅、山西省人民检察院、山西省高级人民法院和山西省司法厅，其旨在实现司法部门之间的全流程在线协作、

---

① 李赫、何广锋：《区块链技术 金融应用实践》，北京航空航天大学出版社 2017 版，第 105 页。
② 李政佐：《智慧法院对审判制度的影响》，陕西师范大学 2019 年硕士学位论文，第 23—24 页。

在线高效换押以及智能合约办案流程规范检查。联盟链的使用可以有效打破公检法司机关各自的业务信息系统缺乏互通渠道的局面，通过有效协同可以一定程度上改变传统的诉讼结构，将传统公检法司之间的制度性对抗转变为技术性监督。[①]

第三，区块链技术改变传统的司法执行制度，有效缓解"执行难"问题。利用互联网进行网络查控和在线执行工作带来了极大的便利，区块链的智能合约的自动执行可以解决此问题，即利用区块链技术建立与银行等机构的联盟链，一旦有可供执行的财产，就可以按照区块链的共识机制（将执行程序规范内嵌入区块链形成的确定的执行规则和条件）和利用区块链的智能合约自动完成冻结、划转等执行措施，既提高了执行效率，也可以有效解决久拖不执的案件。具体而言，在申请执行人申请强制执行后，区块链系统会智能审查是否符合申请强制执行的条件。如果符合条件，系统会自动启动对被执行人银行账户等的网络查控、划转、失信惩戒等措施，无须执行法官的干预或介入，从而改变传统线下在场执行模式。

（二）人工智能技术对传统司法活动的影响

近年来，我国学界和司法实务部门高度关注"同案同判"问题，大量学者开始围绕"同案同判"问题从不同的侧面对其展开讨论。同时，司法实务部门也出台了大量的规范性文件。为了积极回应这一难点问题，相关学者和司法实务部门也开始围绕"智慧司法"建设积极回应"同案同判"这一难点话题。其中，人工智能技术的运用，正是学界和司法实务部门对于这一话题的正面回应。从我国司法实践来看，现阶段人工智能技术运用到司法裁判领域的法院大多聚集在经济发达的省市，主要以官方引导和市场助力的方式推动司法裁判的智能化发展，这种智能化发展也使得以往只能停留在公众观点层面上的"同案同判"的理想正在逐渐地变成现实。其中，较为典型的司法裁判智能化运用有，最高人民法院开发的"类案智能推送系统"、北京高级人民法院开发的"睿法官智能研判系统"、上海高级人民法院开发的"206 刑事智能审判系统"、江苏省高级人民法院和东南大学联合研发的"同案不同判预警平台"（以下简称"预警平台"）等。这些司法裁判智能化的运用是"同案同判"司法目标诉诸人工智能领域的一次大胆的尝试，结合海量的数据库，从百万份裁判文书之中汇聚法官集体智慧，为法官提供智能辅助量刑、偏离度自动检测、类案推送以及法律知识推送四方面的功能。聚焦于"同案同判"

---

① 马明亮：《区块链司法的生发逻辑与中国前景》，《比较法研究》2022 年第 2 期，第 20—25 页。

的司法目标,人工智能技术的应用对传统司法活动的影响主要表现如下两点:

首先,人工智能技术改变了传统的案件审理方式,通过技术赋能极大地防止"同案不同判"。以"同案不同判预警系统"为例,该系统通过类案推送、法律推荐使用、量刑辅助、文书纠偏、偏离预警五个环节对传统的案件审理方式进行创造性的颠覆。① 具体而言,"同案不同判预警系统"对传统案件审理方式的影响主要表现为五个方面:其一,"同案不同判预警系统"通过人工智能技术向法官精准推送与待决案件类似的案件。在此之前,或是由于技术或能力问题,法官在裁判待决案件时,几乎很少参考类似案件,按照传统司法三段论处理待决案件。其二,"同案不同判预警系统"通过人工智能技术向法官推送与类似案件相关的其他法律条文。由于前述系统涵盖了全国范围内的有效法律、法规、规章及其他规范性文件,系统通过人工智能技术对案件的识别,推送与类似案件相关的其他法律条文,这就使得法官在审理待决案件的过程中对法律适用有了更为精准的参考资料。其三,"同案不同判预警系统"通过人工智能技术向法官推送类案平均量刑幅度。前述系统除了涵盖了全国范围内的有效法律、法规、规章及其他规范性文件之外,也包含了大量法院内部的指导意见和类案平均量刑幅度,这使得法官在审理刑事案件的过程中对待决案件的量刑幅度有了更为客观的参考依据。其四,"同案不同判预警系统"通过人工智能技术规范法官裁判文书用语、纠正数据错误以及纠正文书的说理缺陷。前述系统将相关裁判知识图谱和裁判文书模版包含其中,其利用高亮度等方式提示法官书写不规范等错误,并对缺乏关键情节说理等情况作出智能提示,这使得法官在撰写裁判文书时更加注重裁判文书的说理,可以有效防止法官恣意裁判。其五,"同案不同判预警系统"通过人工智能技术对高偏离度的裁判文书进行"预警",并生成相关文件。前述系统通过情节提取技术,对法官的裁判文书进行要件提取,根据法院系统内部统一制定的量刑幅度参考值,对偏离度高的裁判文书进行"警示",并生成相关评估报告,这使得法官在审理案件时更加注重裁判文书的规范。

其次,人工智能技术改变了传统的审判监督方式,通过技术赋能极大地推进了"同案同判"。众所周知,在传统诉讼方式下,无论庭审监督活动还是审判执行监督都是依托于人工审查,这就使得传统的审判监督容易受制于有限司法资源、监督人员渎职等因素的困扰,进而无法保障"同案同判"。"智慧法院"的审判监督通过人工智能技术对传统的审判监督方式进行创造性改

---

① 《江苏法院"同案不同判预警平台"》,法安网,https://www.faanw.com/zhihuifayuan/333.html,最后访问日期2022年4月28日。

变，这种创造性变化主要表现为三个方面：其一，就庭审活动的监督而言，人工智能监督系统对法庭庭审活动进行全阶段无死角的监督，自动审查案件程序性和实质性审理情况。通过人工智能技术的赋能，所有主体在法庭中的庭审行为都被全过程的记录，进而对庭审活动展开全程监督。其二，就审判权运行的监督而言，人工智能监督系统对审判权运行的各个环节也进行无缝隙的监督。通过人工智能的技术赋能，每个案件的节点管控及其流程、业务部门的活动、专业机构的活动、审判委员会的决策等各个环节都可以被纳入监督活动中。其三，就审判执行衔接活动的监督而言，人工智能监督系统将案件的执行活动纳入监督业务中。人工智能监督系统将监督活动的范围延展到执行阶段，这样就在整个司法流程中形成了一个完整的程序闭环，真正保证了案件在每个司法环节都被跟踪，进而从程序上保障了"同案同判"。[1]

如前所述，深化司法体制综合配套改革的直接目的就是要进一步保障司法人员依法办理案件。但对于普通人而言，多数时候他们很难发现司法人员是否做到依法办理案件，但他们却可以很容易发现自己的案件同相似的其他案件是否获得了相同的结果。[2] 因而，保障司法活动做到"同案同判"对于完成司法体制综合配套改革的目标意义重大。为了能够保障司法活动做到"同案同判"，既要充分保障法官有能力依法裁判案件，还要督促法官依法裁判，防止法官滥用职权。

总之，区块链技术、偏离度测算技术通过科技赋能，改变了传统司法模式，提升司法智能化。一方面，区块链技术保障司法活动全过程留痕并防止其他主体干预法官依法履行职权；另一方面，人工智能技术保障司法过程处于全过程监督环境并防止法官违法滥用职权，为有效化解"同案不同判"的司法难题提供可靠的解决方案。[3]

三、完善"智慧司法"建设的举措

随着科学技术的高速发展，区块链、人工智能等高新科技已经同司法活动进行了深度的融合，"智慧司法"正是这种技术和司法相融合的重要成果。一方面，"智慧司法"建设深化了本轮司法体制改革，为本轮司法体制改革指引了前进的方向；另一方面，"智慧司法"建设也对传统的司法活动产生了重大影响，进一步扩大了现行的司法体制与司法体制改革目标之间的距离。有

① 伍茜：《智能司法演进历程与方法建构》，西南政法大学 2020 年博士学位论文，第 38 页。
② 张超：《论"同案同判"的证立及其限度》，《法律科学》2015 年第 1 期，第 21 页。
③ 王猛：《智能化助推司法体制综合配套改革》，《河北法学》2018 年第 5 期，第 191—197 页。

鉴于此，下文试图结合"智慧司法"建设的相关实践成果，对现行"智慧司法"建设过程中所暴露的不足提出相关完善举措。其中，就完善"智慧法院"建设的举措而言，下文将主要围绕优化法院人员的组成对其提供相关建议；就完善"智慧检务"建设的举措而言，下文将主要参考"智慧法院"的相关建设成果对其提供一些原则性建议。

（一）完善"智慧法院"建设的举措

为了积极应对"智慧法院"建设对现行司法活动的冲击，应当加强法官队伍建设，强化法官队伍的科技素养。基于此，本部分将围绕法官员额标准、司法辅助人员培训、科技人员的引入等三个方面完善"智慧法院"的建设。

第一，提高法官的科技素养，将具备一定科技素养确立为法官入额的一项标准。区块链技术、人工智能技术即使再发达，也无法取代法官本人从事司法活动，面对高新技术对传统司法活动的冲击，司法机关首要任务应当加强法官队伍的建设。对此，在"智慧法院"的建设过程中，制度设计者要进一步完善法官的选任、退出机制。一方面，制度设计者应当提高法官的入额标准，强化法官的科技素养。具体而言，首先，员额法官要有更强的责任意识。"智慧法院"的法官不仅有责任对"智慧审判"的结果进行审查，也有责任对"智慧审判"的技术操作过程进行审查，这就对员额法官的责任意识提出了更高的要求。其次，员额法官要能掌握一定的科技知识。[①] "智慧审判"必然涉及大量的科技知识，这就要求法官能够熟练掌握一定的科技知识，有能力凭借自己掌握的知识分析案件、认定证据。另一方面，制度设计者应当完善员额法官的退出及增补机制，鼓励那些熟练掌握科学知识，拥有一定审判工作经验的年轻法官助理入额。这是因为，在第一轮员额制改革过程中，入额法官中有相当多的人属于年龄偏大的人群，这类员额法官虽然拥有丰富的审判经验，但对大数据、人工智能等新型技术缺乏深刻的认知，并且对这些新兴技术的学习能力没有年轻法官强。为了使员额法官能够适应"智慧法院"的审判模式，有能力应对高新科技案件，完善员额法官退出和增补机制意义重大。

第二，优化现行的法院司法辅助人员的培养模式，合理界定司法辅助人员的职责。从审判实践来看，虽然辅助人员的工作不能决定最终的判决结果，但却对庭审活动的正常进行、正当程序至关重要。因而，司法辅助人员的培养也是优化法院组成人员的重要内容之一。在"智慧法院"的建设过程中，

---

① 龙飞：《智慧法院建设给司法带来的十大变化》，《人民法院报》2018年10月31日，第8版。

必须认真对待以下三点：其一，处理好人力资源与技术运用之间的关系，明确司法人员的相关职责。不能过度强调科学技术的作用，应当认真对待司法辅助人员的作用。比如，在法庭庭审过程中，不能只采信机器转换的文字记录，应当安排司法辅助人员对语言记录进行人工核对，并将核对结果交由合议庭进行审议、当事人签字。① 其二，处理好审判业务和审判辅助业务之间的关系，组建结构合理的办案团队。在具体人员配置比例上，要合理安排法官和司法辅助人员的比例，保证每位员额法官配备一到两名司法辅助人员，并安排专门的科技人员管理团队数据库、电子文档等内容。其三，处理好职业责任与个人权利之间的关系，强化司法辅助人员的职业认同感。在加强法官队伍建设过程中，不能忽视对司法辅助人员队伍的建设，应当明确司法辅助人员的晋升渠道，保证其职业待遇，不能仅强化对其进行责任意识教育。在过去司法体制改革过程中，各级法院明显过度强化对法官队伍的建设而忽视对司法辅助人员队伍的建设，这就导致大量司法辅助人员选择离开法院。

第三，引入一定数量的科技人员进入法院，进一步保障法院的中立性。从各地"智慧法院"建设的实际情况来看，多数法院科技化的方式是技术外包，将本院相关技术业务打包给社会上的互联网企业。对此，很多学者认为，这种技术外包会严重危及法院的公信力。② 具体来讲，首先，技术外包严重影响法院的中立性。对于很多技术外包公司也是委托法院潜在的诉讼当事人，这样可能会使对方当事人的合法权益遭受损害。其次，技术外包会极大增加司法信息外泄的风险。法院的司法数据一旦被技术外包公司掌握，很多诉讼当事人为了获得对方当事人的诉讼信息，可能会从技术外包公司处窃取对方当事人的诉讼信息，这样就会极大增强司法信息外泄的风险。基于此，各级法院在建设"智慧法院"时，应当引入一定数量的科技人员进入法院。一方面，可以保证司法公正。科技人员进法院，可以在法院的工作环境中接受纪律约束和职业信念教育，这样极大地降低了司法信息外泄和形成利害关系的现实风险。另一方面，也可以保证司法安全。一般来讲，实现这一司法目标的方式有如下两种：一是邀请相关科技人员担任陪审员，成为合议庭的组成人员，这样通过陪审员制度将相关科技人员充分吸收进来；二是吸纳一批具有科技和法律双重教育背景的复合型人才。从相关高等院所开设的法学教育课程来看，很多法学院校已经开始重视交叉学科人才的培养，未来将在很大程度上填补法院科技人才空缺的司法现状。

① 《最高人民法院关于人民法院庭审录音录像的若干规定》第六条。
② 徐骏：《智慧法院的法理审思》，《法学》2017年第3期，第55—64页。

（二）完善"智慧检务"建设的举措

从学界和司法实务部门有关"智慧司法"的既有研究中，我们发现中央层面的规范性文件主要围绕"智慧法院"的建设提供相关指导意见，并且研究者也更多地将研究重心聚焦在"智慧法院"的建设问题上。[①] 这并不是说"智慧检务"建设不重要，而是因为"智慧检务"和"智慧法院"二者在建构的过程中存在许多相似之处，二者的关键都是将大数据技术、人工智能技术等高新科技融入司法活动中，优化司法权运行和管理。因而，有关指导"智慧法院"建设的规范性文件对于建设"智慧检务"同样具有参考意义。从各地"智慧检务"的建设实践来看，多地"智慧检务"建设实践主要存在机构建设保障机制欠缺、机构运营维护水平低、技术人员欠缺等问题。有鉴于此，下文将主要借鉴各地"智慧法院"建设相关实践和围绕"智慧检务"建设过程中存在的主要问题提供相关的原则性建议。具体而言，这些原则性建议主要包含四个方面：

第一，完善"智慧检务"建设的保障机制。[②] 从各地"智慧检务"建设实践来看，为了能够对各类信息资源处理提供充足的支撑，"智慧检务"建设的保障机制应当至少包含三个方面：一是，完善支持保障制度。对此，各级地方财政部门要大力支持"智慧检务"建设，为其提供充足的建设资金。同时，各级检察院也要积极建立"智慧检务"项目评估和跟踪机制。采用内部评审和外部评审两种方式。其中，内部评审由各级检察院各部门相关人员组成，而外部评审则由同级财政部门和"网信办"的相关人员组成。二是，明确各部门、各工作人员的具体工作职责。"智慧检务"建设，只有明确各部门和各工作人员的工作职责后，才能有效调动全部检察力量的参与，更好地推动检察系统高效地运转。其中，"智慧检务"建设部门作为"智慧检务"建设的主管部门，要认真履行"智慧检务"建设规划、设计、推广应用等方面的工作职责，而其他部门也要积极履行分析、应用反馈等方面的职责。对有限的检察技术人员的工作也要结合实际工作的需要，对其进行细化，避免出现职能工作的交叉。三是，健全各类考核、激励制度。在"智慧检务"建设中，各级检察院应当将"智慧检务"建设的推广应用纳入每年对其进行考核的指标中，综合运用评先树优、创新项目加分、示范评优等多种方式，激发

[①] 截至 2022 年 3 月 2 日，在"中国知网"上，笔者以"智慧检察院"为关键词进行检索，共搜索到相关文献 23 篇，以"智慧检务"为关键词，共搜索到相关文献 96 篇，而以"智慧法院"为关键词，则共搜索到相关文献 735 篇。

[②] 丰建平、管延涛：《浅析智慧检务建设如何在基层创新与实践——以山东省胶州市检察院研发"智慧出庭辅助平台"为例》，《新时代智慧检务建设论文集》2019 年 12 月 1 日。

各级检察院参与"智慧检务"建设的积极性。同时，各级检察院也要健全"智慧检务"的考核机制。将参与"智慧检务"项目建设、深入应用"智慧检务"项目等纳入对各检务人员的考核评价指标中，鼓励各检务人员积极参与"智慧检务"建设，并积极反馈使用体验。

第二，完善"智慧检务"规划建设机制。"智慧检务"的规划建设工作至少包含三个方面：首先，加强顶层设计。全国检察机关统一业务系统的推行，通过顶层设计具备充分的调研和足够的前瞻性，减少政策改变和技术迭代而导致系统浪费，有利于有效整合数据，更好地实现数据分析与数据挖掘。其次，加强组织领导。各级检察院领导要高度重视"智慧检务"的建设工作，加强对"智慧检务"建设的组织领导，成立由检察长担任组长的"智慧检务"建设领导小组。领导小组要定期召开专项会议对"智慧检务"建设工作的推进情况、工作方案等进行专题研究和进展通报。同时，"智慧检务"部门负责人也要积极发挥好牵头推进和总体协调作用，做好部门内部检务人员之间的职能分工，及时研究"智慧检务"的工作计划和实施方案。再次，加强整体规划。地方各级检察院遵循"统一领导、统一规划、统一设计、统一标准、统一实施"的原则，制定本院"智慧检务"建设的长期、整体规划，科学制定"智慧建设"标准，防止建设过程中的重复建设、多次建设。①

第三，完善"智慧检务"运行、维护管理机制。"智慧检务"的运行、维护管理工作至少包含三个方面：其一，组建专门的运行、维护管理机构。在"智慧检务"的建设过程中，各级检察院应当把负责"智慧检务"建设的检务人员进行集中管理，成立一个运行、维护管理小组，专门负责"智慧检务"的建设。结合实际工作，对"智慧检务"建设进行分工，明确管理小组中每位检务人员的职能分工，确保"智慧检务"建设落实到每个人身上。其二，做好网络信息安全防护。在"智慧检务"的建设过程中，应该强化网络信息安全防护，确保信息安全。对此，首先，各级检察院应当完善自身的信息安全管理制度。各级检察院根据"智慧检务"建设的需要，建立科学合理、职责明晰、具有可操作性的信息安全管理制度体系，完善对"智慧检务"网络设备和办公设备的管理制度。其次，各级检察院应当完善自身的日常监督管理制度。各级检察院要加强基础设施建设，综合运用各类安全加密技术，最大限度保障自身的网络信息安全。同时，也要不断地加强检务人员的网络信息安全意识，时常提醒他们做好日常风险防范。其三，推动数据共享和资

---

① 雷磊：《中国特色社会主义智慧法治建设论纲》，《中共中央党校（国家行政学院）学报》2020 年第 1 期，第 101—103 页。

源整合。在"智慧检务"的建设过程中，各级检察院应当积极推动数据共享和信息资源的有效整合。具体而言，这项工作至少包含两点：一是整合现有资源，建构本地数据资源库。各级检察院在"智慧检务"建设的过程中，应当对现有的信息应用系统进行资源整合，打通各系统之间的数据壁垒，将各信息应用系统整合到统一的后台中，建构本地数据资源库。二是积极推动区块链技术在检察办案活动中的应用。最高人民检察院应当积极探索建立容纳全国各级检察机关办案数据、全面覆盖检察工作网的区块链统一数据平台，建立"全程留痕、全节点见证、全程可追溯、全链路可信"的全方位合作体系，为各级检察院提供集约化、规范化的数据链服务。通过数据链技术的具体应用，实现检务系统各环节信息的互通，确保案件信息和存证数据的真实可靠。[1]

第四，完善"智慧检务"人员培养机制。在"智慧检务"的建设过程中，各级检察院需要建立一支精通检务工作、熟练掌握科学技术的人才队伍。[2] 完成这项工作至少需要做到如下两点：其一，完善"智慧检务"人才的发展机制。首先，在"智慧检务"人才的选任问题上，各级检察院可以根据本院编制总数确定出"智慧检务"人才的占比，确保一定数量的"智慧检务"人才；其次，在"智慧检务"人才的晋升问题上，各级检察院应当打通"智慧检务"人才职务晋升过程中存在的壁垒，明确"智慧检务"人才的晋升方式、程序和条件，充分调动"智慧检务"人才工作的积极性；再次，在"智慧检务"人才的福利待遇问题上，各级检察院应当努力提高"智慧检务"人才的工资待遇，制定相关人才补贴政策，利用优厚福利待遇吸引紧缺型人才。其二，大力培养复合型"智慧检务"人才。为了向各级检察院输送复合型"智慧检务"人才，各级检察院除了加大选拔人才力度外，还应当加大人才培养力度。各级检察院可以采取以下两种方式加强复合型"智慧检务"人才的培养力度：一是，健全检察院与专业院校、科技企业的合作机制。各级检察院应当主动与本地高等专业院校、科技企业开展合作，让"智慧检务"人才走进高校进行再教育，不断地提升自己的专业技能。二是，探索建立"智慧检务"人才轮岗制度。各级检察院应当定期安排"智慧检务"人才到相关部门进行轮岗，熟悉办案工作的相关流程、了解具体办案工作要求，将"智慧检务"人才培养成既精通检务工作又熟练掌握科学技术的复合型人才。

---

[1] 吕游：《区块链助力"智慧检务"建设》，《上海信息化》2020 年 7 月 10 日。

[2] 刘俊祥：《"互联网 + "环境下的"智慧检务"工程进路》，《中国检察官》2016 年第 7 期，第 18 页。

　　然而，在完善"智慧司法"建设的过程中，不应当过度扩大科学技术的作用，更不应当把技术建设放到司法体制综合配套改革的首位。一方面，应该认真对待科学技术为司法活动所带来的技术红利，充分利用科学技术努力推动司法体制改革顺利进行；另一方面，也应该承认科学技术自身功能上的局限，合理定位科学技术在司法活动中的角色。只有这样，才能使"智慧司法"的建设遵循正确的方向。

后　记

党的十八届三中全会审议通过的《中共中央关于全面深化改革若干重大问题的决定》提出了"顶层设计与摸着石头过河"和"重大改革于法有据"的理论判断。在这些理论指引下，新一轮司法改革在全国范围内有序开展，地方试点模式成为此次司法改革的主要方式。新时期司法改革的内容十分广泛，既涉及司法责任制等司法体制方面的改革，也涵盖认罪认罚从宽试点等具体诉讼制度的变化，还进一步辐射"智慧司法"等司法体制综合配套改革的范畴。随着司法改革的不断推进，地方试点的先进经验和改革成果逐步影响到相关法律。近年来，宪法、刑事诉讼法、人民法院组织法、人民检察院组织法、法官法、检察官法等法律的相继修改，无疑是对新时期司法改革地方试点的立法回应。由此，改革试点与立法完善的良性互动，在我国法治建设进程中得到了生动的演绎。本书的写作，可以视为从学术研究层面对新时期司法改革及其与立法的关系的整体回顾与总结。我们希望，本书的出版不仅能够为读者清晰梳理出新时期司法改革地方试点的发展脉络、重点内容、规范基础、经验积累和立法回应，而且能够为我国今后司法改革的进一步推进以及相关法律的完善提供一定的理论支持。

本书由林劲松——浙江大学光华法学院副教授，邱祥、陈竟、潘颖超、姜佑儒、屈佳——浙江大学光华法学院博士研究生合著。本书的写作分工如下：林劲松负责全书内容的指导与修改；姜佑儒负责本书的导言、第一章、第二章；邱祥负责本书的第三章；陈竟负责本书的第四章；潘颖超负责本书的第五章；屈佳负责本书的第六章。其中，这五位博士研究生每人的写作任务均达5万字以上。此外，邱祥、陈竟、潘颖超在完成本人负责的写作任务外，还对其他章节的写作、修改提供了大力帮助；邱祥作为第一参与人负责本书的前期联络、组织工作和后期统稿工作。最后，中国民主法制出版社编辑周冠宇的悉心倾力，让我们铭感于心，在此由衷地向他表示感谢！

林劲松

2022 年 5 月 8 日于之江月轮山上

浙江立法研究院
浙江大学立法研究院　简　介

　　为深入贯彻党的十八大、十九大和省委有关加强立法工作会议的精神，探索新时代中国特色社会主义立法理论，参与立法实践工作，加强立法学学科建设，为地方立法乃至国家立法提供服务，浙江省人大常委会和浙江大学联合成立浙江立法研究院，浙江大学同步成立浙江大学校内研究机构——浙江大学立法研究院。

　　浙江立法研究院于 2018 年 1 月 20 日成立，为独立法人二类事业单位，由省社会科学界联合会主管；浙江大学立法研究院于 2018 年 1 月 22 日成立，为浙江大学校设研究机构，由浙江大学统一管理。浙江立法研究院与浙江大学立法研究院通力合作、成果共享。

　　两单位旨在深入研究新时代中国特色社会主义立法理论，相互合作，利用大数据技术实现"智慧立法"，以交叉学科的资源助力立法效率和提升立法质量，搭建培养立法专业队伍的顶尖平台，打造汇聚国内外立法专家的一流智库，为法治中国建设贡献浙江智慧。同时秉持多学科交叉融合的研究理念，在丰富的立法实践基础上，以精准的立法对象意识、精干的立法框架、精细的立法方案等为视点，以规范分析、比较分析、社科法学分析、大数据分析等为方法，对立法领域中的基础性及重点难点问题进行深入研究，解决立法实践中遇到的重大立法难题，从而指导立法机关提升立法技术。

　　自两单位成立以来，合作完成的多项成果获全国人大常委会及省级领导肯定批示并被立法机关吸收采纳；共同参与起草论证多部重要法律、法规；联合主办之江立法论坛、立法名家讲坛、立法专题沙龙精品活动，聚焦立法领域热点问题，邀请立法理论和实务界的专家学者共同探讨，加强成果交流和学习互鉴，促进学术与实务的对话；陆续推出"之江立法文丛""立法名著译丛""地方立法蓝皮书"等系列丛书，积极进行理论传播，踊跃为国家和地方立法实践建言献策。

　　2019 年，浙江大学立法研究院新增为中国智库索引（CTTI）来源智库。2021 年，浙江立法研究院入选浙江省新型重点专业智库。

关注官方微信，及时了解前沿立法资讯